Leonhardo Evlero

Dioptricae

Leonhardo Evlero

Dioptricae

ISBN/EAN: 9783742810007

Manufactured in Europe, USA, Canada, Australia, Japa

Cover: Foto ©Andreas Hilbeck / pixelio.de

Manufactured and distributed by brebook publishing software (www.brebook.com)

Leonhardo Evlero

Dioptricae

DIOPTRICAE
PARS SECVNDA,
CONTINENS
LIBRVM SECVNDVM,
DE
CONSTRVCTIONE
TELESCOPIORVM
DIOPTRICORVM
CVM
APPENDICE
DE
CONSTRVCTIONE
TELESCOPIORVM CATOPTRICO-
DIOPTRICORVM.

AVCTORE
LEONHARDO EVLERO
ACAD. SCIENT. BORVSSIAE DIRECTORE VICENNALI ET SOCIO
ACAD. PETROP. PARISIN. ET LOND.

PETROPOLI
Impenfis Academiae Imperialis Scientiarum
1770.

INDEX CAPITVM.
In Tomo II. contentorum.

IN SECTIONE PRIMA.

De Telescopiis primi generis, quae lente oculari concaua instructa, obiecta situ erecto repraesentant.

CAPVT I. De Telescopiis in genere.
CAPVT II. De lentibus obiectiuis compositis atque perfectis.

CAPVT III. De diſtributione Teleſcopiorum in tria genera praecipua.

CAPVT IV. De Teleſcopiis primi generis, quae imagine vera deſtituuntur et obiecta ſitu erecto repraeſentant.

CAPVT V. De vlteriore Teleſcopiorum primi generis perfectione vna pluribusue lentibus adiiciendis.

IN SECTIONE SECVNDA.

De Teleſcopiis ſecundi generis, quae lente oculari conuexa inſtructa, obiecta ſitu inuerſo repraeſentant.

CAPVT I. De Teleſcopiis ſimplicioribus ſecundi generis, ex vnica vitri ſpecie paratis.

CAPVT II. De vlteriori horum Teleſcopiorum perfectione quam quidem vnicam vitri ſpeciem adhibendo aſſequi licet.

CAPVT III. De vlteriori Teleſcopiorum ſecundi generis perfectione diuerſas vitri ſpecies adhibendo.

IN

IN SECTIONE TERTIA.

De Telescopiis tertii generis, quibus obiecta iterum situ erecto repraesentantur.

CAPVT I. De Telescopiis simplicioribus tertii generis ex vnica vitri specie paratis.

CAPVT II. De Telescopiis terrestribus communibus eorumque perfectione.

CAPVT III. De altera tertii generis telescopiorum specie principali eorumque perfectione.

IN APPENDICE.

De Constructione Telescopiorum Catoptrico - Dioptricorum.

CAPVT I. De imaginibus per specula sphaerica formatis, earumque diffusione.

CAPVT II. De computo confusionis dum praeter lentes etiam specula ad instrumenta dioptrica conficienda adhibentur.

CAPVT III. De Telescopiis Catadioptricis minore speculo concauo instructis.
CAPVT IV. De Telescopiis Catadioptricis minore speculo conuexo instructis.

LIBRI

LIBRI SECVNDI
DE
CONSTRVCTIONE
TELESCOPIORVM
SECTIO PRIMA.
DE
TELESCOPIIS PRIMI GENERIS,
QVAE
LENTE OCVLARI CONCAUA INSTRVCTA OBIECTA SITV ERECTO REPRAESENTANT.

CAPVT I.
DE
TELESCOPIIS IN GENERE.

Definitio I.

1. Telescopium est instrumentum dioptricum obiectis valde remotis spectandis inseruiens.

Coroll. I.

2. Cum ergo distantia obiecti sit valde magna, in calculo quantitatem a, qua distantia obiecti a lente obiectiua designatur, tanquam infinitam spectare licet, ideoque a denotabit distantiam focalem lentis obiectiuae, neglecta scilicet eius crassitie.

CAPVT I.

Coroll. 2.

3. Cum posuerimus $a = Aa$, ob $a = \infty$ erit numerus A euanescens ideoque et $A = 0$ et $\mathfrak{A} = \frac{A}{a}$ $= 0$. Hinc ergo in formulis supra traditis litterae A et $\mathfrak{A}$ ita ex calculo eliminabuntur, vt loco Aa et $\mathfrak{A}a$ scribatur a.

Definitio. 2.

4. In telescopiis campus apparens non ex ipsa obiecti conspicui quantitate aestimatur, sed ex angulo, sub quo haec pars conspicua nudo oculo cerneretur.

Corollarium.

5. Littera ergo Φ, quam supra in nostras formulas introduximus, denotabit semidiametrum campi adparentis vel potius eius tangentem; quia autem hic angulus plerumque est valde paruus, is ipse loco tangentis sine errore, praecipue si multiplicatio sit notabilis, usurpatur.

Definitio 3.

6. Multiplicatio in telescopiis ex ratione quantitatis per instrumentum visae, ad quantitatem, qua idem obiectum in eadem distantia remotum nudo oculo cerneretur, aestimari solet.

CAPVT I.

Coroll. I.

7. Quia ergo supra in genere multiplicationis ad distantiam b retulimus; obiecti vero distantia posita est $=a$, erit quoque $b=a$.

Coroll. 2.

8. Exponens ergo multiplicationis $=m$ hoc casu indicat, quoties angulus, sub quo diametrum cuiuspiam obiecti per telescopium cernimus, maior sit angulo, sub quo idem obiectum nudis oculis cerneretur.

Scholion 1.

9. Hoc scilicet intelligendum est, quamdiu de angulis satis paruis est sermo; quando autem anguli sunt maiores, exponens multiplicationis m declarabit, non quoties ipse angulos, sub quo obiectum quodpiam per telescopium cernitur, sed quoties eius tangens maior sit tangente eius anguli, sub quo idem obiectum nudis oculis esset appariturum, ita ut etiamsi multiplicatio m foret infinita, tamen angulus visionis non ultra 90° excrescere posset, dum scilicet quantitas obiecti ab axe telescopii aestimatur.

Scholion 2.

10. His igitur obseruatis formulae supra erutae facile ad telescopia accomodantur eoque non nihil simpli-

p'iciores euadunt. Praeterea vero etfi pro varia oculi conftitutione diftant'a iufta littera l defignata fit maxime diuerfa, tamen hic ifta diuerfitas feponi folet, quia telefcopium ad unam oculi fpeciem accomodatum in praxi facile ad quosu's alios oculos accommodatur, et quia plerumque diftantia iufta l fatis eft magna prae oculi diftantia ab ultima lente, eaque adeo pro multis oculis in infinitum excrefcit, commode ftatuemus $l=\infty$. Hinc fi ultimae lentis diftantiae determinatrices fint f et ζ poft camque locus oculi $=0$, ob $0=\zeta+l$, diftantia ζ debebit effe infinita, fcilicet $\zeta =0-l$, ita ut fit $\frac{\zeta}{l}=-1$; fiue $\frac{l}{\zeta}=-1$ atque ob $\zeta=\infty$ euidens eft, ultimae lentis diftantiam focalem fore $=f$.

Problema 1.

11. Ex quotcunque lentibus telefcopium fuerit compofitum, elementa exponere, quibus fupra vfi fumus, ad eius conftructionem determinandam, fimulque relationem eorum diuerforum elementorum inter fe repraefentare.

Solutio.

Pro qualibet lente 1° confiderauimus eius rationem refractionis pro radiis mediae naturae. 2° Eius binas diftantias determinatrices cum numero arbitrario λ. 3° Nunc etiam cuiusque lentis diftantiam focalem
in

CAPVT I.

in calculum introducemus. 4." Etiam introduximus rationes aperturarum pro singulis lentibus littera π indicatas. Quae elementa pro singulis lentibus sequenti modo ob oculos ponamus:

Lentes	Ratio refr.	Dist. det	Num arb.	Dist. foc.	Rat. apert.
I^{ma}	$n :$ 1.	a, α	λ	p.	o
II^{da}	$n' :$ 1	b, β	λ'	q.	π
III^{tia}	$n'' :$ 1.	c, γ	λ''	r.	π'
IV^{ta}	$n''' :$ 1	d, δ	λ'''	s.	π''
V^{ta}	$n'''' :$ 1.	e, ε	λ''''	t.	π'''
VI^{ta}	$n''''' :$ 1.	f, ζ	λ^V	u.	π''''
etc.					

deinde etiam posuimus $A = \frac{a}{\alpha}$; $B = \frac{b}{\beta}$; $C = \frac{c}{\gamma}$; $D = \frac{d}{\delta}$; $E = \frac{e}{\varepsilon}$; $F = \frac{f}{\zeta}$ etc. tum vero etiam $\mathfrak{A} = \frac{A}{A+1}$; $\mathfrak{B} = \frac{B}{B+1}$; $\mathfrak{C} = \frac{C}{C+1}$; $\mathfrak{D} = \frac{D}{D+1}$; $\mathfrak{E} = \frac{E}{E+1}$; $\mathfrak{F} = \frac{F}{F+1}$ etc.

His expositis modo ante vidimus ob $a = \infty$, fore $A = o$ et $\mathfrak{A} = o$, quibus valoribus ita est vtendum, vt sit $A a = \alpha$ et $\mathfrak{A} a = p$ atque $p = \alpha$; pro sequentibus autem lentibus habebimus

$q = \mathfrak{B} b$; $r = \mathfrak{C} c$; $s = \mathfrak{D} d$; $t = \mathfrak{E} e$; $u = \mathfrak{F} f$.
etc.

unde vicissim per distantias focales erit

$b = \frac{q}{\mathfrak{B}} = \frac{B+1}{B} q$. et $\beta = (B+1) \cdot q$

$c = \frac{r}{\mathfrak{C}} = \frac{C+1}{C} r$. et $\gamma = (C+1) \cdot r$

$d = \frac{s}{\mathfrak{D}} = \frac{D+1}{D} s$. et $\delta = (D+1) \cdot s$
etc.

deinde

CAPVT I.

deinde pro rationibus aperturarum habuimus supra sequentes relationes; posita scilicet semidiametro campi apparentis $=\phi$

$1^\circ.\ \frac{\varphi\pi-\mathfrak{D}}{\phi} = \frac{A a}{b} = \frac{a}{b}$ seu

$\quad\ \frac{\varphi\pi}{\phi} = \frac{a+b}{b}$ vel $\frac{\pi}{\phi} = \frac{a+b}{a}$

$2^\circ.\ \frac{\varphi\tau-\pi+\mathfrak{D}}{\phi} = \frac{AP.\tau}{c} = \frac{Bа}{c}$

$3^\circ.\ \frac{\mathfrak{D}\pi-\tau'+\pi-\mathfrak{D}}{\phi} = \frac{ABC.\tau}{e} = \frac{BC.x}{d}$

$4^\circ.\ \frac{\varphi\tau'''-\pi'-\pi-\tau+\mathfrak{D}}{\phi} = \frac{ABCD a}{e} = \frac{BCD a}{e}$

etc.

atque hinc vicissim valores sequentes elicuimus:

$a = \infty \qquad\qquad a = p$

$b = \frac{p\phi}{\varphi\pi-\mathfrak{D}} \qquad \beta = \frac{r.p\mathfrak{D}}{\varphi\pi-\mathfrak{D}}$

$c = \frac{\mathfrak{z}.\pi\mathfrak{D}}{\varphi\tau-\pi+\mathfrak{D}} \qquad \gamma = \frac{BC.p\mathfrak{D}}{\varphi\tau-\pi+\mathfrak{D}}$

$d = \frac{BC.p\phi}{\mathfrak{D}\pi''-\tau'+\pi-\mathfrak{D}} \qquad \delta = \frac{BCD.p\phi}{\mathfrak{D}\pi''-\tau'+\pi-\mathfrak{D}}$

$e = \frac{BCD.p\phi}{\varphi\pi'''-\tau'-\pi-\tau+\mathfrak{D}} \qquad \varepsilon = \frac{BCD\tau.p\phi}{\varphi\pi'''-\tau'-\pi-\tau+\mathfrak{D}}$

etc.

Coroll. I.

12. In superioribus iam satis ostensum est, quomodo ex binis distantiis determinatricibus singulas lentes construi oporteat; quem in finem valores litterarum ϱ, σ, τ, quibus etiam adiungimus ν et μ, recordari necesse est, qui sunt

CAPVT I.

$$\varrho + \sigma = \tfrac{1}{n-1};\quad \sigma - \varrho = \tfrac{\lambda n + 1}{n+1}$$
$$\tau = \tfrac{n\sqrt{(n-1)}}{(n-1)\sqrt{(n+1)}};\quad \mu = \tfrac{n(\lambda n - 1)}{n(n-1)\sqrt{(n+1)}}$$
$$\text{et } \nu = \tfrac{\lambda(n-1)^2}{n^2 - 1};\quad \mu\nu = \tfrac{n}{1(n+1)}$$

Coroll. 2.

13. His valoribus pro quavis ratione refractionis cognitis pro distantiis determinatricibus a, α, cum numero arbitrario λ facies lentis sequenti modo definientur:

Radius faciei

$$\text{anter}: = \tfrac{a \alpha}{\varrho a + \sigma \alpha \pm \tau(a + \alpha)\sqrt{(\lambda - 1)}}$$

$$\text{poster}: = \tfrac{a \alpha}{\varrho \alpha + \sigma a \mp \tau(a + \alpha)\sqrt{(\lambda - 1)}}$$

ad quod exemplum omnes reliquae lentes sunt construendae.

Coroll. 3.

14. Cum confusio ex tali lente oriunda fiat minima, sumto $\lambda = 1$; operae pretium erit investigare, quantum numerum pro λ accipi oporteat, ut ambae lentis facies fiant inter se aequales; reperitur hunc in finem

$$\sqrt{(\lambda - 1)} = \tfrac{a - \alpha}{a + \alpha} \cdot \tfrac{n(n + 1)\sqrt{(n - 1)}}{n\sqrt{(n - 1)}}$$

hincque

$$\lambda = 1 + \tfrac{(a - \alpha)^2}{(a + \alpha)^2} \cdot \tfrac{n(n n - 1)^2}{n^2(n - 1)}$$

CAPVT I.

cum iam fit $\overline{\frac{a-a'}{a+a'}}^e = 1 - \frac{1 \cdot a \cdot a}{(a+a)^2}$; erit

$\lambda = 1 + \frac{e(q-1)^2}{a(1a-1)} - \frac{1 e \cdot r e(a q-1)^2}{(a+a)^2 \cdot n^2 (1q-1)}$

quare si fuerit vel $a = \infty$ vel $a' = \infty$ erit

$\lambda = 1 + \frac{e(aa-1)^2}{n^2(1a-1)}$

Scholion.

15. Quo nostra investigatio latius pateat; singulis lentibus peculiares refractionis rationes tribuamus, quoniam nunc quidem compertum est, diuersas uitri species ratione refractionis inter se discrepare, ita tamen, vt ualor numeri n intra limites 1, 50 et 1, 60 contineatur, quamobrem pro praxi consultum erit, pro singulis ualoribus intra hos limites contentis ualores litterarum ϱ, σ, τ, μ, ν et $\mu\nu$ hic exhibere; quem in finem sequentem tabulam hic subiungemus. Quod uero ad differentialia numerorum n attinet, de iis nihil definio, si quidem experimenta Dollondi ueritati sunt consentanea, praeterquam quod si $n = 1$, 53 pro uitro coronario, $n' = 1$, 58 pro chryftallino, sit per experimenta

$dn; dn' = 2: 3; \frac{dn}{n-1}: \frac{dn'}{n'-1} = 7: 10.$

CAPVT I.

n.	ϱ.	σ.	τ.	μ.	ν.	μν.
1.50	0.2855	1.7143	0.9583	1.0714	0.1000	0.2143
1.51	0.2653	1.6956	0.9468	1.0420	0.2065	0.2151
1.52	0.2456	1.6776	0.9358	1.0140	0.2129	0.2159
1.53	0.2267	1.6601	0.9252	0.9875	0.2196	0.2168
1.54	0.2083	1.6434	0.9149	0.9622	0.2260	0.2176
1.55	0.1907	1.6274	0.9051	0.9381	0.2326	0.2182
1.56	0.1737	1.6119	0.8956	0.9151	0.2393	0.2192
1.57	0.1573	1.5970	0.8864	0.8932	0.2461	0.2199
1.58	0.1414	1.5827	0.8775	0.8724	0.2529	0.2206
1.59	0.1259	1.5689	0.8689	0.8525	0.2597	0.2214
1.60	0.1111	1.5555	0.8607	0.8333	0.2666	0.2221

Problema 2.

16. Ex quotcunque lentibus telescopium fuerit compositum, definire conditiones, vt singularum lentium interualla fiant positiua.

Solutio.

Quomodocunque distantiae determinatrices lentium ratione signorum $+$ et $-$ sint affectae, semper necesse est, vt quantitates $a+b$; $\beta+c$; $\gamma+d$; $\delta+e$ etc., quibus distantiae lentium exprimuntur, fiant positiuae; quodsi ergo loco harum litterarum ualores ante exhibiti substituantur, sequentibus conditionibus satisfieri oportet:

CAPVT I.

$$a+b = \frac{\mathfrak{B}\tau p}{\mathfrak{G}\tau - \mathfrak{H}} > 0$$
$$\beta + c = \frac{\mathfrak{B}.\mathfrak{D}f.(\mathfrak{E}\pi' - (1-\mathfrak{B})\tau)}{(\mathfrak{B}\tau - \mathfrak{H}).(\mathfrak{E}\tau' - \pi' + \mathfrak{H})} > 0$$
$$\gamma + d = \frac{\mathfrak{B}\mathfrak{C}.\mathfrak{D}f.(\mathfrak{D}\pi'' - \tau' - \mathfrak{E}\mathfrak{p}\tau)}{(\mathfrak{E}\tau' - \pi' + \mathfrak{H}\mathfrak{O})(\mathfrak{D}\pi'' - \pi' + \tau - \mathfrak{H})} > 0$$
$$\delta + e = \frac{\mathfrak{B}\mathfrak{C}\mathfrak{T}.\mathfrak{D}\mathfrak{N}(\mathfrak{E}\pi''' - 1 - \mathfrak{D}\tau'')}{(\mathfrak{D}\pi'' - \pi' + \tau - \mathfrak{H}).(\mathfrak{E}\tau''' - \pi'' + \tau' - \pi + \mathfrak{H})} > 0$$
etc.

circa quas distantias obseruari conuenit, quasdam earum etiam fieri posse $= 0$, quando scilicet duae pluresue lentes sibi inuicem immediate iunguntur, quemadmodum in lentibus obiectiuis eucnire posse supra uidimus, nunquam autem vlla harum distantiarum fieri debet negatiua.

Coroll. I.

17. Hinc manifestum est, si fuerit $\pi = 0$, tum distantiam inter lentem primam et secundam euanescere; ac si praeterea sit $\pi' = 0$, etiam tertia lens praecedentibus immediate iungetur, et quarta lens insuper iis adiungetur, si quoque fuerit $\pi'' = 0$, quod quidem euenit in lentibus obiectiuis compositis seu multiplicatis, vti supra iam est ostensum.

Coroll. 2.

18. Distantia autem inter lentem primam et secundam fiet maior nihilo, uel tribuendo ipsi π ualorem positiuum, quoties scilicet fuerit $\frac{\mathfrak{B}\rho}{\mathfrak{G}\tau - \mathfrak{H}}$ quantitas posi-

positiua uel tribuendo ipsi π ualorem negatiuum, quoties ⚎ fuerit quantitas negatiua.

Coroll 3.

19. Quoniam $a = p$ est quantitas positiua, casus notari mereantur;
1°. $b = -p$; 2°. $b = 0$; 3°. $b > 0$.
Primo casu interuallum primum euanescit, ideoque erit uel $\pi = 0$ uel $\mathfrak{B} = 0$, quod autem fieri nequit, quia foret $B = 0$, ideoque $\frac{\beta}{f} = 0$, ac propterea $\beta = 0$, cuiusmodi autem lens non datur, nisi etiam sit $b = 0$; vnde in hoc primo casu necessario habebitur $\pi = 0$.
Secundo casu, quo $b = 0$, lens secunda cadet in ipsam imaginem a prima lente proiectam fietque $\mathfrak{B} \pi - \Phi = \infty$, quia neque p neque Φ esse potest $= 0$, vnde prodibit pro hoc casu $\mathfrak{B} = \infty$ et $B = -1$. hoc est $\beta = -b = 0$, vnde patet, hoc casu ambas distantias determinatrices secundae lentis euanescere; nihilo uero minus eius distantiam focalem q ualorem quemcunque retinere posse, cum sit $q = \mathfrak{B} b$, ob $\mathfrak{B} = \infty$ et $b = 0$.
Casu denique tertio, quo $b > 0$, fieri debet $\mathfrak{B} \pi - \Phi > 0$ seu $\mathfrak{B} > \frac{\Phi}{\pi}$.

Coroll 4.

20. Quod hic de casu secundo notauimus, ualet quoque de qualibet alia lente, quae in locum imaginis a lente praecedente formatae constituitur; tum enim

CAPVT I.

enim eius diſtantiarum determinatricium anterior euaneſcit, vnde et poſterior neceſſario euaneſcere debet; eueniat enim hoc in lente quarta, cuius diſtantiae determinatrices ſunt d et δ, et diſtantia focalis s, et quia eſt $\frac{1}{s} = \frac{1}{d} + \frac{1}{\delta}$ ſi ergo ſit $d = 0$, neceſſario quoque fiet $\delta = 0$, cum enim ſit $\delta = \frac{sd}{d-s}$, poſito $d = 0$, fiet utique $\delta = 0$ tum uero hinc etiam cognoſcimus, fore $\frac{1}{s} = -1 = D$; ita, vt hoc quoque caſu ſit $D = -1$ et $\mathfrak{D} = \infty$.

Problema 3.

21. Si teleſcopium ex quotcunque lentibus fuerit compoſitum, definire aperturas ſingularum lentium, vt omnes radii ab obiecto per lentem obiectiuam ingreſſi ſimul per omnes lentes ſequentes transmittantur.

Solutio.

Hic non obiectum quodcunque eſt intelligendum, ſed tantum quod per teleſcopium conſpici poteſt totum, ita, vt eius ſemidiameter adparens conueniat cum ſemidiametro campi apparentis, quam ſtatuimus $= \phi$. Quodſi iam lentis obiectiuae ponatur ſemidiameter aperturae $= x$, ſupra oſtendimus, ſemidiametros aperturae ſingularum lentium ſequentium ſequenti modo determinari:

Semid.

CAPVT I.

Semid. apert.

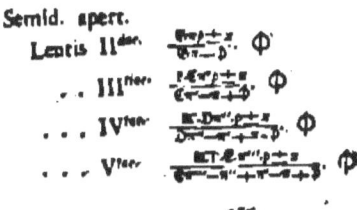

etc.

fingulae hae expreſſiones conſtant duabus partibus, et
ſignum ambiguum ± indicat, ambas partes capi debere poſitiuas, etiamſi forte ambae uel ſaltim alter-
vtra fuerit negatiua. Nihil autem impedit, quominus hae aperturae capiantur maiores, etiamſi haec am-
plificatio omni vſu deſtituatur. Quin etiam ſufficit,
has ſemidiametros maiori tantum parti, quae plerumque eſt prior, aequales ſumſiſſe, quia hinc nullum
aliud incommodum eſt metuendum, niſi quod extremitates campi adparentis alquanto obſcurius reprae-
ſententur; atque vt lentes tautae aperturae ſint capa-
ces, pro litteris π, π', π'', π''' etc. tam exiguas
fractiones ſumi oportet, vel ſupra eſt expoſitum, ue-
luti $\frac{1}{2}$, $\frac{1}{3}$ uel adhuc minores.

Coroll. I.

25. Priores partes harum formularum multo
concinnius exprimi poſſunt, ſi diſtantiae focales in calculum.

culum introducamus; tum enim eae sequenti modo exprimentur:

$\pi q; \pi' r; \pi'' s; \pi''' t$ etc.

quae expressiones immediate ex natura litterarum π, π', π'' etc. supra exposita sequuntur.

Coroll. 2.

23. Hinc etiam alterae partes illarum formularum concionius exprimi poterunt, cum sit $\frac{\phi}{6\pi-5} = \frac{\phi}{p} = \frac{q}{\theta p}$; et $\frac{\phi}{(\pi-q+\phi)} = \frac{r}{M.p}$ et $\frac{\phi}{D\pi''-\pi'+\phi} = \frac{s}{\pi.D p}$; unde superiores formulae ita repraesentari possunt.

Semid. apert.
Lentis

$I^{mae} = x$
$II^{dae} = \pi q \pm \frac{q\pi}{\theta p}$
$III^{tiae} = \pi' r \pm \frac{r\pi}{M.p}$
$IV^{tae} = \pi'' s \pm \frac{s\pi}{\pi.D p}$
$V^{tae} = \pi''' t \pm \frac{t\pi}{M.D p}$

Coroll. 3.

24. Quodsi ergo eueniat, vt litterarum π, π', π'', π''' etc. quaepiam euanescat; tam pro lente ro-

respondente semidiameter aperturae foli secundae parti aequalis fumi debet. Aliis uero casibus, quibus pars prima maior est secunda, sufficit aperturam ex sola prima parte definiri.

Scholion.

25. Casus iste, quo litterarum π, π', π'' etc. quaepiam fit $= 0$, tum habet locum, quando lens respondens in eiusmodi loco collocatur, quem supra pro idoneo loco oculi assignauimus, in quo scilicet radii ab extremitate obiecti per centrum lentis primae transmissi iterum uspiam cum axe concurrunt. In hoc enim loco lens constituta nulla alia apertura indigebit, nisi ea, quae ob aperturam lentis obiectiuae requiritur. Quare probe notandum est, quoties quaepiam lens in tali loco collocatur, pro ea ualorem ipsius π respondentis fore $= 0$. et uicissim. Quoniam igitur plerumque pars aperturae ab x pendens fit ualde parua, huiusmodi lentes commodissime loco diaphragmatum, quae uulgo in telescopiis adplicari solent, vsurpari poterunt, ve earum tam exigua apertura radii peregrini excludantur.

Problema 4.

26. Ex quotcunque lentibus telescopium fuerit compositum, definire rationem multiplicationis m, qua obiecta per id uisa aucta conspicientur.

CAPVT I.

Solutio.

Ex formulis, quas iam supra pro multiplicatione inuenimus, obtinebimus pro singulis lentium numeris sequentes formulas.

Pro num. lent.   Ratio Multiplicationis.

I. $m = +1$ ob $\frac{a}{f} = -1$.

II. $m = -\frac{a}{b}$ ob $\frac{\beta}{f} = -1$.

III. $m = +\frac{a\beta}{bc}$ ob $\frac{\gamma}{f} = -1$.

IV. $m = -\frac{a\beta\gamma}{bcd}$ ob $\frac{\delta}{f} = -1$.

V. $m = +\frac{a\beta\gamma\delta}{bcde}$ ob $\frac{\epsilon}{f} = -1$.

etc.

hic scilicet notandum est, si pro m prodeat ualor positiuus, obiectum situ erecto, sin autem negatiuus, situ inuerso repraesentatum iri. Vicissim igitur si uelimus, vt telescopium v. gr. centies multiplicet, duo casus sunt euoluendi, alter, quo repraesentatio requiritur erecta, alter, quo Inuersa, ac priori casu statuimus $m = +100$; posteriori uero $m = -100$, ita, vt tunc satis sit perspicuum, quomodo pro quouis lentium numero ualores litterarum a, b; β, c; γ; d. etc. esse debeant comparati.

Co-

Coroll. 1.

27. Si litteras latinas maiusculas introducere uelimus, erit pro duabus lentibus $m = -\frac{a}{b}$; pro tribus $m = +\frac{a}{c}$. B. pro quatuor $m = -\frac{a}{d}$ BC. pro quinque $m = +\frac{a}{e}$ BCD. etc.

Coroll. 2.

28. Cum porro fit $a = p =$ diftantiae focali lentis obiectiuae, et litera latina minuscula in his formulis denotet diftantiam focalem lentis vltimae, formulae iftae pro multiplicatione concinnius hoc modo repraefentantur:

    I. $m = +1$.
    II. $m = -\frac{p}{q}$.
    III. $m = +\frac{p}{r}$ B.
    IV. $m = -\frac{p}{s}$ BC.
    V. $m = +\frac{p}{t}$ BCD.

    etc.

Scholion.

29. In hoc problemate pro cafu vnius lentis inuenimus $m = +1$, quo indicatur, obiecta per vnicam lentem non aucta, fed naturali quantitate fpectari; id quod per fe eft manifeftum, quoniam diftantiam oculi iuftam l infinitam affumimus; tum enim

erit

erit etiam $a = p = \infty$ ideoque haec lens habebit suas facies inter se parallelas, per quam obiecta periode cernuntur, ac nudis oculis; deinde pro casu duarum lentium inuenimus $x = \frac{-l}{q}$; quare cum p sit positiuum, si q fuerit negatiuum, telescopium referet obiecta situ erecto et aucta in ratione $p : q$, seu quoties distantia focalis lentis obiectiuae maior fuerit, quam distantia focalis lentis ocularis concauae; sin autem lens ocularis quoque fuerit conuexa seu q positiuum, obiecta cernentur situ inuerso ac toties aucta, quoties q continebitur in p. Tum uero hinc etiam liquet, ob $a = p$ et $b = q$ distantiam inter has duas lentes $a + b$ seu longitudinem telescopii fore aequalem quantitati $p + q$, uti satis constat. At si plures lentes adhibeantur, ratio multiplicationis non amplius per solas distantias focales lentium obiectinae et ocularis determinatur, sed insuper ratio est habenda numerorum B, C, D etc. seu lentium intermediarum.

Problema 5.

30. Ex quotcunque lentibus telescopium fuerit compositum, definire focum oculi seu eius distantiam post ultimam lentem ocularem.

Solutio.

Hanc distantiam supra littera O indicauimus statimque uidimus pro casu unicae lentis fore $O = o$.

Pro

CAPVT I.

Pro casu autem duarum lentium inuenimus $O = \frac{B\pi}{\pi-\beta}$, quae ob $\beta = \infty$ hincque $B = \infty$ et $\mathfrak{B} = 1$ abit in hanc $O = \frac{b\pi}{\pi-\beta}$. Cum autem porro sit $b = \frac{t\Phi}{\pi-\beta}$, ideoque $\pi - \Phi = \frac{t\Phi}{b}$; habebitur $O = \frac{b^2\pi}{p\Phi} = \frac{t^2\pi}{p\Phi}$ et ob $m = -\frac{p}{q}$ seu $p = -mq$ erit $O = \frac{-\pi}{m\Phi}$ et ob $\frac{\pi}{\Phi} = \frac{p+1}{q}$ habebitur etiam $O = -\frac{(p+1)}{m} = +\frac{q-1}{m} \cdot q$

Pro casu trium lentium ob $\gamma = \infty$ ideoque $C = \infty$ et $\mathfrak{C} = 1$ habebimus $O = \frac{c\pi'}{\pi'-\pi+\beta}$; est uero $c = r = \frac{B\Phi}{\pi'-\pi+\beta}$ et $m = \frac{p}{r}$ B atque hinc p B $= mr$ adeoque $c = \frac{mr\Phi}{\pi'-\pi+\beta}$; vnde erit $O = \frac{\pi'}{m\Phi} \cdot r$

Pro casu quatuor lentium ob $\delta = \infty$ ideoque $D = \infty$ et $\mathfrak{D} = 1$ inuenimus $O = \frac{d\pi''}{\pi''-\pi'+\pi-\beta}$; at est $d = s = \frac{\pi c p \Phi}{\pi''-\pi'+\pi-\beta} = \frac{-m\pi\Phi}{\pi''-\pi'+\pi-\beta}$ hincque $\pi''-\pi'+\pi-\Phi = -m\Phi$ adeoque $O = -\frac{\pi''}{m\Phi} \cdot s$

Quo haec ad plures lentes accommodari queant, tabulam sequentem subiungam.

C 3

CAPVT I.

Num. lent.   Locus oculi
I. O = o
II. $O = \frac{b\pi}{\pi-p} = -\frac{\pi}{m\phi} \cdot q$
III. $O = \frac{c\pi'}{\pi'-\pi+p} = \frac{\pi'}{n\phi} \cdot r$
IV. $O = \frac{d\pi''}{\pi''-\pi'+\pi-p} = -\frac{\pi''}{n\phi} \cdot s$
V. $O = \frac{e\pi''}{\pi'''-\pi''+\pi'-\pi+p} = \frac{\pi'''}{n\phi} \cdot t$
etc.

Coroll. 1.

31. Ex superioribus hic repeti conueniet, si ualor ipsius O prodeat positiuus, tum pro oculo locum idoneum inueniri, ex quo totus campus adparens conspici queat; sin autem pro O prodeat ualor negatiuus, tum oculum lenti ultimae immediate adplicari debere hocque casu campum apparentem per aperturam pupillae determinari.

Coroll. 2.

32. Casu duarum lentium distantiam O concinnius exhibere licuit, cum esset $O = \frac{\pi-1}{m}$. $q = (1-\frac{1}{m})q$; vnde statim patet pro repraesentatione erecta, vbi q est quantitas negatiua, distantiam O pariter fore negatiuam ideoque oculum lenti oculari immediate adplicari debere. At si lens ocularis fuerit conuexa et repraesentatio inuersa, tum oculum in certa distantia post lentem ocularem collocari debere.

Pro-

CAPVT I.

Problema 6.

33. Ex quotcunque lentibus telescopium fuerit compositum, si distantia oculi post lentem ocularem prodierit positiua, definire campum apparentem seu eius semidiametrum Φ, quem conspicere licebit.

Solutio.

Cum sit $b = a$, ex formulis generalibus supra inuentis pro quouis lentium numero habebimus sequentes campi apparentis determinationes:

Num. lent.   Semid. campi apparentis
I. $\Phi = $ indetermin.
II. $\Phi = \frac{-\pi}{\pi - 1}$
III. $\Phi = \frac{-\pi + \pi''}{\pi - 1}$
IV. $\Phi = \frac{-\pi + \pi'' - \pi'''}{\pi - 1}$
V. $\Phi = \frac{-\pi + \pi'' - \pi''' + \pi''''}{\pi - 1}$
etc.

Coroll. I.

34. Si m denotat numerum positiuum, eo semper indicatur, repraesentationem obiectorum esse erectam; sin autem telescopium in situ inuerso repraesentet, tum semper m numero negatiuo est exprimendum, uti iam supra est monitum.

Co-

CAPVT I.

Coroll. 2.

35. Ex his formulis etiam patet, quo maior fuerit multiplicatio m, eo minorem fore, ceteris paribus, campum adparentem et cum litterae π, π', π'', π''' etc. denotare poſſint fractiones non maiores, quam 1; uel ½ ſiue poſitiuas, ſiue negatiuas, euidens eſt, augendo numerum lentium campum apparentem continuo magis augeri poſſe.

Scholion.

36. Hoc modo ſemidiameter campi apparentis per fractionem quandam reperietur expreſſus, quae tanquam pars radii ſeu ſinus totius eſt ſpectanda. Quare cum arcus circuli radio aequalis contineat circiter $57°$ $17'$ ſeu $3437'$, fractio pro ϕ inuenta in minuta prima conuertetur, ſi ea multiplicetur per numerum 3437, hocque modo ſpatium in coelo, quod per teleſcopium quodcunque conſpicitur, facillime in gradibus et minutis definietur, vbi inſuper notari conuenit, angulum hunc ϕ hic ſemper vt poſitiuum ſpectari; ſi enim prodeat negatiuus, id ſemper eſt indicio, rationem multiplicationis m quoque negatiue eſſe capiendam ſeu repraeſentationem eſſe inuerſam.

Problema 7.

37. Ex quotcunque lentibus teleſcopium fuerit compoſitum, ſi diſtantia oculi poſt lentem vltimam prodierit negatiua, definire campum apparentem ſeu eius ſemidiametrum ϕ, quem conſpicere licet.

So-

CAPVT I.

Solutio.

Si prodeat distantia O negatiua, ideoque oculus in hoc loco collocari nequeat, iam supra vidimus, tum oculum lenti vltimae immediate adplicari debere, quasi esset $O = 0$; hocque casu campum apparentem non amplius per aperturas lentium definiri, sed potissimum ab apertura pupillae pendere, cuius semidiametrum littera u designauimus, quae ob insignem oculi variationem a parte vigesima digiti usque ad $\frac{1}{10}$ dig. augeri potest, quod euenire solet, si oculus in loco valde obscuro versetur. Pro hoc igitur casu ex supra traditis determinatio campi apparentis sequenti modo se habebit:

Pro casu duarum lentium ob $\mathfrak{B} = 1$ et $b = q$, erit primo $\pi q = u$; deinde $\Phi = \frac{m u}{q+m}$, quae expressio ob $\pi = \frac{u}{q}$ abit in hanc, $\Phi = \frac{u}{1+\frac{q}{m}} = \frac{-u}{(\pi-1)}$; $= \frac{-u}{\pi-1}$, ob $p = -mq$, quae expressio, quia hoc casu q negatiuum valorem obtinet, per se fit positiua.

Pro casu trium lentium primo ob $\mathfrak{C} = 1$ et $c = r$ erit $\pi' r = u$; tum vero fit $\frac{u \pi \Phi r}{r-\pi+p} = u$ seu $\frac{m r u}{r-\pi+\mathfrak{B}}$ $= u$; vnde inuenitur $\Phi = \frac{(\pi'-u)}{\pi\pi'-u} = \frac{\pi'-\pi u}{(\pi-1)\pi'} = \frac{\pi'-u}{\pi-1}$.

Pro casu quatuor lentium ob $\mathfrak{D} = 1$ et $d = s$ erit primo $\pi'' s = u$, tum vero $\frac{u \pi' \cdot u \Phi}{\pi'-\pi+\pi-\mathfrak{B}} = u$ $= \frac{-m \pi \Phi}{\pi'-\pi+\pi-\mathfrak{B}}$, vnde inuenitur $\Phi = \frac{(\pi''-\pi'+\pi)u}{\pi'-\pi-1} = \frac{-(\pi''-\pi'+\pi)u}{(\pi-1)\pi''\pi'}$ $= -\frac{(\pi''-\pi'+\pi)u}{\pi-1}$.

CAPVT I.

Quas determinationes in sequenti tabula repraesentemus:

Pro num. lent. erit et pro campo apparente.

II. $\pi = \frac{u}{r}$ $\phi = \frac{-u}{(-1)!} = \frac{-u}{...}$.

III. $\pi' = \frac{u}{r}$ $\phi = \frac{-(\pi-\pi')c}{(-\frac{u}{r})^2} = \frac{-\pi+\pi'}{...}$.

IV. $\pi'' = \frac{u}{r}$ $\phi = \frac{-(\pi-\pi'+\pi'')c}{(-...)^2} = \frac{-\pi+\pi'-\pi''}{...}$.

V. $\pi''' = \frac{u}{r}$ $\phi = \frac{-(\pi-\pi'+\pi''-\pi''')c}{(...)^2} = \frac{-\pi+\pi'-\pi''+\pi'''}{...}$.

etc.

Coroll. 1.

38. Hinc patet, formulas pro semidiametro campi apparentis ϕ non discrepare a casu praecedente; verum autem discrimen in hoc consistit, quod casu praecedente vltima litterarum π, π', π'' etc. ab arbitrio nostro pendebat, dummodo intra limitem praescriptum $\frac{1}{4}$ vel $\frac{1}{3}$ contineretur, hic autem ea a constitutione pupillae determinari debeat.

Coroll. 2.

39. Eatenus ergo hoc casu campus apparens minor fit, quam casu praecedente, quatenus litterarum π, π', π'' etc. vltimae minor valor tribui debet, id quod fit, si fractiones $\frac{u}{r}$, $\frac{u}{r}$, $\frac{u}{r}$ etc. minores fuerint, quam limes ille $\frac{1}{4}$ uel $\frac{1}{3}$. Sin autem huic limiti prodierint

CAPVT I.

dixerint aequales, vtroque casu idem habebitur campus apparens.

Coroll. 3.

40. Hinc autem concludere non licet, si istae fractiones $\frac{x}{y}$, $\frac{x'}{y'}$, $\frac{x''}{y''}$ etc. maiores fiant limite praescripto, tum hoc posteriori casu campum adeo maiorem visum iri, propterea quod ipsa lentis postremae natura non permittit maiorem valorem litterae respondentis π. Atque ob hanc caussam nequidem conuenit tam exiguas lentes oculares admittere, vt valor vltimae litterae π limitem $\frac{1}{2}$ vel $\frac{1}{3}$ superans prodeat, quia tum ipsa huius lentis apertura minor capi deberet, quam pupilla.

Scholion.

41. Nihil autem obstat, quominus lenti oculari apertura maior tribuatur, quam pupillae, quandoquidem inde nullum aliud incommodum esset metuendum, nisi quod non omnes radii per hanc lentem transmissi in oculum ingrederentur; quod autem tantum abest, vt sit incommodum, vt potius insigne lucrum inde obtineri possit; tum enim pupilla successiue per totam lentis aperturam vagari poterit, quo id commodi consequemur, vt successiue alias atque alias obiecti partes conspiciamus. Id quod in telescopiis ad praecedentem casum pertinentibus locum habere nequit. Determinatio igitur vltimae litterarum π, π', π'' etc. in pro-

CAPVT I.

blemate exhibita ei motum fini inferuit, vt inde magnitudo campi vno obtutu viſi rite definiatur, cum adeo infigne lucrum expectari queat, fi lenti oculari multo maior apertura tribui queat; ex quo iam ratio multo clarius perſpicitur, cur lentes oculares nimis paruas euitari conueniat.

Problema 8.

42. Si teleſcopium ex quotcunque lentibus fuerit compoſitum atque adeo fingulae lentes ex diuerfis vitri ſpeciebus fint formatae, definire ſemidiametrum confufionis, qua repraeſentatio obiectorum erit inquinata.

Solutio.

Iam in limine huius capitis cuilibet lenti peculiarem refractionis rationem tribuimus, huncque in finem litteras n, n', n'', n''' etc. in calculum introduximus. Quare tantum opus eſt, vt formulas in additamento poſtremo I^{mae} partis inuentas ad caſum teleſcopiorum, quo fit $a = \infty$; $b = a$; hincque $A = \infty$ et $A\dot a = a\dot=p$, transferamus; ad quod efficiendum ex denominatoribus ſingulorum membrorum factor A' cum factore communi coniungatur, vt fiat in eius denominatore $\Lambda'.aab = a'=p'$. Quo facto pro quolibet lentium numero ſemidiameter confufionis ſequenti formula exprimetur:

$\mu\lambda$

CAPVT I.

$$\frac{m\,x^2}{4\,p^2}\left[\begin{array}{l}\mu\,\lambda + \frac{\mu'(C+\gamma)\lambda'(C+\gamma)'+\gamma''C\Phi}{b'C'(b''-x'+\delta)} \\ + \frac{\mu''(C+\gamma)\lambda''(C+\gamma)''+\gamma''C\Phi}{b'C'(b''-x'+\delta)} \\ + \frac{\mu'''(D+\gamma)\lambda'''(D+\gamma)'+\gamma''D\Phi}{b'C'D'(b''-x'+x-\Phi)}\end{array}\right.$$

etc.

quae, fi fingula membra in duas partes difcerpantur, commodius exprimi poterit ob valores $\frac{B}{C+\delta} = \mathfrak{B}$; $\frac{C}{C+\delta} = \mathfrak{C}$ etc. Erit fcilicet haec expreffio:

$$\frac{m\,x^2}{4\,p^2}\left[\begin{array}{l}\mu\,\lambda + \frac{\mu'\Phi}{\mathfrak{B}(b''-x)}\left(\frac{\lambda'}{\mathfrak{B}}+\frac{\gamma'}{\mathfrak{B}}\right) \\ + \frac{\mu''\Phi}{\mathfrak{B}\mathfrak{C}(b''-x+\Phi)}\left(\frac{\lambda''}{\mathfrak{B}'}+\frac{\gamma''}{\mathfrak{C}}\right) \\ + \frac{\mu'''\Phi}{\mathfrak{B}\mathfrak{C}\mathfrak{D}(b''-x'+x-\Phi)}\left(\frac{\lambda'''}{\mathfrak{D}'}+\frac{\gamma'''}{\mathfrak{D}}\right)\end{array}\right.$$

etc.

quae porro, formulis §. 23 in fubfidium vocatis ad hanc formam redigitur:

$$\frac{m\,x^2}{4\,p^2}\left[\begin{array}{l}\mu\,\lambda + \frac{\mu'}{\mathfrak{B}\cdot p}\left(\frac{\lambda'}{\mathfrak{B}}+\frac{\gamma'}{\mathfrak{C}}\right) \\ + \frac{\mu''\,x}{\mathfrak{B}\mathfrak{C}\cdot p}\left(\frac{\lambda''}{\mathfrak{B}'}+\frac{\gamma''}{\mathfrak{C}}\right) \\ + \frac{\mu'''\,x}{\mathfrak{B}\mathfrak{C}\mathfrak{D}\cdot p}\left(\frac{\lambda'''}{\mathfrak{D}'}+\frac{\gamma'''}{\mathfrak{D}}\right)\end{array}\right.$$

etc.

atque hinc pro quouis lentium numero femidiameter confufionis fequenti modo exprimetur:

CAPVT I.

Pro duabus lentibus ob $B = \infty$; $b = q$; $\mathfrak{B} = \mathfrak{r}$. erit semidiameter confusionis $= \frac{mx^3}{rp^3}(\mu\lambda + \frac{\mu'\lambda'}{p})$ quae forma ob $p = -mq$ reducitur ad hanc:

$$\frac{mx^3}{rp^3}\left(\mu\lambda - \frac{\mu'\lambda'}{m}\right)$$

Pro tribus lentibus ob $C = \infty$ et $\mathfrak{C} = \mathfrak{r}$ et $Bp = mr$ erit semidiameter confusionis $=$

$$\frac{mx^3}{rp^3}\left\{\mu\lambda + \frac{\mu'r}{\mathfrak{B}\cdot p}\left(\frac{\lambda'}{\mathfrak{C}} + \frac{r'}{\mathfrak{B}}\right) + \frac{\mu''\lambda''}{\mathfrak{B}\cdot m}\right\}$$

Pro quatuor lentibus ob $D = \infty$ et $\mathfrak{D} = \mathfrak{r}$ et $BCp = -mr$ erit semidiameter confusionis $=$

$$\frac{mx^3}{rp^3}\left[\begin{array}{l}\mu\lambda + \frac{\mu'r}{\mathfrak{B}\cdot p}\left[\frac{\lambda'}{\mathfrak{C}} + \frac{r'}{\mathfrak{B}}\right] \\ + \frac{\mu''r}{\mathfrak{B}\cdot\mathfrak{C}\cdot p}\left[\frac{\lambda''}{\mathfrak{C}} + \frac{r''}{\mathfrak{C}}\right] \\ - \frac{\mu'''\lambda'''}{\mathfrak{B}\cdot\mathfrak{C}\cdot m}\end{array}\right.$$

Pro quinque lentibus ob $E = \infty$ et $\mathfrak{E} = \mathfrak{r}$ et $BCDp = mr$ erit semidiameter confusionis $=$

$$\frac{mx^3}{rp^3}\left[\begin{array}{l}\mu\lambda + \frac{\mu'r}{\mathfrak{B}\cdot p}\left[\frac{\lambda'}{\mathfrak{C}} + \frac{r'}{\mathfrak{B}}\right] \\ + \frac{\mu''r}{\mathfrak{B}\cdot\mathfrak{C}\cdot p}\left[\frac{\lambda''}{\mathfrak{C}} + \frac{r''}{\mathfrak{C}}\right] \\ + \frac{\mu'''r}{\mathfrak{B}\cdot\mathfrak{C}\cdot\mathfrak{D}\cdot p}\left[\frac{\lambda'''}{\mathfrak{D}} + \frac{r'''}{\mathfrak{D}}\right] \\ + \frac{\mu''''\lambda''''}{\mathfrak{B}\cdot\mathfrak{C}\cdot\mathfrak{D}\cdot m}\end{array}\right.$$

etc.

CAPVT I.

Coroll. 1.

43. His igitur formulis semidiameter confusionis per numerum seu fractionem quandam numericam expressa reperitur, quae fractio in gradus, minuta et secunda conuersa indicabit, sub quanto angulo singula obiectorum puncta per telescopium conspiciantur, quippe in quo effectus confusionis exiflit.

Coroll. 2.

44. Ne igitur haec confusio fiat intolerabilis, necesse est, vt semidiameter confusionis infra certum limitem subsistat, pro quo limite supra hanc formulam constituimus $\frac{1}{k x}$ existente $k = 40$ uel $k = 30$ circiter.

Coroll. 3.

45. Quodsi ergo in genere numeros in clausulis contentos ponamus $= N$, efficiendum est, vt $\frac{m x'}{p^2}$. N non excedat limitem $\frac{1}{k x}$; ex quo statui debebit $\frac{m x'}{p^2}$. N $= \frac{1}{k x}$, vnde quantitas p seu distantia focalis lentis obiectiuae determinatur. fiet scilicet $p = k x. \sqrt{m x' N}$.

Coroll. 4.

46. Si porro gradus claritatis littera y indicetur, vt supra fecimus, vbi vidimus, capi debere $s = m y$ et vulgo statui $y = \frac{1}{10}$ dig., vnde satis notabilis

CAPVT I.

tabilis gradus claritatis oritur; aequatio modo inuenta erit $p = m \, ky \sqrt[3]{m}$. N); vnde patet, caeteris paribus, diflantiam focalem lentis obiectiuae p fequi rationem fesquitriplicatam multiplicationis m, vbi notandum quia $y = \frac{1}{1}$, dig. et $k = 40$. fore propemodum $k \, y = \frac{1}{1}$ dig. feu quafi 1 dig. plus uel minus fecundum circumftantias.

Scholion 1.

47. Ne quem offendat, quod ex hac aequatione valorem ipfius p definiuimus, cum tamen haec quantitas iam infit in numero N; notandum eft, hic non tam ipfam quantitatem p, quam eius rationem ad reliquas diftantias focales q, r, s etc. in numerum N ingredi quae rationes cum aliunde vt iam cognitae fpectari poffint, noftra aequatio vtique eft idonea, ex qua valor abfolutus ipfius p determinetur, id quod fit ex quantitate x, quae in digitis expreffa habetur, cum fit $x = m \, y$ et y in partibus digiti detur, feu capiatur $y = \frac{1}{1}$ dig. fiue maior fiue minor, prout maior uel minor claritatis gradus defideratur.

Scholion 2.

48. Cum maxime fit optandum, vt haec confufio penitus ad nihilum redigatur fiatque $N = 0$, fi hoc fuccefferit, oftendendum adhuc eft, quomodo hinc diftantia focalis lentis obiectiuae p definiri debeat, fiquidem pro cafu $N = 0$ noftra aequatio daret $p = a$;

quod

CAPVT I.

quod cum fieri nequeat, ad eius aperturam feu quantitatem x eft refpiciendum, quae quia ex gradu claritatis y cum multiplicatione m coniuncto eft data, huic lenti neceffario tantam diftantiam focal.m p tribui oportet, vt lens tantae aperturae fiat capax: ad minimum fcilicet debet effe $p > 5 x$ atque interdum adhuc maius, prout lentis facies magis proieu it incuruatae. In genere autem obferuandum eft, nihil impedire, quo minus maior ftatuatur quantitas p dummodo non fiat minor.

Problema 9.

49. Si telefcopium quotcunque lentibus conflet oculique diftantia poft vltimam lentem inuenta fuerit pofitus, definire lentium difpofitionem, vt obiecta fine margine colorato confpiciantur.

Solutio.

Quoniam huic conditioni iam fupra generatim fatisfecimus, aequatio ibi inuenta ad cafum praefentem telefcopiorum accommodemus ac videbimus, fcopum obtineri, fi huic aequationi fatisfieri poffit

$$0 = \frac{M_i'}{N_i'} \cdot \frac{\pi}{\gamma_0} + \frac{M_i''}{N_i''} \cdot \frac{\pi'}{\gamma_0} + \frac{M_i'''}{N_i'''} \cdot \frac{\pi''}{\gamma_0}$$

etc.

quam ad fingulos lentium numeros applicemus.

Pro duabus lentibus ob $b = q$ erit

$$0 = \frac{dn'}{n'-1}\cdot\frac{\pi l}{\phi_p} = -\frac{dn'}{n'-1}\cdot\frac{\pi}{m\phi}.$$

Pro tribus lentibus ob $c = r$ erit

$$0 = \frac{dn'}{n'-1}\cdot\frac{\pi b}{\phi_p} + \frac{dn''}{n''-1}\cdot\frac{\pi'p}{m\phi_p}$$

sine

$$0 = \frac{dn'}{n'-1}\cdot\frac{\pi b}{\phi_p} + \frac{dn''}{n''-1}\cdot\frac{\pi}{m\phi}.$$

Pro quatuor lentibus ob $d = s$ et $BCp = -ms$ erit

$$0 = \frac{dn'}{n'-1}\cdot\frac{\pi b}{\phi_p} + \frac{dn''}{n''-1}\cdot\frac{\pi'c}{m\phi_p} + \frac{dn'''}{n'''-1}\cdot\frac{\pi'}{m\phi}.$$

Pro quinque lentibus ob $e = s$ et $BCDp = ms$ erit

$$0 = \frac{dn'}{n'-1}\cdot\frac{\pi b}{\phi_p} + \frac{dn''}{n''-1}\cdot\frac{\pi'c}{m\phi_p}$$
$$+ \frac{dn'''}{n'''-1}\cdot\frac{\pi''d}{BC\phi_p} + \frac{dn''''}{n''''-1}\cdot\frac{\pi'''}{m\phi}.$$

Coroll. 1.

50. Cum pro casu duarum lentium sit $\frac{\pi}{\phi} = m-1$, habebitur haec aequatio $0 = \frac{dn'}{n'-1}\cdot\frac{m-1}{1}$ quod cum fieri non possit, manifestum est telescopia ex duabus lentibus composita a vitio marginis colorati liberari non posse.

CAPVT I.

Coroll. 2.

§1. Si omnes lentes ex eadem vitri specie sint factae, aequationes nostras per factores differentiales diuidere licebit indeque eaedem formulae reperiuntur, quae pro hoc casu supra sunt datae.

Problema 10.

§2. Si telescopium quotcunque constet lentibus oculique distantia post vltimam lentem inuenta fuerit negatiua, definire lentium dispositionem, vt obiecta sine margine colorato conspiciantur.

Solutio.

Ex superioribus pro quouis lentium numero sequentibus aequationibus erit satisfaciendum.

Pro duabus lentibus si superior aequatio per A multiplicetur, habebitur

$$o = \tfrac{d\pi}{n-1}. B\pi p, \text{ quod ob } B = \infty \text{ fieri nequit.}$$

Pro tribus lentibus multiplicando per A habebitur ob $C = \infty$

$$o = \tfrac{d\pi}{n-1}. B\pi' p + \tfrac{d\pi'}{n'-1}. b((B+1)\pi'-\pi)$$

Pro quatuor lentibus ob $D = \infty$ habebitur

$$o = \tfrac{d\pi}{n-1}. BC\pi'' p + \tfrac{d\pi'}{n'-1}. b((B+1)C\pi''-\pi)$$
$$+ \tfrac{d\pi''}{n''-1}. c\left(\tfrac{(C+1)\pi''-\pi}{1}\right)$$

CAPVT I.

Pro quinque lentibus ob $E = \infty$

$$0 = \tfrac{d x}{x^{n-1}} BCD\pi''' p + \tfrac{d x}{x^{n-1}} b([B+1]CD\pi''' - \pi)$$
$$+ \tfrac{d x}{x^{n-1}} c \left(\tfrac{[C+1]D\pi'''-\pi}{B}\right)$$
$$+ \tfrac{d x}{x^{n-1}} d \left(\tfrac{[D+1]\pi'''-\pi}{BC}\right)$$

Problema II.

53. Si telescopium ex quotcunque lentibus fit compositum, eam definire lentium dispositionem, vt omnis confusio a diuersa radiorum refrangibilitate oriunda penitus tollatur.

Solutio.

Ex supra traditis pro omni lentium numero aequationem exhibere possumus, qua scopo proposito satisfiet, multiplicando enim per A^ν habebitur

$$0 = \tfrac{d x}{x^{n-1}}\cdot a + \tfrac{d x}{x^{n-1}}\cdot \tfrac{b}{B} + \tfrac{d x}{x^{n-1}}\cdot \tfrac{c}{BC}$$
$$+ \tfrac{d x}{x^{n-1}}\cdot \tfrac{d}{BCD} + \tfrac{d x}{x^{n-1}}\cdot \tfrac{e}{BCDE}$$

etc.

quae ob $a = p$; $b = \tfrac{q}{B}$; $c = \tfrac{r}{C}$; $d = \tfrac{s}{D}$ etc. abit in hanc

$$0 = \tfrac{d x}{x^{n-1}}\cdot p + \tfrac{d x}{x^{n-1}}\cdot \tfrac{q}{B} + \tfrac{d x}{x^{n-1}}\cdot \tfrac{r}{BC}$$
$$+ \tfrac{d x}{x^{n-1}}\cdot \tfrac{s}{BCD} + \tfrac{d x}{x^{n-1}}\cdot \tfrac{t}{BCDE}$$

etc.

Hinc

CAPVT I.

Hinc ergo pro singulis lentium numeris nanciscimur sequentes aequationes adimplendas.

Pro duabus lentibus ob $\mathfrak{B} = 1$

$$0 = \frac{d\pi}{\pi - 1} \cdot p + \frac{d\pi'}{\pi' - 1} \cdot q$$

Pro tribus lentibus ob $\mathfrak{C} = 1$

$$0 = \frac{d\pi}{\pi - 1} \cdot p + \frac{d\pi'}{\pi' - 1} \cdot \frac{b}{a} + \frac{d\pi''}{\pi'' - 1} \cdot \frac{b'}{a'}$$

Pro quatuor lentibus ob $\mathfrak{D} = 1$

$$0 = \frac{d\pi}{\pi-1} \cdot p + \frac{d\pi'}{\pi'-1} \cdot \frac{b}{a} + \frac{d\pi''}{\pi''-1} \cdot \frac{b'}{a'\mathfrak{C}}$$
$$+ \frac{d\pi'''}{\pi'''-1} \cdot \frac{b''}{a''\mathfrak{C}'}$$

Pro quinque lentibus ob $\mathfrak{E} = 1$

$$0 = \frac{d\pi}{\pi-1} \cdot p + \frac{d\pi'}{\pi'-1} \cdot \frac{b}{a} + \frac{d\pi''}{\pi''-1} \cdot \frac{b'}{a'\mathfrak{C}}$$
$$+ \frac{d\pi'''}{\pi'''-1} \cdot \frac{b''}{a''\mathfrak{C}\mathfrak{D}} + \frac{d\pi''''}{\pi''''-1} \cdot \frac{b'''}{a'''\mathfrak{C}'\mathfrak{D}'}$$

Coroll. I.

54. Cum sit $\mathfrak{B} = \frac{a}{p}$; $\mathfrak{C} = \frac{a}{q}$; $\mathfrak{D} = \frac{a}{q}$ etc. tum vero $B = \frac{b}{p}$; $C = \frac{b'}{q}$; $D = \frac{b''}{q}$ etc. aequatio generalis per pp seu aa diuisa abibit in sequentem formam:

$$0 = \frac{d\pi}{\pi-1} \cdot \frac{1}{p} + \frac{d\pi'}{\pi'-1} \cdot \frac{bb}{aa} \cdot \frac{1}{q} + \frac{d\pi''}{\pi''-1} \cdot \frac{b'b' \cdot cc}{aa\beta\beta} \cdot \frac{1}{r}$$
$$+ \frac{d\pi'''}{\pi'''-1} \cdot \frac{bb \cdot cc \cdot dd}{aa\beta\beta\gamma\gamma} \cdot \frac{1}{s} + \frac{d\pi''''}{\pi''''-1} \cdot \frac{b'c'd'f'}{a\beta\gamma\delta} \cdot \frac{1}{t}$$

etc.

quae aequatio commodior videtur praecedente.

CAPVT I.

Coroll. 2.

55. Quod ad numerum horum terminorum attinet, perspicuum est, cum esse numero lentium aequalem neque igitur opus est, vt hanc formulam seorsim ad quemlibet lentium numerum accommodemus.

Coroll. 3.

56. Si omnes lentes ex eadem vitri specie essent confectae, tum haec aequatio per coëfficientes differentiales diuidi posset prodiretque

$$0 = \tfrac{1}{p} + \tfrac{b'}{a'} \cdot \tfrac{1}{q} + \tfrac{b'c'}{a'\beta'} \cdot \tfrac{1}{r} + \tfrac{b'c'd'}{a'\beta'\gamma'} \cdot \tfrac{1}{s}$$
etc.

cui autem nullo modo satisfieri potest.

Scholion 1.

57. Quod haec aequatio, quando omnes lentes ex eadem vitri specie sunt paratae, nullo modo subsistere queat; sequenti modo ostendi potest. Cum sit $\tfrac{1}{p} = \tfrac{1}{a}$; $\tfrac{1}{q} = \tfrac{1}{a} + \tfrac{1}{\beta}$; $\tfrac{1}{r} = \tfrac{1}{a} + \tfrac{1}{\gamma}$; $\tfrac{1}{s} = \tfrac{1}{a} + \tfrac{1}{\delta}$; si hi valores substituantur singulaque membra post primum in duas partes discerpantur, aequatio induet hanc formam:

$$0 = \tfrac{1}{a} + \tfrac{b}{a'} + \tfrac{b'c}{a'\beta'} + \tfrac{b'c'd}{a'\beta'\gamma}$$
$$+ \tfrac{b'}{a'\beta} + \tfrac{b'c'}{a'\beta'\gamma} + \tfrac{b'c'd'}{a'\beta'\gamma'\delta}$$
etc.

hic

CAPVT I.

hic iam iungantur iterum bini termini et aequatior prodicns ita erit comparata:

$$o = \frac{a+b}{a^3} + \frac{b(\beta+c)}{a\beta^3} + \frac{b'c'(\gamma+d)}{a\beta\gamma^3} + \frac{b'c'd'}{a\beta\gamma d}$$

quia nunc $a+b$; $\beta+c$; $\gamma+d$ vt lentium distantiae necessario sunt positiuae, omnes plane termini usque ad vltimum necessario positiui sunt; ultimus autem terminus $\frac{b'c'd'}{a\beta\gamma d}$ ob $\delta = \infty$ per se euanescit, scilicet pro casu quatuor lentium, quem hic consideravimus.

Scholion 2.

56. His igitur praeparatis iam possemus ad diuersa genera telescopiorum constituenda progredi, singularumque specierum constructionem docere. Sed quoniam ea, quae supra de lentibus multiplicatis sunt tradita, maximum vsum in perficiendis telescopiis habere possunt, dum scilicet loco lentium simplicium multiplicatae adhibentur, quae multo minorem confusionem pariant, opusultum videtur, ea hic repetere et ad telescopia accommodare. Inprimis autem ex formula pro semidiametro confusionis inuenta patet, lentem obiectiuam in ea praecipuas partes tenere; siquidem pro ea fuerit $\lambda = 1$, quare si eius loco lens multiplicata substituatur, pro qua valor numeri λ vehementer fit minor vel adeo evanescat; statim maximum inde commodum adipiscimur, dum tota confusio ad valde exiguum vel fortasse ad nihilum redigitur.

Quo-

CAPVT I.

Quocirca in capite sequente praecipuas lentes compoficas, quas in locum lentis obiectiuae substituere licebit, enumerabimus, et pro singulis valorem ipsius λ indicabimus, vt deinceps pro circumstantiis hinc depromi possint.

CAPVT

CAPVT II.

DE
LENTIBUS OBIECTIUIS
COMPOSITIS ATQUE PERFECTIS.

Problema I.

59.

Conſtructionem lentis obiectiuae ſimplicis, quae minimam confuſionem pariat, deſcribere.

Solutio.

Cum lens ſimplex minorem confuſionem parere nequeat, quam ſi fuerit $\lambda = 1$. ſtatuamus ſtatim $\lambda = 1$ et cum ſit $a = \infty$, ex iis, quae ſupra ſunt tradita, facile intelligitur, hanc lentem ita conſtrui debere, vt ſit

$$\text{radius faciei} \begin{cases} \text{anterioris} = \frac{a}{r} \\ \text{poſterioris} = \frac{a}{r} \end{cases}$$

vbi numeri σ et ρ ex ratione refractionis ſunt ſumendi ſecundum tabulam §. 15. exhibitam. Pro variis igitur vitri ſpeciebus haec conſtructio ita ſe habebit; ſcilicet cum ſit $a = p$, erit radius faciei

pro

CAPVT II.

pro n.	anterioris F.	posterioris G.
1. 50.	0. 58333. p.	3. 4989. p.
1. 51.	0. 58976. p.	3. 7693. p.
1. 52.	0. 59609. p.	4. 0717. p.
1. 53.	0. 60234. p.	4. 4111. p.
1. 54.	0. 60849. p.	4. 8008. p.
1. 55.	0. 61448. p.	5. 2439. p.
1. 56.	0. 62039. p.	5. 7571. p.
1. 57.	0. 62617. p.	6. 2573. p.
1. 58.	0. 63183. p.	7. 0722. p.
1. 59.	0. 63739. p.	7. 9428. p.
1. 60.	0. 64288. p.	9. 0009. p.

Coroll. 1.

60. Cum in expressione pro semidiametro confusionis λ multiplicetur per μ, ex §. 15. intelligitur, confusionem, ceteris paribus, eo fieri minorem, quo maior fuerit ratio refractionis n, ita, vt hoc respectu ea vitri species, quae maximam refractionem habet, reliquis sit anteferenda.

Coroll. 2.

61. Vulgo lentes obiectiuae vtrinque aequaliter conuexae confici solent, pro quo casu operae pretium erit, inuestigare, quanto numerus λ vnitatem sit superaturus; quia autem est $F = \frac{a}{1 - T \cdot \sqrt{\lambda - 1}}$ et $G = \frac{a}{1 + T \cdot \sqrt{\lambda - 1}}$ posito $F = G$ erit $\sqrt{\frac{}{\lambda - 1}} = \frac{1 - T}{1 + T} = \frac{r(nn-1)}{n\sqrt{(12 - n)}}$; tum vero habe-

CAPVT II.

habebitur $\frac{1}{r} + \frac{1}{a} = \frac{n-1}{a} = \frac{1}{(n-1)a} = \frac{1}{f}$, feu F = G = a[n-1]a = 2[n-1]p. Quod autem ad λ attinet, pro cafu n = 1, 55 erit $\sqrt{\frac{1}{n-1}} = \frac{1}{\ldots} = 0$. 79367, hincque λ = 1. 64991; vnde patet, quanto maiorem confufionem talis lens obiectiua pariat.

Coroll 3.

62. Si lentem obiectiuam conuexo planum facere velimus, vt eius facies pofterior fiat plana feu G = ∞, erit $\sqrt{\frac{1}{n-1}} = \frac{1}{f}$ et $F = \frac{a}{f+f} = [n-1] a$; et pro cafu, quo n = 1. 55, λ = 1. 0443, vnde confufio non nifi perparum fuperat illam, quae oritur ex cafu λ = 1.

Coroll 4.

63. Sin autem eafcem lens plano - conuexa inuertatur, vt fit F = ∞, ideoque $V[\lambda-1] = \frac{a}{f}$ et $G = \frac{a}{f+f} = [n-1]a$, erit pro cafu n = 1, 55, λ = 4, 2329, ita, vt talis lens plus quam quadruplo maiorem pariat confufionem, quam noftra lens commendata.

Coroll 5.

64. Patet ergo, fi lens adhibeatur plano conuexa, quantum interfit, vtrum facies eius conuexa ad plana verfus obiectum dirigatur, cum pofteriori cafu confufio circiter quater maior fiat, quam priore.

CAPVT II.

Problema 2.

65. Constructionem lentis obiectiuae duplicatae, siquidem ambae lentes ex eadem vitri specie sint confectae, describere, quae minimam confusionem pariat.

Solutio.

Ex §. 113 libri sup., cum hic sit $\alpha = \infty$ et $\beta = p$, colligimus sequentem constructionem:

Pro lente priori

Radius faciei $\begin{cases} \text{anterioris} = \frac{2p}{\sigma} \\ \text{posterioris} = \frac{2p}{\varrho} \end{cases}$

Pro lente posteriori

Radius faciei $\begin{cases} \text{anterioris} = \frac{2p}{u-\varrho} \\ \text{posterioris} = \frac{2p}{1-\sigma} \end{cases}$

ac si haec lens duplicata loco lentis obiectiuae adhibeatur, pro ea erit $\lambda = \frac{p}{2}$ quos valores pro praecipuis tantum vitri speciebus determinemus:

Contemplemur igitur primo vitrum coronarium, pro quo $n = 1, 53$ et cum sit $\varrho = 0,2266, \sigma = 1, 6602$, erit $2\sigma - \varrho = 3.0938$ et $2\varrho - \sigma = -1.2070$; tum vero ob $v = 0.2194$ prodit $\lambda = 0.1951$, atque habetur sequens constructio

CAPVT II.

Pro vitro coronario $n = 1, 53$.

Pro lente priori

radius faciei $\begin{cases} \text{anterioris} = 1, 1047. \text{ p.} \\ \text{posterioris} = 8, 8262. \text{ p.} \end{cases}$

Pro lente posteriore

radius faciei $\begin{cases} \text{anterioris} = 0, 6464. \text{ p.} \\ \text{posterioris} = -1, 6570. \text{ p.} \end{cases}$

et $\lambda = 0, 1951$.

Ponamus nunc $n = 1, 55$ pro vitro ordinario, eritque $\varrho = 0, 1907, \sigma = 1, 6274$ et $2\sigma - \varrho = 3, 0641$. $2\varrho - \sigma = -1, 2460. \nu = 0, 2326$; hinc $\lambda = 0, 1918$, vnde elicitur sequens constructio

Pro vitro communi $n = 1, 55$.

Pro lente priore

radius faciei $\begin{cases} \text{anterioris} = 1, 2289. \text{ p.} \\ \text{posterioris} = 10, 4876. \text{ p.} \end{cases}$

Pro lente posteriore

radius faciei $\begin{cases} \text{anterioris} = 0, 6527. \text{ p.} \\ \text{posterioris} = -1, 6053. \text{ p.} \end{cases}$

et $\lambda = 0, 1918$.

Ponamus porro $n = 1, 58$ pro vitro chrystallino, eritque $\varrho = 0, 1413, \sigma = 1, 5827, 2\sigma - \varrho = 3, 0241$;

CAPVT II.

$2\rho - \sigma = -1.3001, \nu = 0.2529$; hincque $\lambda = 0.1868$.
vnde habetur sequens conftructio:

Pro vitro chryftallino $n = 1, 58$
Pro lente pr ori
radius faciei $\begin{cases} \text{anter.} = +1.26366. \text{ p.} \\ \text{pofter.} = +14.15421. \text{ p.} \end{cases}$
Pro lente pofteriori
radius faciei $\begin{cases} \text{anter.} = +0.66135. \text{ p.} \\ \text{pofter.} = -1.53834. \text{ p.} \end{cases}$
et $\lambda = 0.1868$.

Problema 3.

66. Conftructionem lentis triplicatae, fiquidem omnes tres lentes ex eadem vitri fpecie fint conftctae, defcribere, quae minimam confufionem pariat.

Solutio.

Ex §. 135. libri fup., cum hic fit $a = \infty$ et $\gamma = p$ colligimus hanc conftructionem:

Pro lente

prima, radius faciei $\begin{cases} \text{anterioris} = \frac{p}{q} \\ \text{pofterioris} = \frac{p}{q} \end{cases}$

fecunda, radius faciei $\begin{cases} \text{anterioris} = \frac{p}{1-q} \\ \text{pofterioris} = \frac{p}{1-q} \end{cases}$

tertia, radius faciei $\begin{cases} \text{anterioris} = \frac{p}{1-q} \\ \text{pofterioris} = \frac{p}{1-q} \end{cases}$

pro qua lente triplicata valor ipfius λ eft $\lambda = \frac{1-1\nu}{1\cdot p}$

Quare

CAPVT II.

Quare pro praecipuis vitri speciebus valores horum radiorum euoluamus.

Cum igitur sit pro vitro coronario $n = 1, 53$, $\varrho = 0, 2266, \sigma = 1, 6602 \; 2\sigma - \varrho = 3.0938$; $2\varrho - \sigma = -1.2070 \; 3\sigma - 2\varrho = 4.5274$; $3\varrho - 2\sigma = -2.6406$. atque ob $\nu = 0.2194$ reperitur $\lambda = 0.0461$. atque sequens habetur constructio:

Pro vitro coronario, $n = 1, 53$.
Pro lente prima
radius faciei $\begin{cases} \text{anterioris} = 1.8070. \text{ p.} \\ \text{posterioris} = 13.2393. \text{ p.} \end{cases}$

Pro lente secunda
radius faciei $\begin{cases} \text{anterioris} = 0.9696. \text{ p.} \\ \text{posterioris} = -2.4855. \text{ p.} \end{cases}$

Pro lente tertia
radius faciei $\begin{cases} \text{anterioris} = 0.6626. \text{ p.} \\ \text{posterioris} = -1.1361. \text{ p.} \end{cases}$

tum vero pro hac lente triplicata erit $\lambda = 0.0461$.

Pro vitro communi, $n = 1, 55$.
cum sit $\varrho = 0.1907$; $\sigma = 1.6274 \; 2\sigma - \varrho = 3.0641$; $2\varrho - \sigma = -1.2460. \; 3\sigma - 2\varrho = 4.5008, 3\varrho - 2\sigma = -2.6827$, erit:

Pro lente prima
radius faciei $\begin{cases} \text{anterioris} = +1.8433. \text{ p.} \\ \text{posterioris} = +15.7316. \text{ p.} \end{cases}$

Pro

Pro lente secunda

radius faciei $\begin{cases} \text{anterioris} = +\, 0.\,9790.\text{ p.} \\ \text{posterioris} = -\, 2.\,4079.\text{ p.} \end{cases}$

Pro lente tertia

radius faciei $\begin{cases} \text{anterioris} = +\, 0.\,6665.\text{ p.} \\ \text{posterioris} = -\, 1.\,1182.\text{ p.} \end{cases}$

atque ob $\nu = 0.\,2326$ erit $\lambda = 0.\,0422$.

Pro vitro chryftallino, $n = 1,\,58$.

$\varrho = 0,\,1413;\ \sigma = 1.\,5827.\ 2\sigma - \varrho = 3.\,0241;$
$2\varrho - \sigma = -1.\,3001.\ 3\sigma - 2\varrho = +4.\,4655;\ 3\varrho - 2\sigma$
$= -2.\,7415.$

Pro lente prima,

radius faciei $\begin{cases} \text{anterioris} = +\, 1.\,8954.\text{ p.} \\ \text{posterioris} = +\, 21.\,2313.\text{ p.} \end{cases}$

Pro lente secunda

radius faciei $\begin{cases} \text{anterioris} = +\, 0.\,9920.\text{ p.} \\ \text{posterioris} = -\, 2.\,3075.\text{ p.} \end{cases}$

Pro lente tertia

radius faciei $\begin{cases} \text{anterioris} = +\, 0.\,6718.\text{ p.} \\ \text{posterioris} = -\, 1.\,0942.\text{ p.} \end{cases}$

et quia eft $\nu = 0.\,2529$, erit $\lambda = 0.\,0362$.

Co-

CAPVT II.

Coroll. 1.

67. Si ergo huiusmodi lens siue duplicata siue triplicata loco lentis obiectiuae adhibeatur, summus eius vsus in hoc consistit, vt semidiameter confusionis ob imminutum valorem ipsius λ multo minor reddatur, hincque distantia focalis lentis obiectiuae haud mediocriter minor sumi possit.

Coroll. 2.

68. Deinde etiam hinc patet, quo maior fuerit refractio seu numerus n, pro huiusmodi lente obiectiua, eo maius lucrum in constructionem telescopiorum redundare, quia tum non solum numerus λ prodit minor, sed etiam numerus μ, per quem λ multiplicari oportet.

Scholion.

69. Huiusmodi autem lentes duplicatae et triplicatae in obiectiuae lentis locum substituendae nihil plane conferunt ad alterum confusionis genus, quod ex diuersa radiorum refrangibilitate nascitur, diminuendum, sed aequationes in capite Imo datae pro hoc genere confusionis tollendo prorsus manent eaedem ac si lens obiectiua esset simplex; verum reliquae lentes duplicatae et triplicatae, quas supra in additamento commendauimus, primum etiam terminum in aequatione pro dispersione ante inuenta ad nihilum redigunt,

CAPVT II.

gunt, in quo praecipua pars huius confusionis continetur. Quocirca in hoc capite illas lentium tam duplicatarum, quam triplicatarum, species repeti conueniet.

Definitio 4.

70. Lens obiectiua perfecta est, quae non solum nullam parit confusionem ab apertura oriundam, sed etiam nullam plane radiorum dispersionem gignit.

Coroll. 1.

71. Si igitur talis lens adhibeatur, numerus λ penitus euanescet, vnde semidiameter confusionis multo fit minor, quam pro lentibus obiectiuis compositis hactenus explicatis.

Coroll. 2.

72. Ex superioribus etiam satis intelligitur, ad huiusmodi lentes perfectas construendas duas ad minimum diuersas vitri species requiri et quia experimenta circa alias vitri species adhuc desiderantur, alias species adhibere non licet, praeter vitrum coronarium et chryftallinum, quibus Clariffimus Dollondus est vsus.

Problema 4.

73. Lentem obiectiuam duplicatam, partim ex vitro coronario $n = 1, 53$, partim ex chryftallino $s = 1, 58$ compositam construere.

So-

CAPVT II.
Solutio.

In additamento ad calcem capitis III. partis praecedentis annexo duas huiusmodi lentes perfectas dedimus, quarum alterius lens prior ex vitro coronario, posterior vero ex vitro chryftallino erat confecta; alterius vero contra lens prior ex vitro chryftallino, posterior vero ex coronario; has duas lentium perfectarum species hic referamus.

I. Lens obiectiua perfecta duplicata.

Pro lente priori, ex vitro coronario $n = 1, 53$ parata

radius faciei $\begin{cases} \text{anterioris} = + \text{ o. } 1807. \text{ p.} \\ \text{posterioris} = + 1.3239. \text{ p.} \end{cases} \begin{matrix} \text{Crown} \\ \text{Glaff.} \end{matrix}$

Pro lente posteriori ex vitro chryftallino $n = 1, 58$ parata

radius faciei $\begin{cases} \text{anterioris} = - \text{ o. } 4770. \text{ p.} \\ \text{posterioris} = - \text{ o. } 5191. \text{ p.} \end{cases} \begin{matrix} \text{Flint} \\ \text{Glaff.} \end{matrix}$

quae capax est aperturae, cuius semidiameter est $x = 0.0452$. p.

II. Lens obiectiua perfecta duplicata.

Pro lente priori, ex vitro chryftallino $n = 1, 58$ parata

radius faciei $\begin{cases} \text{anterioris} = - 2.0545. \text{ p.} \\ \text{posterioris} = - 0.2828. \text{ p.} \end{cases} \begin{matrix} \text{Flint} \\ \text{Glaff.} \end{matrix}$

CAPVT II.

Pro lente posteriori ex vitro coronario $n = 1, 53$ parata

radius faciei $\begin{cases} \text{anterioris} = +\, 0.4568.\ \text{p.} \\ \text{posterioris} = +\, 0.2438.\ \text{p.} \end{cases} \begin{cases} \text{Crown} \\ \text{Glaſſ} \end{cases}$

eritque semidiam. aperturae $x = 0.0609$. p.
vbi notandum est, p designare distantiam focalem ipsius lentis duplicatae.

Coroll. 1.

74. Cum igitur harum lentium posterior maiorem admittat aperturam, quam prior, haec illi sine dubio est anteferenda, quoniam, vt infra patebit, omnis telescopiorum perfectio eo redit, vt lens obiectiua quam maximam aperturam admittat.

Coroll. 2.

75. Obseruandum hic est, vtroque casu lentem ex vitro chryſtallino parandam eſſe debere concauam, eam vero, quae ex vitro coronario conficitur, conuexam, prouti eae reuera a Dollondo parantur.

Scholion.

76. Ceterum hic non est reticendum, ambas has species summam artificis sollertiam requirere; si enim tantillum in earum constructione a mensuris hic praescriptis aberretur; fieri potest, vt eae minus valeant, quam

CAPVT II.

quam si lentes adeo simplices a hiberentur. Sequen
tes vero lentes triplicatae multo minorem sollertiam
postulant, cum pro singulis lentibus simplicibus numerus λ voitati aequetur, ideoque leues errores in
constructione commissi non adeo sint pertimescendi.

Problema 5.

77. Lentem obiectiuam perfectam triplicatam,
partim ex vitro coronario $n = 1, 53$, partim ex chrystallino $n = 1, 58$ construere.

Solutio.

Pro hoc lentium perfectarum genere supra quatuor dedimus species, quas hic referamus:

I. Lens obiectiua perfecta triplicata, cuius lens
prima et tertia ex vitro chrystallino, media ex coronario est parata.

Pro lente.

prima, rad. faciei $\begin{cases} \text{anter.} = + 0.5039. \text{ p.} \\ \text{poster.} = + 5.6450. \text{ p.} \end{cases}$ $\begin{cases} \text{Flint} \\ \text{Glass.} \end{cases}$

secunda, rad. faciei $\begin{cases} \text{anter.} = + 0.1364. \text{ p.} \\ \text{poster.} = - 0.9597. \text{ p.} \end{cases}$ $\begin{cases} \text{Crown} \\ \text{Glass.} \end{cases}$

tertia, rad. faciei $\begin{cases} \text{anter.} = + 1.0699. \text{ p.} \\ \text{poster.} = - 0.1404. \text{ p.} \end{cases}$ $\begin{cases} \text{Flint} \\ \text{Glass.} \end{cases}$

quae lens capax est aperturae, cuius semidiameter
$x = 0.0341$. p.

CAPVT II.

II. Lens obiectiua perfecta triplicata, cuius lens prima et tertia ex vitro chryſtallino, media ex coronario eſt parata.

Pro lente

prima, rad. faciei $\begin{cases} \text{anter.} = -0.1762.\,p. \\ \text{poſter.} = -1.9741.\,p. \end{cases}$ Flint GlaſſC

ſecunda, rad faciei $\begin{cases} \text{anter.} = +2.5349.\,p. \\ \text{poſter.} = +0.1696.\,p. \end{cases}$ Crown GlaſſC

tertia, rad. faciei $\begin{cases} \text{anter.} = +0.6194.\,p. \\ \text{poſter.} = +2.8532.\,p. \end{cases}$ Flint GlaſſC

quae lens capax eſt aperturae, cuius ſemidiameter $x = 0.0424.\,p.$

III. Lens obiectiua perfecta triplicata, cuius lens prima et tertia ex vitro coronario, media ex chryſtallino eſt parata.

Pro lente.

prima, rad. faciei $\begin{cases} \text{anter.} = +0.5004.\,p. \\ \text{poſter.} = +3.6665.\,p. \end{cases}$ Crown GlaſſC

ſecunda, rad. faciei $\begin{cases} \text{anter.} = -0.5107.\,p. \\ \text{poſter.} = -0.4843.\,p. \end{cases}$ Flint GlaſſC

tertia, rad. faciei $\begin{cases} \text{anter.} = +0.5219.\,p. \\ \text{poſter.} = +0.4757.\,p. \end{cases}$ Crown GlaſſC

aperturae ſemidiametro $x = 0.1189.\,p.$

IV.

IV. Lens obiectiua perfecta triplicata, cuius lens prima et tertia ex v.tro coronario, media ex chrystallino est parata.

Pro lente.

prima, rad. faciei $\begin{cases} \text{anter.} = + 0.2829. \text{ p.} \\ \text{poster.} = + 0.0729. \text{ p.} \end{cases}$ Crown Glass

secunda, rad. faciei $\begin{cases} \text{anter.} = - 2.1459. \text{ p.} \\ \text{poster.} = - 0.2955. \text{ p.} \end{cases}$ Flint Glass

tertia, rad. faciei $\begin{cases} \text{anter.} = + 0.5938. \text{ p.} \\ \text{poster.} = + 2.5006. \text{ p.} \end{cases}$ Crown Glass

semidiametro aperturae $x = 0.0707.$ p.

In his formulis littera p denotat distantiam focalem cuiusque lentis perfectae.

Coroll. 1.

78. Inter has quatuor lentes tertia inprimis est notatu digna, quod maximam aperturam admittat.

Coroll. 2.

79. Si ergo ciusmodi lens perfecta in quodam telescopio loco lentis obiectiuae adhibeatur, in expressione pro semidiametro confusionis primus terminus $\mu \lambda$ prorsus euanescit; tum vero etiam in aequatione vltima pro dispersione destruenda terminus primus quoque ad nihilum redigitur.

CAPVT II.

Coroll. 3.

80. Huiusmodi igitur lentes perfectae etiam speculis, quibus in telescopiis catoptricis vtuntur, longe sunt anteferendae, cum specula tantum a dispersione radiorum sint immunia, neutiquam vero a priori confusionis genere, quod ab apertura oritur.

CAPVT

CAPVT III.

DE DISTRIBUTIONE TELESCOPIORUM IN TRIA GENERA PRAECIPUA.

Definitio I.

81. Imago *vera* est, ad quam formandam radii reuera concurrunt indeque porro diffundontur; dum contrariae imagines *fictae* vocantur, ad quas radii tantum conuergendo diriguntur neque vero ad eas actu formandas concurrunt; vel etiam, ab iis diuergendo vlterius discedunt neque tamen ab iis prodierunt.

Corollarium I.

82. Imago igitur vera hac gaudet proprietate, vt si in eius loco charta alba esset expansa, super ea effigies a radiis incidentibus exprimeretur, quod in imaginibus fictis vsu non venit.

Coroll. 2.

83. Imagines autem fictae duplicis sunt generis; vel enim radii inde diuergendo vlterius progrediuntur, cum tamen inde non discesserint, vel ad eas conuergendo tendunt, neque tamen eo revera perveniunt, sed ante ab alia lente aliam directionem accipiunt.

Scholion.

Fig. 15.
Tom. I.

84. Ad ea, quae hactenus sunt proposita, figuras ita repraesentauimus, quasi per singulas lentes imagines verae formarentur, ita, vt inter binas quasque lentes succeßiuas imago vera caderet, neque in his figuris vlla imago ficta est indicata. Imagines autem illas veras litteris $F\zeta$, $G\eta$, $H\vartheta$ etc. designauimus, quae omnes ita sunt comparatae, vt, si ibi charta alba expanderetur, super ea effigies obiecti reuera exprimeretur. Perspicuum autem est, imagines veras necessario oriri debere, si omnes distantiae, quas supra posuimus, determinatrices $aF=a$, $Fb=b$; $bG=\beta$; $GC=c$; $cH=\gamma$; $HD=d$ etc. fuerint positiuae; imagines autem tum erunt fictae, quando harum distantiarum quaedam fiunt negatiuae, id quod in sequentibus theorematibus fusius explicabimus.

Theorema 1.

85. Si interualli inter binas lentes succeßiuas cuiuscunque v. gr. cD binae partes $cH=\gamma$, et HD-

CAPVT III.

$HD = d$, ita vt sit $cD = \gamma + d$, fuerint positiuae: imago vera in puncto H exhibebitur, et contra.

Demonstratio.

Radii enim per lentem R R refracti ad imaginem H● conformandam tendunt et, quia lens sequens S S vltra locum imaginis H est posita, ab his radiis imago vera in H repraesentabitur, ita, vt si per H● charta alba esset expansa, ea istos radios revera exciperet superque effigies depingeretur; quod ergo necessario semper evenire debet, quoties binae partes huius intervalli γ et d fuerint positiuae. Ac si vicissim in H repraesentetur imago vera, manifestum est, hoc fieri non posse, nisi punctum H post lentem C cadat, quia alloquin radii eo non porrigerentur; tum vero etiam liquet, hanc imaginem efformari non posse, nisi sequens lens D post H cadat. Cum igitur esse debeat distantia $cH = \gamma$ positiua simulque distantia $cD = \gamma + d > \gamma$, euidens est, et distantiam d esse debere positiuam.

Corollarium.

86. Quoniam hactenus singula interualla inter binas lentes successiuas tanquam ex duabus partibus composita sumus contemplati, inter lentem primam A et secundam B imago vera $F\zeta$ cadet, si ambae eius partes a et b fuerint positiuae; similique modo inter lentem secundam B et tertiam C imago vera reperie-

tur, si huius interualli BC ambae partes β et ϵ fuerint positiuae et ita porro.

Theorema 2.

87. Si binarum partium aliquot, huiusmodi interuallum veluti ϵ D constituentium alterutra fuerit negatiua; tum imago H θ lenti C respondens erit ficta (fieri enim nequit, vt ambae simul sint negatiuae).

Demonstratio.

Cum interuallum ϵ D binis partibus ϵ H $= \gamma$, et H D $= d$ constet, sumamus primo distantiam γ esse negatiuam; tum igitur imago H θ ante lentem R R cadet et radii per hanc lentem transmissi ita refringentur, quasi ex ista imagine essent egressi, cum tamen inde non emanauerint; quamobrem ista Imago non erit vera, sed ficta. Sin autem altera pars d fuerit negatiua, imago H θ demum post lentem S S caderet, quia autem radii per lentem R R transmissi ante quam eo pertingunt per lentem S S de nouo refringuntur, istam effigiem non reuera formabunt, ideoque haec imago erit ficta.

Ambae autem partes γ et d simul non possunt esse negatiuae, quia earum summa $\gamma + d$ ipsum interuallum ϵ D exprimit, quod semper necessario est positiuum.

Co-

CAPVT III.
Coroll. 1.

88. Si ergo pro primo interuallo A B partium *a* et *b* altera fuerit negatiua, inter *a* et B nulla cadit imago vera; si praeterea etiam pro secundo interuallo *b* C partium β et *c* altera fuerit quoque negatius, inter *a* et C nulla cadet imago vera, ac si insuper partium interualli *c* D, quae sunt γ et *d*, altera fuerit negatius; tum ne quidem in spatio *a* D reperietur imago vera, sicque fieri potest, vt inter plurium lentium spatium nulla plane cadat imago vera.

Coroll. 2.

89. Neutiquam ergo numerus imaginum verarum *a* numero lentium pendet, cum aeque fieri possit, vt post quamlibet lentem imago vera repraesentetur atque vt pluribus lentibus nulla plane imago vera respondeat.

Coroll. 3.

90. Ex quotcunque igitur lentibus telescopium quodpiam fuerit compositum fieri potest, vt per totum eius spatium vel nulla plane imago vera reperiatur vel vnica tantum vel duae vel tres etc. nunquam tamen plures, quam sunt lentes, vltima demta.

Theorema 3.

91. Post quotcunque demum lentes in telescopio prima imago vera exhibetur, ea semper est inuersa.

CAPVT III.
Demonstratio.

Fig. 5.
Tom. I.

Quando scilicet imago primae lentis statim est vera, perspicuum est, eam quoque esse inuersam; quod autem ea etiam futura sit inuersa, si demum post plures lentes occurrat, sequenti modo ostendi potest; consideretur radius ex centro obiecti E per superius lentis obiectinae punctum M transiens atque iste radius per sequentes lentes transiens tamdiu supra axem versabitur, donec ad primam imaginem veram pertigerit; quia enim ex axis puncto E est egressus, vbicunque iterum in axem incideret, ibi existeret imago obiecti vera (hic enim ad aberrationem vel diffusionem radiorum non respicimus) ex quo manifestum est, hunc radium ante non ad axem esse peruenturum, quam ad primam imaginem veram pertigerit et quia ex regione superiori hic in axem incidit, ad regionem inferiorem progressurus, imago in hoc loco expressa erit inuersa, cum enim ex obiecto sursum sit progressus, nunc autem ex imagine deorsum dirigatur, partes obiecti sursum vergentes nunc deorsum sitae conspicientur.

Coroll. I.

92. Simili modo intelligere licet, radios illos ex imagine progredientes tamdiu infra axem esse versaturos, donec iterum ad axem pertingant, quod fit in imagine vera secunda, vnde iterum in partes axis

supe-

CAPVT III.

superiores transeunt vnde patet, secundam imaginem situm erectum tenere debere, sicque porro tertia imago vera denuo erit inuersa, quarta autem erecta et ita porro.

Coroll. 2.

93. Quotcunque ergo fuerint lentes, non tam ad imagines singulis lentibus respondentes erit respiciendum, quam ad imagines veras, cum alternatio situs erecti et inuersi pendeat tantum ab Imaginibus veris, dum imagines fictae nihil in hoc ordine turbant.

Scholion.

94. Haec proprietas imaginum verarum tam essentialiter naturam telescopiorum afficit, vt eorum discrimen potissimum a numero imaginum verarum petendum esse videatur, nulla plane ratione habita imaginum fictarum, quippe quae in hoc negotio parui sunt momenti. Qui enim voluerit telescopia secundum lentium numerum in genera distribuere, maximis incommodis se implicabit, primo enim exigua illa telescopia vel potius perspicilla lente oculari concaua constantia et tubos astronomicos ad idem genus referre esset coactus; dum tamen sua natura maxime inter se discrepant, quandoquidem illis obiecta situ erecto, his vero situ inuerso repraesentantur, praeterquam quod in loco oculi maxima vtrinque deprehenditur

CAPVT III.

ditur diuerfitas; deinde fi cuipiam telefcopio fiue ad campum apparentem augendum fiue ad maiorem diſtinctionis gradum ipfi conciliandum vnica lens Infuper adiungeretur, ftatim ad longe aliud genus foret referendum, quod certe aeque incongruum videri debet; quibus probe perpenfis non dubito diuerfa telefcopiorum genera fecundum numerum imaginum verarum, quae in iis occurrunt, conftituere, Ita, vt primum genus complexurum fit ea telefcopia, in quibus nulla plane imago vera occurrit; fecundum vero ea, in quibus vnica imago vera reperitur, tertium vero ea, quae duas imagines veras continent, ad quae tria genera omnia telefcopia, quae adhuc excogitata funt et elaborata, erunt referenda, ac fi vlterius progredi velimus, ad quartum genus reuocari conueniet ea telefcopia, in quibus tres imagines verae deprehenduntur verum praecedentia iam tam late patent, vt iis omnes plane perfectiones, quae vnquam defiderari queant, conciliari poffint, ita, vt nulla plane ratio adfit, cur plures imagines veras ftatuere velimus. Hanc igitur diuifionem in fequentibus problematibus diftinctius enoluamus.

Problema I.

95. Telefcopiorum ad primum genus relatorum, in quibus nulla ineft imago vera, praecipuas proprietates recenfere.

CAPVT III.

Solutio.

Cum in his telescopiis, quotcunque etiam constent lentibus, nulla insit imago vera, singula interualla $aB = a+b$; $bC = \beta+c$; $cD = \gamma+d$ etc., ita ex binis partibus definientur, vt alterutra earum sit negatiua, idque vsque ad vltimam lentem ocularem. Et quoniam haec eadem interualla necessario sunt positiua, facile patet, omnes istas fractiones $\frac{a}{\alpha}$; $\frac{\beta}{b}$; $\frac{\gamma}{c}$ etc. debere esse negatiuas, in quo character essentialis huius generis telescoporum est constituendus. Viciffim enim si omnes hae fractiones fuerint negatiuae in toto telescopio nulla imago vera locum habebit, ideoque ad nostrum primum genus erit referendum. Alius autem character minus essentialis huius generis in hoc consistit, quod haec telescopia situ erecto obiecta repraesentent, quia ob nullam imaginem veram ipsa obiecta quasi immediate adspicimus.

Coroll. 1.

96. Simplicissima ergo species huius generis duabus constabit lentibus et cum sit $\frac{a}{\alpha}$ quantitas negatiua, fiet ratio multiplicationis $m = \frac{-a}{\alpha}$, vti situs erectus postulat, hinc necesse est, vt sit $a > b$ ideoque a quantitas positiua et b negatiua. Cum autem porro esse debeat $\beta = \infty$, pro huius lentis ocularis distantia focali q habebimus ob $\frac{1}{q} = \frac{1}{b} + \frac{1}{\beta}$ valorem $q = b$ sicque lens ocularis erit concaua.

Coroll. 2.

97. Cum porro in genere sit $m = \pm \frac{a}{b} \cdot \frac{\beta}{c} \cdot \frac{\gamma}{d}$ etc. cuius factores sunt nostrae fractiones, quae omnes esse debent negatiuae, hinc manifestum est, cur supra, signa $+$ et $-$ sint alternantia inuenta, vt scilicet pro quouis lentium numero multiplicatio m valorem positiuum consequatur.

Coroll. 3.

98. Ostendi etiam potest, nullam harum litterarum a, b, c, β, γ etc. sumi posse euanescentem. Si enim v. c. distantia b esset minima, quia altera. litterarum a et b debet esse negatiua, earum summa. vero $a + b$ positiua et finita, necesse est, vt sit $a > 0$; $b < 0$; fit igitur $b = -\omega$, quantitati scilicet euanescenti et quia est $\frac{1}{q} = \frac{1}{\gamma} + \frac{1}{\beta}$ fiet $\beta = \frac{q\omega}{q+\omega} = \omega$ Ideoque positiuum; foret ergo $c < 0$ hincque $\beta + c$ interuallum cB exprimere non posset; vnde patet huiusmodi casus locum habere non posse. Fieri autem potest, vt quaepiam harum quantitatum fiat $= \infty$; si enim fuerit v. gr. $\beta = \infty$, ob interuallum $\beta + c =$ finito puta $= k$, erit $c = -\infty + k = -\infty$ et $\frac{\beta}{c} = -1$; hoc autem non impedit, quominus sequens fractio $\frac{\gamma}{d}$ valorem obtineat quemcunque.

Scholion.

99. Notissimum est hoc telescopiorum genus, quippe quod primum ab artifice quodam inuentum

per-

CAPVT III.

hibetur, dum cafu lentem connexam cum concauа combinauerit, neque tamen eius essentia in hoc est statuenda, quod motum duabus constet lentibus. Si enim loco lentis obiectiuae simplicis substituamus duplicatam vel adeo triplicatam; nemo certe putabit, ipsum eius genus mutatum esse, quoniam huiusmodi lentes multiplicatae vt simplices spectari solent, simili modo lens ocularis possit duplicari vel triplicari, ipso genere non mutato; cum autem nihilominus plures lentes simplices adhibeantur, manifestum est, ipsam generis indolem non a numero lentium pendere, censeri posse. In sequentibus autem inprimis operam dabimus, vt nouis lentibus addendis hoc genus ad maiorem perfectionem euehamus.

Problema 2.

100. Telescopiorum ad secundum genus relatorum, in quibus vnica imago vera occurrit, praecipuas proprietates recensere.

Solutio.

Ex quotcunque lentibus tale telescopium fuerit compositum; euidens est, non omnes fractiones ex singulis lentium interuallis natas $\frac{a}{b}$, $\frac{β}{c}$; $\frac{γ}{d}$ etc. negatiuas esse debere, quia alioquin nulla imago vera esset proditura; cum autem vnica adsit vera, necesse est, vt etiam vnica illarum fractionum fiat positiua, quae si fuerit v. c. $\frac{x}{y}$, ambae litterae γ et d positiuae esse debebunt, dum reliquae fractiones omnes manent, vt ante negatiuae, atque perinde est, quaenam illarum fractionum valorem positiuum nancisctur, dummodo plus vna non sit positiua, atque in hoc consistit character essentialis huius generis telescopiorum, inter cuius proprietates haec insuper inprimis est notanda, quod obiecta situ inuerso repraesentet, quandoquidem per huiusmodi telescopia non tam ipsa obiecta, quam eorum imaginem veram, quae est inuersa, conspicere sumus censendi.

Coroll. 1.

101. Si ergo huiusmodi telescopium duabus tantum constet lentibus, quae sine dubio simplicissima huius generis est species, ob vnicum interuallum a B vnica quoque habetur fractio $\frac{a}{b}$, quae propterea positiua esse debet ideoque etiam vtraque distantia a et b; quae cum ob $a = \infty$ et $\beta = \infty$ praebeant distantiam focalem vtriusque lentis, manifestum est, vtramque lentem fore conuexam.

Coroll. 2.

102. Quia igitur huic generi repraesentatio inuersa est propria, exponens multiplicationis m, quae producto harum fractionum $\frac{a}{b} \cdot \frac{\beta}{y}$ etc. aequalis est inuenta, valorem negatiuum obtinebit contrarium scilicet ei, qui casu praecedenti prodierat.

Co-

CAPVT III.

Coroll 3.

103. In hoc autem genere euenire potest, vt quaepiam quantitatum a, b etc. euanescat, quod fit, si in loco ipsius imaginis verae lens constituatur. Cadat enim imago vera in ipsam lentem tertiam C, erit $c = 0$, vel potius posito $c = \omega$, ob $\frac{1}{r} = \frac{1}{c} + \frac{1}{\gamma}$ erit $\gamma = \frac{cr}{c-r} = -\omega$ ita, vt ambae quantitates c et γ euanescant vnde distantiae β et d debent esse positiuae sicque patet, fractionum $\frac{\beta}{c}$ et $\frac{\gamma}{d}$ alteram fore positiuam, alteram negatiuam, prout voluerimus; quoniam enim imaginem in ipsam lentem R R cadere assumimus, perinde est, siue eam ad interuallum bC siue ad interuallum cD velimus referre, vtroque autem casu etsi fractio $\frac{\beta}{c}$ fiat ∞, fractio vero $\frac{\gamma}{d} = 0$, productum ambarum semper est $= -\frac{\beta}{d}$.

Scholion.

104. Telescopia ad hoc genus pertinentia vocari solent astronomica, quoniam enim obiecta situ inuerso repraesentant, potissimum ad obseruationes astronomicas adhibentur, vbi parum refert, siue obiecta in coelo situ erecto siue inuerso conspiciamus; id quod in obiectis terrestribus secus se habet, ad quorum contemplationem quando telescopia primi generis non sufficiunt, ad tertium genus recurrere solemus.

CAPVT III.

Problema 3.

105. Telescopiorum ad tertium genus relatorum, in quibus duae imagines verae occurrunt, praecipuas proprietates recensere.

Solutio.

Cum hic duae imagines verae occurrant, quotcunque lentes adhibeantur, inter fractiones inde natas $\frac{a}{b}$; $\frac{\beta}{\gamma}$ etc. duae necessario debent esse positiuae, reliquae vero omnes negatiuae, vnde cum duae ad minimum eiusmodi fractiones adesse debeant, adeoque etiam duo lentium interualla, euidens est, ad huiusmodi telescopia tres ad minimum lentes requiri, quo casu nullae tales fractiones negatiuae habebuntur; vnde fractiones negatiuae eatenus tantum occurrent, quatenus plures tribus lentes in vsum vocantur, atque in hoc essentialis character huius generis telescopiorum continetur; inter praecipuas autem proprietates haec inprimis est notanda, quod per telescopia obiecta in situ erecto conspiciantur.

Coroll. 1.

106. Si haec telescopia ex tribus lentibus formentur, omnes hae quatuor distantiae a, b, β, c esse debent positiuae et cum distantiae a et γ sint ∾ omnes tres lentes debent esse conuexae; si enim earum distantiae focales sint p, q et r habebitur $1°\ p = a$; $2°\ q = \frac{b\beta}{b+\beta}$ et $3°\ r = c$. quae omnes sunt positiuae.

Co-

CAPVT III.

Coroll 2.

107. Quemadmodum praecedenti casu licuit in ipsum locum imaginis verae lentem conslituere, ita etiam hic nulla ratio obstat, quominus in vtraque imagine vera lentes collocentur; tum autem ea, quae supra sunt de fractionibus modo in Infinitum excrescentibus modo euanescentibus tradita, probe sunt obseruanda.

Scholion.

108. Hoc genus eum in finem est excogitatum, vt tubi astronomici ad obiecta terrestria situ erecto contemplanda accommodarentur; quod quidem tribus lentibus fieri posse iam annotauimus. Sed quoniam tribus tantum lentibus adhibendis campus apparens fere totus euanescit aliaque incommoda se insuper admiscent, statim quatuor lentes vsurpari sunt solitae quae ita sunt iunctae, vt duos tubos astronomicos connexos referant et tres lentes posteriores nomine ocularium appellatae sunt, quibus etiam fere eadem distantia focalis tribui potest. Ad idem quoque genus referenda sunt noua illa telescopia anglica a Clariss. Dollondo nuper inuenta, in quibus praeter lentes obiectiuas duplicatas longe diuersa lentium ocularium dispositio cernitur. Interim vero haec dispositio infinitis modis variari potest, atque adeo debet, vt haec telescopia ad summum perfectionis gradum euehantur.

Problema 4

109. Telescopiorum ad quartum genus relatorum, in quibus tres imagines verae occurrunt, praecipuas proprietates enumerare. So-

CAPVT III.
Solutio.

In hoc ergo genere quotcunque lentes adhibeantur, inter fractiones iis respondentes $\frac{a}{b}$, $\frac{g}{c}$ etc. tres debent esse positiuae, dum reliquae manent negatiuae, ex quo perspicuum est, ad hoc genus ad minimum opus esse quatuor lentibus, et quia vltima imago vera, quae quasi ab oculo spectatur, est inuersa, obiecta quoque per omnia telescopia huius generis inuersa conspicientur.

Scholion.

110. Quoniam nulla plane ratio suadet, vt repraesentationem praecedentis generis denuo inuertere velimus, atque vti videbimus, omnes perfectiones praecedentibus generibus conferri queunt; nihil aliud lucraremur nisi, vt telescopia multo fierent longiora, et numerum lentium sine vllo vsu multiplicaremus, vt taceam iacturam insignem radiorum lucidorum, quae ob tot lentes merito esset metuenda; atque hanc ob rationem non dubito, genus hoc quartum penitus rejicere, de quo etiam nullum supererit dubium, quando tria praecedentia genera ita pertractauerimus, vt omnibus momentis quibus perfectio telescopiorum innititur, satisfecerimus. Multo magis autem sequentia, quae constitui possent genera, nullam plane attentionem merebuntur.

CAPVT

CAPVT IV.

DE
TELESCOPIIS PRIMI GENERIS,
QVAE SCILICET IMAGINE VERA DESTITV-
VNTVR, ET OBIECTA SITV ERECTO
REPRAESENTANT.

Problema I.

111.

Si telescopium primi generis ex duabus tantum lentibus constet, obiectiua scilicet et oculari, eius constructionem euoluere et proprietates exponere.

Solutio.

Cum hic sit $\frac{a}{b}$ quantitas negatiua et $a+b$ positiua, si ratio multiplicationis ponatur $= m$, ob $m > 1$ distantia a, vt ante vidimus, debet esse positiua; altera vero b negatiua, vt sit $b = \frac{-a}{m}$ seu distantia focalibus introductis $a = p$, et $q = \frac{-p}{m}$ et interuallum binarum lentium $a + b = (\frac{m-1}{m})$. p vnde patet ex data multiplicatione m et distantia focali p omnia determinari.

CAPVT IV.

nari. Verum haec distantia p tanta esse debet, vt lens obiectiua datam admittat aperturam, cuius, si claritatis gradus ponatur $= y$, semidiameter esse debet $x = my$, vnde iam patet, distantiam p maiorem esse debere, quam $4my$ vel $5.my$; vnde cum y in partibus digiti dari soleat veluti $y = \frac{1}{n}$. dig., vt sit $x = \frac{m}{n}$ et $n \gt \frac{m}{G}$ dig. verum hic inprimis spectari debet aequatio pro semidiametro confusionis, quae dat

$$\frac{mx^2}{ap^2} (\mu\lambda - \frac{\mu'\lambda'}{m}) < \frac{y}{k}.$$

vnde colligitur $p = kx \sqrt[V]{m(\mu\lambda - \frac{\mu'\lambda'}{m})} = km.y\sqrt[V]{m(\mu\lambda - \frac{\mu'\lambda'}{m})}$, qui ergo valor, nisi forte minor sit, quam $5.my$, ipsi p tribui debet, vbi vt supra notauimus, numerus k poni potest vel 30 vel 40 vel 50 prout maior vel minor distinctionis gradus desideratur, atque iam ex datis valoribus λ et λ' cum vitri specie, vnde numeri μ et μ' pendent, ambae lentes construi hincque totum telescopium confici poterunt; ad cuius proprietates cognoscendas quaeramus primo locum oculi eiusue distantiam a lente oculari, inuenimusque.

$$O = \frac{n-1}{m}. q. §. 30.$$

quae cum ob $q < o$ sit negatiua oculum lenti oculari immediate applicari oportet; vnde colligitur semidiameter campi ex §. 37. $\Phi = \frac{-\pi}{n-1}$ et $\pi = \frac{\pm\omega}{q}$, denotante ω semidiametrum pupillae; quare ob $q = \frac{-p}{n}$ fiet $\Phi = \frac{\pm\omega}{n-1} \cdot \frac{u}{p}$ vbi inprimis notandum est, lentem

ocula-

CAPVT IV.

ocularem tantum fumi debere, vt aperturam admittat, cuius femidiameter fit $= \pi q = \omega$; ex quo necesse est, vt fiat $-q > 5\omega$ vel 4ω hineque etiam $p > 4m.\omega$ vel $> 5.m\omega$. quae conditio iam in se complectitur primam ob $y < \omega$. Quod denique ad alteram confufionem attinet, cum destructio marginis colorati postulet, vt sit § 52.

$$0 = \frac{dn}{n-1} \cdot B \pi. p$$

quod cum fieri nequeat, nisi lens obiectiua fuerit perfecta, euidens est, marginem coloratum destrui non posse. Denique pro hac confusione penitus tollenda esse debet

$$0 = \frac{dn}{n-1} \cdot p + \frac{dn'}{n'-1} \cdot q, \text{ siue}$$
$$\frac{dn}{n-1} = \frac{1}{m} \cdot \frac{dn'}{n'-1}$$

cui casu adeo, quo lens obiectiua est perfecta, satisfieri nequit, ob primum terminum euanescentem; quia autem m est numerus satis magnus, alterum membrum per se fit satis paruum, vt haec confusio non sit metuenda.

Coroll. I.

112. Cum distantia focalis p maior esse debeat, quam $5 m \omega$, pro data multiplicatione m longitudo huius telescopii semper maior erit, quam $5(m-1)\omega$ et cum sit circiter $\omega = \frac{1}{x}$. dig. haec telescopii longitudo minor fieri non poterit quam $\frac{m-1}{2}$. dig. scili-

cet si velimus, vt sit $m = 50$, longitudo telescopii minor esse nequit, quam $12\frac{1}{2}$ dig. etiamsi formula $p = mkj\sqrt{\nu m \mu \lambda - \mu' \lambda'}$ multo minor reddi posset.

Coroll. 2.

113. Pro campo apparente inuenimus eius semidiametrum $\Phi = \frac{n}{n-1}$, $\frac{\omega}{p}$ vnde, cum sit $p > 5 m \omega$, valor ipsius Φ semper certe minor erit, quam $\frac{1}{5(n-1)}$, atque in minutis primis erit $\Phi < \frac{\omega'''}{n-1}$. minut. quo campo facile contenti esse possemus, nisi p deberet esse multo maius, quam $5 m \omega$.

Coroll. 3.

114. Quoniam margo coloratus tolli non potest, nisi lens obiectiua sit perfecta; hinc statim intelligimus, quanti sit momenti vsus lentium perfectarum, quas supra descripsimus; ita, vt earum beneficio his telescopiis insignis gradus perfectionis conciliari possit.

Scholion.

115. Solutio huius problematis ita est generalis, vt ad omnes vitri species ex quibus lentes parari possunt, pateat; quin etiam loco lentis obiectiuae non solum lentes simplices, sed etiam duplicatae vel triplicatae atque adeo perfectae substitui possunt: vnde plurimae species huius telescopii, quod tantum ex duabus

CAPVT IV.

duabus lentibus compositum spectamus, exhiberi possunt; quarum praecipuas in subiunctis exemplis contemplemur:

Exemplum I.

116. Si ambae lentes fuerint simplices atque ex eadem vitri specie confectae, constructionem huius telescopii definire:

Pro hoc casu potissimum aequatio venit consideranda:

$$p = mky \sqrt{\mu(m\lambda - \lambda')}$$

quae distantiam focalem primae lentis determinat, siquidem valor hinc prodiens maior fuerit, quam $5. m. \omega$. Videbimus autem statim atque multiplicatio m fuerit notabilis, eius valorem multum esse superaturum istum limitem $5. m \omega$ seu $\frac{1}{4}$. dig. ita, vt maximi sit momenti hanc formulam tam paruam reddere, quam fieri potest; quare statim faciamus $\lambda = 1$, vt lens obiectiua secundum §. 59. elaborari debeat; quod vero ad lentem ocularem attinet, non convenit $\lambda' = 1$ ponere, sed potius e re erit, ipsi huic litterae maiorem valorem tribuere, inprimis autem vt haec lens maximae aperturae fiat capax, ea optime vtrinque aeque concaua redditur, ex quo numerus $\lambda' = 1.6299$. (§. 61.) pro ea vitri specie, qua $n = 1, 55$. et qua artifices plerumque vti solent. Pro aliis autem speciebus tantum non differet, vt operae pretium sit, differentiae

ratio-

CAPVT IV.

rationem habere; praecipue cum litteras k et y tam adcurate definire non liceat. Sumamus ergo $y = \frac{1}{2}$. dig vt satis magnam claritatem obtineamus, quae in hoc genere necessaria videtur; et $k = 40$, vt confusio satis reddatur exigua eritque ob $\lambda = 1$; $\lambda' = 1\frac{1}{2}$

$$p = m. \sqrt[3]{\mu (m - 1\frac{1}{2})}$$

vnde patet, hic eas vitri species praeferri debere, quibus maior refractio n respondet, quia tum littera μ minores nanciscitur valores. Cum autem perpetuo μ non multum differat ab vnitate eiusque propterea radix cubica multo minus discrepet, quacunque vitri specie vti velimus, tuto sumere licebit $p = m \sqrt[3]{(m - 1\frac{1}{2})}$ hoc autem casu circa marginem coloratum nihil efficere licet. Quare si hinc distantiam focalem lentis obiectiuae debite definiuerimus atque n denotet refractionem vitri, ex quo ambae lentes sint parandae, constructio telescopii sequenti modo se habebit:

I°. Lens obiectiua paranda est ex formulis §. 59.

II°. Lens ocularis vtrinque aeque concaua conficiatur, sumendo radium vtriusque faciei $= \frac{n(4-1)p}{m}$ ob $q = \frac{-p}{2}$.

III°. Hae duae lentes ad distantiam A B $= \frac{m-1}{m}.p$ iungantur et tubo inferantur, vt oculus lenti concauae immediate adplicari possit.

IV°.

CAPVT. IV.

IV°. Hic tubus campum offeret cuius semidiameter erit $\Phi = \frac{m}{m-1} \cdot \frac{u}{p} = \frac{m \cdot u}{m-1} \cdot \frac{u}{p}$ min.

V°. Hoc telescopium a vitio marginis colorati liberari nequit.

Coroll. 1.

117. Quodsi multiplicatio tanta sit, vt fiat $m = 1\frac{1}{4}$, formula p definiens euanescit, nihilo vero minus sumi debet $p = 5$. $m \omega$ seu quasi $\frac{1}{4}$. m. dig. hocque valore vti licet, etsi m aliquanto sit maius, dummodo illa formula non excedat $\frac{1}{4}$. m. dig. quod euenit, quamdiu m non superat limitem $1\frac{11}{15}$ qui vix superat valorem $1\frac{1}{4}$; ex quo patet, statim atque multiplicatio m maior sit, quam $1\frac{1}{4}$, distantiam focalem p maiorem capi debere, quam $\frac{1}{4}$. m. dig.

Coroll. 2.

118. Quare si verbi gratia debeat esse $m = 5$, capi oportet $p = 7\frac{1}{4}$ dig. et $q = -\frac{7}{4}$ vnde semidiameter campi apparentis prodit $\Phi = \frac{5}{4} \cdot \frac{14}{17} = \frac{u}{3} = \frac{u}{113}$ ob $\omega = \frac{1}{13}$; siue $\Phi = \frac{145}{5}$ min. $= 29$. min. Longitudo autem telescopii erit 6 digit.

Coroll. 3.

119. Si multiplicatio desideretur $m = 10$, reperitur $p = 5 \sqrt{6} \, 7 = 20 \frac{1}{4}$ dig. hincque $q = -2 \cdot \frac{1}{4}$ dig. ita, vt longitudo telescopii sit $18 \cdot \frac{1}{4}$ dig. tum vero semidia-

midiameter campi apparentis, qui est $\frac{u}{p+q}$ sit $\Phi = \frac{11u}{17?}$
$= \frac{1}{1!}$, et in minutis $\Phi = 4' 42'''$, qui campus iam
tam est exiguus, vt nullo modo tolerari possit, quare
haec species telescopiorum ne quidem ad multiplicationem $m = 10$ adplicari potest.

Exempl. II.

110. Si ambae lentes ex eadem vitri specie parentur, obiectiua vero statuatur duplicata sec. §. 65.
construenda, vt sit $\lambda = \frac{\mu-1}{\mu}$ ac si vitro communi, pro
quo est $n = 1.55$, vtamur, erit $\lambda = 0.1918$; sumtaque ite-
rum vnitate pro $\overset{\nu}{V} \mu$ et posito, vt ante, $\lambda' = 1\frac{1}{2}$ vt lens
ocularis fiat aequaliter concaua erit $p = m.\overset{\nu}{V}(0,1918.m-1\frac{1}{2})$
et vt ante, $q = \frac{m-1}{m}p$. hincque distantia lentium $= \frac{m-1}{m}p$
quare si inde pro data multiplicatione definiatur valor
litterae p, constructio ita se habebit:

I°. Lens obiectiua paranda est ex formulis §. 59.
pro $n = 1.55$.

II°. Lens ocularis vtrinque fiat aequaliter con-
caua, radio existente $= -2(n-1).\frac{p}{m} = -\frac{11}{10}.\frac{p}{m}$.

III°. Semidiameter campi apparentis erit, vt ante,
$\Phi = \frac{n}{m-1}.\frac{u}{p} = \frac{11u}{m-1}.\frac{1}{p}$ min.

IV°. Aeque parum autem, ac ante, hoc casu
margini colorato remedium afferri potest.

CAPVT IV.

Coroll. 1.

121. Quando autem formula illa praebet $p < \frac{1}{4} m$. dig. nihilo minus statui debet $p = \frac{1}{4} m$. dig. quod inprimis euenit, si sit $m = 8\frac{1}{4}$ circiter; vnde oritur $p = 0$ quare nisi multiplicatio maior desideretur, sumi poterit $p = \frac{1}{4} m$. dig. vnde fit $q = -\frac{1}{4}$. dig. et longitudo telescopii $\frac{1}{4}(m-1)$ dig. campique apparentis semidiameter $\Phi = \frac{6''}{m-1}$. minut.

Coroll. 2.

122. Quodsi ergo multiplicatio proposita sit $m = 8\frac{1}{4}$, telescopium ita erit construendum. 1°. ob $p = \frac{1}{4}$ dig. $= 2\frac{1}{4}$ dig. lens obiectiua paretur secundum praecepta data. II°. ob $q = -\frac{1}{4}$ dig. radius vtriusque faciei erit $= -\frac{1}{4}(n-1)$ dig. vnde longitudo telescopii fit $= 1\frac{1}{4}$ dig. campi vero apparentis semidiameter $= 1°\ 31'$. quod telescopium omni attentione dignum videtur non obstante margine colorato.

Coroll. 3.

123. Si desideretur multiplicatio $m = 15$. statim reperitur $p = 16, 15$. dig. hinc $q = -1, 0 7$. dig. vnde longit. telescopii $= 15, 08$. dig. et semidiameter campi apparentis erit $= \frac{11''}{1}$. minut. $= 11'\ 24''$ vnde patet hoc telescopium tam ob nimis exiguum campum quam ob nimis magnam longitudinem merito esse reiciendum, dum contra casus praecedens maxime commendandus videtur.

Tom. II.   L   Exem-

Exempl. III.

124. Si ambae lentes ex eadem vitri specie conflent, obiectiua vero statuatur triplicata, sec. §. 66. construenda, vt fit $\lambda = \frac{1\cdot 37}{1\cdot 4}$; constructionem huius telescopii definire.

Vtamur vitro communi, pro quo est $n = 1, 55$ eritque $\lambda = 0,0422$ et maneat $\lambda' = 1,629$, sumta iterum vnitate pro $\sqrt[V]{\mu}$ erit

$$p = n \cdot \sqrt[V]{} (0,0422\, m - 1,629)$$

vnde reliqua, vt in casibus praecedentibus determinantur.

Inprimis autem hic notari meretur casus, quo fit $0,0422\, m = 1,629$ siue $m = 38 \tfrac{3}{5}$; pro qua sumi debet lentis obiectiuae distantia focalis $p = 9\tfrac{11}{15}$ dig. manente $q = -\tfrac{1}{5}$. dig. hincque longitudo tubi $= 9\tfrac{7}{15}$. dig. ex qua semidiameter campi erit $= 16'\,17''$ qui quidem campus satis est paruus, sed ob tam notabilem multiplicationem facile tolerari potest, nisi forte margo coloratus offendat.

Exempl. IV.

125. Si pro lente obiectiua capiatur lens perfecta, ocularis autem maneat simplex atque adeo vtrinque aequaliter concaua, constructionem telescopii describere.

Quo-

CAPVT IV,

Quoniam supra huiusmodi lentes perfectas descripsimus partim ex vitro coronario, partim ex vitro chryftallino conficiendas hic ante omnia attendendum eft, quantae aperturae quaelibet fit capax; cum enim pro multiplicatione m hic effe debeat $x = \frac{m}{n}$ dig. ante omnia videndum eft, an lens perfecta hic adhibenda tantam aperturam admittat, quae cautela fedulo effet obferuanda, fi valor ipfius p quopiam cafu prodiret $= 0$; quo vt ante capi deberet $p = \frac{1}{4}. m$; ita, vt fieret $x = \frac{1}{4} p$, quod tantum in tertia lente triplicata locum habet. Verum non opus eft, vt de hoc fimus folliciti, quia ex formula radicali fuperiori pro hoc cafu nunquam prodire poteft $p = 0$, quoniam enim lens eft perfecta, erit per hypothefin $\lambda = 0$, ita vt fiat $p = m. \overline{\sqrt{-1,629}}$. vnde patet, femper adeo fore $p > m$, fcilicet $p = 1, 17. m.$ quare ftatim fequitur hoc infigne incommodum, vt mox ac multiplicationi m modicus valor tribuatur, campus apparens tam paruus fit proditurus, vt telefcopium fere omni vfu careat; cuius cauffa cum fit valor $\lambda = 0$, optandum hic effet, vt lens perfecta etiam nunc confufionem quandam exiguam pareret, vt illa formula pro quapiam multiplicatione praeberet $p = 0$. Secundum praecepta autem fupra data tales lentes non difficulter inueniri poffent, quae dum nullam gignerent difperfionem, aliquam tamen confufionem producerent; verum eiusmodi inueftigatio commodius inftituetur his telefcopiis vel vnam vel duas lentes nouas adiungendo.

Scho-

CAPVT IV.

Scholion.

126. Ratio huius infignis paradoxi, quod lentes perfectae hic minus vtilitatis praeftent, quam lentes duplicatae et triplicatae praecedentes in hoc manifefto eft pofita, quod hic non eiusmodi lente obiectiua egeamus, pro qua fit $\lambda = 0$, fed potius tali, vt $\lambda m - \lambda'$ redigi poffit ad nihilum. Supra autem facile fuiffet eiusmodi lentes compofitas inuenire, quae dum confufioni colorum mederentur, pro priori confufione datum valorem numeri λ habuiffent; verum hic non opus eft, vt illum laborem repetamus; fed potius alio modo hanc inueftigationem ad praefens inftitutum accommodari conueniet; duas fcilicet pluresue lentes, quae vnitae lentem perfectam conftituebant, hic tanquam disiunctas confideremus quo pacto id commodi affequemur, vt non folum vtraque confufio lentem etiam ocularem in calculo comprehendendo penitus tolli, fed etiam fortaffe campus apparens vlterius extendi queat; quem in finem fequens problema praemitti oportet.

Problema 2.

127. Inter lentem obiectiuam et ocularem aliam infuper lentem inferere, vt telefcopium eidem primo generi maneat accenfendum.

Solu-

CAPVT IV.

Solutio.

Ponamus ergo telescopium constare tribus lentibus PP, QQ, RR, ac primo quidem requiritur, vt hae fractiones $\frac{a}{b}$, $\frac{\beta}{c}$ sint negatiuae; tum vero vt haec interualla $a+b$; $\beta+c$ sint positiua; existente multiplicatione $m=\frac{a}{b}\cdot\frac{\beta}{c}$ siue $m=\frac{a}{b}\cdot B$. ob $B=\frac{\beta}{c}$, quae proinde quantitas erit positiua. Introducamus nunc altera elementa, quae supra litteris B, C et indicibus aperturae π, π' cum semidiametro campi Φ continebantur, ac pro priori conditione habebimus

$$\frac{a}{b} = \frac{\mathfrak{B}\pi - \mathfrak{P}}{\Phi} < 0.$$

$$\frac{\beta}{c} = \frac{\mathfrak{C}\pi' - \pi + \mathfrak{P}}{\mathfrak{B}\pi - \mathfrak{P}} < 0.$$

vnde cum Φ ex rei natura semper sit positiuum, debet esse $\mathfrak{B}\pi - \Phi$ negatiuum, at vero $\mathfrak{C}\pi' - \pi + \Phi$ positiuum; et quia $\gamma = \infty$; ideoque $C = \infty$ et $\mathfrak{C} = 1$ vnde posterior conditio dat $\pi' - \pi + \Phi > 0$. Pro campo autem apparente inuenimus $\Phi = \frac{-\pi + \pi'}{m-1}$, vnde cum Φ et $m-1$ sint quantitates positiuae, debet esse $-\pi + \pi'$ quantitas positiua, qua praecedens etiam conditio sponte continetur. Vt autem praeterea interualla lentium fiant positiua, has duas conditiones adipiscimur ex §. 16.

$$1°. \frac{\mathfrak{B}\pi + \mathfrak{P}}{\mathfrak{B}\pi - \Phi} > 0.$$

vnde cum denominator sit negatiuus, etiam numerator debet esse negatiuus seu $\mathfrak{B}\pi p < 0$ prouti ergo

quan-

quantitas p fuerit vel politiua vel negatiua, debet esse $\mathfrak{B}\pi$ vel negatiuum vel politiuum.

$2°.\ \frac{\mathfrak{B}p(\pi'-(1-\mathfrak{B})\pi)}{\mathfrak{B}\pi-\Phi)(\pi-\pi+\mathfrak{B})} > 0$

vbi cum Φ sit politiuum, totus vero denominator negatiuus, etiam pro numeratore $Bp(\pi'-(1-\mathfrak{B})\pi)$ debet esse < 0.

Ex his igitur conditionibus si loco Φ valorem inuentum substituamus, sequentes conclusiones consequemur

1°. $\pi'-\pi > 0$.

2°. ob $\mathfrak{B}\pi-\Phi < 0$, debet esse
  $(m-1)\mathfrak{B}\pi-\pi'+\pi < 0$ seu $\pi'-\pi >$
  $(m-1)\mathfrak{B}\pi$ siue $\pi' > ((m-1)\mathfrak{B}+1)\pi$

3°. $\mathfrak{B}\pi p < 0$

4°. $Bp(\pi'-(1-\mathfrak{B})\pi) < 0$.

quia hic igitur formulae 3 et 4 ambae sunt negatiuae, haec per illam diuisa

$\frac{B\pi'-(1-\mathfrak{B})\pi)}{\mathfrak{B}\pi} > 0$

vnde si denominator fuerit politiuus etiam numerator debet esse politiuus et contra. Consideremus nunc ambos casus extremos, alterum, quo media lens lenti obiectiuae vnitur, alterum, quo ea lenti oculari vnitur. Priori casu, quo scilicet $a+b=0$, fit $\pi=0$, quemadmodum supra iam notauimus pro lentibus quotcunque

CAPVT IV.

cunque cum obiectiua lente coalescentibus. Posteriore casu, quo $\beta + c = 0$, debet $\pi' - (1-\mathfrak{B})\pi = 0$ seu $\pi' = (1-\mathfrak{B})\pi$, qui valor in conditione superiore secunda positus dabit $m\mathfrak{B}\pi < 0$ seu $\mathfrak{B}\pi < 0$. Cum autem campus apparens potissimum a lente oculari pendeat, cui respondet littera π', haec littera π' necessario est positiua quare vt campus ob lentem mediam non minuatur, sed potius augeatur, numerum π negatiuum esse oportet, ex quo superiores conditiones propius hoc modo definientur

1mo. scilicet $\pi' - \pi$ iam sponte fit > 0 ideoque omitti potest

2^{di}. est $\pi' > ((m-1)\mathfrak{B}+1)\pi$

ex 3^{tia}. autem sequitur $\mathfrak{B}p > 0$

et 4to. $\frac{\mathfrak{B}r - (-\mathfrak{B}\pi)}{\mathfrak{B}\pi} > 0$.

Consideretur adhuc locus oculi, cuius distantia a lente oculari sit $O = \frac{\pi}{m\mathfrak{B}} \cdot r$ quae ob $\frac{\pi}{m\mathfrak{B}}$ positiuam fieret positiua, si modo r esset positiuum at cum sit $r = c$ ob $C = \infty$ et $\mathfrak{C} = 1$ erit $r = \frac{\mathfrak{B}\mathfrak{D}}{\pi' - \pi + \mathfrak{B}\pi}$ cuius denominator cum sit positiuus examinandum est, vtrum $\mathfrak{B}p$ sit positiuum an negatiuum; at si $\mathfrak{B}p$ esset positiuum, distantia O quoque foret positiua, sin autem $\mathfrak{B}p$ esset negatiuum, foret quoque distantia O negatiua, oculusque lenti tertiae immediate applicari deberet, de quo casu praecepta supra data sunt obseruanda.

Co-

CAPVT IV.

Coroll. 1.

128. Quia ſtatim ac multiplicatio m fit modicae quantitatis, ϕ multo minus eſt, quam π, cum $\mathfrak{B}\pi - \phi$ fit negatiuum, quantitas $\mathfrak{B}\pi$ fiet quoque negatiua et ob $\pi < 0$ erit $\mathfrak{B}$ poſitiuum. Hinc pro tertia conditione $\mathfrak{B}\pi p < 0$ debebit eſſe p poſitiuum (excepto ſcilicet caſu, quo π quam minimum habet valorem ideoque p etiam negatiuum eſſe poſſet) et per tertiam et quartam condicionem coniunctim erit ob denominatorem negatinum etiam numerator $B(\pi' - \pi + \mathfrak{B}\pi)$ negatiuus ſi ergo fuerit $\pi' - \pi + \mathfrak{B}\pi > 0$ erit $B < 0$; contra vero $B > 0$.

Coroll. 2.

129. Hae igitur conditiones impleri poſſunt pluribus modis, dum plura elementa manent indeterminata, ſtatim enim patet, quantitatem a ſeu p tam affirmatiuum, quam negatiuum valorem accipere poſſe; at quia $\mathfrak{B}p > 0$ ob $\pi < 0$, ſi p ſtatuamus poſitiuum, etiam $\mathfrak{B}$ debet eſſe poſitiuum; ſin autem p ſumatur negatiue, etiam $\mathfrak{B}$ debet eſſe negatiuum; interim tamen cum ſit $B = \frac{a}{\pi}$, etiamſi ſit $\mathfrak{B}$ poſitiuum, littera B etiam nunc eſſe poteſt tam poſitiua, quam negatiua; altero vero caſu, quo $\mathfrak{B}$ eſt negatiuum, ſemper etiam B ſit negatiuum.

Scho-

CAPVT IV.

Scholion.

130. Eodem modo, quo hoc problema resoluimus, conditiones etiam inueniri possunt, quando duae pluresue lentes inter obiectiuam et ocularem inferuntur seu quando huiusmodi telescopium ex quatuor pluribusue lentibus est compositum; ponamus enim quatuor id lentibus constare atque sequentes sex conditiones erunt adimplendae.

$1°. \frac{a}{f} < 0$; $2°. \frac{\beta}{g} < 0$. $3°. \frac{\gamma}{f} < 0$
$4°. a + b > 0$; $5°. \beta + c > 0$. $6°. \gamma + d > 0$

existente $\delta = \infty$ ideoque $D = \infty$ et $\mathfrak{D} = 1$. vnde si loco harum litterarum valores supra dati introducantur, hae sex conditiones praebebunt sequentes formulas, in quibus ϕ semper vt positiuum ponitur

$1°. \mathfrak{B} \pi - \phi < 0$.
$2°. \frac{\mathfrak{C} \pi' - \pi + \mathfrak{D}}{\mathfrak{C} \pi - \phi} < 0$.
$3°. \frac{\pi'' - \pi' + \pi - \mathfrak{D}}{\mathfrak{C} \pi' - \pi + \phi} < 0$.

quae tres conditiones commodius ita referuntur.

$1°. \mathfrak{B} \pi - \phi < 0$
$2°. \mathfrak{C} \pi' - \pi + \phi > 0$
$3°. \pi'' - \pi' + \pi - \phi < 0$.

Pro tribus reliquis conditionibus, quia in singulis denominatores sunt negatiui, etiam numeratores oportet

90   CAPVT IV.

ret eſſe negatiuos vnde ſequentes conditiones erunt adimplendae.

4°. $\mathfrak{B} \pi p < 0$.
5°. $Bp(\mathfrak{C} \pi' - (1-\mathfrak{B})\pi) < 0$
6°. $BCp(\pi'' - (1-\mathfrak{C})\pi') < 0$.

quae prout p fuerit vel poſitiuum vel negatiuum duplici modo conſiderari poterunt; in hoc negotio autem inprimis conſideranda eſt expreſſio pro campo apparente, quae eſt $\Phi = \frac{-\pi + \pi' - \pi''}{\cdots}$ quae quia tam magna deſiderari ſolet, quam fieri poteſt, curandum eſt, vt fractiones π et π'' obtineant valores negatiuos eosque maximos, qui tamen $\frac{1}{2}$ vel $\frac{1}{3}$ ſuperare nequeunt, ac ſi forte hoc fieri nequeat, et alteruter debeat eſſe poſitiuus, tum vt is fiat quam minimus, erit efficiendum.

Scholion. 2.

131. His iam praemiſſis videamus, quo modo ſuperiori incommodo, quo lentes perfectae pro hoc teleſcopiorum genere ineptae ſunt deprehenſae, remedium afferri poſſit. Conſiderabimus igitur teleſcopium vt tribus lentibus compoſitum, ac duas priores prorſus vniamus vt interuallum $a + b$ euaneſcat ſicque lens obiectiua fiat duplicata, verum nunc ſingula elementa ita definiamus, vt non pro ſola obiectiua vtraque confuſio deſtruatur, ſed pro toto teleſcopio.

Quo-

CAPVT IV.

Quoniam vero ad hoc duplici vitri fpecie opus eft, adhibere cogimur binas illas fpecies anglicas, fcilicet vitrum coronarium et chryftallinum. Vnde duo potiffimum problemata nafcuntur, prout vel prima lens ex coronario, fecunda vero ex chryftallino, vel contra prior ex chryftallino, fecunda vero ex coronario fuerit paranda; de tertia autem lente oculari perinde fere erit, fiue eam ex vitro coronario fiue ex chryftallino conficere velimus, dummodo ea vtrinque aeque concaua reddatur, quandoquidem ea hoc modo maximam aperturam admittit, a qua campus apparens dependet.

Problema 3.

132. Si telefcopii lens obiectiua fit duplicata ac prior quidem ex vitro coronario, pofterior vero ex chryftallino parata, lens autem ocularis etiam ex vitro coronario; conftructionem huius telefcopii pro quauis multiplicatione m defcribere.

Solutio.

Cum igitur hic fit $a + b = 0$; fiue $a = -b$; et $\frac{a}{b} = -1$ erit multiplicatio $m = -\frac{\beta}{c}$ feu $c = -\frac{\beta}{m}$ vbi littera β exprimit diftantiam focalem ipfius lentis obiectiuae duplicatae ideoque, vt ex probl. 1 patet, debet effe pofitiua; vnde lens ocularis erit concaua. Cum igitur fit $b = \frac{\beta}{a}$; $q = \mathfrak{B} b = \frac{a\beta}{1} = \frac{\beta}{1+1}$ erit $a = \frac{-\beta}{1}$

et litterae μ et ν, vna cum μ'', ex refractione $n = 1,53$; litterae vero μ' et ν' ex refractione $n = 1,58$ sunt sumendae; vnde pro confusione ex apertura lentium destruenda habebimus hanc aequationem:

$$\mu\lambda - \tfrac{\kappa'\lambda'}{\mathfrak{B}'} + \tfrac{\mu\lambda''}{\mathfrak{B}'} - \tfrac{\kappa'\nu'}{\mathfrak{B}\mathfrak{A}} = 0$$

cum autem fit $\tfrac{d\kappa}{\kappa-1} : \tfrac{d\kappa'}{\kappa'-1} = 7 : 10$ atque $\kappa'' = \kappa$ ob valorem distantiae O negatiuum pro margine colorato tollendo nanciscimur hanc aequationem:

$$\kappa'(3B+10) = 10\,\kappa.$$

deinde vero pro hac confusione penitus tollenda satisfieri oportet huic aequationi:

$$0 = -7 + \tfrac{10(B+1)}{B} - \tfrac{\nu}{\kappa\cdot\mathfrak{B}}$$

seu $0 = -7B + 10.(B+1) - \tfrac{\nu}{\mu}$,

vnde reperitur $B = \tfrac{\kappa\kappa - \lambda\kappa\kappa}{7\kappa - \mu}$, $\mathfrak{B} = \tfrac{10\kappa-\nu}{7\kappa-\mu}$, ex qua littera B perfecte determinatur, ita, vt ex prima aequatione tantum litterae λ et λ' definiendae restent, quia ob lentem ocularem vtrinque aequalem, λ'' iam definitur. Inde igitur commodissime definitur numerus λ':

$$\lambda' = \tfrac{\kappa\mathfrak{B}'\lambda}{\mu'} + \tfrac{\mu\mathfrak{B}'\lambda''}{\mu'\mathfrak{B}'} - \tfrac{\nu\mathfrak{B}'}{\mathfrak{B}}$$

in qua quidem aequatione λ pro lubitu accipi posset, sed ne λ' vnitatem nimis superet, conueniet sumi $\lambda = 1$ sicque omnia iam erunt determinata, ita, vt nihil amplius supersit, quod ex aequatione media posset determinari,

CAPVT IV.

minari, quia ratio litterarum π et π' ex praemissis iam datur. Cum enim sit $b = \frac{\rho}{\xi} = \frac{\rho \mathfrak{D}}{\xi \mathfrak{D} - \mathfrak{z}} = \frac{-\rho \mathfrak{D}}{\xi, \mathfrak{D} - \mathfrak{z}}$ hincque $\pi = 0$, et cum pro campo apparente sit $\Phi = \frac{-\pi + \pi'}{\mathfrak{D}}$ erit $\pi' = (m-1)\Phi$ vnde pro secunda aequatione prodit

$$0 = (m-1)\Phi(3B + 10)$$

quod cum fieri nequeat, praeter casum $3B + 10 = 0$ seu $\frac{-3B}{m} + 10 = 0$ hincque $m = \infty$; margo coloratus tolli nequit, nisi multiplicatio sit maxima ideoque pro maioribus multiplicationibus erit insensibilis, ad quem casum cum haec telescopia accommodari conueniat, margo coloratus non erit metuendus, sufficietque, si primae et tertiae aequationi satisfecerimus. Inuentis igitur quantitatibus B, λ et λ' pro data multiplicatione m gradus claritatis y assumatur, quo contenti esse voluerimus; indeque habebitur semidiameter aperturae primae lentis x. Si deinde distantiam focalem totius lentis obiectiuae, quae est aequalis β, vt indefinitam spectemus; habebimus inde $1°$ distantiam focalem prioris lentis; $a = \frac{-1}{\xi}$ et pro posteriore distantias determinatrices $b = \frac{\rho}{\xi}$ et β; ex quibus cum numeris λ et λ' vtramque lentem poterimus construere; in qua constructione notetur minimus radius siue connexitatis siue concauitatis eiusque parti quintae vel etiam quartae aequetur $x = my$; vnde ipsa quantitas β in digitis determinabitur. Hinc porro colligimus

distan-

CAPVT IV.

distantiam focalem lentis ocularis $= c = \frac{-\beta}{z}$; ex qua si huic lenti vtrinque figura aequalis tribuatur, vt scilicet maximae aperturae fiat capax radius istius curuaturae erit $= - \frac{i(s-1)\beta}{z}$ vti supra iam ostendimus §. 61, vbi etiam inuenimus pro hac lente fore $V(\lambda'' - 1)$ $= \frac{-\pi}{z}$; vnde valor ipsius λ'' definitur.

Coroll. 1.

133. Cum hic distantia oculi post vltimam lentem O fiat negatiua; ideoque oculus huic lenti immediate adplicari debeat, in formula campum apparentem declarante $\Phi = \frac{-\pi \pm \pi'}{\pi - 1}$ fractio π' sumi debet $= \frac{\pi}{c}$ vt scilicet campum inueniamus, quem vno obtutu conspicimus; expediet autem, aperturam istius lentis tantam fieri, quantam curuatura facierum admittit, sicque nihil obstat, quominus ipsi π' valor $=\frac{\pi}{c}$; vel $=\frac{\pi}{c}$ tribuatur.

Coroll. 2.

134. Quod hic de valore vltimae litterarum π, π', π'' etc. notauimus, latissime patet, vt scilicet ei semper valor $\frac{\pi}{c}$ vel $\frac{\pi}{c}$ tribui possit, dummodo in computo campi apparentis eius valor ad $\frac{\pi}{c}$ imminuatur, si quidem hic fuerit minor; quippe quo modo campus vno obtutu conspectus definitur. Quando autem apertura lentis ocularis maior fuerit pupilla, tum pupilla eam quasi peragrando succeffiue totum campum con-

CAPVT IV.

conspiciet, quem verus valor ipsius π' definit sicque in posterum hanc limitationem a pupilla petitam penitus omittere poterimus; dummodo notetur, casu, quo π' malus, quam $\frac{v}{c}$, hunc campum non vno obtutu apparere.

Coroll. 3.

135. Hoc igitur pacto telescopium adipiscimur primi generis, quod obiecta sine vlla confusione siue ab apertura lentium sine a diuersa radiorum natura oriunda repraesentabit, ita, vt in illo nihil amplius possit desiderari, nisi quod campus apparens nimis sit exiguus; quo tamen defectu omnia telescopia tam Newtoniana, quam Gregoriana aeque laborant.

Scholion. 1.

136. Si haec ad praxin accommodare velimus, inchoandum erit a valore litterae B, quem tertia aequatio suppeditat, scilicet $B = \frac{1-m+n}{1-n}$, qui statim atque m sit numerus modice magnus, abit in $B = -\frac{n}{1}$; quia autem hic valor $-\frac{n}{1}$ deriuatus est ex Dollondi experimentis, vnde rationem $\frac{dn}{n-1} \cdot \frac{d\nu}{\nu-1} = 7 : 10$ deduximus, nemo certe arbitrabitur, hanc rationem tam exacte veritati respondere, vt non satis notabiliter ab ea discrepare possit; quam ob caussam ridiculum plane foret, si c rea valorem huius litterae B nimis scrupulosi esse vellemus; neque etiam res ipsa tantam precisionem exigere

gere videtur, cum iam plurimum praestitisse is sit
censendus, qui hanc confusionis speciem, quae hactenus
nullo plane modo imminui posse est credita, plurimum imminuere potuerit, etiamsi ad nihilom non
reduxerit, audacter igitur statuere poterimus, $B = -\frac{v}{1}$,
pro quacunque multiplicatione, indeque tantum superest, vt formula pro λ' inuenta euoluatur; in quo nihil
omnino negligere licebit; quoniam vt supra iam inue-
nimus solus terminus $\frac{A\overline{\varpi}\,\lambda^{\prime\prime}}{m\mu\,\overline{\beta}}$ tanti erat momenti, vt
a lente obiectiua perfecta optatus effectus exspectari
non potuerit.

Scholion 2.

137. Quoniam in sequentibus plurimum inter-
erit, vt lentibus ocularibus eiusmodi figura tribuatur,
quae maximae aperturae fit capax, hocque manifesto
eueniat, si ambae huius lentis facies reddantur aequales: pro huiusmodi lente valor litterae λ ita definietur, vt fiat $\sqrt{\lambda - 1} = \frac{v-1}{v}$ quem igitur pro praecipuis vitri speciebus hic exhibeamus.

n.	$\sqrt{\lambda - 1}$.	λ.
1. 53	0, 77464.	1. 60006.
1. 55	0, 79367.	1. 62991.
1. 58	0, 82125.	1. 67445.

Cum igitur nunc habeamus valorem $\lambda'' = 1,60006$,
per ea, quae in problemate sunt constituta, habebimus
$\mu = 0$.

CAPVT IV.

$\mu = 0.9875$; $\mu' = 0.8724$; $\nu = 0.2529$. fumto $\mathfrak{D} = -\frac{10}{n}$ et $\mathfrak{B} = +\frac{10}{n}$; aequatio prima refoluenda induet hanc formam:

$$\lambda' = 3,3001. \lambda - \frac{0.1178}{n} + 0.1548$$

ex qua ne valor ipfius λ' praeter neceffitatem nimis magnus prodeat, ftatuamus $\lambda = 1$, fietque

$$\lambda' = 3,4549 - \frac{0.1178}{n}$$

cuius aequationis vfum in aliquot exemplis oftendamus.

Exempl. I.

138. Huiusmodi telefcopium conftruere, quod obiecta vicies quinquies aucta repraefentet, feu fit $m = 25$. Cum fit $\lambda = 1$, erit $\lambda' = 3,4492$ et $\lambda' - 1 = 2,4492$ et $\sqrt{(\lambda' - 1)} = 1,5649$; atque hinc fequens fingularum lentium conftructio colligetur:

I. Pro lente prima ex vitro coronario facta ob eius diftantiam focalem $p = a = +\frac{10}{n}\beta$ et $\sqrt{(\lambda-1)} = 0$ fiet

radius faciei $\begin{cases} \text{anter.} = 0.1807. \beta \\ \text{pofter.} = 1.3239. \beta \end{cases}$

II. Pro fecunda lente ex vitro chryftallino cum fint diftantiae determinatrices $b = \frac{p}{n} = -\frac{1}{n}\beta$, et litterae $\varrho = 0.1413$, $\sigma = 1,5827$, $\tau = 0,8775$

et $\gamma(\lambda'-1) = 1,5649$ si pro radiis anterioris et posterioris faciei ponamus litteras F et G, habebimus

$$F = \frac{s\rho}{\ldots}$$
$$G = \frac{s\rho}{\ldots}$$

atque hinc

$$\frac{1}{F} = \frac{\ldots}{\ldots}$$
$$\frac{1}{G} = \frac{\ldots}{\ldots}$$

quibus euolutis prodit

$$\frac{1}{F} = \frac{1.1111 \mp \ldots}{1\beta}$$
$$\frac{1}{G} = \frac{\ldots}{1\beta}$$

vt igitur radii non nimis fiant parui, vti oportet signis superioribus, vnde obtinebimus

$$\frac{1}{F} = \frac{\ldots}{1\beta}; \quad F = -0.4779. \beta$$
$$\frac{1}{G} = \frac{\ldots}{1\beta}; \quad G = -0.5180. \beta$$

III. Pro tertia lente oculari

ex vitro coronario paranda conftructio est facillima, dum vtriusque faciei radius esse debet $= a(s-1)r = -1,06. r = -0,00424. \beta$.

Binae priores lentes sibi inuicem immediate iunguntur, vt vnam quasi lentem conftituant, cuius aperturae femidiameter maior esse nequit, quam quarta circi-

CAPVT IV.

circiter pars radii minimi quae est $= 0.0452 \, \beta$, & habebimus $x = 0.0452 \, \beta$. Debet autem esse $x = \pi y$, denotante y gradum claritatis atque iam notauimus statui posse $y = \frac{1}{4}$ dig. Ita, vt hoc casu habeamus $x = \frac{1}{8}$ dig. quo circa valor ipsius β ita determinabitur, vt sit $\beta = 11, 1$ dig. saltim β hoc limite non debet capi minus vnde superiores mensurae absolute innotescunt. Campi autem apparentis semidiameter ob $\pi = 0$ erit $\phi = \frac{\pi}{=} = \frac{\pi}{11}$; sumtoque $\pi' = \frac{1}{8}$ erit in minutis primis $35 \, \frac{1}{2}$ min. quem campum oculus vno obtutu cerneret, si semidiameter pupillae esset $\pi' r$, $= 0.1120$. Quanto autem est minor, tanto minorem quoque campum vno obtutu videbit. Longitudo autem huius telescopii erit $= 10 \, \frac{1}{2}$ digit.

Scholion.

139. Hoc ergo telescopium ad praxin satis accommodatum videtur, cum eius longitudo minor sit vndecim digitis et tamen vicies quinquies obiecta augeat, campo apparente non adeo exiguo existente; hincque etiam patet quantum lens perfecta hic immutari debuerit, vt etiam confusionem a lente oculari oriundam tolleret. Verum hic notandum est, constructionem huius instrumenti summam artificis sollertiam requirere minimumque errorem commissum totum opus jrritum reddere quare non nisi post plura tentamina successus sperari poterit. Multo maiore autem sollertia erit opus, si maiorem quoque multiplicatio-

cationem defideremus, vti ex sequenti exemplo erit manifestum.

Exemplum II.

140. Huiusmodi telescopium conficere, quod obiecta quinquagies multiplicet seu sit $m = 50$.

Erit pro hoc casu $\lambda' = 3.4521$ et $V(\lambda' - 1)$ $= 1.5659$ qui valor praecedentem superat $\frac{1}{155}$ hoc est, sui parte $\frac{1}{155}$, ita, vt superior formula $V(\lambda' - 1)$ per $1 + \frac{1}{155}$ multiplicata praebeat praesentem valorem et cum reliqua elementa maneant, vt ante, erit

I. Pro prima lente

radius faciei $\begin{cases} \text{anter.} = 0.1807. \beta \\ \text{poster.} = 1.3239. \beta \end{cases}$

II. Pro secunda lente habebimus

$$\frac{1}{r} = \frac{\text{.....} \mp \text{......}}{1\beta}$$

$$\frac{1}{c} = \frac{-\text{......} \mp \text{......}}{1\beta}$$

sumtisque signis superioribus habebimus

$$\frac{1}{r} = \frac{\text{......}}{1\beta}; \quad F = -0.4774 \beta$$

$$\frac{1}{\sigma} = \frac{\text{......}}{1\beta}; \quad G = -0.5186. \beta$$

quae duae lentes iunctae aperturam admittent, cuius semidiameter $= 0.0452. \beta$; quo scilicet maior non debet

CAPVT IV.

debet esse valor $x = my = 1$. dig. quare capi debebit
$\mathfrak{E}$ maius, quam $22, 1$. dig.

III. Pro lente oculari,.

cuius distantia focal's est $= \frac{a}{m} = \frac{a}{1 \cdot 1}$ radius vtriusque
faciei erit $= -\frac{1(n-1)\beta}{10} = -0,9212$, $\mathfrak{E}$ sumto autem
$n' = \frac{1}{2}$, erit aperturae eius semidiameter $x = + \frac{\beta}{12}$
$= 0, 110$. dig. vnde semidiameter campi apparentis
fit $\Phi = \frac{x'}{z-1} = \frac{1}{14}$ siue angulus $\Phi = 17\frac{1}{2}$ min. prim.
Longitudo denique huius telescopii erit $= \mathfrak{E} + r = 21,658$
siue $21 \frac{2}{3}$ dig.

Scholion.

141. In hoc exemplo constructio lentis secundae vix discrepat a praecedente; vnde patet, quam adcurate mensurae inuentae obseruari debeant vt effectus voto respondeat facillimeque euenire posse, vt quae lens obiectiua datae cuidam multiplicationi destinatur, ea longe alii multiplicationi inseruiat; quare quantamcunque etiam sollertiam artifex adhibuerit, multiplicatio cui conuenit, explorari debet, dum scilicet ei successiue aliae atque aliae lentes oculares adiunguntur; tum enim pro certa quadam multiplicatione fieri poterit, vt telescopium egregium effectum producat, hanc ob caussam supersedeamus altero casu supra memorato, quo pro lente obiectiua lens prior ex vitro chrystallino, posterior ex coronario parari debebat, quoniam

haec

CAPVT IV.

haec quae evoluimus, sufficere videntur et multo magis expediet pro lente obiectiua lentem triplicatam exhibere eamque talem, cuius prima et tertia lens ex vitro chryftallino, media ex coronario fit confecta, quia iam fupra hinc aptiffima lens perfecta eft nata.

Problema 3.

142. Si lens obiectiua telefcopii fit triplicata, cuius prima et tertia lens ex vitro chryftallino, media vero ex coronario fit conficienda, lens autem ocularis etiam ex vitro coronario; huius telefcopii conftructionem defcribere, vt omni confufione careat.

Solutio.

Hoc igitur telefcopium ex quatuor omnino, lentibus conftabit, pro quibus erit $n = 1, 58$; $n' = 1, 53$; $n'' = n$ et $n''' = n'$. et quia tres prores lentes in vnam quafi coalefcere debent, erit $a + b = 0$; et $b + c = 0$; fiue $\frac{a}{b} = -1$; et $\frac{b}{c} = -1$; quare cum fit multiplicatio $m = -\frac{a}{b} \cdot \frac{b}{c} \cdot \frac{c}{d}$ erit $m = \frac{c}{d}$ feu $d = \frac{c}{m}$ reliquae vero litterae fimili modo per γ exprimi poterunt, fcilicet $c = \frac{\gamma}{m}$; $\ell = \frac{\gamma}{c}$; $b = \frac{\gamma}{c}$ et $a = \frac{\gamma}{b}$ ex quibus diftantiae focales oriuntur

$$p = \frac{\gamma}{b}; q = \frac{-\gamma}{c}; r = \frac{\gamma}{c}; s = \frac{\gamma}{d}.$$

Quibus praemiffis pro confufione ex apertura lentium orta deftruenda habebimus hanc aequationem:

μλ-

CAPVT IV.

$$\mu\lambda - \tfrac{\mu'}{B}\left(\tfrac{\lambda'}{B'} + \tfrac{v'}{B}\right) + \tfrac{\mu''}{Cu}\left(\tfrac{\lambda''}{C'} + \tfrac{v''}{C}\right) - \tfrac{\mu'''\lambda'''}{B'C'.u} = 0$$

quae ob $\mu'' = \mu$; $v'' = v$ et $\mu''' = \mu'$ euoluta dabit:

$$0 = \begin{cases} \mu\lambda - \tfrac{\mu'\lambda'}{B'} + \tfrac{\mu\lambda''}{B'C'} - \tfrac{\mu'\lambda''}{B'C'.u} \\ -\tfrac{\mu v}{BG} + \tfrac{\mu v}{B'C\mathfrak{q}} \end{cases}$$

Ne nimis rationi 7:10, qua ante vfi fumus, inhaereamus, ponamus in genere $\tfrac{\lambda}{v} = \zeta$, et $\tfrac{\lambda v}{v'\lambda} = \eta$, vt fit circiter $\zeta : \eta = 10 : 7$; deinde quia noftro cafu fit $\pi = 0$ et $\pi' = 0$ pro margine colorato abolendo habebimus

$$0 = \zeta - \tfrac{\eta(B+1)}{B} + \tfrac{\zeta(C+1)}{BC}$$

fiue
$$\zeta(1 + C + BC) = \eta(B+1)C$$

ex qua quid concludere liceat deinceps videbimus: Tertiam aequationem nobis praebet deftructio tota huius confufionis, fcilicet iftam:

$$0 = BC + C + \tfrac{\zeta - \eta}{\zeta - \eta/a}$$

Ponatur breuitatis gratia $\tfrac{\zeta - \eta}{\zeta - \eta/a} = \vartheta$, eriaque

$$0 = BC + C + \vartheta$$

vnde prodit $C = \tfrac{-\vartheta}{B+1}$

vel $B = -1\tfrac{\vartheta}{C}$

Cum autem fecunda aequatio abeat in hanc formam:

$$BC -$$

$$BC + C + \tfrac{\zeta}{\zeta-\eta} = 0$$

ambabus simul satisfieri nequit, nisi sit $\vartheta = \tfrac{\zeta}{\zeta-\eta}$; hoc est nisi sit $\tfrac{\zeta-\eta}{\eta} = \zeta$, siue $\zeta m - \zeta m = \eta = 0$ m; siue $m = \infty$, prorsus vt in casu praecedente. Regrediemur igitur ad nostram aequationem primam, in qua siue loco B siue loco C valorem debitum substituamus. Cum autem rationem $\zeta : \eta$ non tam exacte nosse liceat, sufficiet valores proximos sumsisse, hunc in finem, in tertia aequatione terminum per m diuisum negligamus et habebimus

$$0 = BC + C + \tfrac{\zeta}{\zeta-\eta}; \text{ siue}$$
$$0 = BC + C + \tfrac{\eta}{\eta}; \text{ hincque}$$
$$C = \tfrac{-\eta}{1(B+1)} \text{ et}$$
$$C + 1 = \tfrac{1B - \eta}{1(B+1)}$$

quibus substitutis et diuisione facta per $(B+1)^2$ prodit

$$0 = -1000 \mu \lambda \mathfrak{B}^2 + 1000 \mu' \lambda'$$
$$+ \mu \lambda''(10\mathfrak{B} - \eta)^2 - \tfrac{\eta \mu \lambda''}{2}$$
$$+ 1000. \mu' \nu' \mathfrak{B}(1 - \mathfrak{B})$$
$$- 30 \mu \nu (10\mathfrak{B} - \eta)(1 - \mathfrak{B})$$

quae sumto $\lambda'' = \lambda$ fit aequatio quadratica, ex qua $\mathfrak{B}$ definitur.

Ex

CAPVT IV.

Ex hac autem aequatione cognoscimus, huiusmodi substitutionem etiam in genere succedere; cum enim sit $B = \frac{\mathfrak{B}}{1-\mathfrak{B}}$ ob $B + 1 = \frac{1}{1-\mathfrak{B}}$ fiet $C = -9(1-\mathfrak{B})$ et $C + 1 = 1 - 9 + 9\mathfrak{B}$ hincque $\mathfrak{C} = \frac{-9(1-\mathfrak{B})}{1-9+9\mathfrak{B}}$ et ipsa aequatio prima reducetur ad hanc formam, si scilicet per $\mathfrak{B}'$ multiplicetur

$$0 = \mu\lambda\mathfrak{B}' - \mu'\lambda' - \mu\lambda''(\mathfrak{B} - 1 + \tfrac{1}{9})'$$
$$+ \tfrac{\mu'\lambda''}{1-9} - \mu'\nu'\mathfrak{B}(1-\mathfrak{B})$$
$$+ \tfrac{\mu\nu(1-\mathfrak{B})(\mathfrak{B}-1+1)}{9}$$

existente $9 = \frac{\mathfrak{B}-1}{(1-9)\mathfrak{B}}$; at si ponatur $9 = \frac{1}{9}$, praecedens aequatio sponte prodit.

Statuamus igitur $\lambda'' = \lambda$ et euolutio huius aequationis sequentem praebebit aequationem quadraticam secundum potestates litterae $\mathfrak{B}$ dispositam

$$\mathfrak{B}'[3\mu\lambda(1-\tfrac{1}{9}) + \mu'\nu' - \tfrac{\mu\nu}{9}]$$
$$+ \mathfrak{B}[-3\mu\lambda(1-\tfrac{1}{9})' - \mu'\nu' + \tfrac{\mu\nu}{9}(2-\tfrac{1}{9})]$$
$$+ \mu\lambda(1-\tfrac{1}{9})' - \mu'\lambda' + \tfrac{\mu'\lambda''}{2\mathfrak{L}} - \mu\nu(1-\tfrac{1}{9}) = 0.$$

ex qua $\mathfrak{B}$ definiri debet.

Nunc igitur statuamus $9 = \frac{1}{9}$; cum vero $\lambda = \lambda' = \lambda'' = 1$. et pro lente oculari sit $\lambda''' = 1.60006$. tum vero $\mu = 0.8724$ et $\nu = 0.2529$ $\mu' = 0.9575$, $\nu' = 0$.

$v = 0.2196$; vnde fit $l\mu v = 9.3436645$;
$l\mu' v = 9.3361694$

Pro termino $\mathfrak{B}'$.

$\mathfrak{B}'(\frac{10}{9}\mu + \mu' v - \frac{1}{10}\mu v)$
$\mathfrak{B}'(+ 1.83204 - 0.06618)$
$+ 0.21685$
———
2.04889
0.06618
———
1.98271

$+ 1.9827 L\mathfrak{B}' - 1.38675 \mathfrak{B} - 0.84271 + 0.\frac{a v u u}{a} = 0$

qua diuifa per 1.98271 fiet

$\mathfrak{B}' = 0.69942 \cdot \mathfrak{B} + 0.42503 - \frac{a v u u}{a}$

cuius refolutio fuppeditar

$\mathfrak{B} = 0.34971 \pm \sqrt{(0.54736 - 0.\frac{a v u u}{a})}$ vel

$\mathfrak{B} = 0.34971 \pm (0.73983 - 0.\frac{a v u u}{a})$

vnde bini ipfius $\mathfrak{B}$ valores erunt

I. $\mathfrak{B} = 1.08954 - 0.\frac{a v u u}{a}$

II. $\mathfrak{B} = -0.39012 + 0.\frac{a v u u}{a}$

Coroll. I.

143. Tribus igitur prioribus lentibus immediate coniunctis exiftit lens obiectiua triplicata, cuius diftantia

tia focalis erit aequalis γ, ex qua radios singularum facierum definire oportet, inter quos notetur minimus, qui sit $= i \gamma$, cuius pars quarta $= \frac{1}{4} i \gamma$ dabit semidiametrum aperturae, quam ista lens obiectiua admittit.

Coroll. 2.

144. Porro vero ex multiplicatione m data et gradu claritatis y definitur semidiameter aperturae lentis obiectiuae $x = my$ idque in digitis, sumendo v. gr. $y = \frac{1}{10}$ dig. vnde habebitur ista aequatio $my = \frac{1}{4} i . \gamma$, ex qua per mensuram absolutam colligitur $\gamma = \frac{4 \cdot m}{i}$.

Coroll. 3.

145. Cum autem lens ocularis debeat esse vtrinque aeque concaua, vt sit $\lambda''' = 1, 60006$, erit eius distantia focalis $= d = \frac{-\gamma}{m}$; vnde radius vtriusque faciei istius debet $= - \frac{1(1''-1)}{m}$. $\gamma = \frac{-4 \cdot 4}{m} \gamma$, cuius aperturae semidiameter sumi potest quater minor, vt sit $s = \frac{\gamma}{im}$.

Exempl. I.

146. Posita multiplicatione $m = 25$ construere huiusmodi telescopium ex valore priore pro littera $\mathfrak{B}$ inuento.

Cum igitur sit $m = 25$, erit $\mathfrak{B} = + 1, 08896$ ex quo sequitur $B = \frac{m}{1 - \mathfrak{A}} = - 12, 24100$ et log. B $= 1.0878169$. Porro $C = - 9 (1 - \mathfrak{B}) = 0, 2963$ hincque ob $BC + C + 9 = 0$ colligimus $BC = -C - 9 = + 9 - 9\mathfrak{B} - 9 = - 9\mathfrak{B} = - 3, 6298$ et $\mathfrak{C} = \frac{C}{C+1} = 0.22869$.

CAPVT IV.

Sint nunc radii facierum primae lentis F et G; secundae F' et G' ac tertiae F'' et G'' ob distinctas determinatrices

$$\sigma = \infty; \quad b = \tfrac{-\gamma}{b c}; \quad c \mp \tfrac{\gamma}{c}$$
$$a = \tfrac{\gamma}{b}; \quad \beta = \tfrac{-\gamma}{c}; \quad \gamma = \gamma$$

et numeros $\lambda = 1; \lambda' = 1; \lambda'' = 1$ erit

$$F = \tfrac{a}{\sigma} = \tfrac{\gamma}{b c \sigma}; \quad G = \tfrac{a}{\sigma} \mp \tfrac{\gamma}{b c \sigma}$$

$$F' = \tfrac{b \beta}{\beta^2 + \gamma \beta} = \tfrac{-\gamma}{b c (\gamma + c)}$$

$$G' = \tfrac{b \beta}{\gamma + \sigma \beta} = \tfrac{-\gamma}{b c \gamma + \sigma}$$

$$F'' = \tfrac{c \gamma}{c \gamma + \gamma c} = \tfrac{\gamma}{c + \sigma}$$

$$G'' = \tfrac{c \gamma}{c \gamma + c} = \tfrac{\gamma}{c + \sigma}$$

Cum igitur sit $\varrho = 0.1413$, $\sigma = 1.5827$ et $\zeta = 0.2266$; $\sigma' = 1.6602$ calculo instituto obtinebimus:

$$F = -0,1740 \,\gamma; \quad G = -1,9497 \,\gamma$$
$$F' = +3,0276 \,\gamma; \quad G' = +0,1678 \,\gamma$$
$$F'' = 0,6155 \,\gamma; \quad G'' = +1,6378 \,\gamma$$

At pro lente oculari radius vtriusque faciei erit $= -0,0424 \,\gamma$. Inter illos autem radios minimus est $0,1678 \,\gamma$, cuius parti quartae $0,0419 \,\gamma$ si aequetur $x = m y = 25 \cdot y = \tfrac{1}{4}$ dig. prodibit $\gamma = 12.$ dig. Longitudo telescopii $\gamma (1 - \tfrac{1}{m}) = 11, 52$ dig. et semidiameter campi apparentis ob $\pi = 0$ et $\pi' = 0$ fiet $\Phi = -\tfrac{\pi}{m-1}$ et sumto $\pi'' = -\tfrac{1}{4}$ erit $\Phi = \tfrac{1}{4}$ in parte rad.

rad. vel $\Phi = 35\frac{1}{2}$ min. prim. quem oculus vno obtutu conspiceret, si semidiameter pupillae aequalis esset semidiametro aperturae lentis ocularis hoc est $= \frac{1}{5} \frac{y}{x}$ $= \frac{y}{7_{15}} = \frac{y}{7}$ dig. alioquin si pupilla minor esset, in eadem ratione campus deberet imminui.

Exempl. II.

147. Posita multiplicatione $m = 50$ construere huiusmodi telescopium ex valore priore ipsius $\mathfrak{B}$.

Cum sit $m = 50$ erit $\mathfrak{B} = + 1,08925$ ex quo sequitur $B = \frac{\mathfrak{B}}{-\mathcal{A}} = -12,2045$ et log. $B = 1,086519+$ Porro $C = 0,2975$ et $B.C = -3,6308$. Cum igitur praecedentes formulae etiam nunc locum habeant, radii singularum facierum ita reperiuntur expressi:

$F = -0,1740. \gamma$; $G = -1,9493. \gamma$.
$F' = +3,0410. \gamma$; $G' = +0,1677. \gamma$.
$F'' = 0,6155. \gamma$; $G'' = +1,6337. \gamma$.

Horum radiorum minimus est $0,1677$, cuius parti quartae $0,0419. \gamma$ aequalis statui debet semidiameter aperturae $s = m y = r$ dig. ex quo definitur $\gamma = \frac{1}{0.419} = 23,866$ dig. ita, vt statui possit $\gamma = 24$ dig. Tum autem erit distantia focalis lentis ocularis $= \frac{24}{50} = \frac{12}{25}$ dig. radiusque vtriusque faciei $1,06. \frac{12}{25} = 0,508$ dig.

Longitudo ergo huius telescopii erit $= \gamma (1-\frac{1}{m})$ $= 23,04$ dig. et semidiameter campi apparentis $\Phi = \frac{y}{x} = \frac{1}{7}$ et in minutis primis $\Phi = 17\frac{1}{2}$ minut.

Scholion.

748. Ad maiorem multiplicationem hunc calculum non profequor, quia differentia prodiret tam exigua, vt ab artificibus vix videatur confequenda; quare eadem exempla etiam ab altero valore pro $\mathfrak{B}$ inuento euoluamus.

Exempl. III.

749. Pofita multiplicatione $m = 25$, conftruere huiusmodi telefcopium ex valore pofteriore ipfius $\mathfrak{B}$.

Cum fit $m = 25$, erit $\mathfrak{B} = -0,38954$ et $a - \mathfrak{B} = 1,38954$, vnde fit $B = \frac{a}{a-\mathfrak{B}} = -0.28036\,$9 et log. $B = 9.4476810$; deinde fiet $C = -9(1-\mathfrak{B}) = -4.6318$ et $BC = +1,29850$.

Quia igitur formulae pro radiis facierum manent, vt fupra, inueniemus eas, vt fequitur:

$F = 0.486385\,\gamma$; $G = 5,45024\,\gamma$.
$F' = +0.13521.\,\gamma$; $G' = -0.90400.\,\gamma$
$F'' = +1.07723.\,\gamma$; $G'' = -0.13909.\,\gamma$.

Inter hos radios minimus eft $0,13521\,\gamma$ cuius parti quartae $0,03380.\,\gamma$ aequari debet femidiameter aperturae $x = my. = \frac{1}{2}$ dig. vnde $\gamma = \frac{1}{0,0270} = 15$ dig.; ita vt telefcopii longitudo $= \gamma(1-\frac{1}{m}) = 14\frac{2}{5}$ dig. diftantia autem focalis lentis ocularis erit $= -\frac{1}{5}$ dig. ita, vt radius faciei vtriusque $= 0.6360$. dig. et femidiameter campi apparentis erit vt fupra, $\Phi = 35\frac{1}{2}$ min. qui ab oculo vno obtutu vel faltim fucceffiue confpici poterit.

Exem-

CAPVT IV.

Exempl. IV.

150. Posita multiplicatione $m = 50$ construere huiusmodi telescopium ex valore posteriore ipsius $\mathfrak{B}$. Cum sit $m = 50$, erit $\mathfrak{B} = -0.38983$ et $1 - \mathfrak{B} = 1.38983$; vnde colligitur $C = -4,6328$ et $BC = +1,2995$.

Cum igitur formulae pro radiis facierum maneant eaedem, ex iis facto calculo nancifcemur:

$F = 0.48621. \gamma$; $G = 5,44604. \gamma$
$F' = 0.13519. \gamma$; $G' = -0,90285. \gamma$
$F'' = 1.07747. \gamma$; $G'' = -0.13906. \gamma$

Inter quos radios minimus est $0.13519. \gamma$ cuius parti quartae $0.03379. \gamma$ aequari debet semidiameter aperturae $x = my = 1$. dig., vnde $\gamma = 29$ dig. et distantia focalis lentis ocularis $= -0,58$. dig. et radius vtriusque faciei $= 0,6148$. Longitudo ergo telescopii erit $= 28, 42$ dig. et semidiameter campi $\phi = 17$ ¦ minut.

Scholion.

151. Etsi haec telescopia quatuor lentibus conflant, ea tamen quasi tantum ex duabus lentibus composita spectare licet, propterea quod tres priores lentes in vnam cualuerunt, vt lens obiectiua fieret, triplicata et meliore successu loco lentium triplicatarum perfectarum supra traditarum vsurpanda; quandoquidem iam vidimus, lentibus illis perfectis solam ipsarum confusionem vtriusque generis annihilari,

CAPVT IV.

lari, ita, vt confusio lentis ocularis etiam nunc non subsisteret, quamobrem lentes triplicitas hic in vium vocatas data opera iti instruximus, vt non essent perfectae sed vt iis etiam confusio lentis ocularis ad nihilum redigeretur, quae si modo artifex eiusd. Nunc perficere posset, nihil amplius desiderari posse videretur. Verum duabus adhuc difficultatibus haec telescopia premuntur; altera est, quod tribus huiusmodi lentibus coniungendis crassities ita fiat modica, vt non amplius tanquam euanescens spectari possit, quemadmodum calculus noster postulat; vnde etiamsi artifex nostras mensuras exactissime exsequi valeret, neutiquam tamen perfectus consensus inter theoriam et praxin sperari posset; altera difficultas in angustia campi apparentis est posita, maximeque est optandum, vt campo maior amplitudo concilietur; quo igitur huic duplici incommodo consulamus, in sequenti capite hanc inuestigationem vlterius prosequamur, dum huius generis telescopiis reuera plures duabus lentes tribuemus, quae omnes a se inuicem certis interuallis sint disiunctae, vbi inprimis in hoc erit inquirendum, num hoc modo etiam vtriusque generis confusio aeque feliciter tolli possit; deinde vero num hoc modo campus apparens magis amplificari possit, ac si praeterea longitudo horum telescopiorum minor prodiret; tum certe iis summus perfectionis gradus conciliatus esset censendus.

CAPVT

CAPVT V.
DE
VLTERIORE TELESCOPIORVM
PRIMI GENERIS PERFECTIONE VNA PLV-
RIBVSVE LENTIBVS ADIICIENDIS.

Problema I.

152.

Si huiusmodi telescopium primi generis ex tribus lentibus a se inuicem separatis sit conficiendum, inuestigare momenta, quibus ei maximus perfectionis gradus conciliari queat.

Solutio.

Manentibus perpetuo omnibus elementis vti in principio sunt constituta, consideremus primo aequationem $m = \frac{a}{b} \cdot \frac{\beta}{\mathfrak{b}}$ in qua ambae fractiones $\frac{a}{b}$ et $\frac{\beta}{\mathfrak{b}}$ debent esse negatiuae ac praeterea interualla $a+b$ ac $\beta+\mathfrak{c}$ positiua et quoniam nunc non debet esse $\frac{a}{b} = -1$, ne binae priores lentes coalescant, statuamus $\frac{a}{b} = -k$, vt sit $m = -k \frac{\beta}{\mathfrak{c}}$ hincque $\frac{\beta}{\mathfrak{c}} = \frac{-m}{k}$ siue $\mathfrak{c} = \frac{-\beta k}{m}$ et $a = -bk$ vnde ob $\mathfrak{c} = Bb$ omnes hae distantiae per a sequenti modo determinantur, $b = -\frac{a}{k}$; $\mathfrak{c} = -\frac{bk}{m}$

Tom. II.   P   et

et $r = +\frac{m}{a}$ exiftente $\gamma = \infty$. Hinc igitur effe oportebit $a(1-\frac{1}{k}) > 0$; $a B(\frac{1}{m}-\frac{1}{k}) > 0$. feu, quia m et k funt pofitiua $a(k-1) > 0$ et $a B(k-m) > 0$ adeoque etiam $\frac{a(k-m)}{k-1}$ debet effe > 0, quocirca, duo cafus erunt perpendendi, *prior Cafus*, quo a eft quantitas pofitiua, tum debet effe $k > 1$; tum vero vel $k > m$ fi B fit pofitiuum vel $k < m$, fi B < 0. *Altero cafu*, quo a eft negatiuum, debet effe $k < 1$; tum vero vel $k > m$, fi B fit negatiuum vel $k < m$, fi B fit pofitiuum, vbi ob $m > 1$ illa conditio $k > m$ fponte cadit. His igitur praemiffis primo ad nihilum redigamus formulam pro femidiametro confufionis fupra datam:

$$0 = \mu\lambda + \frac{\mu' q}{\Theta \Delta}(\frac{\lambda'}{\Theta T} + \frac{\gamma}{s}) + \frac{\mu''\lambda''}{s\cdot m}.$$

fiue ob $q = -\frac{a \Theta}{\lambda}$ et $p = a$

$$0 = \mu\lambda - \frac{\mu'}{\Theta\Delta}(\frac{\lambda'}{\Theta T} + \frac{\gamma}{s}) + \frac{\mu''\lambda''}{s\cdot m}$$

quae redit ad hanc formam

$$0 = \mu\lambda - \frac{\mu'\lambda'}{\Theta\Delta} + \frac{\mu''\lambda''}{s\cdot m} - \frac{a\gamma}{\Theta s}$$

Deinde vt margo coloratus tollatur ob O = o haec habetur aequatio

$$0 = \frac{a\lambda}{k-1} B \pi' - \frac{a\gamma}{k-1}\cdot\frac{1}{2}((B+1)\pi' - \pi)$$

atque vt haec confufio penitus euertatur habetur ex §. 54

$$0 =$$

CAPVT V.

$$o = \frac{dn}{n-1} \cdot \frac{1}{p} + \frac{dn'}{n'-1} \cdot \frac{1}{p'} \cdot \frac{1}{q} + \frac{dn''}{n''-1} \cdot \frac{1}{q'} \cdot \frac{1}{r}$$

Ad has aequationes refoluendas primo ratio inter π et π' debet definiri, id quod facillime praeftabitur per formulas fundamentales in ipfo initio propofitas: $\frac{\pi}{\phi} = \frac{c+b}{v} = \frac{1-t}{b}$ et $\frac{cv-\pi+\phi}{\phi} = \frac{bc}{c} = m$ ex quibus colligitur $\pi = \frac{(1-t)b}{b} \phi$ et $\pi' = (m-1)\phi + \pi = \frac{1-t+(m-1)b}{b} \phi$ ita, vt fit $\pi : \pi' = 1-k : 1-k+(m-1)\mathfrak{B} = 1 : 1 + \frac{m-1}{1-k} \mathfrak{B}$. deinde breuitatis gratia ftatuamus

$$\frac{dn}{n-1} = N; \quad \frac{dn'}{n'-1} = N'; \quad \frac{dn''}{n''-1} = N''.$$

atque hinc IIda et IIItia aequatio transformabuntur in fequentes:

II. $o = N.B(1-k+(m-1)\mathfrak{B})$
   $- N'. k(B(1-k)+(B+1)(m-1)\mathfrak{B})$

fiue
   $o = (m-1)N\mathfrak{B} + (1-k)N - \frac{a-k}{k}N'.$

III. $o = N - \frac{N'}{n\mathfrak{B}} + \frac{N''}{n\mathfrak{B}}$

Ex vtraque harum aequationum definiri poteft valor ipfius $\mathfrak{B}$.

Ex IIda

$$\mathfrak{B} = \frac{n-k}{(k-1)k} \cdot \frac{N'}{N} - \frac{1-k}{m-1}$$

Ex IIItia vero fequitur

$$\mathfrak{B} = \frac{nN'-N''}{N(nh-N'')}$$

vide-

CAPVT V.

Videamus, an posterior valor ipsius $\mathfrak{B} = \frac{mN'-kN''}{k(s-\gamma)}$ cum conditione ante inuenta $\frac{B(t-\gamma)}{t} > 0$ subsistere possit. Hunc in finem ob $B = \frac{\mathfrak{B}}{t-\mathfrak{B}}$ quaeramus $1-\mathfrak{B}$ fietque $1-\mathfrak{B} = \frac{mN-kN'}{k(s-\gamma)}$ eritque $B = \frac{mN'-kN''}{k(s-\gamma)}$ vnde conditio nostra pullulat, vt sit $\frac{(mN'-kN'')(t-\gamma)}{mN-kN'\cdot t} > 0$ quae si esset $N = N' = N''$ abiret in hanc $\frac{t-\gamma}{t} > 0$ quod est impossibile, eatenus igitur tantum naec conditio locum habere poterit, quatenus litterae N, N', N'' sunt inaequales, id quod euenit, si numerator prodeat positiuus, quod fit, si vterque eius factor vel fiat positiuus vel vterque negatiuus; priori casu $mN'-kN'' > 0$ adeoque $k < m \cdot \frac{N'}{N''}$ et $k > m$, quod fieri potest, si modo sit $\frac{N'}{N''} > 1$ siue $N' > N''$.

Pro altero vero casu, quo vterque factor est negatiuus, erit $k < m$ et $k > \frac{N'}{N''} \cdot m$, quod fieri potest, si modo sit $\frac{N'}{N''} < 1$ seu $N' < N''$; vnde patet pro vtroque casu litteras N' et N'' inaequales esse debere seu lentem IIdam et IIItiam ex diuersis vitri speciebus confici debere. In genere autem patet, k non multum ab m differre posse. Sequuntur haec si numerator statuatur positiuus; si vero numerator sit negatiuus, etiam denominatorem oportet esse negatiuum, pro quo etiam duos casus habemus. Pro priori casu si fit $k > 1$ debet esse $kN < N'$ adeoque $k < \frac{N'}{N}$ pro posteriori si $k < 1$ debet simul esse $k > \frac{N'}{N}$, pro quorum vtroque prima et secunda lens debent esse ex diuerso

CAPVT V.

verso vitro formatae. Verum ex his quatuor casibus eum eligi conuenit, qui ambos valores pro $\mathfrak{B}$ inuentos proxime aequales reddat; denique autem postquam $\mathfrak{B}$ et k conuenienter definiuerimus, ex prima aequatione siue λ' siue λ'' quaeri debet, quia λ'' iam inde datur, quod lens ocularis debeat esse vtrinque aequaliter concaua.

Coroll. 1.

153. Quatuor illi casus pro determinatione litterae k facile ad duas sequentes conditiones reducuntur, nam

vel 1° k sumi debet intra limites 1 et $\frac{N'}{N}$

vel 2° k sumi debet intra limites m et $\frac{N'}{N}m$, m

ita vt numerus iste k proxime vel vnitati vel multiplicationi m aequalis accipi debeat, quoniam fractiones $\frac{N'}{N}$ et $\frac{N'}{N}m$ parumper tantum ab vnitate differunt.

Coroll. 2.

154. Operae igitur pretium erit inuestigare, casus, quibus k ipsi alterutri limiti aequalis statuitur

1°. Si $k = 1$, foret interuallum inter primam et secundam lentem $= a$, et $\mathfrak{B} = \frac{mN'-N''}{mN-N'}$ et $B = \frac{mN'-N''}{a(N-N')}$ et inter 2 et 3tiam lentem $= B a (\frac{}{})$ vnde colligitur vtrum a positiuum an negatiuum sumi debeat.

2°. Si

2°. Si $k=\frac{N'}{N}$ fit interuallum inter primam et secundam lentem $=\frac{N'-N}{N}a$ quod cum positiuum esse debeat, patet, vtrum a positiue an negatiue sumi oporteat tum vero erit $\mathfrak{B}=1$ et $B=\infty$ vnde $\beta+\epsilon$ seu distantia inter 2 et 3 lentem fieret $=\infty$.

3°. Si $k=m$ interuallum secundae et tertiae lentis euanescet fietque $\mathfrak{B}=\frac{N'-N''}{mN-N''}$; et $B=\frac{N'-N''}{mN-N''}$. interuallum vero inter 1 et 2 lentem $=a(k-1)=a(m-1)$, vbi manifesto a debet esse quantitas positiua.

4°. Si $k=\frac{N'}{N''}.m$, fiet $\mathfrak{B}=0$ et $B=0$; vnde fieret distantia inter 2 et 3 lentem $=0$.

Cum igitur neque lentium distantias nullas neque infinitas admitti conueniat numerum k nulli limitum prorsus aequalis sumi poterit.

Coroll. 3.

155. Quod porro ad campum apparentem attinet, qui pendet a formula $\pi'-\pi$ quia inuenimus $\pi:\pi'=1:1+\frac{m-1}{i-1}\mathfrak{B}$ erit pro memoratis quatuor casibus

1°. Si $k=1$ erit $\pi:\pi'=1:\infty$ hinc $\pi=0$; ita, vt pro campo apparente haberetur $\Phi=\frac{\pi'}{m-1}$

2°. Si

2°. Si $k = \frac{N'}{N}$; fiet $\pi : \pi' = 1 : 1 + \frac{mN-N}{N-N'} = 1 : \frac{mN-N'}{N-N'}$, hincque $\pi = \frac{N-N'}{mN-N'} \cdot \pi'$ et $\pi' - \pi = \frac{N(m-1)}{mN-N'} \pi'$ ficque pro campo apparente fiet $\Phi = \frac{N}{mN-N'} \pi'$. ficque Φ maius euadet, fi $\frac{N}{mN-N'} > \frac{1}{m-1}$, hoc est, fi $N < N'$, quod ergo eueniet, fi prima lens ex vitro coronario, secunda ex chryftallino paretur.

3°. Si $k = m$, erit $\pi : \pi' = 1 : \frac{mN-N'}{mN-N'}$, feu $\pi = \frac{mN-N'}{mN-N'} \cdot \pi'$. Vnde colligitur campum apparentem maiorem fieri, quam in capite praecedente, fi fuerit $\pi < 0$; quod cum hic fieri nequeat, in hoc casu campus maior non est exspectandus.

4°. Si $k = \frac{N'}{N} m$ erit $\pi : \pi' = 1 : 1$, vnde $\pi = \pi'$ et $\pi' - \pi = 0$, quo ergo casu campus apparens plane euanesceret.

Coroll. 4.

156. Hinc ergo concludimus, vt maiorem campum obtineamus, quam ante, necessario requiri, vt sit $N' > N$ atque k capi debere intra limites 1 et $\frac{N'}{N}$, qui posterior limes cum sit vnitate maior, etiam k erit maius vnitate; ex quo sequitur distantiam a capi debere positiuam, quia $a(k-1) > 0$.

CAPVT V.

Coroll. 5.

157. Cum igitur ob eam cauſſam potiſſimum plures lentes adhibeamus, vt maiorem campum obtineamus, ex pluribus illis caſibus, prout litterae N, N', N" inter ſe variare poſſunt, hic vnicus nobis relinquitur, quo $N' > N$ atque k inter limites 1 et $\frac{N}{n}$ ſumitur.

Scholion 1.

158. In his corollariis vſi ſumus eo valore ipſius $\mathfrak{B}$, quem ex tertia aequatione deduximus. Supra autem iam obſeruauimus, hanc aequationem ita eſſe comparatam, vt de ea nunquam omnino certi eſſe queamus; cum enim valores litterarum N, N', N" etc. ex nulla theoria adhuc definiri poſſint, ſed tantum per experimenta, qualia a Dollondo ſunt inſtituta, concludantur; quantacunque cum et ſollertia in iis adhibeatur, nunquam tamen tantum praeciſionis gradum ſperare licet, vt non error ſatis notabilis ſit pertimeſcendus; quam ob cauſſam etiam valor ipſius $\mathfrak{B}$ inde deductus pro vero haberi non poterit, ſed contentos nos eſſe oportet, ſi modo hunc valorem propemodum cognouerimus; id quod ipſa etiam rei natura confirmatur, quia enim aequatio noſtra tertia ſpatium diffuſionis, per quod Imagines diuerſicolores ſunt diffuſae, prorſus ad nihilum redigit; facile intelligitur, ad praxin ſufficere, dummodo hoc ſpatium reddatur ſatis

exi-

CAPVT V.

exiguum, praecipue poſtquam id praeſtiterimus, vt margo coloratus diſpareat inprimis igitur valor litterae $\mathfrak{B}$ ex ſecunda aequatione determinari debet, qui ſi ita fuerit comparatus, vt tantum praeterpropter tertiae aequationi ſatisfaciat, confuſio inde orionda eo magis negligi poterit, quod etiam in teleſcopiis ex vna vitri ſpecie paratis non adeo nocere deprehenditur. Verum ex ſecunda aequatione valorem ipſius $\mathfrak{B}$ pro eo etiam caſu definire licet, quo omnes lentes ex eadem vitri ſpecie eſſent confectae, ita, vt foret $N = N' = N''$ tum enim concluderetur

$$\mathfrak{B} = \frac{n-k}{(n-1)k} - \frac{1-k}{n-1} = \frac{n-k+k^2}{(n-1)k}$$

quo valore ſi velimus vti, vt conditio ſupra praeſcripta B. $\frac{k-n}{k-1} > 0$ adimpleatur, cum inde ſit

$$1 - \mathfrak{B} = \frac{nk-n-k+k^2}{(n-1)k} = \frac{(k-1)(n-k)}{(n-1)k}$$

erit $B = \frac{n-k+k^2}{(k-1)(n-1)}$ hinceque conditio $\frac{n-k+k^2}{k-1} > 0$; in qua cum denominator certe ſit poſitiuus, etiam numerator talis eſſe debet, adeoque $1 - n - (k-1)^2 > 0$, quod fieri nequit. Ex quo perſpicuum eſt, hoc caſu marginem coloratum plane tolli non poſſe. Videamus igitur, ſi diuerſo vitro vtamur, num hoc vitium effugere queamus. Hunc in finem ponamus breuitatis gratia $\frac{N}{N'} = \xi$ vt ξ ſit numerus vnitatem vel tantillum ſuperans vel ab ea deficiens, et cum ſit

$$\mathfrak{B} = \frac{(n-k)\xi + k(\xi-1)}{(m-1)k} \text{ erit } B = \frac{(r-k)\xi + k(\xi-1)}{(n-1)(k-\xi)}$$

Tom. II. Q vnde

CAPVT V.

vnde conditio nostra postulat, vt sit $\frac{(k-m)\xi-k(k-1)}{(k-1)(1-\xi)} > 0$. Hic duo casus sunt considerandi.

I°. Si denominator sit positiuus, quod fit vel si $k > \xi$ et $k > 1$ vel si $k < \xi$ et $k < 1$. Tum enim esse debet $(k-m)\xi - k(k-1) > 0$

siue $\frac{(1+\xi)^2}{4} - m\xi > (k - \frac{1}{2}(1+\xi))^2$,

quod cum m notabiliter superet vnitatem, ξ vero ab vnitate parum differat, manifesto fieri nequit.

II°. Si denominator sit negatiuus quod fit, si k continetur intra limites ξ et 1. Tum vero numerator debet etiam esse negatiuus seu $(k-m)\xi - k(k-1) < 0$

siue $\frac{(1+\xi)^2}{4} - m\xi < (k - \frac{1}{2}(1+\xi))^2$,

quod sponte euenit, cum pars prior manifesto sit negatiua. Hic igitur casus, vt iam notauimus, solus est, qui attentionem meretur, cum hoc modo etiam tertiae aequationi saltim proxime satisfiat.

Scholion 2.

159. Quodsi ergo nobis propositum sit, marginem coloratum tollere, quae proprietas potissimum desiderari solet, primo tenendum est, hoc nullo modo lentibus ex vna vitri specie factis praestari posse, sed saltem primam et secundam lentem ex diuerso vitro constare debere, ita, vt posito $\frac{N'}{N} = \xi$ siue $N = 1$, $N' = \xi$, littera ξ ab vnitate differat, dum pro N''
siue

CAPVT V.

fiue vnitas fiue ξ pro lubitu accipi poterit, deinde vidimus, numerum k intra limites 1 et ξ sumi debere, quo facto erit $B = \frac{(m-k)\xi + k(k-1)}{(m-1)k-\xi}$ et $\mathfrak{B} = \frac{(m-k)\xi + k(k-1)}{(m-1)k}$; vnde distantiae determinatrices erunt

$$b = -\frac{a}{k}$$

$$\beta = \frac{-(m-k)\xi - k(k-1)}{k(m-k)(1-\xi)} a$$

$$\epsilon = \frac{(m-k)\xi + k(k-1)}{m(m-k,k-\xi)} \cdot a$$

hincque lentium interualla

$$a + b = a \left(\frac{k-1}{k}\right)$$

$$\beta + \epsilon = \frac{-(m-k)\xi - k(k-1)}{(m-1)(k-\xi)} \cdot \frac{m-k}{m k} \cdot a$$

$$= \frac{\pm (m-k)\xi + k(k-1)}{m k (\xi - 1)} \cdot a$$

hincque tota telescopii longitudo erit

$$= \frac{m-1}{m} \left(\frac{\xi-k+1}{k-1}\right) a$$

Porro maxime interest in campum apparentem inquirere, quod fit determinando valorem $\pi = \frac{\pi'}{1 + \frac{m-1}{m-1} \mathfrak{B}}$, qui abit in sequentem $\pi = \frac{k(m-k)}{(m-k)k} \cdot \pi'$. vnde adipiscimur $\Phi = \frac{m-1}{m-1} = \frac{\pi'}{m-1} (1 + \frac{k(k-1)}{(m-k)\xi})$. Cum igitur maxime intersit, campum, quantum fieri potest, augeri, hinc obtinemus istam conclusionem, numerum k vnitate maiorem esse debere, vnde cum k contineatur intra limites 1 et ξ, haec porro regula obseruetur, *litteram*

ξ *eni-*

CAPVT V.

ξ *vnitate maiorem esse debere*; vnde sequitur, lentem secundam ex vitro chrystallino, primam vero ex communi esse parandam; quo pacto alter casus, quo fieret $\xi < 1$ penitus e praxi excluditur. Quare cum sit $k > 1$ distantia a, quae adhuc incerta est relicta, debet esse positiua.

Nunc demum consideremus aequationem tertiam, qua confusio colorum penitus tollitur, et videamus, quanta ea nunc sit proditura. Illa autem tertia aequatio nunc sit

$$0 = 1 - \tfrac{\xi}{nk} + \tfrac{N''}{n a}$$

quae nunc induet hanc formam:

$$0 = \tfrac{-n(n-1)(\xi-k)-(n-1)(\xi-k)}{n((n-1)\xi+k n-1)}$$

quae quantitas vtique non erit aequalis nihilo, sed cum k, ξ et N'' parum ab vnitate differant, semper erit valde parua, id quod clarius inde perspicitur, quod numerator habeat factorem minimum $\xi - k$, denominator autem semper sit satis magnus coque maior, quo maior fuerit multiplicatio. Ex quo manifestum est hanc confusionem nusquam fore perceptibilem. Praeterea autem cum haec confusio plane euanesceret, si caperetur $\xi = k$, consultum quidem videtur numerum k limiti ξ propiorem capere, quam vnitati, quandoquidem ipsi limiti ξ aequari nequit, quia interuallum inter IIdam et IIItiam lentem fieret infinitum, vti et longitudo telescopii; quare ne

ea

ex nimis magna prodeat, contrarium potius suadendum est, vt littera k a limite ξ, quantum fieri poteſt remoueatur et vnitati propius capiatur. Conſequenter vnicus caſus, qui euolui meretur, in hoc conſiſtet, vt numero k valor vnitati proximus aſſignetur et exceſſus tam ſit exiguus, quam craſſities lentium admittere ſolet. Si enim k ipſi vnitati aequaretur, haberemus caſum praecedentis capitis, quo interuallum lentium plane nullum eſt poſitum, quod incommodum hic euitare conſtituimus.

Problema 2.

160. Si prima lens ex vitro coronario, ſecunda vero ex chryſtallino paretur, et inter eas interuallum tam exiguum ſtatuatur, quam craſſities lentium admittit, regulas determinare, quas in conſtructione huius teleſcopii obſeruare oportet.

Solutio.

Hic ergo ex Dollondi experimentis ſtatui debebit $\xi = \frac{1}{2}$ et quia k limiti 1 propius accipi conuenit, quam alteri limiti $\frac{1}{2}$, ſumamus $k = \frac{3}{4}$; et quae in praecedentibus ſcholiis ſunt tradita, ſequentes nobis ſuppeditant determinationes.

I. Pro diſtantiis determinatricibus.

$b = -\frac{1}{2} \cdot a; \quad \beta = \frac{11(11m-1)+11}{1(1m-1)} \cdot a$

vel $6 = \frac{2(11m-6)}{1(1m-1)} \cdot a$

$c = \frac{-11m+16}{2(1m-1)} \cdot a$

II. Pro interuallis lentium.

$$a + b = \tfrac{1}{2}a$$

$$\mathfrak{b} + c = \tfrac{11m-14}{2m}\cdot a$$

et longitudo telescopii $= \tfrac{a(m-1)}{2m}\cdot a$

Hic observandum est, cum a sit distantia focalis primae lentis eiusque semidiameter aperturae esse debeat $x = my = \tfrac{a}{12}$ dig. istam distantiam a minorem esse non posse, quam $5x$ seu $\tfrac{5a}{12}$ dig. ita vt sit $a > \tfrac{12}{5}$ dig. quare si capiatur verbi gratia $m = 50$, longitudo telescopii prodiret maior, quam $\tfrac{49}{10}$; maior quam 22 dig. et si fieri debeat $m = 100$, ea maior esse deberet, quam $\tfrac{99}{10}$ dig. maior quam 44 dig. quae distantia cum facile tolerari queat, manifestum est, haec telescopia etiam ad maiores multiplicationes adhiberi posse; pro minoribus autem multiplicationibus eximium certe vsum praestant, cum si statuatur $m = 5$, longitudo prodeat $> \tfrac{11}{5}$ dig. maior, quam $\frac{1}{2}$ dig., sumtoque $m = \frac{1}{2}$, ea prodeat $> \tfrac{11}{10}$ dig.

Pro campo autem apparente habebimus eius semidiametrum

$$\Phi = \tfrac{r}{m-1}\left(1 + \tfrac{1}{q(r-1)}\right)$$

ideoque aliquantum maior, quam casu praecedente, praesertim si multiplicatio fuerit exigua. Notentur etiam distantiae focales harum lentium p, q, r et cum sit

$$\mathfrak{B} =$$

CAPVT V.

$$\mathfrak{B} = \tfrac{rm-i}{n(n-1)} \text{ et } B = \tfrac{rm-i}{-rm+i}$$

erit $p = a$; $q = -\tfrac{(rm-i\lambda)^2}{r\lambda(n-1)}$; $r = \tfrac{-(rm-i\lambda)a}{n(m-i)}$

et semidiameter aperturae secundae lentis ex §. 23

$$= \tfrac{p(rm-i\lambda)^2}{\infty \lambda n + (m-i)} + \tfrac{r\pi(m-i)}{\lambda i}$$

Denique pro constructione harum lentium numeri λ, λ' et λ'' ita accipi debent, vt satisfiat primae nostrae aequationi, quae erat

$$0 = \mu \lambda - \tfrac{\mu' \lambda'}{\mathfrak{B} \lambda} + \tfrac{\mu' \lambda \lambda'}{\mathfrak{B} \lambda B} - \tfrac{\mu'' \lambda'}{6 \mu}$$

vbi notandum est, vt lens ocularis vtrinque fiat aeque concaua, statui debere $\lambda'' = 1.60006$. si haec lens sit ex vitro coronario ideoque $\mu'' = \mu$ sin autem sit ex vitro chrystallino ideoque $\mu'' = \mu'$, fore $\lambda'' = 1.67445$. haec autem aequatio non nisi casibus particularibus pro data multiplicatione euolui poterit; vbi meminisse iuuabit, fore,

$\mu = 0.9875$; $\mu' = 0.8714$.
$\mu'' = 0.3529$; $\mu' \mu'' = 0,2206$.

Exempl. I.

161. Si multiplicatio sit $m = \tfrac{1}{4}$, telescopium huius generis ex tribus lentibus constans describere.

Cum sit $m = \tfrac{1}{4}$, erunt distantiae determinatrices
$b = -\tfrac{1}{4}. a$; $\mathfrak{C} = \tfrac{rm}{r\lambda}. a$
$c = -\tfrac{rm}{r\lambda}. a$, $B = -\tfrac{rr}{r\lambda}$

et

CAPVT V.

et interualla lentium

$$a+b=\tfrac{1}{2}a; \ \mathfrak{b}+\mathfrak{c}=\tfrac{111}{22}a$$

et longitudo telefcopii $=\tfrac{72}{2}a$ atque pro campo apparente fiet $\Phi=\tfrac{\pi}{7}(1+\tfrac{1}{11})$ fumto $\pi'=\tfrac{1}{5}$ et multiplicando per 3437 minut. erit angulus $\Phi=10°21'2''$

Cum nunc fit $B=\tfrac{-101}{17}$ erit $\mathfrak{B}=\tfrac{117}{17}$

et habebimus

$$\text{Log.}(-B)=0.7340836(-)$$
$$\text{et Log. }\mathfrak{B}=0.0885580$$

aequatio autem pro confufione prima tollenda, fi lentem ocularem ex vitro coronario faciamus, vt fit

$\mu''=\mu$ et $\lambda''=1.60006$, erit

$$0=0.9875.\lambda-0.4140\ \lambda'-0.00396$$
$$+0.02903$$
$$0=0.9875.\lambda-0.4140\ \lambda'+0.02507$$

vnde quaeratur λ', et habebitur

$$\lambda'=2,3852.\lambda+0.06055$$

Si ergo hic capiatur $\lambda=1$, fiet

$$\lambda'=2,4457$$

vnde fit $\lambda'-1=1,4457$
et log. $V(\lambda'-1)=0.0800391$

vnde conftructio fingularum lentium fequenti modo
fe

CAPVT V.

se habebit, siquidem radii facierum primae lentis sint F et G; secundae F' et G' et tertiae F'' et G''.

I. Pro prima lente ex vitro coronario.
$F = \frac{a}{e} = 0.6023 \cdot a$
$G = \frac{a}{e} = +4131 \cdot a$

II. Pro secunda lente ex vitro chrystallino.
$\frac{1}{r} = \frac{t\beta + tb \mp \tau(b+\beta)\sqrt{N-1}}{\sigma\beta}$
$\frac{1}{v} = \frac{\epsilon\beta + tb \pm \tau(b+\beta)\sqrt{N-1}}{b\beta}$

cum nunc sit log. $\frac{b}{a} =$ log. $(-\frac{1}{1}) = 9.9420080(-)$
et log. $\frac{\beta}{a} = 0.6760917$.
et log. $\frac{(b+\beta)}{a} =$ log. $\frac{w}{n} = 0.5875336$.
log. $\sigma = 0.1993986$.
log. $\rho = 9.1501422$.
log. $\tau = 9.9432471$.

Vnde inuenitur
$\frac{1}{r'} = \frac{-0.7169 \mp 1.0811}{b\beta} \cdot a$
$\frac{1}{v'} = \frac{\pm 7.1818 \mp 4.7011}{b\beta} \cdot a$

Vt maiores numeri euitentur, sumantur signa inferiora, fietque

$F' = \frac{b\beta}{1.1669} = -1,2327 \cdot a$
$G' = \frac{b\beta}{4.1011} = -1,2568 \cdot a$

Pro

CAPVT V.

Pro lente oculari ex vitro coronario paranda, cum ea vtrinque sit aeque concaua, eiusque distantia focalis sit $c = -\frac{m}{n}.a$, radius concauitatis pro vtraque facie erit $= 2(n-1)c = -\frac{2(n-1)}{n}a = -2,2985.a$.

Prima lens admittit aperturam, cuius semidiameter $x = 0,1506.a$. Nunc vero claritas postulat, vt sit $x = \frac{m}{n}.$ dig. $= \frac{1}{11}.$ dig. vnde a maius, quam $\frac{1}{8}$ dig. Sumatur ergo $a = \frac{1}{8}$ dig. et constructio telescopii ita se habebit:

I. Pro lente prima

rad. faciei $\begin{cases} \text{anter.} = + 0,3012. \text{ dig.} \\ \text{poster.} = + 2,2065. \text{ dig.} \end{cases}$ Crown Glass

II. Pro lente secunda

rad. faciei $\begin{cases} \text{anter.} = -0,6163. \text{ dig.} \\ \text{poster.} = -0,6234. \text{ dig.} \end{cases}$ Flint Glass

III. Pro lente tertia

radius vtriusque faciei $= -1,1492.$ dig.

quae paratur ex Crown Glass.

Tum interuallum statuatur
Inter
I. et II. $= \frac{1}{16}.$ dig. $= 0,0625.$ dig.
II. et III. $= \frac{19}{8}$ dig. $= 2,375.$ dig.

ita, vt tota telescopii longitudo sit futura $= 1,3500.$ dig. $= 1\frac{3}{8}$ dig.

spatii vero visi semidiameter erit $= 10°.21'2''$.

Exem-

CAPVT V.

Exemplum II.

162. Si multiplicatio $m = 5$. telescopium huius generis ex tribus lentibus constans describere.

Cum sit $m = 5$, erit $7m - 8 = 27$ et $35 m - 36 = 139$, vnde distantiae determinatrices fient

$b = -\frac{7}{8}. a = -0,8750. a$
$\beta = \frac{111}{27} a = +4,5046. a$
$c = \frac{27}{139} a = -1,0296. a$

Ex quibus fiunt interualla
$a + b = \frac{1}{8} a; \ \mathfrak{b} + c = 3,4750. a$
vnde telescopii longitudo $= 3, 6. a$.

Pro campo autem apparente fiet $\Phi = \frac{\pi}{\pi'}(1 + \frac{a}{1.37})$ sumtoque $\pi' = \frac{1}{8}$ et multiplicando per 3437 min. erit $\Phi = 3° 41'$.

Cum iam sit $\mathfrak{B} = \frac{111}{89}$ et $B = \frac{139}{27}$, sumtisque logarithmis

Log. $\mathfrak{B} = 0.0937968$
Log. $B = 0.7116510 (-)$

et aequatio pro confusione prima tollenda, si lentem ocularem ex vitro coronario paremus, vt sit $\mu'' = \mu$ et $\lambda'' = 1.60006$, erit

$o = 0.9875. \ \lambda - 0.39933. \ \lambda' - 0.002316$
$ + 0.030211$
$ + 0.027895$

ex qua iterum quaeratur

$$\lambda' = 2,4729\, \lambda + c.06985.$$

Hic non, vt ante fumamus $\lambda = 1$ fed, vt prima lens maximae aperturae fiat capax, idenque diſtantia a minor accipi poſſit, capiatur $\lambda = 1,60006$, vt haec lens fiat vtrinque aequaliter conuexa, habebiturque

$$\lambda' = 4.0266 \text{ et } \lambda' - 1 = 3.0266,$$
$$\text{et Log. } \sqrt{(\lambda' - 1)} = 0.2404775.$$

atque hinc obtinebimus:

I. Pro prima lente ex vitro coronario.
radius vtriusque faciei $= 2(n-1)\cdot a = 1,06\cdot a$; quae aperturam admittit, cuius femidiameter $x = 0,26\cdot a$.

II. Pro fecunda lente ex vitro chryſtallino.
ob Log. $\frac{(1+2)}{a} = 0.5598588.$
calculus ita fe habebit:

$$\tfrac{1}{F'} = \tfrac{-0.7170 \mp 1.1199}{b\beta}\cdot a$$
$$\tfrac{1}{G'} = \tfrac{\pm 1.0077 \mp 0.1100}{b\beta}\cdot a$$

valeant hic figna fuperiora eritque

$$F' = \tfrac{b\beta}{1.3372\cdot a} = -0.8223\cdot a.$$
$$G' = \tfrac{b\beta}{1.1177\cdot a} = -2.6908\cdot a$$

III. Pro

CAPVT V.

III. Pro tertia lente ex vitro coronario.
erit radius vtriusque faciei $= 2(n-1) c = 1,06 c$
$= -1.0920. a.$

Cum nunc ob claritatem esse debeat $x = \frac{7}{10}$ dig
$= \frac{7}{10}$. dig. fiet α maius, quam $\frac{2}{3}$ dig.

Sumi igitur poterit $α = \frac{2}{3}$ dig. et constructio telescopii ita se habebit.

I. Pro lente prima Crown Glass.
rad. faciei vtriusque $= 0, 5300.$ dig.

II. Pro lente secunda Flint Glass.
radius faciei $\begin{cases} \text{anter.} = -0.4111. \text{ dig.} \\ \text{poster.} = -1.3454. \text{ dig.} \end{cases}$

III. Pro lente tertia Crown Glass.
rad. vtriusque faciei $= -0, 5460.$ dig.

Tum vero statuatur interuallum.

I. et II. $= \frac{5}{11}$ dig.

II. et III. $= 0, 7379.$ dig.

ita, vt tota longitudo fit $= 1, 8.$ dig. ideoque nondum duos adaequet digitos.

Spatii tandem visi semidiameter erit $= 3° 41''.$

CAPVT V.

Corollarium.

163. Telescopia igitur in his duobus exemplis constructa aptissima videntur ad vsum vulgarem quoniam ea facile quis secum gerere potest iisque in spectaculis praesertim vti. Sequentia autem exempla ad maiores multiplicationes accommodemus.

Exempl. III.

164. Sit multiplicatio $m = 25$, telescopium huius generis tribus lentibus constans describere.

Cum sit $m = 25$, erit $7m - 8 = 167$ et $35m - 36 = 839$, eruntque distantiae determinatrices

$b = -\frac{7}{8}. a = -0,875. a$;

$\beta = \frac{167}{168}. a = 4,3960. a$;

$\text{Log.} \frac{-b}{a} = 9.9420081 \, (-)$

$\text{Log.} \frac{\beta}{a} = 0.6430535.$

$c = -\frac{1}{1,1,1,1} = -0.2009. a$

$b + c = 3.5210. a$

$\text{Log.} (b + \beta) = 0.5456660.$

Hinc prodeunt lentium interualla

$a + b = \frac{1}{8} a; \ \beta + c = 4.1951. a$

et tota longitudo $= 4,3201. a$

Pro

CAPVT V.

Pro campo autem apparente fiet $\Phi = \frac{n''}{n'}(1 + \frac{1}{1.n'})$ hincque angulus $\Phi = 36$ min. prim. circiter.

Cum iam porro fit $\mathfrak{B} = \frac{n''}{n'}$

et Log. $\mathfrak{B} = 0.0963927$

Log. $- B = 0.7010454 (-)$

peruenietur ad sequentem aequationem

$0 = 0,9875 \lambda - 0.3922 \lambda' - 0,0004984 + 0.03077$

seu $0 = 0,9875 \lambda - 0.3922 \lambda' + 0,03028$.

Quoniam vidimus, valorem $\lambda = 1,60006$ longitudinem telescopii haud mediocriter diminuisse, statim ponamus $\lambda = 1,60006$ eritque

$0 = 1,6103 - 0,3922 \lambda'$.

vnde prodit

$\lambda' = 4, 1057$; et $\lambda' - 1 = 3.1057$

et log. $V(\lambda' - 1) = 0, 2460797$.

vnde constructio singularum lentium ita se habebit:

I. Pro prima lente ex vitro coronario radius vtriusque faciei $= 1,06 a$ quae ergo aperturam admittit, cuius semidiameter $r = 0, 265. a$

II. Pro secunda lente calculus ita se habebit

$\frac{1}{r} = \frac{\ldots}{b\beta} a$.

$\frac{1}{v} = \frac{\ldots}{b\beta} a$.

Valeant

Valeant signa superiora, eritque
$$F' = \tfrac{b\beta}{i,\text{iii}_a} = -0,8216\,a$$
$$G' = \tfrac{b\beta}{i,\text{iii}_a} = -2,7694.\,a$$

III. Pro tertia lente ex vitro coronario.

radius vtriusque faciei $= 1\,$ 06. $c = -0,21295.\,a$

Claritas autem postulat $= x = \tfrac{n}{11}$ dig. $= \tfrac{1}{2}$ dig. vnde concluditur $a > 1,88$ sumatur ergo $a = 2$ et constructio haec erit

I. Pro lente prima

rad. vtriusque faciei $= 2,12$ dig. Crown Glass.

II. Pro lente secunda

rad. faciei $\begin{cases} \text{anter.} = -1,6432 \text{ dig.} \\ \text{poster.} = -5,5388 \text{ dig.} \end{cases}$ Flint Glass.

III. Pro lente tertia

radius vtriusque faciei $= -0,42590$ dig. Crown Gl.

Tum statuatur interuallum lentium

I. et II. $= \tfrac{1}{2}$ dig.

II. et III. $= 8.3902.$ dig.

et tota longitudo $= 8.64$ dig. campique apparentis semidiameter $x = 36'$. circiter.

Exem-

CAPVT V.
Exempl. IV.

165. Si m debeat esse $= 50$, erit $7m - 8 = 342$; $35 m - 36 = 1714$ adeoque distantiae

$b = -\frac{1}{2} a = -0, 875. a$

$\beta = 4, 3852. a.; c = -0, 10023. a$

$\log. \frac{b}{a} = 0, 6419923$

$\log. \frac{-b}{a} = 9, 9420081 \; (-)$

$\log. \frac{(b+\beta)}{a} = 0, 5453319.$

$\log. \frac{b\beta}{a} = 0, 5840009 \; (-)$

Tum vero interualla lentium erunt

$a + b = \frac{1}{8} a = 0, 125. a$

$\beta + c = 4, 2850. a$ hincque

tota longitudo $= 4, 4100. a$.

Porro reperitur

Log. $- B = 0, 6999847.$

Log. $\mathfrak{B} = 0, 0966567.$

Pro campo apparente reperitur $\Phi = \frac{n}{n'}(1 + \frac{1}{1.144})$ seu angulus $\Phi = 17\frac{1}{2}$ minut.

Pro confusione tollenda statuatur statim in aequatione inuenta $\lambda = 1, 60006$ eritque

$0 = 1, 5801 - 0, 3915. \lambda' - 0, 00625$
$+ 0, 03083$

CAPVT V.

fiue $0,3915 \lambda' = 1,6107$

vnde $\lambda' = 4,1141$; hinc $\lambda' - 1 = 3.1141$ et

log. $V(\lambda' - 1) = 0,2466663$

vnde conftructio fingularum lentium ita fe habebit.

I. Pro lente prima

radius vtriusque faciei $= 1,06$ a quae ergo aperturam admittit, cuius femidiameter $= 0,265.$ $a.$

II. Pro lente fecunda

$$\frac{1}{F'} = \frac{-\cdots \pm \cdots}{b\beta} a$$

$$\frac{1}{G'} = \frac{\pm \cdots \mp \cdots}{b\beta} a$$

Valeant ergo figna fuperiora eritque

$F' = \frac{b\beta}{\cdots} = -0,8216.$ a

$G' = \frac{b\beta}{\cdots} = -2,7776.$ a

III. Pro lente tertia

erit radius vtriusque faciei $=$

$2(n-1)c = 1,06.c = -0,10624.$ a

Claritas autem poftulat, $x = \frac{n}{\eta} = 1$ dig. vnde fequitur $a > 3,8$, fumto ergo $a = 4$, habebitur fequens telefcopii conftructio.

I. Pro lente prima: Crown Gl.

radius vtriusque faciei $= 4, 24.$ dig.

II. Pro

CAPVT V.

II. Pro lente secunda

radius faciei $\begin{cases} \text{anter.} = -3,2864 \\ \text{poster.} = -11,11045 \end{cases}$ Flint Glass.

III. Pro lente tertia

radius vtriusque faciei $= -0,42496$ Crown Glass.

Tum vero statui debet interuallum lentium

I. et II. $= 0, 5$ dig.

II. et III. $= 17, 1400.$ dig.

adeoque telescopii longitudo $= 17, 6400.$ dig.

Campi denique visi semidiameter inuentus est $17\frac{1}{2}$. min.

Scholion.

166. Cum in his solutionibus littera λ indeterminata sit relicta, in tribus posterioribus exemplis eius loco non vnitatem posuimus, vt ante fecimus, sed potius ei tribuimus illum valorem, quo ambae eius facies inter se aequales redderentur hocque modo insigne commodum sumus nacti, vt lens prima fere duplo maiorem aperturam admitteret hincque distantia a fere ad dimidium reduci posset. Vt autem in genere quaepiam lens cuius distantiae determinatrices sunt a et α ambas suas facies obtineat aequales, supra vidimus, capi debere $V(\lambda - 1) = \frac{(c-p)(c-a)}{n(c+a)} = \frac{v^2 n n - 1}{n, V(n n - 1)}. \left(\frac{1}{1 + 1}\right)$

ob

ob $a = Aa$, vnde fit $\lambda = 1 + \frac{s(aa-1)^2}{a(1a-1)} \cdot \frac{(a-1)^2}{(1+a)^2}$ quare si vel a vel α fuerit infinitum, vti fit tum in lente obiectiua, quam in lente oculari, habebitur $\lambda = 1 + \frac{s(aa-1)^2}{a(1a-1)}$. Sin autem velimus, vt alia quaepiam lens obtineat ambas suas facies inter se aequales; tum ob $\frac{(1-\lambda)^2}{(a-1)^2} = 1 - \frac{\lambda}{(1+\lambda)^2}$ capere debemus $\lambda = 1 + \frac{s(aa-1)^2}{a(1a-1)} - \frac{16's aa -)^{1} \cdot \lambda}{a(1a-1)(1+\lambda)}$. Cum autem in nostra expressione pro semidiametro confusionis tum occurrat talis forma $\lambda (A + 1)^2 + \nu A$, valor istius formulae fiet $= (A+1)^2 + \frac{s(aa-1)^2(A+1)^2}{a(1a-1)} - \frac{16(aa-1)^2 \cdot \lambda}{aa(1a-1)} + \frac{s(a-1)^2 \lambda}{aa-1}$.

Commodius autem erit, hoc casu valorem ipsius λ pro facilitate calculi ita exprimere $\lambda = 1 + \frac{(s+r)^2(a-1)^2}{aT^2(1+\lambda)^2}$.

Exempl. V.

167. Si multiplicatio m debeat esse valde magna vel saltim maior, quam 25, huius generis telescopia ex tribus lentibus constantia describere. Hic statim obseruo, sumta prima lente vtrinque aequaliter conuexa, fore radium vtriusque curuaturae, vt ante, $= 1,06. a$, quae admittet aperturam, cuius semidiam. $= \frac{1}{2}. a = x$, cum autem ob claritatem sumi debeat $x = \frac{m}{15}$. dig. hinc intelligimus, semper statui posse $a = \frac{m}{17} = 0,08. m$. dig. et pro campo apparente $\Phi = \frac{r}{m-1}$; sumtoque $\pi' = \frac{1}{5}$, erit $\Phi = \frac{2,0}{m-1}$. min.

Nunc

CAPVT V.

Nunc autem ante, quam reliquas partes constructionis definiamus, contemplemur casum, quo $m=\infty$ eritque

$b = -\frac{1}{2}a$; $\mathfrak{C} = \frac{1}{2}.a$; $c = \frac{-1}{2}.a$; $= -\frac{1}{2}.$ dig.

Distantiae porro lentium $a + \mathfrak{C} = \frac{1}{2}a.$

et $\mathfrak{C} + c = (\frac{\text{\tiny ...}}{\text{\tiny ...}} - \frac{1}{2})$ dig.

et $\mathfrak{B} = \frac{1}{2}$; $B = -5.$

Pro sequente calculo statim sumamus $\lambda = 1,60006.$ et aequatio prodibit

$0 = 1,5801 - 0.3908. \lambda' + 0.03088$

vnde inuenitur

$\lambda' = 4.1220$, et $\lambda' - 1 = 3.1220.$

et log. $\sqrt{(\lambda' - 1)} = 0.2472164$

Hinc ob Log. $-\frac{b}{a} = 9.9420081$ $(-)$

Log. $\frac{\beta}{a} = 0.6409781.$

Log. $\frac{b+a}{a} = 0.5440680.$

Log. $\frac{b\beta}{a\gamma} = 0.5829862 -$

Ex quibus pro secunda lente habebimus

$\frac{1}{\mathfrak{p}} = \frac{-0.7681 \mp 1.1166}{b\beta} . a$

$\frac{1}{\mathfrak{c}} = \frac{\pm 6.1028 \mp 1.1166}{b\beta} . a$

seu

seu sumtis signis superioribus

$$F' = \tfrac{bb}{1,6^3 \cdot 2} = -0.8214.\, a$$
$$G' = \tfrac{bb}{1,3^3 \cdot a} = -2.7861.\, a$$

qui valores pro multiplicatione infinita locum habent; at nunc pro multiplicatione quacunque m statuatur

$$F' = -(0.8214 + \tfrac{f}{m})\,a$$
$$G' = -(2,7861 + \tfrac{g}{m})\,a$$

vbi valores litterarum f et g ex casu praecedente $m = 50$ vel etiam, sed minus tuto, ex casu $m = 25$ erui debent, hocque modo reperitur $f = 0.01$ et $g = -0.4250$ ita, vt sit in genere

$$F' = -(0, 8214 + \tfrac{0,01}{m})\,a$$
$$G' = -(2, 7861 - \tfrac{0,4250}{m})\,a$$

Deinde cum supra iam inuenta sit distantia focalis lentis tertiae $= -\tfrac{1}{2}$ dig. pro $m = \infty$, statuamus pro quauis multiplicatione m esse $c = -\tfrac{1}{2} - \tfrac{b}{m}$ eritque

$$c = -(\tfrac{1}{2} + \tfrac{0,1110}{m})\,\text{dig.}$$

cuius ergo radius vtriusque faciei erit

$$-(0. 4240 + \tfrac{0,1110}{m})\,\text{dig.}$$

Cum igitur sit $a = 0.08\,m.$ dig.

Con-

CAPVT V.

Constructio telescopii sequenti modo se habebit

I. Pro lente prima Crown Glass.
rad. faciei vtriusque $= \pm 0.0848. m.$ dig.

II. Pro lente secunda Flint Glass.
rad. faciei $\begin{cases} \text{anter.} = -(0.0657.m+0.0008)\text{dig.} \\ \text{poster.} = -(0.2228.m - 0.0340)\text{dig.} \end{cases}$

III. Pro lente tertia Crown Glass.
radius vtriusque faciei $= -(0.4240 + \frac{1.7111}{m})$

Tum vero interualla erunt

$a + b = 0.01. m$;

$\beta + \gamma = (0, 35 m - 0. 36)$ dig.

hincque tota longitudo

$= (0, 36 m - 0. 36)$ dig.

campique visi semidiameter $= \frac{111}{m-1}$. minut. prim.

Corollarium.

168. Si ergo telescopium desideretur, quod centies multiplicet, id ita se habebit

I. Pro lente prima. Crown Glass.
radius vtriusque faciei $= 8, 48.$ dig.

CAPVT V.

II. Pro lente secunda. Flint Glass.

rad. faciei $\begin{cases} \text{anter.} = -6.57. \text{ dig.} \\ \text{poster} = -22, 24 \text{ dig.} \end{cases}$

III. Pro lente tertia.

radius vtriusque faciei $= -0.43.$ dig.

Interuallum erit lentis

I. et II. $= 1.$ dig.

II. et III. $= 34, 64.$ dig.

hincque longitudo telescopii

$= 35, 64.$ dig.

campique visi semidiameter

$= 8 \frac{1}{2}$ min.

Problema 3.

169. Si huiusmodi telescopium primi generis, ex quatuor lentibus a se inuicem separatis sit construendum, inuestigare momenta, quibus ei maximus perfectionis gradus concilietur.

Solutio.

Hic igitur istarum trium fractionum $\frac{a}{b}$; $\frac{\beta}{c}$; et $\frac{\gamma}{d}$ singulae debent esse negatiuae; ponamus ergo $\frac{a}{b} = -k$ et $\frac{\beta}{c} = -k'$. et cum sit $m = -\frac{a}{b} \cdot \frac{\beta}{c} \cdot \frac{\gamma}{d}$ habebimus

$b =$

CAPVT V.

$b = -\frac{a}{k}$; $\beta = -\frac{ba}{k}$; $c = -\frac{\beta}{k} = +\frac{ba}{Ck^2}$ et $\gamma = +\frac{bCa}{k'k}$ et $m = \frac{-b k' \gamma}{a}$ hinc $d = -\frac{bCa}{m}$; vnde interualla lentium $a + b = a(1 - \frac{1}{k})$ $b + c = Ba(\frac{1}{Ck} - \frac{1}{k})$ et $\gamma + d = BCa(\frac{1}{kk'} - \frac{1}{m})$ quae cum debeant esse positiua aeque ac numeri k, k' et m, bina posteriora per primum diuisa debunt has duas conditiones

1°. $\frac{B(1-k)}{k(k-1)} > 0$.

2°. $\frac{BC(m-kk')}{ma(k-1)} > 0$.

Iam consideremus aequationem, qua margo coloratus tollitur, pro casu, quo distantia O est negatiua: ponendo, vt ante $\frac{d\pi}{d\zeta} = N$; $\frac{d\pi'}{d\zeta'} = N'$, $\frac{d\pi''}{d\zeta''} = N''$. $\frac{d\pi'''}{d\zeta'''} = N'''$ eritque

$0 = N . BC \pi'' . a + N' . b((B+1)C\pi'' - \pi)$
$\quad + N'' . c (\frac{(C+1)\pi'' - \pi'}{b})$

seu $0 = NBC\pi'' - \frac{N'}{k}((B+1)C\pi'' - \pi)$
$\quad + \frac{N''}{k k'}((C+1)\pi'' - \pi')$

quem in finem inuestigare oportet relationes inter litteras π, π', π'', est vero ex capite I.

Imo. $\frac{a\pi - \Phi}{\Phi} = -k$

vnde $\pi = \frac{1-k}{k} . \Phi$.

IIdo. $\frac{C\pi - \pi + \Phi}{\Phi} = \frac{ba}{\Phi} = k k'$

vnde $\pi' = (\frac{1}{k} - \frac{k}{k} + k k' ; \frac{\Phi}{k}$.

IIItio.

IIItio. $\frac{B\pi-\pi'+\pi-\vartheta}{\vartheta}=\frac{BC\pi}{\vartheta}=-\dot{m}$;

vnde ob $\mathfrak{D}=1$ fiet

$\pi''=(-m+\frac{1}{BC}-\frac{k}{BC}+\frac{kk'}{C})\Phi$

vnde aequatio noftra erit

$0=N(-BCm+1-\frac{Bk}{C}+\frac{BC.kk'}{C})$
$\quad\frac{-N'}{\vartheta}(\frac{-\pi\pi}{\vartheta}-\frac{Bk}{\vartheta}+\frac{BC.kk'}{BC})$
$\quad+\frac{CN''}{CN}(-m+kk')$; vnde fit

$C=N-N(B+1)k+NBkk'+N'(B+1)-N'(B+1)k'$
$\quad-\frac{N''.m}{kk'}+N''$

diuifum per

$NBm-NBkk'-\frac{N'(B+1)m}{k}+N'(B+1)k'$
$\quad+\frac{N''m}{kk'}-N''$

vel fuccinctius

$C=Nkk'(1-k-Bk(1-k'))+N'kk'(B+1)(1-k')$
$\quad-N''(m-kk')$

diuifum per

$(m-kk')(Nkk'B-N'k'(B+1)+N'')$

adeoque

$1+C=Nkk'(1-k+B(m-k))$
$\quad-N'(B+1)k'(m-k)$

diui-

CAPVT V.   147

diuisum per
$$(m-kk')(Nkk'B - N'k'(B+1) + N'')$$
atque hinc
$$\mathfrak{C} = Nkk'(1-k-Bk(1-k'))$$
$$+ N'kk'(B+1)(1-k') - N''(m-kk')$$
diuisum per
$$Nkk'(1-k+B(m-k)) - N'(B+1)k'(m-k)$$

sed facile patet, hoc modo nobis vix vlterius progredi licere ob harum formularum complicationem, nisi pro k et k' et pro N, N', N'' valores substituantur interim tamen haec methodus etiam successura videtur, si eam ad plures adhuc lentes applicare vellemus, ceterum haud abs re erit hoc negotium etiam alio modo tentasse.

Ex praecedentibus scilicet aequationibus non litteras π, π', π'' quaeri, sed potius his quasi datis spectatis litteras $\mathfrak{B}$ et $\mathfrak{C}$ definiri conueniet; vnde statim obtinemus

$$\mathfrak{B} = \tfrac{1-k}{m}\cdot\Phi; \; \mathfrak{C} = \tfrac{(1k-1)\Phi+\pi}{\varphi}$$

ex tertia denique aequatione ob $\mathfrak{D} = 1$ colligitur

$$\Phi = \tfrac{-\pi+\pi'-\pi''}{m-1};$$

ita, vt et Φ quasi datum spectari queat. Hinc cum sit

T 2 $\mathfrak{B} =$

$$B = \frac{B}{1-\frac{1}{4}} \text{ et } C = \frac{C}{1-\frac{1}{4}}$$

habebimus

$$B = \frac{(1-k)\Phi}{\pi-(1-k)\Phi}; \quad C = \frac{(k\cdot k'-1)\Phi + \pi}{\pi'-\pi-(k k'-1)\Phi}.$$

Nunc cum prior conditio poſtulet, vt ſit $\frac{B(1-k')}{k'(1-k)} > 0$; altera vero per hanc diuiſa $\frac{C(\pi-k k')}{1-k'} > 0$ valoribus illis ſubſtitutis hae duae conditiones abibunt in ſequentes:

1°. $\frac{(k'-1)\Phi}{(\pi-(1-k)\Phi)k'} > 0$

ſeu $\frac{(k'-1)\Phi}{\pi-(1-k)\Phi} > 0$

2°. $\frac{((k k'-1)\Phi + \pi)(\pi-k k')}{(1-k')(\pi'-\pi-(k k'-1)\Phi)} > 0$

quae per illam multiplicata dat

$$\frac{-\Phi(\pi-k k')(\pi + ' k k' - 1)\Phi)}{(\pi-(1-k)\Phi)(\pi'-\pi-(k k'-1)\Phi)} > 0$$

ſi hic loco Φ eius valor ſubſtituatur, qui cum ſemper ſit poſitiuus ob $\pi - 1$ etiam poſitiuum, dat primo

$$-\pi + \pi' - \pi'' > 0;$$

tum vero binae iſtae conditiones dabunt

1°. $\frac{k-1}{(\pi-k)\pi + (k-1)\pi' - (k-1)\pi''} > 0$

2°. $\frac{(1-k k')((\pi-k k')\pi + (k k'-1)\pi' - (k k'-1)\pi'')}{(k'-1)((\pi-k k')\pi - (\pi-k k')\pi' + (k k'-1)\pi'')} > 0$

tum vero B et C ita definientur:

$$B = \frac{(k-1)(\pi - \pi' + \pi'')}{(\pi-k)\pi + (k-1)\pi' - (k-1)\pi''}$$

$$C = \frac{(\pi-k k')\pi + (k k'-1)\pi' - (k k'-1)\pi''}{-(\pi-k k')\pi + (\pi-k k')\pi' + (k k'-1)\pi''}$$

Verum

CAPVT V.

Verum si hos valores substituere vellemus siue in aequatione pro margine colorato vitando sine inprimis pro semidiametro confusionis ad nihilum redigendo in multo maiores ambages incideremus, quam priore methodo euenit; quocirca aliam adhuc methodum quaerere debemus; nulla autem alia nobis relinquitur, nisi vt ex superioribus aequationibus litteras k et k' innestigemus; quo pacto nostra inuestigatio satis plana reddetur.

Hanc viam sequentes statim habemus $k = \frac{\phi - \mathfrak{B}\pi}{\phi}$ et $k k' = \frac{\phi - \pi + \mathfrak{C}\pi'}{\phi}$; existente $\phi = \frac{-\pi + \pi' - \pi''}{-1}$ vnde cum k et k' sint numeri positiui, pariter atque angulus ϕ habemus statim istas conditiones:

$$\phi - \mathfrak{B}\pi > 0.$$
$$\phi - \pi + \mathfrak{C}\pi' > 0.$$
$$-\pi + \pi' - \pi'' > 0.$$

Porro cum hinc interualla lentium fiant

1°. $a + b = \frac{-\phi\tau}{\mathfrak{C}\mathfrak{B}\epsilon} \cdot a > 0$

2°. $\mathfrak{E} + \epsilon = \frac{(\mathfrak{B}\tau -)\mathfrak{C}\pi')a\phi}{(\phi - \pi + \mathfrak{C}\pi')(-\mathfrak{B}\pi)} > 0$

3°. $\gamma + d = \frac{(\pi - 1)\phi + \pi - \mathfrak{C}\pi'}{a(\phi - \pi + \mathfrak{C}\pi')} \cdot BCa > 0.$

inde colligimus has nouas conditiones:
$$-\mathfrak{B}\pi \cdot a > 0.$$
$$(\mathfrak{B}\pi - B\mathfrak{C}\pi')a > 0.$$
$$((\pi - 1)\phi + \pi - \mathfrak{C}\pi')BCa > 0.$$

Ideo-

CAPVT V.

ideoque etiam harum quoti positiui esse debent

$$\frac{B\pi - B\xi\pi}{-\xi\pi} > 0$$

$$\frac{((m-1)\Phi + \pi - \xi\pi)BC}{B\pi - B\xi\pi} > 0$$

quae posterior ob $(m-1)\Phi = -\pi + \pi' - \pi''$ abit in hanc

$$\frac{(\xi\pi - C\pi''B}{B\pi - B\xi\pi} > 0.$$

sicque quinque habentur conditiones ab a liberae, quibus satisfieri oportet. Nunc autem aequatio pro destruendo margine colorato ita se habebit:

$$0 = NBC\pi'' - \frac{N\Phi}{\Phi - \xi\pi}((B+1)C\pi'' - \pi)$$
$$+ \frac{N\Phi}{\Phi - \pi + \xi\pi}((C+1)\pi'' - \pi')$$

His quomodocunque obseruatis perpendatur aequatio vltima pro confusione penitus destruenda

$$0 = N - \frac{N'}{B\Phi} + \frac{N''}{B'B\xi} - \frac{N'''}{a.BC}$$

ob $p = a, q = B$ $b = -\frac{Ba}{a}$; $r = c = \frac{BCa}{Bb'}$

et $s = d = -\frac{BCa}{a}$

num ei vel absolute vel saltim proxime satisfieri queat.

Denique vt etiam confusio prior tollatur satisfiat huic aequationi:

$$\mu\lambda - \frac{\mu'\lambda'}{B\Phi} + \frac{\mu''\lambda''}{B'B\xi} - \frac{\mu'''\lambda'''}{BC} - \frac{\mu^{iv}}{B\xi} + \frac{\mu^{v}}{B'B C\xi} = 0.$$

Scho-

CAPVT V.

Scholion.

170. Cum hic in genere vix vlterius progredi liceat, ad casus particulares erit descendendum, et quia in capite praecedente lentes perfectae triplicatae id o optatum vsum non praestiterant, quod confusio a lente oculari oriunda ab iis non destruebatur, hic lentem obiectiuam iterum triplicatam statuamus, vt bina priora interualla euanescant, eius vero tres lentes ita definiamus, vt iis etiam confusio a lente oculari oriunda destruatur; quo facto deinceps forte vix patebit inter tres lentes priores exigua interualla statuendi. Semper enim in huiusmodi disquisitionibus arduis expedit, a casibus facilioribus exordiri, quondam inde ratio perspicitur difficultates superandi, quae primo intuitu inuincibiles erant visae.

Problema 4.

171. Si tres lentes priores inter se immediate iungantur, vt lentem obiectiuam triplicatam constituant, quarta vero lens sit ocularis, regulas pro constructione huiusmodi telescopii exponere.

Solutio.

Cum hic sint interualla tam $a + b = 0$, quam $b + c = 0$ sit statim $k = 1$ et $k' = 1$, vnde sequuntur distantiae

$b =$

$$b = -a;\ \mathfrak{c} = -Ba;\ \mathfrak{e} = Ba,$$
$$\gamma = BCa \text{ et } d = -\tfrac{nCa}{m}$$

hisque interuallum

$$\gamma + d = BCa\left(1 - \tfrac{n}{m}\right) = \tfrac{m-n}{m}\cdot BCa$$

quod debet esse positiuum. Pro litteris autem π, π', π'' habebimus

1°. $\pi = 0$; 2°. $\pi' = 0$.
3°. $\pi'' = -(m-1)\varphi$.

Atque hinc aequatio pro tollendo margine colorato erit

$$0 = NBC - N'(B+1)C + N''(C+1)$$

vnde elicimus

$$C = -\tfrac{N''}{NB - N'(B+1) + N''}$$

vnde interuallum $\gamma + d$ fit

$$= -\tfrac{(m-1)}{m}\cdot \tfrac{N''\cdot Ba}{NB - N'(B+1) + N''}.$$

quod cum esse debeat positiuum, duo casus sunt perpendendi.

Alter, quo $a > 0$. tum esse debet

$$\tfrac{N''}{NB - N'(B+1) + N''} < 0.$$

Ideoque

$$N - \tfrac{N'}{B}(B+1) + \tfrac{N''}{B} < 0.$$

CAPVT V.

fiue $N - N' + \frac{1}{2}(N'' - N') < 0$.

Altero cafu, fi $a < 0$; contrarium euenire debet, fcilicet
$$N - N' + \frac{1}{2}(N'' - N') > 0.$$

Confideretur nunc aequatio, qua ifta confufio penitus tollitur, fcilicet
$$0 = N - \frac{N'}{B} + \frac{N''}{BC} - \frac{N'''}{BCE}$$

ex qua per BC multiplicata, vt fit
$$0 = NBC - N'(B+1)C + N''(C+1) - \frac{N'''}{E}$$

quoniam a praecedente aequatione non differt, nifi vltimo termino $\frac{N'''}{E}$ qui prae reliquis eft valde paruus, concludimus, fi illi fuerit fatisfactum, fimul quoque huic proxime fatisfieri idque eo magis, quo maior fuerit multiplicatio m, quae conclufio nititur fundamento, quod numeri N, N', N'', N''' parum ab vnitate differunt.

Pro priore autem confufione tollenda infuper fatisfieri debet huic aequationi
$$0 = \mu \lambda - \frac{N'\lambda'}{B'} + \frac{N''\lambda''}{B \cdot C'} - \frac{N'''\lambda'''}{B \cdot C'} - \frac{N'\nu}{B'} + \frac{N''\nu'}{B \cdot C'}$$

in qua loco C eius valor fupra inuentus
$$C = \frac{-\nu''}{B(\lambda - N' ; -N' + N'')}$$

fubftitui debet, id quod in genere ad formulam valde moleftam deduceret, quare folutio non nifi cafibus particularibus abfolui poterit.

Tom. II. V Co-

Coroll. 1.

172. Etsi conditiones pro littera B sunt datae, haec tamen littera prorsus indeterminata relinquitur, dummodo notetur

1°. si fuerit
$$N - N' + \tfrac{1}{2}(N'' - N') < 0$$
tum capi debere a positiuum.

2°. Sin autem fuerit
$$N - N' + \tfrac{1}{2}(N'' - N') > 0$$
tum capi debere a negatiuum.

Corollarium 1.

Cum inuenerimus $C = \frac{-N'}{B(N-N') - N' + N''}$

erit $1 + C = \frac{B(N-N') - N''}{B(N-N') - N' + N''}$,

hincque $\mathfrak{C} = \frac{-N''}{B(N-N') - N''}$.

Coroll. 2.

173. Si velimus loco B introducere $\mathfrak{B}$ ponendo $B = \frac{\mathfrak{B}}{1 - \mathfrak{B}}$; tunc consequemur

$$C = \frac{-N'(1-\mathfrak{B})}{(N-N')\mathfrak{B} - N' + N''} \quad \text{et} \quad \mathfrak{C} = \frac{-N''(1-\mathfrak{B})}{N\mathfrak{B} - N'}$$

quibus obseruatis substitutio postrema facilius expedietur: fiet enim postrema aequatio

$$0 =$$

CAPVT V.

$$0 = \begin{cases} \mu\lambda\mathfrak{B} - \mu'\lambda' - \mu'r'\mathfrak{B}(1-\mathfrak{B}) \\ - \frac{\mu'\lambda''(1\cdot\mathfrak{B}-\aleph')^2}{(\mathfrak{n}'')^2} \\ + \frac{\mu''r'(1-\mathfrak{B})\lambda\mathfrak{B}-\aleph')((N-\aleph')\mathfrak{B}-\aleph'+\aleph'')}{(\mathfrak{n}'')^2} \\ + \frac{\mu''\lambda''((N-\aleph')\mathfrak{B}-\aleph'+\aleph'')^2}{\mathfrak{n}(\mathfrak{n}'')^2} \end{cases}$$

Coroll. 3.

174. Refpectu campi apparentis cum fit $\pi'' = -(m-1)\Phi$, fi ftatuimus, vt hactenus $\pi'' = -\frac{1}{3}$; prodibit femidiameter $\Phi = \frac{1}{3(m-1)}$ et in min. primis $\Phi = \frac{114}{n-1}$ min. prim. fiquidem lens ocularis fiat vtrinque aequaliter concaua, quod vti oftendimus fict fi $\lambda''' = 1.60006$. hac fcilicet lente ex vitro coronario parata. Sin autem eam ex vitro chryftallino parare velimus, poni debet $\lambda''' = 1.67445$.

Exemplum I.

175. Si prima et tertia lens fuerit ex vitro coronario, media ex chryftallino, ex hisque lens obiectiua conftituatur, lens vero ocularis ex vitro coronario paretur, pro quauis data multiplicatione telefcopium conftruere.

Hoc exemplum ideo affero, quod hic cafus in capite praecedente eft praetermiffus, quem autem hic alio modo tractabo, vt longitudo minor prodeat.

CAPVT V.

Cum igitur hic sit $n = 1.53$; $n' = 1.58$; $n'' = 1.53$; $n''' = 1.53$ erit, vti vidimus, $N = 7$, $N' = 10$; $N'' = 7$; $N''' = 7$ ita, vt sit $\mu'' = \mu$; $\nu'' = \nu$; $\mu''' = \mu$. Ex his colligitur $C = +\frac{1}{7}(1 - \mathfrak{B})$
$\mathfrak{C} = \frac{7(1 - \mathfrak{B})}{7\mathfrak{B} - 10}$. Tantum ergo restat haec aequatio resoluenda

$$0 = \begin{cases} \mu\lambda\mathfrak{B}' - \mu'\lambda' - \mu'\nu'\mathfrak{B}(1 - \mathfrak{B}) \\ - \frac{\mu\lambda'''(7\mathfrak{B} - 10)^2}{7^2} \\ - \frac{1\mu\nu(1 - \mathfrak{B})(7\mathfrak{B} - 10)}{7^2} - \frac{17 \mu \lambda'''}{7^2 \cdot 4} \end{cases}$$

quodsi ergo statuamus $\lambda'' = \lambda$ et $\lambda''' = 1.60006$, haec aequatio induet hanc formam

$$\mu\lambda\left(\tfrac{10}{7}\mathfrak{B}' - \tfrac{100}{49}\mathfrak{B} + \tfrac{1000}{7^3}\right)$$
$$- \mu'\lambda' + \mu'\nu'(\mathfrak{B}' - \mathfrak{B})$$
$$+ \mu\nu\left(\tfrac{1}{7}\mathfrak{B}' - \tfrac{11}{49}\mathfrak{B} + \tfrac{10}{49}\right)$$
$$- \tfrac{17 \mu \lambda'''}{4 \cdot 2 \cdot 49} = 0.$$

quae tantum est aequatio quadratica, ex qua valor ipsius $\mathfrak{B}$ erui debet; terminis igitur secundum potestates ipsius $\mathfrak{B}$ dispositis habebitur:

$$\mathfrak{B}'\left(\tfrac{10}{7}\mu\lambda + \mu'\nu' + \tfrac{1}{7}\mu\nu\right)$$
$$+ \mathfrak{B}\left(-\tfrac{100}{49}\mu\lambda - \mu'\nu' - \tfrac{11}{49}\mu\nu\right)$$
$$+ \tfrac{1000}{7^3}\mu\lambda - \mu'\lambda' + \tfrac{10}{49}\mu\nu$$
$$- \tfrac{17 \mu \lambda'''}{4 \cdot 2 \cdot 49} = 0.$$

CAPVT V.

Resolutionem autem huius aequationis ita instituamus, vt lens obiectiua maiorem aperturam admittat, quem in finem, non vt ante, $\lambda = 1$, sed $\lambda = 1.60006$ statuamus, vt prima lens vtrinque sibi similis euadat; quare cum sit

$\log. \mu = 9.9945371$
$\log. \mu \nu = 9.3360593$. l. $\mu' = 9.9407157$
$\log. \mu' \nu' = 9.3+36055$. $\mu' \nu' = 0.2206$
et $\text{Log.} \lambda = \text{Log.} \lambda''' = 0.2041363$

at pro secunda lente ponatur non, vt ante, $\lambda = 1$, sed hanc litteram indeterminatam relinquamus; vnde nostra aequatio in numeris ita erit comparata:

$0 = 7.0852 \mathfrak{B}' - 10.1201 \mathfrak{B}$
$+ 4.7393 - \mu' \lambda'$
$- 0. \frac{1211r}{n}$,

quae reducitur ad hanc

$\mathfrak{B}' = \frac{1c1191}{1,1411} \mathfrak{B} - \frac{17191}{7.714}$
$+ \frac{\mu' \lambda'}{7.0151} + \frac{c.1111r}{n.70.111}$.
$\mathfrak{B}' = 1.4283 \mathfrak{B} - 0.6689$
$+ 0.1231 \lambda' + 0. \frac{01011}{n}$.

Vnde inuenitur

$\mathfrak{B} = 0.7142 \pm \sqrt{\left(\begin{array}{c} -0.1589 + 0.1231 \lambda' \\ + \frac{0.1718}{n} \end{array} \right)}$

V 3   Vnde

CAPVT V.

Vnde patet, λ' capi debere vnitate maius. Statuatur ergo $\lambda' = 1$; eritque

$$\mathfrak{B} = 0.7142 \pm \sqrt{(0.0157 + \tfrac{n-111}{n})}$$

hinc autem vlterius progredi non licet, nisi litterae n valores determinatos tribuendo; quem in finem sequentes casus adiungimus.

Casus I.
$n = 10$.

176. Erit hoc casu $\mathfrak{B} = 0.7142 \pm 0.1657$ sumtoque signo inferiore

$\mathfrak{B} = 0.5485$.

vel sumto superiore signo

$\mathfrak{B} = 0.8799$.

Sin autem velimus, vt pro $\mathfrak{B}$ vnicus valor $= 0.7142$ prodeat, capi deberet

$$\lambda' = \tfrac{111}{111} = 1 \tfrac{111}{111}$$

hocque casu hic vtamur.

Cum igitur sit $\lambda' = 1 \tfrac{111}{111}$ erit $\lambda' - 1 = \tfrac{111}{111}$.

Log. $\sqrt{\lambda' - 1} = 9.7208976$

Log. $(\lambda' - 1) = 9.4417952$.

Cum nunc pro omni multiplicatione sit $\mathfrak{B} = 0.7142$, si quidem capiamus

$$\lambda' =$$

CAPVT V.

$$\lambda' = 1.2908 - \tfrac{0.1111}{m}$$
$$\lambda' - 1 = 0.2908 - \tfrac{0.1111}{m}$$

hincque erit $1 - \mathfrak{B} = 0.2857$

$\mathfrak{B} = 2.4998.\ \mathfrak{C} = 0.6666 = \tfrac{2}{3}$.

Vnde obtinemus diſtantias

$b = -a;\ \beta = -2.4998.\ a = -2\tfrac{1}{2}a$
$c = + 2.4998.\ a$
$\gamma = 1.6665.\ a,\ d = -0.16665\ a$

Cum nunc fit $\lambda = 1.60006$,

et $\lambda' = 1.2766$

$\lambda'' = 1.60006 = \lambda'''$,

erit

I. Pro Ima lente vtrinque aequaliter conuexa radius vtriusque faciei $= 1.06.\ a$.

II. Pro IIda lente ex vitro chryſtallino

$$\tfrac{1}{r} = \tfrac{c\beta + cb \mp \gamma(b+\beta)\sqrt{\lambda-1}}{b\beta}$$
$$\tfrac{1}{c} = \tfrac{c\beta + cb \pm \gamma \cdot b + \beta)\sqrt{\lambda-1}}{b\beta}$$
$$\tfrac{1}{r} = \tfrac{-1.0160 \mp 1.0110}{b\beta}\ a$$
$$\tfrac{1}{c} = \tfrac{- 1.0760 \mp 1.0190}{b\beta}\ a$$

ſum-

sumtisque signis superioribus erit
$$F' = \frac{-b\beta}{\ldots} = -0.7639\,a$$
$$G' = \frac{-b\beta}{\ldots} = -1.0070\,a.$$

III. Pro tertia lente ex vitro coronario.

Cum hic sit $\tau \cdot \sqrt{\lambda''-1} = \frac{c\tau}{\gamma}$
tum vero $c = 2\frac{1}{2}a.$ et $\gamma = 1.\frac{3}{4}a.$ erit $c+\gamma = 4\frac{1}{4}a$
$$\frac{1}{r'} = \frac{\ldots}{c\gamma}\,a$$
$$\frac{1}{c'} = \frac{\ldots}{c\gamma}\,a$$

et ex signis inferioribus
$$F' = \frac{c\gamma}{\ldots} = 2.7039\,a$$
$$G' = \frac{c\gamma}{\ldots} = 0.6592\,a.$$

Hae ergo tres lentes sibi iunctae aperturam admittent, cuius semidiameter aestimari potest $x = 0.1648\,a. = \frac{1}{6}a$ circiter.

Cum autem ob claritatem esse debeat $x = \frac{m}{10}$ dig. $= \frac{1}{5}$ dig. capi debebit circiter $a = \frac{1}{5}$ dig. vnde telescopii longitudo $= 1.4999\,a = 1\frac{1}{2}a = 2,1.$ dig.

IV. Pro quarta lente aequaliter vtrinque concaua. erit rad. vtriusque faciei $=$
1. c6. d. $= -1.66.(0.1666)a$
$= -0.1766.\,a$
$= -0.2472.$ dig.

Co-

CAPVT V.

Corollarium 1.

177. Si ergo hoc modo valor ipfius λ' definiatur, praecedentes determinationes pro omnibus multiplicationibus valebunt, excepta fola lente fecunda; tum autem pro quarta lente femidiameter vtriusque eius faciei capi debet $= -(1.06).\frac{1}{3}.\frac{a}{b}$ fiue $= -1.7666.\frac{a}{b}$.

Coroll. 2.

178. Conftructio autem fecundae lentis a multiplicatione pendebit, quia valor litterae λ' multiplicationem inuoluit, cum fit $\lambda' = 1.2908 - \frac{b \cdot 1 \cdot 2 \cdot x}{a}$.

Scholion.

179. Haud difficile autem erit, pro quauis multiplicatione fecundam lentem definire, poftquam ea iam pro cafu $m = 10$ eft inuenta; ftatuatur enim $m = \infty$ erit $\lambda' = 1.2908$. hinc $\lambda' - 1 = 0.2908$. et Log. $V(\lambda' - 1) = 9.7317972$ vnde membrum ambiguum erit $= 1.6562 a$. vnde pro lente fecunda erit

$$\frac{1}{F} = \frac{-1.9840 \mp 1.6562}{b \beta}. a$$
$$\frac{1}{G} = \frac{-1.2500 \mp 1.6562}{b \beta}. a$$

fumtis ergo fignis fuperioribus

$$F' = \frac{-b\beta}{1.1928 \cdot a} = -0.6959. a$$
$$G' = \frac{-b\beta}{2.9062 \cdot a} = -1.0239. a$$

Nunc igitur ponamus pro multiplicatione quacunque m esse

$$F' = -(0.6959 + \tfrac{f}{m})a$$
$$G' = -(1.0239 + \tfrac{g}{m})a$$

et quia posito $m = 10$.

$$0.6959 + f_{\iota} = 0.7039$$
et. $\quad 1.0239 + \tfrac{g}{\iota} = 1.0070$

reperitur $f = 0.0800$

$$g = -0.1690$$

quibus inuentis adipiscimur sequentem telescopii constructionem.

I. Pro prima lente Crown Glass

radius vtriusque faciei $= + 1.08 \, a$.

II. Pro secunda lente Flint Glass

rad. faciei $\begin{cases} \text{anter.} = -(0.6959 + \tfrac{0.080}{m})a \\ \text{poster.} = -(1.0239 - \tfrac{0.169}{m})a \end{cases}$

III. Pro tertia lente Crown Glass

rad. faciei $\begin{cases} \text{anter.} = + 2.7039 \, a \\ \text{poster.} = + 0.6592 \, a \end{cases}$

IV. Pro quarta lente Crown Glass.

rad. vtriusque faciei $= - 1.7666 \cdot \tfrac{a}{b}$

quibus

CAPVT V.

quibus lentibus paratis ternae priores fibi invicem iunguntur, poſt quas tertia collocetur intervallo $= \frac{m-1}{5}. f. a.$

Cum porro fit $x = \frac{m}{10}$ dig. et invenerimus $y = 0.1648 a$, hinc colligitur fore $a = \frac{1}{1.648}$, ita, vt ſtatui poſſit $a = \frac{1}{n}. m$ ſeu $a = \frac{1}{10}. m$. Quare habetur

Conſtructio teleſcopii primi generis:

I. Pro prima lente Crown Glaſſ

  rad. fac. vtriusque $= 0.1272. m$.

II. Pro ſecunda lente Flint Glaſſ.

  rad. fac. $\begin{cases} \text{anter.} = -0.0635. m - 0.0096 \\ \text{poſter.} = -0.1229. m + 0.0202. \end{cases}$

III. Pro tertia lente Crown Glaſſ.

  rad. fac. $\begin{cases} \text{anter.} = 0.3144. m \\ \text{poſter.} = 0.0791. m \end{cases}$

quibus tribus lentibus immediate iunctis poſtea interuallo $= \frac{1}{5}(m-1)$ dig. ſtatuatur lens ocularis.

IV. Pro quarta lente. Crown Glaſſ.

  radius vtriusque faciei $= -0.2119$.

CASVS 2.

180. Cum pro omnibus multiplicationibus conſtructio teleſcopii fit tradita, ſolutionem exempli ſupra allati alio modo expediamus. Scilicet cum hic

pro

CAPVT V.

pro $\mathfrak{B}$ valorem vnitate minorem sumus consecuti, qui supra vnitate maior prodierat, notatu dignus videtur casus $\mathfrak{B} = 1$, quem hic euoluamus. Tum autem erit $B = \infty$ et quia distantiae determinatrices sunt a; $b = -a$; $\beta = -Ba$; $c = Ba$; $\gamma = BCa$, $d = \frac{-Ba}{C}$ necesse est, vt sit BC quantitas finita ideoque $C = 0$ et $\mathfrak{C} = C = 0$. Quare statuamus $BC = \vartheta$, vt fiat $\gamma = \vartheta a$ et $d = \frac{-\vartheta a}{B}$ hincque telescopii longitudo $= \frac{-a}{B} . \vartheta a$. His positis aequatio pro marginae colorato tollendo dabit ob $N = 7$, $N' = 10$, $N'' = N''' = 7$. et $\pi = 0$, $\pi' = 0$, $\pi'' = -(m-1)\Phi$.

$$0 = N\vartheta - N'\vartheta + N''$$
$$0 = 7\vartheta - 10\vartheta + 7; \text{ hincque } \vartheta = \tfrac{7}{3}.$$

Nunc autem aequatio pro confusione primae speciei tollenda fiet

$$0 = \mu\lambda - \mu'\lambda' + \tfrac{v\mu\lambda''}{v+1} - \tfrac{v\mu\lambda'''}{v+m}$$

quae per μ diuisa ob $\tfrac{\mu'}{\mu} = 0.8834$ abit in hanc

$$0 = \lambda - 0.8834\lambda' + 0.0787\lambda'' - \tfrac{v.m v_1. \lambda'''}{v}$$

facta autem lente oculari vtrinque aequali erit

$$\lambda''' = 1.60006 \text{ et}$$
$$0 = \lambda - 0.8834\lambda' + 0.0787.\lambda'' - \tfrac{v.1119}{v}$$

ex qua litteras λ ita definiri conuenit, vt vnitatem minimum superent statuamus ergo $\lambda = 1$ et $\lambda'' = 1$ erit

CAPVT V.

erit $0.1834 \lambda' = 1.0787 - \frac{0.17}{a}$

vnde colligitur

$\lambda' = 1.8810 - \frac{0.111}{a}$

folis ergo lens secunda a multiplicatione m pendet, quam deinceps seorsim euoluemus

Calculum ergo pro prima, tertia et quarta instituamus

Pro prima autem est

$F = \frac{a}{f} = 0.6023. a$

$G = \frac{a}{f} = + 4111. a$

Pro tertia lente ob $\lambda'' = 1$. et $c = \infty$

$F = \frac{?}{f} = 1.4055. a$

$G = \frac{?}{f} = 10.2925. a$

Pro quarta lente

radius vtriusque faciei $= 1.06. d$

$= - \frac{1.171.a}{m}$

et tota telescopii longitudo $= \frac{a-1}{a}. f. a.$

Pro secunda autem lente cum in genere sit

$F = \frac{b\beta}{f\beta + rb \pm r(b+\beta)\sqrt{\lambda-1}}$

$G = \frac{b\beta}{f\beta + rb \mp r(b+\beta)\sqrt{\lambda-1}}$

ob $\beta = \infty$ et $b = -a$ erit,

$$F = \frac{-a}{i \pm \tau\sqrt{(\lambda-1)}}$$

$$G = \frac{-a}{i \pm \tau\sqrt{(\lambda-1)}}$$

pro quo duo casus sunt evoluendi alter, quo $m = 10$
et alter, quo $m = \infty$.

Priore erit ob $m = 10$

$\lambda' = 1.2068$; $\lambda' - 1 = 0.2068$.

et Log. $\gamma(\lambda' - 1) = 9.6577753$
   Log. $\tau = 9.9432471$
   _____
   9.6010224

cui logarithmo respondet 0.3990 ideoque

$$F = \frac{-a}{1.1017 \pm 0.3990}$$

$F = \frac{-a}{0.1004} = -1.8505 \cdot a$

$$G = \frac{-a}{1.1017 \pm 0.3990}$$

$G = \frac{-a}{1.1817} = -0.8467 \cdot a$.

Altero casu ob $m = \infty$ erit

$\lambda' = 1.2210$ et $\lambda' - 1 = 0.2210$

et Log. $\gamma(\lambda' - 1) = 9.6721961$
   Log. $\tau = 9.9432471$
   _____
   9.6154432

hinc $\tau.\sqrt{\lambda' - 1} = 0.4125$.

Vnde

CAPUT V.

Vnde fit

$$F = \frac{-a}{0.1646 \pm 0.1118} = \frac{-a}{0.1118}$$
$$G = \frac{-a}{0.1118 \pm 0.0588} = \frac{-a}{1.1700}$$

hincque

$$F = -1.8054 \cdot a$$
$$G = -0.8545 \cdot a$$

quare statuamus pro multiplicatione quacunque m

$$F = -\left(1.8054 + \frac{f}{m}\right) a$$
$$G = -\left(0.8545 + \frac{g}{m}\right) a$$

et ex casu $m = 10$ elicimus

$$f = 0.4510; \quad g = -0.0780$$

ita, vt sit

$$F = -\left(1.8054 + \frac{0.4510}{m}\right) a$$
$$G = -\left(0.8545 - \frac{0.0780}{m}\right) a$$

pro a autem definiendo consideretur radius minimus in lente hac obiectiua triplicata occurrens 0.6023, cuius pars quarta 0.1506. $a = \frac{m}{15}$; sicque prodibit $a = \frac{m}{7.500}$ dig. Sumatur ergo $a = \frac{10}{15}$ dig. et habebitur sequens

Con

CAPVT V.

Conſtructio Teleſcopii primi generis.

I. Pro prima lente Crown Gl.

radius faciei $\begin{cases} \text{anter.} = +0.0803. \text{ m. dig.} \\ \text{poſter.} = +0.5882. \text{ m. dig.} \end{cases}$

II. Pro ſecunda lente Flint Glaſſ

rad. fac. $\begin{cases} \text{anter.} = (-0.2407. \overline{m} - 0.0601) \text{ dig.} \\ \text{poſter.} = (-0.1139. \overline{m} + 0.0104) \text{ dig.} \end{cases}$

III. Pro tertia lente Crown Glaſſ.

radius faciei $\begin{cases} \text{anter.} = +0.1874. \text{ m. dig.} \\ \text{poſter.} = +1.3723. \text{ m. dig.} \end{cases}$

IV. Pro quarta lente Crown Glaſſ

radius vtriusque faciei $= 0.3298.$ dig.

Tribus prioribus lentibus inuicem iunctis quartae ab iis interuallum erit

$= \tfrac{11}{13}(m-1)$ dig.

et campi apparentis ſemidiameter erit, vt hactenus,

$\Phi = \tfrac{22}{m}.$ min. prim.

Scholion.

181. Quia in hac ſolutione poſuimus $\lambda = 1$ et $\lambda'' = 1,$ conſuluimus potiſſimum artifici, quia hoc caſu errores in exſecutione commiſſi non admodum negotium turbant, ſed longitudo horum teleſcopiorum prodiit aliquanto maior, propterea quod radius ſatis

exi-

CAPVT V.

exiguus in determinatione lentis obiectiuae occurrebat, huic autem incommodo medelam afferemus, si pro prima et tertia lente statuamus $\lambda = 1.60006$, quo facto obtinebitur $\lambda' = 1.9536 - \frac{\text{...}}{m}$ qui numerus tantum in secundam lentem influit, cuius constructionem deinceps inuestigemus.

Iam vero erit

Pro prima lente Crown Glass
radius vtriusque faciei $= 1.06. \alpha$

Pro tertia lente Crown Glass
radius vtriusque faciei $= 1.06. \gamma$
$= 2.473 \alpha$

Pro quarta lente
radius vtriusque faciei $= -\frac{\text{...}}{m}$.

Restat igitur, vt secundam lentem euoluamus, vt ante.

Scilicet duos casus contemplabimur, alterum, quo $m = 10$, alterum, quo $m = \infty$.

Sit igitur primo $m = 10$ eritque $\lambda' = 1.93937$ et $\lambda' - 1 = 0.93937$ et $\tau. \gamma(\lambda' - 1) = 0.85048$.

Quare

$F = \frac{-a}{\ldots \pm \ldots}$

$G = \frac{-a}{\ldots \pm \ldots}$

fit

$$F = \frac{-a}{0.9919} = -1.0082 \cdot a$$

$$G = \frac{-a}{0.7315} = -1.3657 \cdot a$$

Sit nunc $m = \infty$, erit

$$\lambda' = 1.9536$$

$$\tau\sqrt{(\lambda'-1)} = 0.8569$$

hiscque

$$F = \frac{-a}{\text{...}}$$

$$G = \frac{-a}{\text{...}}$$

$$F = \frac{-a}{0.99} = -1.0017 \cdot a$$

$$G = \frac{-a}{0.725} = -1.3778 \cdot a$$

Nunc pro multiplicatione quacunque m statuatur

$$F = -\left(1.0017 + \frac{f}{m}\right) a$$

$$G = -\left(1.3778 + \frac{g}{m}\right) a$$

ex priore casu $m = 10$ colligitur

$$f = 0.065; \quad g = -0.121$$

ita, vt fit pro lente secunda

rad. fac. $\begin{cases} \text{anter.} = -\left(1.0017 + \frac{0.065}{m}\right) a \\ \text{poster.} = -\left(1.3778 - \frac{0.121}{m}\right) a \end{cases}$

CAPVT V.

Hic iam tuto fumi poteſt $x = \frac{1}{3}$; $a = \frac{n}{10}$; hinc obtinetur $a = \frac{1}{100} \cdot n$

Hinc ergo orietur ſequens
    Teleſcopii primi generis Conſtructio:
    I. Pro lente prima: Crown Glaſſ
    radius vtriusque faciei $= 0.0848. m.$ dig.
    II. Pro lente ſecunda
    rad. fac. $\begin{cases} \text{anter.} = (-0.08014 m. - 0.0052) \text{ dig.} \\ \text{poſter.} = (-0.11022 4m. + 0.0097) \text{dig.} \end{cases}$
    III. Pro lente tertia Crown Glaſſ
    radius vtriusque faciei $= 0.19784. m.$ dig.
    IV. Pro lente quarta.
    radius vtriusque faciei $= -0.19786.$ dig.
Tribus lentibus prioribus ſibi immediate iunctis ad interuallum $= (0, 187)(m - 1)$ dig. collocetur lens quarta, cui oculus immediate adplicatus cernet campum, cuius ſemidiameter erit $\frac{11}{1}$ min. prim.

Scholion.

182. Hic caſus inprimis eſt omni attentione dignus, quoniam pro quauis multiplicatione huius generis teleſcopia breviſſima ſuppeditat: ſi enim multiplicationem adeo centuplam deſideremus, longitudo vix ſuperabit $18\frac{1}{2}$ digitos. Haec igitur methodus,

qua pofuimus $\mathfrak{B} = 1$ vtique mereretur, vt etiam ad alias vitri fpecies feu vbi pro lentibus alia combinatio vitri coronarii et chryftallini, ftatueretur, feorfim adplicaretur. Sed quia ea etiam ad problema noftrum generale foluendum aeque felici fucceffu in vfum vocari poteft eiusque beneficio infignes difficultates fupra commemoratae euanefcunt, expediet fequens problema generalius tractaffe.

Problema 5.

183. Si telefcopium ex quatuor lentibus fit conftruendum, duae priores vero lentes ita debeant effe comparatae, vt radii per eas transmiffi iterum inter fe fiant paralleli, regulas pro conftructione defcribere.

Solutio.

Cum igitur radii per fecundam lentem refracti iterum fiant axi paralleli, erit $\beta = \infty$ ideoque $\frac{\varrho}{\mathfrak{k}} = B = \infty$ et $\mathfrak{B} = 1$, erunt diftantiae determinatrices

$$b = -\tfrac{\mathfrak{e}}{1}; \quad \beta = -\tfrac{\mathfrak{b}\mathfrak{e}}{1} = \infty$$

$$c = \tfrac{\mathfrak{b}\mathfrak{e}}{\mathfrak{n}\mathfrak{1}}; \quad \gamma = \tfrac{\mathfrak{K}\mathfrak{e}}{\mathfrak{1}\cdot\mathfrak{K}}; \quad d = -\tfrac{\mathfrak{K}\mathfrak{e}}{\mathfrak{n}}.$$

hicque iam notari oportet, vt diftantia inter primam et fecundam lentem $\beta + c$ fiat finita, debere ob $\beta = \infty$ effe $c = -\infty$, vnde fit $L' = 1$.

Quo

CAPVT V.

Quo autem rem clarius explicemus, ftatuatur haec diftantia $= \eta a$, vt fit $Ba(\frac{1}{B'} - \frac{1}{k}) = \eta a$ vnde fit $k' = \frac{1}{\frac{1}{k} + \eta a}$, quae ob $B = \infty$ fit $k' = \frac{1}{k}$; Interim tamen conueniet, illam expreffionem $k' = \frac{1}{\frac{1}{k} + \eta}$ in vfum fequentem notaffe.

Deinde quia $c = \infty$, γ vero finita quantitas, erit $\frac{\gamma}{c} = C = 0$, hincque etiam $\mathfrak{C} = \frac{c}{1+c} = C = 0$; interim tamen productum BC debet effe finitum. Sit igitur $BC = \vartheta$, vt fiat $\gamma = \frac{i\vartheta}{c}$ et $d = \frac{-i\vartheta}{c}$; cum illa autem aequatione coniungi debet ifta, quae fummo rigore eft $C = \frac{\gamma}{c} = \frac{d}{b}$, hincque $\mathfrak{C} = \frac{d}{b+d}$. His notatis erunt interualla lentium

$$a + b = a(\frac{k-1}{k})$$
$$\beta + c = \eta a$$
$$\gamma + d = (\frac{1}{i} - \frac{1}{m}) \vartheta \cdot a$$
$$= \frac{m-i}{im} \cdot \vartheta a.$$

Vnde hae fractiones $\frac{\eta b}{k-1}$ et $\frac{m-i}{m(\frac{1}{i}-\frac{1}{m})}$, ϑ debent effe pofitiuae, feu $\frac{1}{k-1} > 0$; $\frac{m-i}{i m} \cdot \vartheta > 0$ feu $\frac{m-i}{m} \cdot \vartheta > 0$. Iam inquiramus in valores litterarum π, π' et π'', ex tribus fequentibus aequationibus definiendos

I. $\mathfrak{B} \pi - \Phi = -k \Phi$
II. $\mathfrak{C} \pi' - \pi + \Phi = k k' \Phi$
III. $(m - 1) \Phi = -\pi + \pi' - \pi''$

quarum prima statim dat ob $\mathfrak{B}=1$

$$\pi = (1-k)\Phi = -(k-1)\Phi$$

vnde vt hic valor campo augendo inseruiat, π numerus negatiuus esse debet ideoque $k > 1$.

Secunda autem aequatio ob $\mathfrak{C}=0$ et $\mathcal{V}=1$, daret $-\pi + \Phi = k\Phi$, vnde pro π' nihil concludere liceret, quare pro $\mathfrak{C}$ valores illos exactiores scribi oportebit fietque

$$\tfrac{\theta}{k+1} \cdot \pi' - \pi + \Phi = \tfrac{2k}{k+\eta k} \Phi$$

quae ob $\pi = -(k-1)\Phi$ abit in hanc

$$\tfrac{\theta}{k+1} \cdot \pi' + k\Phi = \tfrac{2k}{k+\eta k} \Phi$$

seu $\tfrac{\theta}{k+1} \pi' = \tfrac{-\eta k^2}{k+\eta k} \cdot \Phi$

quae ergo ob $B = \infty$ dat

$$\pi' = \tfrac{-\eta k^2}{\theta} \cdot \Phi$$

quia autem conuenit sumere $k > 1$ debet esse $a > 0$ ideoque et $\eta > 0$, hic valor π' erit negatiuus, si fuerit $\vartheta > 0$; sin autem $\vartheta < 0$, is erit positiuus, vbi autem meminisse oportet esse debere $(m-k)\vartheta > 0$.

Tertia denique aequatio abit in hanc formam:

$$(m-1)\Phi = +(k-1)\Phi - \tfrac{\eta k^2}{\theta}\Phi - \pi''$$

hincque $\pi'' = (k - m - \tfrac{\eta k^2}{\theta})\Phi$

siue $\pi'' = -(m - k + \tfrac{\eta k^2}{\theta})\Phi$

CAPVT V.

quae formula cum etiam inseruiat campo definiendo, si capiatur $\pi'' = -\frac{1}{2}$; reperitur

$$\Phi = \frac{859}{m - k + \frac{n k'}{2}} \text{ minut}$$

$$\Phi = \frac{n' \Phi}{(m-k)2 + n k'}$$

quare curandum est, vt $\frac{n k'}{2}$ quam minimum reddatur, quod facile praestatur faciendo interuallum secundae et tertiae lentis quam minimum adeoque euanescens, quo casu erit $\Phi = \frac{n'}{m-k}$ qui eo maior fit, quo maior sumitur k. Nunc igitur aequationem pro margine colorato tollendo consideremus, quae erit

$$0 = N\vartheta\,\pi'' - \tfrac{N'}{k}(\vartheta\,\pi'' - \pi)$$
$$+ \tfrac{N''}{k}(\pi'' - \pi')$$

quae substitutis valoribus dat

$$0 = -N((m-k)\vartheta + \eta k')$$
$$+ \tfrac{N'}{k}((m-k)\vartheta + \eta k' - k + 1)$$
$$- \tfrac{N''}{k}(m-k)$$

ex qua aequatione ϑ commode definiri potest reperieturque

$$\vartheta = \frac{-N\eta k' + N'\eta k' - N'(k-1) - N''(m-k)}{(m-k)(Nk - N')}$$

quia autem conuenit η quam minimum assumere ac praeterea non necesse est, vt isti aequationi summo rigore satisfiat, his terminis omissis habebimus

$$\vartheta =$$

$$\vartheta = \frac{-N'(k-1)-N''(m-k)}{(m-k)(k-N')}$$

vnde fit

$$(m-k)\vartheta = \frac{-N'(k-1)-N''(m-k)}{k-N'}$$

quae quantitas cum debeat esse positiua, numerator autem manifesto sit negatiuus, etiam denominatorem negatiuum esse oportet ideoque $N' > N k$. Quodsi ergo N' maximum habeat valorem ex vitro scilicet chryftallino, N vero minimum ex vitro coronario, vt sit $N = 7$ et $N' = 10$; numerus k non amplius noftro arbitrio relinquitur, sed ita capi debet, vt sit $7k < 10$; et $k < \frac{10}{7}$ seu contineri debet intra limites 1 et $\frac{10}{7}$. Notetur hic, si caperetur $k = 1$, casum praecedentem esse oriturum, neque campum hinc auctum iri; Sin autem capiatur $k = \frac{10}{7}$ foret $\vartheta = \infty$ et longitudo telescopii fieret infinita; vnde conueniet k propius vnitati, quam alteri limiti assumere. His probe perpensis ftatuamus $k = \frac{8}{7}$, $N = 7$; $N' = 10$. $N'' = 7$, quo ϑ obtineat valorem minorem. Vnde fiet $\vartheta = \frac{...}{...}$ hinceque $\frac{2\lambda'}{k}$ habebit hunc valorem $\frac{...}{...}$, qui sumto $m = \infty$ fit $= \frac{...}{...}$, ex quo colligitur, si modo η non excedat $\frac{1}{6}$ campi diminutionem non fore sensibilem.

Denique pro semidiametro confusionis ad nihilum redigendo satisfiat huic aequationi:

$$0 = \mu \lambda - \frac{\mu'\lambda'}{k} + \frac{\mu''\lambda''}{kk'} - \frac{\mu'''\lambda'''}{kk'k''}$$

ex

CAPVT V.

ex qua commodissime definiemus λ', qui erit ob $\mu' = \mu'' = \mu'''$

$$\lambda' = \tfrac{k}{n}(k\lambda + \tfrac{\lambda n}{r} - \tfrac{n\lambda}{n+1})$$

sicque hoc problema feliciter est solutum.

Coroll. 1.

184. Distantiae ergo determinatrices singularum lentium eruunt

Pro prima: ∞ et a cum λ

Pro secunda: $b = \tfrac{-a}{n}$; et $\beta = \infty$ cum λ'

Pro tertia: $c = \infty$ et $\gamma = \tfrac{ka}{b}$ cum λ''

Pro quarta: $d = \tfrac{-ka}{m}$; $\delta = \infty$ cum λ'''.

vbi notandum, primam, tertiam et quartam ex vitro coronario, secundam ex chryftallino esse parandam; tum vero fore interualla lentium

$$a + b = a(\tfrac{k-1}{n}) = \tfrac{1}{i}a$$
$$\beta + c = \eta a$$

de qua diflantia notetur, eam flatui debere quam minimam; ac denique

$$\gamma + d = \tfrac{n-k}{kn} \cdot 9 a$$

vnde tota longitudo prodit

$$= a(\tfrac{k-1}{n} + \eta + \tfrac{n-k}{kn} \cdot 9).$$

178   CAPVT V.

Coroll. 2.

185. Pro litteris autem k et ϑ hos valores statuimus, $k = \frac{1}{2}$, $\vartheta = \frac{m-\mu}{(m-n)\mu}$, quae expressio cum adhuc m inuoluat, calculum non, vt ante, pro quauis multiplicatione in genere absoluere licebit; interim tamen simili modo, quo ante vsi sumus, postquam pro duabus tribusue multiplicationibus calculum absoluerimus, interpolando formulas generaliores pro omni multiplicatione concludere poterimus.

Scholion.

186. Haec telescopia iis, quae modo ante descripsimus, ideo erunt praeferenda, quod in his nullae lentes sibi immediate iunctae assumuntur, quippe quod in praxi locum habere nequit; tum vero etiam quod aliquod campi augmentum largiuntur. Ceterum haec telescopia aliquanto fiunt longiora, tam ob distantiam inter lentes primam et secundam, quam potissimum ob maiorem valorem ipsius ϑ, a quo interuallum tertiae et quartae lentis potissimum pendet. Interuallum autem medium η & hic merito negligimus. Quo tamen breuitati instrumenti quantum fieri licet, consulamus, expediet sine dubio, vt modo ante fecimus, tam primam et tertiam lentem, quam quartam vtrinque aequales formare, ita, vt sit $\lambda = \lambda'' = \lambda'''$ $= 1.60606$; tum vero erit $\mu = 0.9875$; $\mu' = 0.8724$. vnde harum lentium constructio statim sequitur.

Erit

CAPVT V.

Erit scilicet radius vtriusque faciei.

I. Pro lente prima
$= 1.06\, a.$

II. Pro lente tertia
$= 1.06 . \frac{10\,a}{n}.$

III. Pro lente quarta
$= - 1.06 . \frac{10\,a}{n}.$

Nihil igitur aliud restat, nisi vt pro quibusdam multiplicationibus calculum expediamus; ac primo quidem conueniet, multiplicationem quandam exiguam $m = 5$ euoluere, vt pateat, quantum haec inuestigatio in minimis telescopiis huius generis praestare possit; tum vero multiplicationem quandam maiorem veluti $m = 10$, indeque subito $m = \infty$ euoluamus, vt ex horum casuum comparatione conclusionem pro quauis maiore multiplicatione formare queamus.

Exemplum I.

$m = 5.$

187. Telescopium pro multiplicatione $m = 5$ describere.

Erit hoc casu

$\vartheta = \frac{m}{n} = 3.6852$
Log. $\vartheta = 0.5664593$ $\}$ et Log. $k = 0.0579920$

hincque $b = - \frac{1}{2} a ; \beta = \infty ; c = \infty$

$\gamma =$

CAPVT V.

$$\gamma = 3,2246. a$$
$$d = -0,7370. a$$

hincque

$$a + b = \tfrac{1}{2} a; \quad \beta + c = \eta a = \text{minimo}.$$
$$\gamma + d = 2.4376. a$$

ficque longitudo tota telefcopii erit $= 2.6126 a + \eta a$.

Vnde tres lentes ex vitro coronario parandae ita fe habebunt:

I. Pro prima lente

radius vtriusque faciei $= 1.06. a$.

II. Pro tertia lente

radius vtriusque faciei $= 3.4181. a$.

III. Pro quarta lente

radius vtriusque faciei $= -0.7812. a$.

IV. Pro secunda lente. Flint Glaff.

ante omnia quaeri debet numerus λ'. ex formula

$$\lambda' = 1. \tfrac{i \cdot \gamma \cdot (-k)}{\mu'} \left(k + \tfrac{1}{\delta'} - \tfrac{s}{m \rho'} \right) \text{ vnde}$$
$$\lambda' = 2,0977; \text{ ergo } \lambda' - 1 = 1,0977$$

hincque $\tau . V (\lambda' - 1) = 0.91936$.

Quare

CAPVT V.

Quare pro hac lente erit

$$F = \frac{b}{0.1111 \pm 0.0118} = \frac{b}{1.088}$$

$$G = \frac{b}{0.0017 + 0.0018} = \frac{b}{0.0031}$$

$F = -0.8248. a;\ G = -1.3192. a$

Vnde fluit sequens

Constructio Telescopii

I. Pro lente prima Crown Glass
radius vtriusque faciei $= +1.06\ a$
Interuallum $= 0.125\ a$.

II. Pro lente secunda Flint Glass
radius faciei $\begin{cases} \text{anter.} = -0.8248\ a \\ \text{poster.} = -1.3192\ a \end{cases}$
Interuallum minimum.

III. Pro lente tertia Crown Glass
radius faciei vtriusque $= 3.4181. a$
Interuallum $= 2.4876. a$.

IV. Pro lente quarta Crown Glass
radius vtriusque faciei $= -0.7812. a$

Lenti obiectiuae tribui potest apertura, cuius semidiameter $x = \frac{1}{4} a$.

Cum autem ob claritatem statui debeat
$x = \frac{3}{10}$. dig. $= \frac{1}{10}$ dig. vnde $a = \frac{1}{4}$. dig.

et telescopii longitudo $= 2.6126. a + \eta a$
et semidiameter campi $\Phi = 223$ min. $= 3° 43'$.

Exempl. II.

188. Si multiplicatio $m = 10$ desideretur, telescopium huius generis describere.

Ob $m = 10$ erit $\vartheta = \frac{111}{31} = 3.5806$

Log. $\vartheta = 0.5539613$.

Log. $\frac{1}{\vartheta} = 9.4460386$.

vnde $b = -\frac{7}{8} a = -0.875 a$

$\beta = \infty = c; \gamma = 3.1331. a$

$d = -0.35806. a.$

Nunc euoluatur numerus λ', qui reperitur

$\lambda' = 2.1049; \lambda' - 1 = 1.1049$

hinc $\tau . \sqrt{(\lambda' - 1)} = 0.92132$

Vnde radii facierum

$F = \frac{b}{\text{...} \pm \text{...}} = \frac{b}{1.2617}$

$G = \frac{b}{\text{...} \pm \text{...}} = \frac{b}{\text{...}}$

seu $F = -0.8234 a$

$G = -1.3230 a$

Vnde colligitur sequens

CAPVT V.

Conſtructio Teleſcopii

I. Pro prima lente Crown Glaſſ.
radius vtriusque faciei $= 1.66. a$
Interuallum $= 0.185. a$

II. Pro ſecunda lente Flint Glaſſ.
rad. fac. $\begin{cases} \text{anter.} = -0.8234. a \\ \text{poſter.} = -1.3230. a \end{cases}$
Interuallum minimum.

III. Pro lente tertia: Crown Glaſſ.
radius vtriusque faciei $= 3.3211. a$
Interuallum $= 2.7751. a$

IV. Pro lente quarta Crown Glaſſ.
radius vtriusque faciei $= -0.3796. a$

Vnde fit tota longitudo $= 2.9001 a$. Lenti primae autem apertura tribui debet, cuius ſemidiameter $x = \frac{18}{13}$ $= \frac{2}{3} a = \frac{1}{1}$ dig. Vnde ſequitur $a = \frac{1}{2}$ dig. ſiue maius. Campi autem viſi ſemidiameter erit $\Phi = 94$ minut. $= 1° 34'$.

Exempl. III.

189. Si multiplicatio m fuerit ∞, teleſcopium huius generis deſcribere.

Ob $m = \infty$ erit $\vartheta = 3, 5$.

et

CAPVT V.

et Log. $9 = 0.5440680$

Log. $j = 9.4559319$

hincque $b = -0.875.a$; $\beta = \infty = c$

$\gamma = 3.0625.a$; $d = -3,5.\frac{a}{a}$.

Pro lente autem secunda innenimus

$\lambda' = 2.1120$; $\lambda' - 1 = 1.1120$

et $r. \sqrt{(\lambda' - 1)} = 0,9253$.

Ex quibus colligitur

$F = \frac{b}{\text{...} \pm \text{...}} = \frac{b}{\text{...}}$

$G = \frac{b}{\text{...} \mp \text{...}} = \frac{b}{\text{...}}$

$F = -9.8205.a$

$G = -1.3309.a$

Vnde colligitur sequens

Constructio Telescopii

I. Pro prima lente Crown Glass

radius vtriusque faciei $= 1,06.a$

Interuallum $= 0.125.a$

II. Pro secunda lente Flint Glass.

radius faciei $\begin{cases} \text{anter.} = -0.8205.a \\ \text{poster.} = -1.3309.a \end{cases}$

Interuallum minimum.

III. Pro

CAPVT V.

III. Pro tertia lente Crown Glaſſ.
radius vtriusque faciei $= 3.2462. a$
Interuallum $= (3.0625 - \frac{v.i}{m})a$

IV. Pro quarta lente Crown Glaſſ.
radius vtriusque faciei $= -3.716. \frac{a}{m}$

Hincque longitudo teleſcopii erit $= (3,1875 - \frac{v.i}{m}).a$

Lenti vero obiectiuae apertura tribuatur, cuius ſemidiameter $= \frac{1}{2} a = \frac{a}{70}$ ita, vt capi poſſit

$a = \frac{1}{11}. m. dig. = \infty.$

Exempl. IV. generale.

190. Si multiplicatio fuerit quaecunque m, ſaltem denario maior, teleſcopium huius generis deſcribere.

Cum pro caſu $m = \infty$ inuenerimus $\vartheta = 3,5$ nunc in genere ponamus $\vartheta = 3,5 + \frac{e}{m}$ et quia pro $m = 10$ fuerat $\vartheta = 3,5806$, erit $e = 0.806$, ita vt fit $\vartheta = 3,5 + \frac{0.806}{m}$. vnde diſtantiae ita ſe habebunt:

$b = -0.875. a; \beta = \infty = c$

$\gamma = (3,0625 + \frac{0.7211}{m}) a$

$d = -(3,5 + \frac{0.1806}{m}) \frac{a}{m}$

Pro

Pro lente autem secunda ponatur
$$F = -(0.8205 + \tfrac{f}{a})a$$
$$G = -(1.3309 + \tfrac{g}{a})a$$
Comparatione igitur inftituta cum cafu $m = 10$. erit $f = 0.0290, g = -0.0790$.

Conftructio huius Telefcopii

I. Pro prima lente. Crown Glafs.
radius vtriusque faciei $= 1.06. a$
Interuallum $= 0.125. a$.

II. Pro fecunda lente. Flint Glafs.
rad. faciei $\begin{cases} \text{anter.} = -(0.8205 + \tfrac{0.0190}{m})a \\ \text{pofter.} = -(1.3309 - \tfrac{0.0710}{m})a \end{cases}$
Interuallum minimum.

III. Pro tertia lente. Crown Glafs.
radius vtriusque faciei $= +(3.2462 + \tfrac{0.7188}{m})a$
Interuallum $= (3,0625 - \tfrac{0.7105}{m} - \tfrac{0.0710}{m})a$

IV. Pro quarta lente.
radius faciei vtriusque $= -(3,710 + \tfrac{0.1144}{m})\tfrac{a}{m}$
ficque tota longitudo erit
$$= (3.1675 - \tfrac{0.7105}{m} - \tfrac{0.0790}{m})a$$
deinde lentis obiectiuae femidiameter aperturae debet efle $x = \tfrac{m}{13}$ dig. vnde a capi debebit $a = \tfrac{13}{11} m$. dig. fiue maius, campique vifi femidiameter
$$= \Phi = \frac{859}{m - \tfrac{2}{3}} \text{ min. prim.}$$

CAPVT V.

Scholion.

191. En ergo infignem multitudinem variorum primi generis telefcopiorum, quae adhuc in infinitum multiplicari poffent, fi litteris B et C alios valores tribuere vel etiam pluribus lentibus vti vellemus. Verum huiusmodi inueſtigatio prorſus ſuperflua videtur, cum maior perfectionis gradus exſpectari nequeat ac plures lentes claritati femper obſint, neque etiam maior campus ſperari poſſit. Inprimis autem obſeruandum eſt in his telefcopiis marginem coloratum aliter deſtrui non potuiſſe, niſi diuerſis vitri ſpeciebus adhibendis, ita, vt iam affirmare poſſimus, ex eadem vitri ſpecie huiusmodi telefcopia confici non poſſe, quae non vitio marginis colorati laborent, cum tamen in ſequentibus generibus, lentibus ex vna vitri ſpecie factis talis margo feliciter tolli poſſit, etiamſi tunc ipſum diffuſionis ſpatium ad nihilum redigere non liceat. Haec reſtrictio etiam in cauſſa erat, quod campum apparentem vix notabiliter augere licuerit; ſin autem marginem coloratum negligere vellemus, campus haud mediocriter augeri poſſet. Tum enim in caſu vltimi problematis litterae k et ϑ manerent arbitrio noſtro relictae et cum ſemidiameter campi eſſet $\Phi = -\frac{\pi}{m-k}$, poſito $\eta = 0$, videtur is ad lubitum augeri poſſe, dum tantum k parum ab m deficiens aſſumatur atque adeo ſumto $k = m$ in infinitum abiret; quod tamen nullo modo praeſtari poſſe experientia abunde teſtatur. Quare hoc dubium ſoluiſſe operae erit

CAPVT V.

pretium; ad quod tantum recordari oportet, litteris π, π' et π'' certum praescriptum esse terminum veluti quem transgredi nunquam debent; quare etsi hoc casu valor $-\pi'' = \frac{1}{2}$ enormem magnitudinem pro ϕ praebet, tamen hic etiam ad valorem ipsius π spectari conuenit, qui cum ante iam inuentus esset $\pi = -\phi(k-1)$, ideoque $\pi = \frac{\pi'(k-1)}{m-2}$, maxime cauendum est, ne hinc prodeat $\pi > \pi''$. quamobrem litteram k iam non pro lubitu augere licebit, sed eo usque tantum, quoad fiat $k - 1 = m - k$, siue $k = \frac{m+1}{2}$, quae positio campum duplo maiorem, qnam ante, produceret, scilicet $\phi = \frac{\pi'}{m-k} = \frac{2\pi'}{m-1}$, quem ergo obtinere possemus, si modo marginem coloratum despiciamus. Tum autem pro eodem casu vltimi problematis forent distantiae determinatrices $b = \frac{\pi' a}{m+1}$; $\beta = \infty = c$ et $\gamma = \frac{\pm 1/a}{m+1}$ et $d = \frac{fa}{a}$; vnde sit postremum interuallum $\gamma + d =$ $+ \vartheta a(\frac{1}{m+1} - \frac{1}{m}) = \frac{fa(m-1)}{m(m+1)}$ vbi adhuc ϑ nostro arbitrio permittitur, dummodo positiue capiatur; verum quia hoc modo margo coloratus praemagnus esset proditurus; buiusmodi telescopia nullo modo commendari poterunt atque hoc praeceptum etiam in posterum obseruabimus, nullaque alia telescopia exceptis tantum simplicissimis proferemus, nisi quae saltem a margine colorato sint immunia, siquidem tota haec confusio non vitari queat.

LIBRI

LIBRI SECVNDI,
DE
CONSTRVCTIONE
TELESCOPIORVM
SECTIO SECVNDA.
DE
TELESCOPIIS SECVNDI GENERIS,
QVAE
LENTE OCULARI CONUEXA INSTRVCTA,
OBIECTA SITU INUERSO REPRAESENTANT.

CAPVT I.
DE
TELESCOPIIS SIMPLICIORIBVS
SECVNDI GENERIS, EX VNICA VITRI SPECIE PARATIS.

Praeceptum generale.

192.

Cum in hac sectione obiectorum repraesentatio semper futura sit inuersa, hic ante omnia monendum est, in omnibus formulis generalibus supra traditis litteram *m*, qua multiplicatio indicatur, vbique negatiue capi debere, ita, vt in illis formulis, quoties *m* occurrit, eius loco — *m* scribi oporteat.

Pro-

CAPVT I.

Problema 1.

193. Simpliciſſimum huius generis teleſcopium ex duabus lentibus eademque vitri ſpecie conſtruere, quod obiecta ſecundum datam multiplicationem *m* aucta ſituque inuerſo repraeſentet.

Solutio.

Propoſita multiplicatione *m* formulae noſtrae generales ſtatim praebent hanc determinationem: $m = \frac{a}{b}$ vbi manifeſtum eſt, *a* exprimere diſtantiam focalem lentis obiectiuae, *b* vero ocularis ob $\beta = \infty$. Cum igitur fractio $\frac{a}{b}$ hic ſit poſitiua, ſimulque harum lentium diſtantia $a + b$, vtramque diſtantiam *a* et *b*, poſitiuam eſſe oportet, ita, vt ambae lentes futurae

Tab. III. Tom. L.
Fig. 13.

ſint conuexae et imago realis in puncto F repraeſentetur, quod ſimul eſt focus communis vtriusque lentis. Tum vero campi apparentis ſemidiameter erit $\Phi = \frac{a}{m+1}$, qui autem non conſpicietur, niſi oculo in certo loco conſtituto cuius diſtantia poſt lentem ocularem eſt $O = \frac{a+b}{m+b}$ denotante *q* diſtantiam focalem lentis ocularis, quam vidimus eſſe $= b$. Cum igitur ſit $\pi = (m + 1) \Phi$; erit haec diſtantia $O = \frac{m+1}{m} \cdot q$ ideoque tantillo maior, quam *q*. Vt iam obiecta dato claritatis gradu adpareant, quem vocauimus $= y$, ita, vt *y* ſit menſura ſemidiametro pupillae minor, oſtenſum eſt, aperturam lentis obiectiuae tantam eſſe debere, vt eius ſemidiameter ſit $x = my$ vnde iam intelli-

CAPVT I.

telligitur, eius diftantiam focalem p vel a certe minorem ftatui non poffe, quam $4x$. Videamus nunc etiam quomodo hoc telefcopium ratione marginis colorati futurum fit comparatum. Cum is prorfus tolli non poffit, quia fieri nequit, vt fit $o = \frac{d v'}{v'-1} \cdot \frac{\pi}{m \Phi}$ $= \frac{d v'}{v'-1} \cdot \frac{n \pm 1}{n}$; multo minus haec confufio penitus deftrui poteft, cum effe deberet $o = \frac{d n}{n-1} \cdot (p+q)$, quia $p+q$ eft diftantia lentium. Eo magis autem in id eft incumbendum, vt confufio primae fpeciei ab apertura pendens infenfibilis reddatur, feu vt femidiameter huius confufionis certum quendam limitem, quem littera k indicauimus, non fuperet. Quare ex fuperioribus colligetur haec conditio:

$$+ \frac{n \mu x^2}{4 p^2} (\lambda + \tfrac{\lambda'}{m}) < \tfrac{1}{2 k}$$

$$\text{feu } \tfrac{x^2}{p^2} (\mu \lambda m + \mu \lambda') < \tfrac{1}{2 k}$$

vnde pro diftantia focali lentis obiectiuae $p = a$ hanc obtinemus conditionem; $p > k x \sqrt{(\mu \lambda m + \mu \lambda')}$ et ob $x = my$, erit $p > k m y \sqrt{(\mu \lambda m + \mu \lambda')}$ feu ad minimum p huic formulae aequalis capi poterit.

Coroll. 1.

194. Hinc ergo ftatim apparet, quo maior requiratur multiplicatio, eo maiorem effe debere lentis obiectiuae diftantiam focalem ideoque etiam longitudinem telefcopii neque id in ratione tantum fimplici, fed

CAPVT I.

sed fere in ratione sesquitriplicata multiplicationis, scilicet vt $m\frac{3}{2}$; hincque illa longitudo mox tanta euadit, vt neutiquam sit verendum, ne quantitas p minor fiat, quam $4\pi f$.

Coroll. 2.

195. Numerus μ ab indole vitri pendet, vnde sequitur, quo minor is fuerit, eo magis longitudinem p imminui. Vidimus autem supra crescente ratione refractionis n istum numerum μ diminui; sed quia tum formula $\frac{4 n}{n-1}$ crescit, ideoque margo coloratus augetur, praestabit vitro vti communi.

Coroll. 3.

196. Hinc etiam intelligimus, quo maior gradus charitatis y desideretur, eo magis quantitatem p augeri debere quod etiam vsu venit, si maior distinctio requiratur, quia tum litterae b maior valor tribui deberet.

Coroll. 4.

197. Ad longitudinem autem horum instrumentorum contrahendam plurimum interest, lentem obj. Ctiuum ita conficere, vt fiat $\lambda = 1$. quippe qui huius litterae minimus est valor. Quare huic lenti eam formam tribui conueniet, quam supra in capite de lentibus obiectiuis descripsimus.

Co-

Coroll 5.

198. Circa lentem autem ocularem parum laboraremur si et $\lambda' = 1$ capere vellemus, quoniam in maioribus multiplicationibus hic terminus prae primo euanescit; quin potius huic lenti eiusmodi figuram tribui necesse est, quae maximae spernrrae sit capax; quoniam ab ea campus apparens potissimum pendet; quare haec sanciatur regula, vt lens ocularis vtrinque aequaliter connexa conficiatur, quoniam tum demum littera π valorem ; vel etiam maiorem accipere potest. Tum vero erit

I. Pro vitro coronario seu $n = 1.53$

$\lambda' = 1.60006$.

II. Pro vitro communi seu $n = 1.55$

$\lambda' = 1.62992$.

III. Pro vitro denique chryftallino $n = 1.58$

$\lambda' = 1.67445$.

Scholion 1.

199. Hugenius partim theoriae satis incompletae partim experimentis innixus diftantiam focalem lentis obiectiuae quadrato multiplicationis proportionalem ftatuit, cui tantum abeft, vt aduerfari velim, vt potius in praxi eius praefertim temporis affentiar, noftra enim determinatio innititur huic rationi quod

CAPVT I.

facies lentium ad figuram sphaericam perfecte sint formatae, quam si artifex exacte eisse re posset, nullum est dubium, quin nostra forma a veritati sit consentanea, quod quidem nunc summorum artificum industriae concedendum videtur; sed quando figura lentium a sphaerica figura tantillum aberrat, notum est, vitium eo magis esse sensibile, quo maior fuerit distantia focalis lentis, cui propterea aliter occurri nequit, nisi distantiam focalem maiorem reddendo, quam secundum nostram regulam. Num autem praecise ratio duplicata inde exsurgat, neutiquam affirmare licet, sed prout quaeque lens feliciori successu fuerit elaborata eo minor distantia focalis sufficit eidem multiplicationi producendae, seu potius eadem lens maiori multiplicationi producendae erit apta, quodetsi perpetuo est obseruandum, tamen hic assumo, lentibus non solum sphaericas figuras, sed etiam secundum datos radios tribui posse.

Scholion 2.

200. His autem Hugenii obseruationibus praecipue vtemur, ad gradus tam claritatis, quam distinctionis definiendos, quibus astronomi contenti esse solent; etiamsi cuique liberum relinquatur, siue maiorem siue minorem gradum eligere. Quod igitur primo ad gradum claritatis attinet, Hugenius lenti obiectiuae, cuius distantia focalis = 20 ped. siue 240 digit. assignat aperturam, cuius semidiameter = 1.225 digit.

digit. eamque ad multiplicationem $m = 89$ aptam Iudicat; qua n. rationem etiam in reliquis fentibus obiectiuis obferuat; quare cum hic fit $x = 1.225$ dig. et $m = 89$ ob $x = my$, hinc colligimus $y = \frac{x}{m} = \frac{1.225}{89} = \frac{1}{73}$, quare cum fupra paffim affumferimus $y = \frac{1}{35}$, multo maiorem claritatis gradum illis inftrumentis conciliauimus eumque adeo duplo maiorem.

Quod dein ad gradum diftinctionis attinet litteram k contentum, in allegato Hugenii exemplo perpendamus effe $p = 240$ dig. $m = 89$ et $y = \frac{1}{73}$ fumtoque $\mu = \frac{1}{13}$ et $\lambda = 1$. reiectoque altero termino in formula radicali hi valores in noftra formula fubftituti dabunt

$$240 = 89 \cdot \tfrac{1}{73} \cdot k \sqrt{k \cdot 89}$$

ergo $k = \dfrac{73 \cdot 240}{89 \cdot 80}$

quae fractio euoluta dat $k = 45$. Quare cum fupra paffim fumferimus $k = \frac{1}{13}$, maiorem diftinctionis gradum, quam hinc oritur, fumus complexi. Cum igitur in noftra formula ky occurrat, fecundum Hugenium fufficeret, ftatuere $ky = \frac{45}{73} = \frac{1}{2}$ circiter ex quo patet, fi ftatuamus $ky = 1$ non folum claritatis, fed et diftinctionis maiorem gradum obtineri, fimul vero longitudinem telefcopii multo maiorem effe prodituram, quam fi poneremus $ky = \frac{1}{2}$.

Scho-

CAPVT L.
Scholion 2.

205. Quoniam vitrum chryftallinum ad huiusmodi telefcopia ineptum eft iudicandum, fiquidem margo coloratus augeretur, pro duabus vitri fpeciebus, altera qua $n = 1.53$, altera qua $n = 1.55$ conftructiones hic apponamus.

Conftructio huiusmodi telefcopii vtraque lente ex vitro coronario $n = 1.53$. parata

I. Pro lente obiectiua

radius faciei $\begin{cases} \text{anter.} = 0.6023. a \\ \text{pofter.} = 4.4131. a \end{cases}$

Interuallum $= \frac{n \pm 1}{n}. a.$

II. Pro lente oculari

radius vtriusque faciei $1,06.\frac{a}{m}.$

Diftantia oculi ab hac lente

$= \frac{n \pm 1}{n}.\frac{a}{m}.$

Semidiameter aperturae lentis obiectiuae $= m.y$;

lentis ocularis $= \frac{1}{3}\frac{a}{m}$

Semidiameter campi $\Phi = \frac{115}{m+1}$ minut.

fumendo $a = k m y \sqrt{(0.9875 (m + 1,60005))}$

Con-

CAPVT I.

Conſtructio huiusmodi teleſcopii vtraque lente ex vitro communi $n = 1.55$ parata.

I. Pro lente obiectiua

radius faciei $\begin{cases} \text{anter.} = 0.6145.\, a \\ \text{poſter.} = 5.2438.\, a \end{cases}$

Semidiameter aperturae $= m y$

Interuallum $= \frac{n+1}{n} \cdot a$.

II. Pro lente oculari

Radius vtriusque faciei $= 1, 10.\frac{a}{n}$.

Semidiameter aperturae $= \frac{1}{2}\frac{a}{n}$.

Diſtantia oculi $= \frac{n+1}{n} \cdot \frac{a}{n}$.

Semidiam. campi appar. $\Phi = \frac{m n}{n+1}$. min.

ſumendo $a = k m y \sqrt{0,9381\,(m + 1,62991)}$

vbi quilibet gradum claritatis et diſtinctionis pro libitu aſſumere poteſt.

Problema 2.

208. Si lens obiectiua fuerit duplicata eius generis, quod deſcripſimus, §. 65. conſtructionem teleſcopii deſcribere.

Solutio.

Hic omnia, quae in praecedente problemate de multiplicatione, campo apparente et loco oculi definiuimus, vimus, manent eadem; tantum in expressione pro semidiametro confusionis inuenta numerus λ minorem adipiscitur valorem, vltra partem quintam vnitatis imminutum; vnde distantia focalis lentis obiectiuae etiam minorem valorem habere poterit; id quod sine dubio tanquam insigne lucrum est spectandum, cum hoc modo longitudo instrumenti haud mediocriter contrahatur. Hic autem ad vitri speciem, ex quo lentes parantur, inprimis est attendendum, quandoquidem numerus λ per eam definitur, vnde exclufo vitro chrystallino ob rationes ante allegatas constructiones huiusmodi telescopiorum pro binis reliquis speciebus hic exhibeamus:

Constructio huiusmodi telescopii, vtraque lente ex vitro coronario, pro quo $n = 1,53$ parata.

I. Pro lente obiectiua duplicata.

Lentis prioris $\{$ anter. $= + 1.2047. a$
radius faciei $\{$ poster. $= + 8.8262. a$
Lent. posterioris $\{$ anter. $= + 0,6464. a$
radius faciei $\{$ poster. $= - 1,6570. a$

Semidiameter aperturae $x = my$
Interuallum vsque ad lentem ocularem $= \frac{n \pm 1}{m} a$.

II. Pro lente oculari.
radius faciei vtriusque $= 1,06. \frac{a}{m}$
Semidiameter aperturae $= 1. \frac{a}{m}$
Distantia oculi post hanc lentem $O = \frac{n \pm 1}{m} . \frac{a}{m}$.

Hic

CAPVT I.

Hic scilicet ipsa lens obiectiua duplicata vt simplex spectatur, cuius distantia focalis sit $= a$, quae iam ita capi debet, vt fiat

$$a \stackrel{>}{=} kmy \sqrt{0,9875(0,1951.m+1,60006)}$$

Semidiameter vero campi apparentis est, vt ante, $\varphi = \frac{m}{n+1}$.

Constructio huiusmodi telescopii, vtraque lente ex vitro communi, $n = 1,55$, parata.

I. Pro lente obiectiua duplicata.

Lentis prioris { anter. $= 1,2289.$ a
radius faciei { poster. $= 10,4876.$ a

Lentis poster. { anter. $= 0,6527.$ a
radius faciei { poster. $= -1,6053.$ a

Semidiameter aperturae $x = my$

Interuallum vsque ad lentem ocularem $= \frac{m+1}{n}. a$

II. Pro lente oculari

radius faciei vtriusque $= 1,10. \frac{a}{m}$

Semidiameter aperturae $= \frac{1}{2}.\frac{a}{m}$

Distantia oculi post hanc lentem $O = \frac{m+1}{n}.\frac{a}{m}$

vbi cernetur campus, cuius semidiameter $= \frac{m+1}{n}$ minut.

At distantia focalis ipsius lentis obiectiuae duplicatae ita capi debet, vt sit

$$a \stackrel{>}{=} kmy \sqrt{0,9381(0,1918.m+1,6899).}$$

CAPVT L

Corollarium 1.

203. Si ergo multiplicatio tanta sit, vt in valore ipsius a postremus terminus prae altero euanescat, hoc casu distantia a minor erit, quam praecedente, in ratione circiter $\sqrt[v]{\frac{1}{2}} : 1$. vel $1 : \sqrt[v]{5}$ hoc est fere vt $10 : 17$.

Coroll. 2.

204. Cum istae lentes duplicatae ex principio minimi sint deductae, eo magis sunt ad praxin accommodatae, cum metuendum non sit, vt exigui errores ab artifice commissi effectum perturbent, quod maxime esset metuendum, si reliquas lentes compositas, quae quidem perfectae sunt vocatae, loco obiectiuae substituere vellemus.

Scholion.

205. Quo clarius appareat, quantum lucrum hinc sit exspectandum, accommodemus ambos casus ad datam multiplicationem, puta, $m = 100$, vbi quidem solum vitrum commune consideremus. Si igitur I.) lente obiectiua simplici vtamur, distantia focalis a ita accipi debet, vt sit

$a = 100 . k y \sqrt[v]{(0, 9381. 101, 6299.)}$

$a = 100 \, ky . 4, 5684$

vnde

CAPVT I.

vnde si cum Hugenio capiatur

$ky = \frac{1}{2}$ dig. prodit

$\alpha = 285 \frac{1}{2}$ dig. $= 23$ ped. $9\frac{1}{2}$ dig.

Si autem II) vtamur lente obiectiua duplicata, habebimus

$u = 100 k y \sqrt[3]{} 0.9381 (20, 8099)$

$a = 100. ky. 2, 6926;$

sumtoque iterum $ky = \frac{1}{2}$ dig. erit

$a = 168 \frac{1}{2}$ dig. $= 14$ ped. $\frac{1}{2}$ dig.

haec certe contractio ante hac maximi momenti foret visa; nunc autem cum multo adhuc breuiora telescopia desideremus, non admodum notatu digna videbitur, quod etiam eueniet in casu sequentis problematis, vbi lentem obiectiuam triplicatam faciemus.

Problema 3.

206. Si lens obiectiua fuerit triplicata, quam §. 66. descripsimus, telescopii constructionem describere.

Solutio.

Omnia manent, vt ante, nisi quod pro hac lente triplicata futurum sit $\lambda = \frac{1-\mu}{\nu}$; vnde considerando tantum vitrum commune, pro quo $n = 1.55$ lentis huius obiectiuae distantia focalis a ita definiri debet,

vt fit $a = k\,m\,y\,\sqrt[V]{0,9381\,(0,0422.m + 1.6299)}$
hinc igitur sequenti modo talia telescopia erunt construenda:

Constructio huiusmodi telescopii, vtraque lente ex vitro communi, pro quo $n = 1,55$ parata.

I. Pro lente obiectiua triplicata.

Lentis primae { anter. $= 1.8433.\,a$
radius faciei { poster. $= 15.7315.\,a$

Lentis secundae { anter. $= 0.9790.\,a$
radius faciei { poster. $= -2.4079.\,a$

Lentis tertiae { anter. $= +13.5024.\,a$
radius faciei { poster. $= -8.0481.\,a$

Eius aperturae semidiameter $x = my$. Interuallum usque ad lentem ocularem $= \frac{n \pm 1}{n}.\,a$.

II. Pro lente oculari

radius faciei vtriusque $= s, 10.\frac{a}{m}$

eius aperturae semidiameter $= \frac{1}{3}.\frac{a}{m}$

Distantia oculi $= \frac{n \pm 1}{n}.\frac{a}{m}$

campique apparentis semidiameter $\Phi = \frac{110}{n+1}$ minut.

Ipsa autem lentis obiectiuae distantia focalis tanta accipi debet, vt fit

$a = k\,m\,y\,\sqrt[V]{0,9381\,(0,0422.m + 1,6299)}$

Co-

CAPVT I.

Coroll. 1.

207. Si ergo multiplicatio ftatuatur $n = 100$, capi poterit

$$a = 100\, ky \sqrt{0,9381(5,8499)}$$

fiue $a = 100.\, ky: 1,7639$

fumtoque $ky = \frac{1}{4}$ dig.

$a = 110\frac{1}{4}$ dig. $= 9$ ped. $2\frac{1}{4}$ dig.

ficque longitudo totius telefcopii usque ad oculum prodibit

$\left(\frac{n \pm 1}{2}\right)^{2}$. $a = 117, \frac{1}{4}$ dig. $= 9$. ped. $4\frac{1}{4}$ dig.

Coroll. 2.

208. Quod ad gradum claritatis y attinet, quoniam hic plures funt lentes per quas radios eft transeundum, eorumque ideo maior iactura metuenda etiamfi maiorem claritatem non requiramus, quam Hugenius; tamen ipfi y maior valor tribui debet, quam $\frac{1}{12}$; quare retento valore k longitudo telefcopii maior prodibit.

Scholion.

209. Haec vltima cautela maximi eft momenti et femper probe obferuanda quoties maiore lentium numero vtemur, atque hac occafione haud abs re; erit: eorum telefcopiorum ex Anglia allatorum, quae

quae nocturna sunt appellata, mentionem facere; circa quae primum obseruo, eorum vsum in summis tenebris plane fore nullum sed tantum tempore crepusculi vel lucente Luna ea adhiberi solere ad obiecta non nimis longinqua spectanda. Totum autem mysterium quod in his telescopiis plerique quaesiuerunt, huc redit, vt iis summus claritatis gradus concilietur, seu vt litterae y semidiameter ipsius pupillae tribuatur, siue circiter statuatur $y = \frac{1}{11}$ dig. siquidem tum claritas visa tricies sexies maior sentietur, quam si sumeretur $y = \frac{1}{11}$. Quare ne haec telescopia nimis fiant longa multo minori multiplicatione nos contentos esse oportet. Ad hunc autem scopum multiplicatio $m = 10$ plus quam sufficiens esse solet. Si enim noctu obiecta longinqua quasi nobis decuplo essent propiora eaque eodem claritatis gradu aspicere licebit atque nudis oculis, p'us certe desiderari non poterit.

Problema 4.

210. Si denique lens obiectiua fuerit quadruplicata, secundum principia §. 154. libro superiore tradita constructa, telescopii constructionem describere.

Solutio.

Hic denuo omnia manent, vt ante, sed quod hic inprimis notatu dignum occurrit, est quod in formula pro distantia focali a resultante scilicet

$a =$

CAPVT I.

$$a = kmy \sqrt{\mu(\frac{1-v}{v}, m + \lambda'')}$$

valor numeri λ prodeat negatiuus ideoque certo casu tota confusio euanescere queat; qui casus maxime meretur, vt omni diligentia euoluatur. Sumamus igitur omnes istas lentes ex vitro communi pro quo $n = 1, 55$ esse confectas lentemque ocularem vtrinque vt hactenus, aeque conuexam formari atque habebimus $\lambda = \frac{1-v}{v} = -0,010216$ et $\lambda'' = 1,6299$ vnde intelligitur semidiametrum confusionis prorsus in nihilum abire, si capiatur

$$m = \frac{1+v}{v} = 1,59\frac{1}{4}.$$

Pro hoc ergo casu quantitas a non amplius ex hac formula sed voice ex apertura, quam gradus claritatis postulat, determinabitur; si enim pro gradu claritatis in genere sumamus y, semidiameter aperturae debet esse $= my$, vnde distantia a tanta accipi debet, vt pro radiis singularum facierum tantam aperturam recipere possit. Quare si a etiam nunc vt quantitatem indefinitam spectemus, constructio Telescopii ita se habebit.

Constructio huiusmodi Telescopii lentibus ex vitro communi paratis.

I. Pro lente obiectiua quadruplicata.

Lentis Primae rad. fac. $\begin{cases} \text{anter.} = 2.4580. a \\ \text{poster.} = 20.975. a \end{cases}$

Secun-

CAPVT I.

Secundae rad. fac. $\begin{cases} \text{anter.} = 1.305. \alpha \\ \text{poster.} = -3.2108. \alpha \end{cases}$

Tertiae rad. fac. $\begin{cases} \text{anter.} = 0.8887. \alpha \\ \text{poster.} = -1.4917. \alpha \end{cases}$

Quartae rad. fac. $\begin{cases} \text{anter.} = 0.6733. \alpha \\ \text{poster.} = -0.9708. \alpha \end{cases}$

Semidiameter aperturae $x = my$.

Interuallum vsque ad lentem ocularem $= \frac{n \pm 1}{n}. \alpha$.

II. Pro lente oculari.

Radius vtriusque faciei $= 1, 10. \frac{a}{n}$.

Semidiameter aperturae $= \frac{1}{3}. \frac{a}{n}$.

Distantia oculi $= \frac{n \pm 1}{n}. \frac{a}{n}$.

Campique visi Semidiam. $= \frac{110}{n+1}$ min.

Hic autem in genere capi deberet

$$a = kmy \sqrt{0.9381(-0.010216. m + 1.6299)}$$

nisi valor hinc prodiens minor fuerit, quam vt praescripta apertura $x = my$ locum habere possit, id quod potissimum pro $m = 159\frac{1}{4}$ eueniet.

Pro quo radii facierum modo exhibiti perpendi debent, inter quos minimus cum sit $0,6733. \alpha$, huius pars quarta $0,1683. \alpha$, seu fere $\frac{1}{6} \alpha$ determinabit semidiametrum aperturae, qui cum ob $m = 159\frac{1}{4}$ sit

159

CAPVT I.

159 $\frac{1}{2}y$ capi debebit $a > 6$. 159 $\frac{1}{2}y$ feu $a > 957. y$ fi igitur fumamus $y = \frac{1}{1}$, dig. capi debebit $a > 19 \frac{1}{1}$, dig. quocirca ftatuamus $a = 20$. dig. Sumtaque multiplicatione $m = 160$ habebimus hanc fpecialiffimam conftructionem.

Conftructio Telefcopii pro multiplicatione $m = 160$, lentibus e vitro communi $n = 1, 55$ confectis.

I. Pro lente obiectiua quadruplicata.

Lentis

Primae rad. fac. $\begin{cases} \text{anter.} = + 49, 16 \text{ dig.} \\ \text{pofter.} = + 419, 50 \text{ dig.} \end{cases}$

Secundae rad. fac. $\begin{cases} \text{anter.} = 26, 10. \text{ dig.} \\ \text{pofter.} = - 64, 21 \text{ dig.} \end{cases}$

Tertiae rad. fac. $\begin{cases} \text{anter.} = 17, 77. \text{ dig.} \\ \text{pofter.} = - 29, 83. \text{ dig.} \end{cases}$

Quartae rad. fac. $\begin{cases} \text{anter.} = 13, 47 \text{ dig.} \\ \text{pofter.} = - 19, 42 \text{ dig.} \end{cases}$

Eius aperturae femidiameter $x = my = 3, 2$ dig.
Interuallum vsque ad lentem ocularem $= 20 \frac{1}{2}$ dig.

II. Pro lente oculari.

Radius vtriusque faciei $= 0, 1375$. dig.
eiusque femidiameter aperturae $= \frac{1}{1}$ dig.
diftantia oculi $= 0, 1256$ dig
Ita vt fit tota telefcopii longitudo $= 20 \frac{1}{2}$ dig
campique vifi femidiameter $= 5' 21''$.

Tom. II.   D d   Co-

CAPVT L

Coroll. 1.

211. Si multiplicationem minorem statuissemus, longitudo telescopii maior prodiisset. Si enim statuamus $m = 50$ litteraeque k etiam valorem 50 tribuamus, prodiret $a = 50 \sqrt{0,9381.1,1189}$, seu $a > 50, 81$ ideoque plusquam duplo maior, quam casu $m = 160$ quod certe ingens est paradoxon.

Coroll. 2.

212. Si artifex in constructione lentis obiectiuae tantillum aberret, eius error valorem numeri λ tantum paulisper augebit, quia ille valor $\lambda = -0,010216$ omnium est minimus, si enim ob hos errores λ particula $\frac{1}{10}$ augeatur, prodit $\lambda = -0.000784$ ita, vt tum ista lens quadruplicata ad maiorem multiplicationem producendam sit apta; quod paradoxon priori non cedit.

Scholion 1.

213. Neque hic neque in praecedentibus definiuimus cuiusmodi mensuram digitorum intelligamus. An sint Parisini an Londinenses, an Rhenani etc. Verum consultum potius est, hanc mensuram prorsus indeterminatam relinquere. Quodsi enim caussam dubitandi habeamus, lentes secundum regulas praescriptas accurate esse elaboratas, maxime e re erit, maiorem mensuram pro digitis adhibere. Sin autem de exsecutione plane simus certi, mensura digitorum minore

tuto vti poterimus. Semper autem praxi confulendo vtile erit, maiorem digitorum menfuram adhibere; atque adeo ipfa ratio, quae nos ad digitorum menfuram perduxit, hoc fuadet; haec enim ratio ex apertura pupillae nobis eſt nata, quam in partibus digiti expreſſimus. Cum igitur ipſa pupilla tantopere ſit mutabilis, vt nihil plane certi de ea ſtatui poſſit, manifeſtum eſt, tantum abeſſe, vt nobis certa quaedam menfura ſit praefcripta, vt nobis potius liberum ſit, eam ſiue augendo ſiue minuendo notabiliter immutare.

Scholion 2.

214. Hactenus oſtendimus, quemadmodum lentibus compoſitis loco obiectiuae adhibendis haec teleſcopia non mediocriter contrahi queant. Verum hoc modo nullum plane augmentum campo apparenti inducitur. Iam dudum autem eſt obſeruatum, campum quoque apparentem non mediocriter augeri poſſe, ſi etiam lens ocularis ſiue duplicetur, ſiue adeo triplicetur. Cum enim campus apparens inprimis ab apertura lentis ocularis pendeat, quam ob cauſſam etiam huic lenti figuram vtrinque aequalem tribuimus, vt maioris aperturae capax redderetur: euidens eſt, ſi hanc lentem ita inſtruere liceret, vt adhuc maiorem aperturam recipere poſſet, campum apparentem in eadem ratione auctum iri. Quo hoc clarius perſpiciatur, ponamus lentis ocularis diſtantiam focalem eſſe vnius digiti, ita, vt aperturam admittat, cuius ſemi-

diameter $=\frac{1}{2}$ dig. Iam satis manifestum est, si eius loco binae lentes inter se iunctae quarum vtriusque distantia focalis $=$ 2 dig. substituantur; tum istius lentis compositae distantiam focalem quoque fore vnius digiti, sed hanc lentem compositam duplo maiorem aperturam esse admissuram, siquidem vtraque faciebus inter se aequalibus constet, ideoque aperturam admittat cuius semidiameter dimidii digiti atque hoc modo campus apparens duplicabitur. Simili modo si loco eius lentis ocularis simplicis substituantur ternae lentes, quarum singularum distantia focalis sit trium digitorum, idem effectus ratione multiplicationis obtinebitur, sed quia aperturam triplo maiorem admittunt, campus triplicabitur. Haec autem omnino digna sunt, vt adcuratius ex nostris principiis expliceotur atque inprimis influxum huiusmodi lentium compositarum, quo confusionem afficiunt, determinemus.

~Problema 5.

215. Si lens ocularis duplicetur, vt semidiameter campi apparentis duplo maiorem valorem nanciscatur, constructionem huiusmodi telescopii describere.

Solutio.

Cum hic telescopium reuera tribus constet lentibus, quarum binae posteriores sibi immediate sunt iunctae; haec inuestigatio ex casu trium lentium est repe-

CAPVT I.

repetenda. Primo igitur pro multiplicatione habebimus $m = -\frac{a}{b} \cdot \frac{\beta}{c}$ vbi cum esse debeat interuallum $\beta + c = 0$, erit $c = -\beta$ ideoque $\frac{\beta}{c} = -1$ vnde fit, vt hactenus, $m = \frac{a}{b}$ seu $b = \frac{a}{m}$; tum vero posuimus $\beta = B$ $b = \frac{Bx}{m}$ ideoque etiam $c = -\frac{Ba}{m}$, quae cum sit distantia focalis postremae lentis ob $\gamma = \infty$ si secunda lens ipsi iuncta parem haberet distantiam focalem foret $\frac{b\beta}{b+\beta} = c$, siue $\frac{Ba}{m(1+B)} = \frac{-Ba}{m}$, hincque $B = -2$ sed praestat haec ex nostris principiis deducere; quia enim campi apparentis semidiameter nunc est $\Phi = \frac{\pi-\pi'}{m+1}$ vt hic duplo maior fiat, quam casu praecedente debet esse $-\pi = \pi'$, vt fiat $\Phi = \frac{2\pi}{m+1}$. Ex principiis autem superioribus colligimus $\frac{B\pi-\mathfrak{B}}{\mathfrak{B}}$ $= \frac{a}{b} = m$ vnde fit $\mathfrak{B}\pi = (m+1)\Phi$, ideoque $\mathfrak{B} = 2$ hincque $B = -2$ ita, vt postremae lentes fiant inter se aequales. Hoc autem valore inuento pro semidiametro confusionis habebimus

$$\frac{m x^2}{q r^2} \cdot \mu \left(\lambda + \frac{n}{\mathfrak{B} r}\left(\frac{\lambda}{\mathfrak{B} r} + \frac{v}{b}\right) - \frac{\lambda c}{b \cdot a}\right)$$

vbi est $p = a$, $q = \mathfrak{B} b = \frac{va}{m}$ ita, vt haec expressio abeat in istam

$$\frac{\mu m x^2}{a^2}\left(\lambda + \frac{1}{a m}(\lambda - v) + \frac{\lambda c}{a b}\right).$$

Nunc autem probe notandum est, has duas lentes posteriores assumtam aperturam vt fiat $\pi = \frac{v}{2}$ admittere non posse nisi vtraque sibi vtrinque reddatur aequalis. Ex qua conditione si quidem vitro communi

CAPVT I.

muni vtamur, pro quo $n = 1,55$, pro lente tertia erit, vti vidimus, $\lambda'' = 1.6299$. Quemnam autem valorem numerus λ' sit habiturus, ex supra allatis definire poterimus, cum sit $\sqrt{\lambda' - 1} = \frac{e-t}{sT} \cdot \frac{t-\beta}{t-\xi}$ $= \frac{\iota(e-t)}{sT}$ vnde fit $\lambda' = 1 + \frac{(e-t)^2}{sT}$ quare cum fuerit $\lambda'' = 1 + \frac{(e-t)^2}{sT} = 1.6299$ erit $\frac{(e-t)^2}{sT} = 0.6299$ ideoque $\lambda' = 6,6691$. ex quo obtinemus $\lambda' - 1 = 1,5509$ hincque confusionis pars ex secunda lente orta fit $\frac{\iota \cdot 1;1;0}{m}$ dum pars ex tertia lente orta est $\frac{\iota \cdot \iota;0;0}{m}$ sicque tota nostra lens ocularis duplicata producet in expressione confusionis partem $= \frac{0 \cdot 1 \cdot 1}{m}$. Posito igitur illo semidiametro $= \frac{1}{tT}$ colligemus distantiam focalem lentis obiectiuae

$$a = kmy \sqrt{0,9381(\lambda m + 0,9791)}$$

ob $x = my$, vbi λ indefinitum relinquo, vt etiam lens obiectiua pro lubitu siue simplex siue duplicata siue triplicata siue etiam quadruplicata assumi queat. Binae autem lentes posteriores inter se aequales fient et vtrinque aeque conuexae, radio conuexitatis existente $= \frac{1;0;0}{m}$. Oculi vero distantia post hanc lentem reperitur $O = \frac{\pi r}{a\varphi} = \frac{\pi r}{a\varphi}$; quia nunc est $r = \frac{1\cdot \xi}{m}$ et $\frac{\pi}{\varphi} = \frac{m+1}{1}$ erit $O = \frac{m+1}{1}$. $\frac{\xi}{m}$ prorsus vt ante; tum autem campi apparentis semidiameter erit $= \frac{1\cdot 1\cdot 1}{a+1}$ minut.

Co-

Coroll. 1.

216. Hinc ergo patet, si lens ocularis hac ratione duplicetur, eius effectum in confusione augenda minorem esse futurum, quam si haec lens esset simplex.

Coroll. 2.

217. Operae pretium erit pro hoc casu in marginem coloratum inquirere pro quo diuisione per $\frac{dq}{z-1}$ facta haec in superioribus occurrit aequatio

$$0 = \frac{vb}{\phi\rho} - \frac{v}{\pi\sigma} = \frac{v}{\phi} \cdot \frac{1}{m}$$

cum nunc sit $\frac{v}{\phi} = \frac{n+1}{r}$ haec quantitas, quae euanescere deberet, fit $\frac{n+1}{r}$ prorsus vt ante inuenimus pro lente oculari simplici, ita, vt hinc pro margine colorato nihil amplius sit metuendum.

Coroll. 3.

218. Omnes igitur formulae supra allatae pro constructione telescopiorum siue lens obiectiua fuerit simplex siue multiplicata, etiam hic locum obtinere possunt, si modo loco lentis ocularis simplicis huiusmodi lens duplicata substituatur, cuius singulae facies secundum radium duplo maiorem sunt elaborandae; tum vero etiam in valore distantiae a post signum radicale loco numeri 1,6299 scribatur hic numerus 0.9791 atque tum campi apparentis semidiameter duplo euadet maior. Vix autem opus est, in formula

la pro *a* istam correctionem facere, quia tantum de limite sermo est, infra quem *a* accipi non oportet.

Scholion.

219. Hic autem imprimis considerari meretur casus, quo lens obiectiua est quadruplicata siue $\lambda = -0,010216$ et multiplicatio tanta accipitur, vt confusio penitus euanescat, quod fit si fuerit $m = \ldots = 95 +$, quare capi potest $m = 96$ et si pro gradu claritatis capiatur $y = \frac{1}{4}$ di $\frac{1}{4}$. semidiameter aperturae lentis obiectiuae debebit esse $= my = 2$ vnde *a* facile definitur; supra enim vidimus, hanc lentem quadruplicatam maiorem aperturam non admittere, quam cuius semidiameter sit $\frac{1}{4}$ *a*, vnde posito $\frac{1}{4}a = 2$ dig. fiet $a = 12$ dig. ex quo sequens habebitur constructio.

Constructio Telescopii pro multiplicatione $m = 96$, lentibus ex vitro communi, pro quo $n = 1,55$ confectis.

I. Pro lente obiectiua quadruplicata.

Lentis

Primae rad. fac. $\begin{cases} \text{anter.} = 29, 50 \text{ dig.} \\ \text{poster.} = 251, 70. \text{ dig.} \end{cases}$

Secundae rad. fac. $\begin{cases} \text{anter.} = 15, 66. \text{ dig.} \\ \text{poster.} = -38, 53. \text{ dig.} \end{cases}$

Ter-

CAPVT I. 217

Tertiae rad. fac. $\begin{cases} \text{anter.} = 10,66. \text{ dig.} \\ \text{poster.} = -17,90. \text{ dig.} \end{cases}$

Quartae rad. fac. $\begin{cases} \text{anter.} = 8,08. \text{ dig.} \\ \text{poster.} = -11,65. \text{ dig.} \end{cases}$

Eius aperturae semidiameter $= 2$ dig.
Interuallum vsque ad lentem ocularem $= 12 \frac{1}{4}$. dig.

II. Pro oculari duplicata

lentis vtriusque radius faciei vtriusque $= 0,275$ dig.
Eius aperturae semidiameter $= \frac{1}{14}$ dig.
Distantia oculi $= 0,126$ dig.
ita, vt sit longitudo tota $= 12,251$. dig.
campi autem apparentis semidiameter $= \frac{1718}{97}$ minut
$= 17$ min. 43 sec.

Problema 6.

220. Si lens ocularis fuerit triplicata, vt semidiameter campi reddatur triplo maior, telescopii constructionem describere.

Solutio.

Quia hic quatuor lentes sunt considerandae formula pro multiplicatione erit $m = \frac{a}{b} \cdot \frac{\beta}{c} \cdot \frac{\gamma}{d}$ et quia ternae posteriores sibi immediate iunguntur, fiet $\beta + c = 0$; et $\gamma + d = 0$, vnde sequentes prodeunt

Tom. II.   E e   deter-

determinationes $b = \frac{a}{m}$; $\beta = \mathrm{B}\, b = \frac{\mathrm{B}a}{m}$, $c = -\frac{\mathrm{B}a}{m}$; $\gamma = \mathrm{C}\, c = -\frac{\mathrm{B}\mathrm{C}a}{m}$ et $d = \frac{\mathrm{B}\mathrm{C}a}{m}$; formula autem pro campo apparente est $\Phi = \frac{\pi - \pi' \pm \pi''}{\pi + 1}$, qui vt triplo fiat maior, quam supra, statui debet $\pi' = -\pi$, et $\pi'' = \pi$; tum enim erit $\Phi = \frac{3\pi}{\pi + 1}$, ita, vt sit

$$\pi = -\pi' = \pi'' = \frac{\pi \pm 1}{2} \cdot \Phi$$

Pro his autem litteris formulae nostrae sunt

$$\frac{\mathfrak{B}\pi - \Phi}{\Phi} = \frac{a}{b} = m$$

$$\frac{\mathfrak{C}\pi - \pi + \Phi}{\Phi} = \frac{\mathfrak{B}a}{c} = -m$$

vbi substitutis valoribus ipsius π et π' habebitur

$$\frac{\mathfrak{B}(\pi \pm 1)}{2} - 1 = m \text{ et } \mathfrak{B} = 3 \text{ hincque } \mathrm{B} = -\tfrac{1}{2};$$

Deinde $+\tfrac{1}{2}\mathfrak{C} + \tfrac{1}{2} = 1$, et $\mathfrak{C} = 2$ hincque $\mathrm{C} = -2$, sicque trium lentium postremarum distantiae focales erunt

    IIdae. $\mathfrak{B}\, b = \frac{1a}{m}$;

    IIItiae. $\mathfrak{C}\, c = \frac{1a}{m}$;

    IVtae. $d = \frac{1a}{m}$;

ita, vt hae tres lentes fiant inter se aequales; distantiae vero determinatrices erunt

$$b = \tfrac{a}{m}; \; \beta = -\tfrac{1}{2}.\, b = -\tfrac{1a}{2m}$$

$c =$

CAPVT I.

$c = \frac{18}{12}$; $\gamma = -\mathbf{a}\,c = -\frac{18}{5}$
$d = \frac{18}{5}$.

Subſtituamus hos valores in formula pro ſemidiametro confuſionis, quae fiet

$$\frac{p \cdot n \cdot r^2}{\cdot q^2} \left\{ \lambda + \frac{1}{b \cdot p} \left(\frac{\lambda'}{b} + \frac{r}{a}\right) + \frac{r}{b' \cdot c \cdot p} \left(\frac{\lambda''}{c'} + \frac{r}{c}\right) + \frac{\lambda'''}{b \cdot c' \cdot n} \right\}.$$

quae ob $p = a$, $q = \frac{18}{5} = r$ abit in hanc formam:

$$\frac{p \cdot n \cdot r^2}{\cdot \cdot r} \left\{ \lambda + \frac{1}{n} \left(\frac{\lambda'}{b} - \frac{r}{r}\right) + \frac{1}{n \cdot n} \left(\frac{\lambda''}{b} - \frac{r}{r}\right) + \frac{\lambda'''}{n \cdot n} \right\}$$

vbi pro λ', λ'', λ''' numeri idonei ſunt quaerendi. Quia autem volumus, vt quaeuis harum lentium maximam admittat aperturam, quod fit, fi litteris π, π', π'' valor $= \frac{1}{2}$ tribui poſſit, neceſſe eſt, vt quaelibet earum fit vtrinque aequaliter conuexa, id quod eueniet, fi ſtatuatur

$\gamma(\lambda''' - 1) = \frac{c-\ell}{17}$; $\gamma(\lambda'' - 1) = \frac{c-\ell}{17} \cdot \frac{c-\ell}{c+\ell}$

et $\gamma(\lambda' - 1) = \frac{c-\ell}{17} \cdot \frac{b-\beta}{b+\beta}$ ideoque

$\gamma(\lambda'' - 1) = + \frac{1}{2} \cdot \frac{c-\ell}{17}$

$\gamma(\lambda' - 1) = \frac{1}{2} \cdot \frac{c-\ell}{17}$

Cum igitur fit, vt ſupra eſt oſtenſum,

$\lambda''' = 1 + \left(\frac{c-\ell}{17}\right)^2 = 1,6299$

erit $\left(\frac{c-\ell}{17}\right)^2 = 0,6299$, ex quo valore colligimus

$\lambda'' =$

$$\lambda'' = 1 + 9 \cdot (0,6299) = 6,6691;$$
$$\text{et } \lambda' = 1 + 25 (0,6299)$$
$$\text{feu } \lambda' = 16,7477.$$

Cum iam pro vitri fpecie propofita pro qua $n = 1,55$, fit $\mu = 0,9381$ et $\nu = 0,2326$, nunc poterimus partem affignare, quam haec lens ocularis triplicata in formulam pro confufione infert, quippe in quo cardo rei verfatur. Reperietur autem

$$\tfrac{\lambda'}{\rho} - \tfrac{1''}{\gamma} = 1,7058; \text{ et}$$
$$\tfrac{1}{sm}(\tfrac{\lambda'}{\rho} - \tfrac{1''}{\gamma}) = \tfrac{0,1618}{m}$$
$$\text{et } \tfrac{\lambda'''}{\gamma} - \tfrac{1}{\delta} = 1,5509$$
$$\text{et totus terminus} = \tfrac{0,1117}{m}$$
$$\text{et } \tfrac{\lambda m}{27, m} = \tfrac{0,2407}{m}$$

vnde pars a tota lente oculari orta erit $= \tfrac{0,1118}{m}$

ita, vt fit tota expreffio

$$\tfrac{k \cdot m^3}{4 \cdot 8 \cdot 1}(\lambda m + 0,8586)$$

fumto igitur $x = m y$ pofitaque hac formula $= \tfrac{y}{n'}$; determinabimus lentis obiectiuae diftantiam focalem $= a$, vt fit

$$a = k m y \sqrt{0,9381 (\lambda m + 0,8586)}$$

fiue maius.

Inter-

CAPVT I.

Interuallum porro inter lentem obiectiuam et ocularem est

$$a+b=\frac{n\pm\prime}{=}\cdot a$$

Et cum tres lentes ocularem conftituentes fint inter se aequales et vtrinque aequaliter conuexae ob cuiuslibet diftantiam focalem $=\frac{\iota a}{=}$, radius fingularum facierum erit $=3,30\frac{a}{=}$, ipfius huius lentis triplicatae diftantia focali exiftente $=\frac{a}{=}$ et femidiametro aperturae $=\frac{1}{4}\cdot\frac{a}{=}$. Pro diftantia oculi autem poft hanc lentem reperitur $O=\frac{\pi\prime}{=\phi}$, quae ob $\pi''=\frac{n}{:}\pm\frac{\prime}{:}\phi$ et $s=\frac{\iota a}{=}$ fiet $O=\frac{n\pm\prime}{=}\cdot\frac{a}{=}$ profus, vt ante, at campi apparentis femidiameter erit

$$\phi=\frac{b+\prime a}{a+\prime}\text{ minut}=\frac{\prime\prime 7}{a+\prime}\text{ min.}$$

Coroll. 1.

221. Circa lentem obiectiuam hic nihil definiuimus, et ea pro lubitu fiue fimplex, fiue duplicata, fiue triplicata, fiue etiam quadruplicata ftatui poteft, atque etiam regulae conftructionis manent eaedem, vt ante; dummodo quantitas a ex formula hic data definiatur.

Coroll. 2.

222. Eodem etiam modo, quo ante, oftendi poteft, haec telefcopia non magis margini colorato effe obnoxia, quam praecedentia, neque enim duabus lentibus,

CAPVT I.

tibus, ad quem casum omnis haec telescopia referre licet, margo coloratus tolli potest.

Scholion.

223. Simili modo etiam lens ocularis quadruplicari posset, ita, vt semidiameter campi quadruplo maior redderetur, at hanc inuestigationem non vlterius profequor, quoniam si plures lentes adhibere velimus, iis infuper alia commoda telescopiis induci possunt, quemadmodum in sequentibus docebimus. Hic scilicet tantum simpliciffimam horum telescopiorum speciem sumus contemplati, quae non nisi duabus lentibus, altera obiectiua, altera oculari, conflare est censenda, etiamsi pro vtraque lentibus compositis vti liceat; quin etiam ambas has lentes ex eadem vitri specie factas assumsimus atque etiam in sequente capite vnicam vitri speciem adhibebimus vt intelligatur, ad quemnam perfectionis gradum haec telescopia euehi queant, ante quam vitri species diuersas in subsidium vocemus. Probe enim distinguendae sunt eae perfectiones, quae vnica vitri specie obtineri possunt, ab iis, quae diuersas species postulant; quo pacto ista tractatio magis perspicua reddetur. Hic autem adhuc meminisse oportet, qua ratione haec instrumenta ab alio insigni incommodo li'erare conueniat, quod in eo consistit, quod saepenumero etiam radii peregrini, qui scilicet non ab obiecto spectando sunt profecti, in tubum intrent atque visionem non mediocriter perturbent.

CAPVT I.

bent. Quemadmodum igitur tales radii peregrini arceri debeant, in sequenti problemate ostendemus.

Problema 7.

224. Constructis his lentibus ac tubo insertis, radios peregrinos, qui per lentem obiectiuam in tubum ingrediuntur arcere, ne in oculum incidant et visionem turbent.

Solutio.

Hunc in finem quandoque solet tubus aliquantillum diuergens lenti obiectuae praefigi, vt radii a lateribus aduenientes intercipiantur; simul vero haec diuergentia tanta esse debet, vt radiorum ab obiecto versus lentem obiectinam emissorum nulli excludantur; id quod fit, si divergentia semidiametro campi fiat aequalis. Interim tamen hoc modo non omnes radii alieni ab introitu in obiectiuam arcentur; quare ne iis parietes tubi intus illuminentur; necesse est, vt tubi interna superficies vbique colore nigro obducatur, quod etiam de tubo praefixo est intelligendum. Neque tamen hoc prorsus sufficit, cum etiam color nigerrimus cuiuspiam illuminationis sit capax atque ob hanc craffam diaphragmata seu septa his tubis inseri solent, pertusa foraminibus, quae maiora esse non debent, quam transitus radiorum ad visionem necessariorum postulat, id quod commodissime fiet, in ipso loco imaginis F ζ, vbi omnes isti radii in spatium arctissimum sunt redacti. In hoc ergo loco huiusmodi diaphragma seu orbis circularis pariter nigerri-

mus

mus conftruatur, cuius foramen praecife fit aequale magnitudini imaginis, quam oculo cernere licet, hocque modo radiis peregrinis omnis acceffus ad lentem ocularem praecludetur, et fi qui forte eo pertingant non ita refringentur, vt in oculum ingredi poffint.

Corollarium.

225. Ad quantitatem huius foraminis definiendam confideretur femidiameter campi apparentis Φ et cum femidiameter imaginis $F\zeta$ fit $= a\Phi$ hic fimul capiatur pro femidiametro foraminis.

Coroll. 2.

226. Quo maior ergo fuerit campus apparens, eo maiore opus erit foramine, quo diaphragma pertundatur. Ita in exemplo vltimo §. 219. allato cum fit $a = 12$ dig. et $\Phi = 17$ min. 43 fec. feu in partibus radii $\Phi = 1,\frac{1}{5}$, femidiameter iftius foraminis debet effe $\frac{1}{17}$ dig. fiue circiter $\frac{1}{17}$ dig. ita, vt eius diameter adaequet $\frac{1}{8}$ dig.

Scholion.

227. In tubis aftronomicis ad hoc genus referendis hoc ipfum diaphragma etiam micrometro fiue filis tenuiffimis per hoc fpatium dispofitis, inftrui folet, quae cum in ipfo loco imaginis fint extenfa, cum ea fe quafi confundunt et oculo aeque diftincte atque ipfa imago repraefentabuntur; vnde aftronomi veram quantitatem obiecti diftantiamque eius partium diiudicare folent.

SECTIO-

SECTIONIS SECVNDAE.

CAPVT II.

DE
VLTERIORI HORUM TELESCO-
PIORUM PERFECTIONE, QUAM QUIDEM VNI-
CAM VITRI SPECIEM ADHIBENDO
ASSEQUI LICET.

Problema 1.

228.

Si inter lentem obiectiuam et ocularem in ipso loco imaginis noua lens conflituatur; inquirere in commoda, quae eius ope telescopio conciliare licet.

Solutio.

Quia igitur cafum trium lentium habemus multiplicatio m flatim praebet $m = -\frac{a}{b} \cdot \frac{\beta}{f}$ vbl cum effe debeat interuallum inter lentem primam et fecundam $= a$, fit $b = 0$, ideoque $\beta = Bb = 0$ nifi forte $B = \infty$. Quo autem hinc valorem ipfius B definire queamus, eius diftantiam focalem in computum introducamus, quae fit $= q$, ita, vt iam habeamus $q = \frac{r\beta}{r-+\gamma}$, ex qua aequatione colligemus $\beta = \frac{b\gamma}{b-f} = 0$, vnde valorem litterae B conſequimur, ſcilicet $B = \frac{\beta}{b} = -1$ hincque $\mathfrak{B} = \infty$. Quoniam igitur tam b, quam $\beta = 0$, ita tamen, vt ſit $\frac{\beta}{b} = -1$ erit $\varpi = \frac{a}{c}$ ideoque $c = \frac{a}{\varpi}$ vbi c denotat diſtantiam focalem lentis ocularis. His notatis ſemidiameter confuſionis erit

$$\tfrac{n-a'}{v\, p'}\, (\lambda + 0 + \tfrac{k^c}{a})$$

ita, vt lens media nihil plane ad hanc confuſionem conferat, perindeque ſit, quaecunque figura huic lenti tribuatur. Deinde pro campo apparente habebimus eius ſemidiametrum $\Phi = \frac{\varpi - \pi}{\varpi + \frac{\varphi}{\varphi}}$ vbi valor ipſius π per hanc formulam definitur $\frac{\Phi \varpi - \Phi}{\varphi} = \frac{a}{b}$ ex qua vt aliquid concludi poſſit, loco b introducamus diſtantiam focalem ſecundae lentis q et cum ſit $q = \mathfrak{B}\, b$ erit $b = \frac{q}{\mathfrak{B}}$ qui valor nobis praebet hanc aequationem: $\frac{\Phi \varpi - \Phi}{\varphi} = \frac{a \mathfrak{B}}{q}$; ſiue ob $\mathfrak{B} = \infty$, $\frac{\varpi}{\Phi} = \frac{a}{q}$ ſeu $\pi = \frac{a \varphi}{q}$, vbi tantum eſt animaduertendum, valorem π quadrantem vnitatis ſuperare non debere. Hoc autem valore π admiſſo, pro campo apparente erit $\Phi = \frac{-\varpi \varphi}{(\varpi + \frac{\varphi}{q})\, q - a}$ hincque $\pi = \frac{-a \varpi}{(\varpi + 1) q - a}$ quare ſi ponamus $-\pi = \frac{1}{4}$, etiam $\pi = \frac{+\frac{1}{4} a}{(\varpi + 1) q - a}$ maior quam $\frac{1}{4}$ eſſe nequit; ſi igitur quoque ſumamus $\pi = \frac{1}{4}$, nouam hanc nancifcimur determinationem

$x =$

CAPVT II.

$x = \frac{a}{(n+1)q-a}$ siue $(n+1)q = a$ et $q = \frac{a}{n+1}$.

Sin autem in formula $\pi = \frac{-aq'}{(n+1)q-a}$ fractio $\frac{a}{(n+1)q-a}$ maior esset vnitate, tum pro $-\pi'$ minorem valorem, quam $\frac{1}{2}$ scribi oporteret, vt prodiret $\pi = \frac{1}{2}$; tum autem campus apparens minor esset proditurus, quam si etiam $-\pi'$ esset $\frac{1}{2}$. Vnde concludimus siue haec fractio $\frac{a}{(n+1)q-a}$ maior sit vnitate, siue minor, vtroque casu fore $\Phi < \frac{\frac{1}{n}+\frac{1}{2}}{m+1}$ ac solo casu $\frac{a}{(n+1)q-a} = 1$ fieri posse $\Phi = \frac{1}{2(n+1)}$, qui valor duplo maior est, quam casu duarum lentium simplicium. Interim tamen de quantitate q nihil adhuc definiamus, sed potius videamus, num hoc modo margo coloratus destrui possit, quod eueniet, si fuerit $0 = \frac{\pi'}{\Phi'} - \frac{\pi}{a\Phi}$ siue $0 = 0 + \frac{(n+1)q-a}{a q'}$ ex qua sequitur $q = \frac{a}{a+1}$, vnde patet quantitatem q vtique ita assumi posse, vt margo coloratus penitus destruatur, quae determinatio praecedenti longe est anteferenda. Posito igitur $q = \frac{a}{a+1}$, pro campo apparente foret $\pi = \infty$. π' seu $\pi' = \frac{\pi}{\infty}$, quare cum π maius quam $\frac{1}{2}$ capi non possit, fiet $\pi' = 0$, ita, vt hoc casu lens ocularis nihil plane ad campum conferat quippe qui vnice a lente media pendebit, eritque $\Phi = \frac{1}{2(n+1)}$ seu $\Phi = \frac{\cdots}{n+1}$ minut. tum vero pro loco oculi prodibit eius distantia a lente oculari $0 = \frac{\pi'}{a\Phi} = 0$ seu oculum lenti oculari immediate adplicari oportet. Conſtructio ergo huiusmodi teleſcopii ita ſe habebit.

Primo diſtantia focalis a ita eſt definienda, vt fit $a = kmy\sqrt[3]{\mu}(\lambda\pi + \lambda'')$ ſumto ſcilicet $x = my$, et λ ex forma lentis obiectiuae, quaecunque fuerit ſiue ſimplex ſiue multiplicata, definitur, vt in capite praecedente eſt expoſitum. Circa lentem autem ſecundam tenendum eſt, quia ab ea totus campus pendet, eam vtrinque aeque conuexam formari debere, vt ſtatui poſſit $\pi = \frac{1}{2}$, quare cum pro ea ſit $q = \frac{a}{m+1}$. radius vtriusque faciei erit $= 1, 10. \frac{a}{m+1}$; pro tertia autem lente oculari quoniam eius apertura plane non in calculum ingreditur, perinde eſt, quaenam ipſi figura tribuatur, dummodo minimam aperturam recipere poſſit, quae ſaltim pupillae ſit aequalis. Conueniet igitur ſtatui $\lambda'' = 1$, vt diſtantia a minor capi poſſit, eiusque figura ſecundum praecepta ſupra data elaborari poterit.

Coroll. 1.

229. Mirum videbitur, quod media lens in ipſo loco imaginis conſtituta nihil plane ad confuſionem conferat, cum tamen naturam teleſcopii tantopere immutet, vt oculum adeo lenti oculari immediate adplicari oporteat eiusque ope margo coloratus deſtrui poſſit. Quod eo magis adhuc eſt mirandum, quod haec lens nihil plane in imagine neque in eius loco vel quantitate immutet.

CAPVT. II.
Coroll. 2.

230. In ipsa igitur hac lente media diaphragma ante memoratum conflitui debebit, cuius foramen ipsi huius lentis aperturae aequale est capiendum, quin etiam super hac ipsa lente micrometrum statui poterit tenuissimis scilicet lineis super eius superficie ducendis.

Coroll. 3.

231. Videmus porro hanc lentem mediam tantillo minorem esse debere, quam lentem ocularem, cum eius distantia focalis sit $q = \frac{a}{a+1}$, huius vero $= \frac{a}{n}$; nihiloque minus campum apparentem manere eundem ac si simplici lente oculari, vt ante, vteremur.

Scholion 1.

232. Introductio huius lentis in ipso loco imaginis collocandae ideo est maximi momenti, quod margini colorato penitus tollendo inseruiat. Vsus autem huiusmodi lentis Astronomis ob aliam rationem iam dudum innotuit, siquidem hoc modo campum apparentem auxerunt simul autem ingens huius lentis incommodum obseruarunt, in eo constans, quod cum lentis huius quasi substantia se cum imagine permisceat, omnes vel minimae inaequalitates vitri veluti bullulae vel striae a politura relictae cum imagine ipsa vniuntur oculoque in pari ratione multiplicatae

catae repraefententur quod certe incommodum eo magis eſt vitandum, quod vix eiusmodi vitri ſtuſſa reperire liceat, quae nullis plane inaequalitatibus ſint obnoxia. Interim tamen haud difficile erit, has vitri inaequalitates ab ipſo obiecto diſtinguere tubum quodammodo conuertendo; tum enim mox apparebit, quid ad obiectum pertineat quidue ad lentem. Iſtud autem incommodum tantum locum habet, quando lens in ipſo imaginis loco collocatur; ſimulatque ea tantillum inde remouetur, illud mox inſenſibile euadit. Ceterum hanc inueſtigationem ab hoc caſu ſum exorſus, quod lens in loco imaginis conſtituta terminum quaſi conſtituat lentium, quae vel propius ad obiectiuam vel ad ocularem collocabuntur; quas ideo diſtingui conuenit, quod illae magis ad obiectiuam, hae vero magis ad ocularem ſint referendae, quemadmodum etiam his quotquot fuerint, commune nomen lentium ocularium tribui ſolet, quae appellatio illis lentibus, quae obiectiuae ſunt propiores, vtiquam certe conueniet.

Scholion 2.

233. Si marginem coloratum non tantopere reformidemus, vt velimus tam inſigne campi apparentis augmentum repudiare; caſus in ſolutione memoratus omnem attentionem meretur. Ponamus igitur, vt ibi animaduertimus, $q = \frac{-a}{-+}$, vt ſtatui poſſit $v = -\pi' = \frac{a}{4}$; et campi apparentis ſemidiameter erit

$\varphi =$

CAPVT II.

$\Phi = \frac{r}{s(m+s)}$ siue $\Phi = \frac{sr}{m+s}$ min. atque tam lentem secundam, quam tertiam vtrinque fieri oportebit aeque conuexam; hac facta positione pro margine colorato tollendo aequatio fiet $o = \frac{n \pm 1}{s}$, quae cum duplo sit minor, quam ea, quae capite praecedente debebat ad nihilum redigi hic illud lucrum adipiscimur, vt margo coloratus, dum penitus tolli nequit, duplo tamen minor fiat ita, vt vix sensibilis euadat; quod si ergo vitro communi, pro quo $n = 1, 55$ vtamur, limes distantiae focalis lentis obiectiuae erit

$$a > k\, m\, y\, \sqrt[4]{0,9381\,(\lambda m + 1,6299)}$$

et pro loco oculi reperitur distantia $O = \frac{-r'r}{m\,\Phi}$, quae ob $\frac{-r'}{\Phi} = \frac{(n+1)s - s}{s} = \frac{n \pm 1}{s}$ et $r = \frac{a}{m}$ abit in hanc $O = \frac{n \pm 1}{s} \cdot \frac{a}{m}$, ita, vt iam oculus duplo propius lenti oculari admoueri debeat, quam casu praecedentis capitis. Distantia autem huius lentis ab obiectiua est, vt ibi $= \frac{n \pm 1}{s} \cdot a$. Vnde sequens oritur constructio:

Constructio Telescopii ex tribus lentibus compositi ex eadem vitri specie formatis,
pro qua $n = 1, 55$.

I. Lens obiectiua pro lubitu siue simplex, existente $\lambda = 1$; siue duplicata, pro $\lambda = 0.1918$; siue triplicata, pro $\lambda = 0.0422$ siue denique quadruplicata pro $\lambda = -0,0102$ eligatur, ita, vt in capite praecedente ex distantia focali a determinetur.

Istius

Istius lentis semidiameter aperturae esto $s = my$, interuallum vsque ad secundam lentem $= a$.

II. Lentis secundae radius vtriusque faciei $= t$, $10 . \frac{ts}{s+t}$. Eius aperturae semidiameter $= \frac{a}{t(\frac{a}{m}+s)}$. Interuallum ad lentem ocularem $= \frac{a}{m}$.

III. Lentis ocularis radius faciei vtriusque $= t$, $10 . \frac{a}{m}$. Eius semidiameter aperturae $= \frac{1}{\lambda} \cdot \frac{a}{m}$. Pro loco oculi eius distantia ab oculari $O = \frac{a \pm t}{m} \cdot \frac{s}{m}$. Campi vero visi semidiameter $= \frac{s \cdot t \cdot \lambda}{a + t} \cdot$ minut.

et vt iam monitum quantitas a ita est definienda, vt sit

$$a > k\, my\, \sqrt{o,9381 (\lambda m + 1,6299)}$$

nisi forte hic valor minor prodeat quam vt apertura praescripta locum habere possit; quo casu semper distantia focalis ex apertura definiri debet, vt hactenus fecimus.

Problema 2.

234. Inter lentem obiectiuam et imaginem realem eiusmodi lentem constituere, qua omnis confusio ab apertura lentium oriunda destruatur, simulque margo coloratus, si fieri queat, tollatur.

Solutio.

Cum hic iterum tres lentes in computum sint ducendae, formula pro multiplicatione dabit $m = -\frac{a}{b} \cdot \frac{p}{c}$

vbi

CAPVT II.

vbi cum inter primam et secundam lentem non detur imago realis, sed ea inter secundam et tertiam cadat, fractio $\frac{a}{b}$ erit negatiua at fractio $\frac{\beta}{c}$ erit positiua. Ponamus ergo $\frac{a}{b} = -k$ eritque $\frac{\beta}{c} = \frac{\pi}{k}$, vnde colligimus $b = -\frac{a}{k}$; $\beta = Bb = \frac{-Ba}{k}$ et $c = \frac{k\beta}{\pi} = \frac{-Ba}{\pi}$. Interualla autem, quae debent esse positiua, erunt $a+b = \frac{k-1}{k}a$ ita, vt $(k-1)a$ debeat esse positiuum, et $\beta + c = -Ba(\frac{1}{k} + \frac{1}{\pi})$ sicque Ba debet esse negatiuum hincque etiam $\frac{B}{k-1} < 0$. His notatis consideremus formulas generales $\frac{m\pi - \varphi}{\phi} = \frac{a}{b} = -k$, ideoque $\pi = \frac{(1-k)\Phi}{m}$. Tum vero est $\Phi = \frac{\pi - \varpi}{m-1}$; vnde patet, vt valor π aliquid conferat ad campum augendum, debere esse $\pi > 0$ seu $\frac{1-k}{m} > 0$; at quia $\frac{B}{k-1} < 0$ erit $-\frac{B}{k} < 0$; ideoque $\frac{B}{k} > 0$; hoc scilicet requiritur, si campum augere velimus. Nunc consideremus aequationem pro margine colorato tollendo $0 = \frac{\varpi b}{\varphi p} - \frac{\varpi}{a\phi}$ quae ob $p = a$, $b = -\frac{a}{k}$; $\frac{\pi}{\phi} = \frac{1-k}{k}$ et $\frac{\varpi}{\phi} = \frac{1-h}{h} - m - 1$ abit in hanc

$$0 = -\frac{(1-k)}{k}(1+\frac{1}{m}) + \frac{(m+1)}{m}$$

vnde inuenimus

$$\mathfrak{B} = \frac{(1-k)(m+h)}{h(m+1)} \text{ ideoque } B = \frac{(1-k)(m+h)}{2km-m-k+h}$$

Ex his autem valoribus fit $\frac{B}{k} = \frac{k(m+1)}{2km-m+k}$; vnde patet, vt etiam secunda lens campum augeat, esse debere $2km - m + k > 0$ ad quod requiritur, vt sit $k >$

CAPVT II.

$k > \sqrt{(m^2 + m)} - m$ siue $k > \frac{1}{2}$; cum igitur esse debeat $(k-1)a$ positiuum, duo hic casus sunt constituendi:

I. quo $a > 0$; tum esse debet $k > 1$, vnde fit
$$\mathfrak{B} = \frac{-(k-1)(m+1)}{k(m+1)}, \text{ et } B = \frac{-(k-1)(m+1)}{k m - m + k}$$
Nunc igitur erit $\pi = \frac{-(k-1)\mathfrak{B}}{\mathfrak{B}} = \frac{\pm k(m+1)\mathfrak{B}}{m+k}$
et $\pi' = \frac{-m(m+1)\mathfrak{B}}{m+k}$ et $\frac{\pi}{\pi'} = \frac{-k}{m}$ vnde patet, si ponatur $-\pi' = \frac{k}{m}$ fore $\pi = + \frac{1}{k} \cdot \frac{k}{m}$. Ambae ergo fractiones π et π' non aequales sumi poterunt, nisi sit $k = m$, quo casu statui poterit $\pi = \frac{1}{k}$ et $-\pi' = \frac{1}{k}$, ita, vt campus fiat maximus. Tum autem erit $b = -\frac{a}{k}$ et $\beta = c = \frac{\mathfrak{1}(m-1)a}{m(1m-1)}$ ob $\mathfrak{B} = -\frac{\mathfrak{1}(m-1)}{m+1}$ et $B = -\frac{\mathfrak{1}(m-1)}{1m-1}$; ita, vt nunc sit distantia focalis lentis secundae $\mathfrak{B} b = \frac{\mathfrak{1}(m-1)a}{m(m+1)}$ et lentis tertiae $= c = \frac{\mathfrak{1}(m-1)a}{m(1m-1)}$.

II. Sin autem sit $a < 0$, debet esse $k < 1$ et tamen $k > \frac{1}{2}$ et litterae $\mathfrak{B}$ et B fiunt positiuae. Hincque habebitur $\frac{\pi}{\mathfrak{B}} = \frac{k(m+1)}{m+k}$ et $\frac{\pi}{\mathfrak{B}} = \frac{k(m+1)}{m+k}$
$-m - 1 = \frac{-m \cdot m+1}{m+1}$
ideoque $\frac{\pi}{\pi'} = \frac{-k}{m}$ ita, vt ob $k < 1$ littera π multo minor sit, quam $-\pi'$; ideoque campus apparens hoc casu vix vllum accipiat augmentum.

Nunc denique id, in quo cardo rei versatur, perpendamus, formulam scilicet pro semidiametro confusionis, quae est:

$$\mu \cdot m x$$

$\frac{A\pi r^2}{\cdot q \cdot r}\left(\lambda - \frac{1}{6k}\left(\frac{\lambda'}{6'}+\frac{v}{5}\right)-\frac{\lambda''}{p'm}\right)$

quae vt ad nihilum redigi queat, necesse est, vt $\mathfrak{B}$ sit quantitas positiua vnde casus prior ante memoratus locum habere nequit, ex quo necesse est, vt sit $k < 1$, ideoque etiam $\alpha < 0$ et $B > 0$; ex quo sequitur capi debere $k > \frac{1}{2}$, ita, vt k intra limites $\frac{1}{2}$ et 1 contineri debeat; quare cum hoc casu sit $\frac{1}{B} > 0$, campus quoque augmentum quoddam accipiet, propterea quod sit $\pi : -\pi' = k : m$ quod autem vix erit sensibile. Si itaque statuatur semidiameter confusionis $= 0$, habebitur $\lambda = \frac{1}{6k}\left(\frac{\lambda'}{6'}+\frac{v}{5}\right)+\frac{\lambda''}{p'm}$ vbi notandum est, litteras λ' et λ'' vnitate minores esse non posse.

Quo resolutio huius aequationis clarius perspiciatur, primum obseruo, sumi non posse $k = 1$; tum quia duae priores lentes fierent contiguae, tum vero quod prodiret $\mathfrak{B} = 0$ et $B = 0$; sin autem poneretur $k = \frac{1}{2}$, fieret quidem $\mathfrak{B} = \frac{1-m}{1(\pi+1)}$ et $B = 2m+1$; vnde nostrae distantiae erunt

$b = -2a$; $\beta = -2(2m+1)a$
$c = \frac{-(2m+1)a}{2}$

ideoque interualla $a + b = -a$
et $\beta + c = -(2m+1)a\left(2+\frac{1}{n}\right) = -\frac{(2m+1)^2}{n}$. a quod posterius in enormem longitudinem excresceret, nisi $-a$ perexiguum caperetur, quod autem fieri nequit, quia eius apertura ob claritatem per se definitur;

tur; ex quo manifestum est numerum k intra limites x et $\frac{x}{k}$ accipi debere.

Coroll. 1.

235. Hoc ergo modo duplicem perfectionem his telescopiis conciliare licet, alteram, qua margo coloratus prorsus destruitur; alteram vero, qua confusio ob aperturam oriunda ad nihilum redigitur. Neque vero campo apparenti vllum augmentum sensibile addi potest.

Coroll. 2.

236. Quod ad lentium harum aperturas attinet, pro prima quidem erit semidiameter $x = my$; pro secunda autem $\pi q \pm \frac{qz}{\varphi p}$ (§. 23) siue

$$= \frac{-(1-k)(m+k)\pi z}{k'(m+1)} + \frac{z}{k}$$

quia autem est $\pi = -\frac{k}{m}$, π' capique potest $\pi' = -\frac{1}{m}$, siquidem lens ocularis fiat vtrinque aequaliter conuexa, erit $\pi = \frac{k}{m}$, ideoque semidiameter aperturae secundae lentis

$$= \frac{-(1-k)(m+k)z}{mk(m+1)} + \frac{z}{k}$$

cuius pars prior prae posteriore quasi euanescit, ita, vt sufficiat hunc semidiametrum statuisse $= \frac{z}{k}$, qui vtique maior est, quam x ob $k < 1$.

Lens

Lens autem ocularis vtrinque aequaliter conuexa esse debet, vnde cum eius distantia focalis sit
$$c = \frac{-(1-b)(\aleph - a + b)a}{\aleph(1+b\aleph - a + b')}$$
eius pars quarta dabit semidiametrum aperturae.

Coroll. 7.

237. Quod autem ad locum oculi attinet post lentem ocularem, eius distantia reperitur $O = -\frac{\pi \cdot r}{\pi \phi}$ quia autem est
$$-\frac{r}{\phi} = \frac{\aleph(\aleph + 1)}{\aleph + c} \text{ et } r = \frac{-(1-b)(\aleph + b)a}{\aleph(1+b\aleph - a + b')}$$
erit $O = \frac{-(1-b)(\aleph + 1)a}{\aleph(1+b\aleph - a + b')}$
quae est quantitas positiua.

Scholion.

238. Labor certe esset maxime operosus si hos valores pro B et $\mathfrak{B}$ inuentos vellemus in vltima aequatione substituere indeque numeros λ et λ' inuestigare atque adeo coacti essemus pro quauis multiplicatione calculum de nouo suscipere, cui incommodo medela est quaerenda. Perpendamus igitur istos tam complicatos valores pro $\mathfrak{B}$ et B ex aequatione pro margine tollendo ess. erutos vt scilicet illi aequationi summo rigore satisficeret; quoniam autem superfluum est, hanc aequationem perfectissime adimplere, propterea quod locus oculi ob aperturam pupillae haud me-

CAPVT II.

diocrem latitudinem patitur; exiguaque eius mutatione margo coloratus, si quis forte obseruatur, facillime euitabitur; sufficiet ei quam proxime satisfecisse, quare cum semper m denotet numerum satis magnum, k autem sit vnitate minor, prae m facile licebit k negligere et m quasi infinitum spectare; vnde nanciscemur hos valores

$$\mathfrak{B} = \tfrac{(1-k)}{k}, \quad B = \tfrac{1-k}{1-k}$$

quibus itaque in euolutione nostri problematis vtemur; ex iis autem nostra elementa ita simplicius exprimentur:

$$b = -\tfrac{a}{k}; \quad \beta = \tfrac{-(1-k)a}{k(1-k-1)} \text{ et } \epsilon = \tfrac{-(1-k)a}{m(1-k-1)};$$

hinc interualla

$$a + b = \tfrac{-(1-k)a}{k} \text{ et}$$

$$\beta + \epsilon = \tfrac{-(1-k)}{1-k-1}(k + \tfrac{1}{m}) a$$

$$= \tfrac{-(1-k)(k+m)a}{(1-k-1)km}$$

et pro oculi loco

$$O = \tfrac{-(m+1)(1-k)}{m(1-k-1)} \cdot \tfrac{a}{k}.$$

Lentium autem harum distantiae focales erunt

I°. $p = a$; II°. $q = \tfrac{-(1-k)}{k} \cdot a$

III. $r = \epsilon = \tfrac{-(1-k)a}{m(1-k-1)}$

earum-

CAPVT II.

earumque aperturae semidiametri

Imae. $s = my$. IIdae. $\frac{q}{r} = \frac{ny}{k}$.

IIItiae. $= \frac{1}{i} r = \frac{-(1-k)n}{m(1k-1)}$.

Campi denique apparentis semidiameter erit

$$\Phi = \frac{i(1 + \frac{k}{m})}{m + 1}$$

siue $\Phi = 859 \left(\frac{m \pm k}{m(m+1)}\right)$ min.

Nunc autem aequatio adhuc resoluenda erit

$$\lambda = \frac{\gamma}{1-k}\left(\frac{\lambda'k^2}{(1-k)^2} + \frac{\nu(1k-1)}{1-k}\right) + \frac{\lambda''(1k-1)^2}{(1-k)^2 \cdot m}$$

seu

$$\lambda = \frac{1}{(1-k)^2 r}\left(\lambda'k^2 + \nu(1-k)(2k-1) + \frac{\lambda''(1k-1)^2}{m}\right)$$

Nihil aliud igitur superest, nisi vt pro quibusdam valoribus ipsius k hanc aequationem resoluamus, vbi notandum est, λ'' poni debere $= 1.6299$ siquidem vitro communi, pro quo est $n = 1,55$ vti velimus; quo casu etiam est $\nu = 0.2326$.

Exemplum I.

239. Statuamus $k = \frac{1}{2}$ vt intra limites suos 1 et $\frac{1}{2}$ medium teneat et aequatio nostra resoluenda induet hanc formam:

$$\lambda = 64\left(\frac{2\lambda'}{16} + \frac{1}{4}\nu + \frac{\lambda''}{1m}\right)$$

siue $\lambda = 36\lambda' + 8\nu + \frac{\lambda''}{m}$

$\lambda =$

et pro aperturis lentium semidiameter primae $= x$, secundae $= \frac{1}{3}x$ et tertiae $= -\frac{a}{sm}$ oculique post lentem distantia $O = -\frac{s(m+1)}{m} \cdot \frac{a}{m}$.

Scholion.

241. Si huiusmodi casus pro variis multiplicationibus enoluere vellemus, ex superioribus intelligitur, duos tantum casus sufficere posse; vt inde formulae generales pro quauis multiplicatione elici queant, dum scilicet altero, pro m numerus modice magnus, veluti 20, assumatur, altero vero numerus quasi infinitus; quae inuestigatio cum omni attentione digna videatur, eam in sequente problemate instituamus.

Problema 3.

242. In casu praecedentis problematis si capiatur $k = \frac{1}{3}$ pro quacunque multiplicatione maiore m telescopium construere, in quo non solum margo coloratus prorsus euanescat, sed etiam confusio ex apertura oriunda ad nihilum redigatur.

Solutio.

Cum hic sit $k = \frac{1}{3}$ erit

$\mathfrak{B} = \frac{s(9m+1) \cdot 9}{9 \cdot 9 \cdot (3m+1)} = \frac{s(9m+1)}{9(3m+1)}$

$B = \frac{s(9m+1) \cdot 9^2}{9 \cdot 9(3m+1)} = \frac{s(9m+1)}{9m+11}$.

CAPVT II.

Nunc igitur duos casus euoluamus, in quorum priore fit $m = 20$; in posteriore vero $m = \infty$.

I. Ob $m = 20$ erit $\mathfrak{B} = \frac{111}{161}$ et $B = \frac{111}{11}$; vnde nostra aequatio, quae est

$$\lambda = \tfrac{3\lambda'}{161} + \tfrac{\cdot \cdot}{161} + \tfrac{\lambda'}{3 \cdot \pi}.$$

si omnes lentes ex vitro communi pro quo $n = 1,55$ et $\nu = 0,2326$ lentem autem ocularem vtrinque aeque connexam assumamus, vt sit $\lambda'' = 1,6299$, sequentem induet formam; in subsidium vocatis logarithmis

Log. $\mathfrak{B} = 9.8937999$

Log. $B = 0.5574778$

hincque

Log. $\mathfrak{b} = 0.1062000$

Log. $\mathfrak{j} = 9.4425221$

et Log. $\mathfrak{f} = 0,2552725$

$\lambda = 3,7486 \lambda' + 0,14812 + 0,00173$.

Log. $3,7486 \lambda' = 0,5738725 +$ Log. λ'.

Hic circa numerum λ' obseruasse iuuabit, quod cum lens secunda maximam aperturam habere debeat, cuius scilicet semidiameter sit $\mathfrak{f} x = \mathfrak{f}$. $m y$ expediat hanc lentem vtrinque aeque connexam reddere, quam ob caussam statui oportet

$$\sqrt{(\lambda' - 1)}$$

CAPVT II.

$\sqrt{(\lambda'-1)} = \frac{c-t}{\tau t} \cdot \frac{b-b}{b+b} = \frac{c-t}{\tau t} \cdot \frac{b-t}{b+t}$.

hincque $\lambda' = 1 + (\frac{c-t}{\tau t})^2 \cdot (\frac{b-t}{b+t})^2$.

Cum autem conftet effe $(\frac{c-t}{\tau t})^2 = 0,6299$

erit $\lambda' = 1 + 0,6299 \cdot (\frac{100}{111})^2$ feu

$\lambda' = 1,20189$; hincque

$\lambda = 4,50544 + 0,14812 + 0,00173$

$\lambda = 4,65529$.

Vnde fit $\lambda - 1 = 3,65529$ et $\tau \sqrt{\lambda - 1} = 1,7304$.

Pro formatione igitur primae lentis habebimus

$F = \frac{a}{r \pm 1,7104} = \frac{a}{-1,1010} = -9,7087. a$

$G = \frac{a}{r \pm 1,7104} = \frac{a}{4,4311} = +0,52053. a$

cuius lentis aperturae femidiameter debet effe $x = my$
At interuallum fecundae lentis ab hac eft

$a + b = -0,8. a$

Pro fecunda autem lente, cum fit eius diftantia focalis $q = \mathfrak{B} b = -\frac{2}{3}\mathfrak{B} a = -1,4095 a$ erit radius vtriusque faciei $= 1,10. q = -1,5504 a$ eius aperturae femidiameter $= \frac{2}{3} x = \frac{2}{3} my$. Ab hac autem lente ad tertiam, interuallum eft

$\beta + \epsilon = - \mathfrak{B} a (\frac{a+b}{a b}) = - 6,4974 a$

$-3,6097. \frac{a}{a} = - 6,6780. a$

Pro lente tertia, cuius distantia focalis est

$$c = -\tfrac{111}{17}\cdot\tfrac{a}{m} = 3,6097.\tfrac{a}{m}$$

radius faciei vtriusque $= -1, 1\, c = -3,9707.\tfrac{a}{m}$;

hincque ad oculum vsque erit distantia

$$O = -\tfrac{(n+1)\cdot Ba}{(n+1)\cdot m} = -\tfrac{c\cdot 111}{b\cdot 11}\cdot\tfrac{a}{m} = -3,6878.\tfrac{a}{m}.$$

II. Sit nunc $m = \infty$ erit $\mathfrak{B} = \tfrac{1}{7}$; $B = 4$ vnde nostra aequatio induet hanc formam:

$$\lambda = \tfrac{111}{17}\lambda' + \tfrac{4}{17}\nu$$

Hic iterum lentem secundam aequaliter conuexam reddamus et ob $\beta = B\, b = 4\, b$ erit

$$\sqrt{\lambda' - 1} = \tfrac{c-r}{17}\cdot\tfrac{\beta-b}{\beta+b} = \tfrac{c-r}{17}.\tfrac{1}{7}$$

Hincque $\lambda' = 1 + 0,6299.\tfrac{1}{1}$, $\lambda' = 1,2267.$
ex quo colligimus

$$\lambda = 4,3126 + 0,1308 = 4,4434$$

hincque $\lambda - 1 = 3,4434$

et $r\sqrt{(\lambda - 1)} = 1,6796$; quare sequens habetur constructio:

I. Pro prima lente
$$F = \tfrac{a}{r\pm 1,6796} = \tfrac{a}{-0,0116} = -19,1570. a$$
$$G = \tfrac{a}{r+1,6796} = \tfrac{a}{+1,1701} = +0,5346.$$

Apertura est, vt ante, aeque ac distantia ad secundam lentem.

II. Pro

CAPVT II.

II. Pro secunda lente

Quam eius distantia focalis

$= -\frac{7}{9}\mathfrak{B}a = -\frac{14}{11}\cdot a = -1,44\,a$, fiet

radius vtriusque faciei $= -1,584\cdot a$

eiusque aperturae semidiameter $= \frac{2}{3}x$

at distantia ad lentem tertiam $= -7,2\,a - 4\cdot\frac{a}{m}$.

III. Pro tertia lente

cuius distantia focalis $= -4\frac{a}{m}$

radius vtriusque faciei $= -4, +\frac{a}{m}$

eiusque aperturae semidiameter $= -1, 1\frac{a}{m}$

Ab hac lente ad oculum vsque erit distantia

$O = -4\frac{a}{m}$.

His duobus casibus euolutis solutionem quaestionis nostrae generalis pro multiplicatione quacunque m maiore, quam 20, ita adstruamus:

I. Pro prima lente

statuamus

radium faciei $\begin{cases} \text{anter.} = -(19, 1570 + \frac{f}{m})a \\ \text{poster.} = +(0, 5346 + \frac{L}{m})a \end{cases}$

et adplicatione ad casum $m = 20$ facta reperietur

$19, 1570 + \frac{f}{20} = 9, 7087$

vnde

CAPVT II.

vnde fit $f = -188,966$
porro $0,5346 + f_3 = 0,5205$
hinc $g = -0,2820$.

II. Pro secunda lente
statuatur
  radius vtriusque faciei $= -(1,584 + \frac{b}{m})a$
cumque esse debeat $1,584 + \frac{b}{13} = 1,5504$
erit $b = -0,6720$.
Eius distantia focali existente $= -(1,440 - \frac{0.0170}{m})a$
et aperturae semidiameter $= \frac{1}{4}x$.
Pro distantia ad tertiam lentem inueniemus
$-(7,2 - \frac{17.0170}{m})a - (4,00 - \frac{7.0080}{m})\frac{a}{m}$
siue $-7,200 a + 10,0520 \cdot \frac{a}{m} + \frac{7.1082}{m^2} \cdot a$
siue $-(7,200 - \frac{17.0170}{m} - \frac{7.1082}{m m})a$

III. Pro tertia lente
cuius distantia focalis reperitur
$= -(4,00 - \frac{7.0080}{m})\frac{a}{m}$
sumi debet radius vtriusque faciei
$= -(4,400 - \frac{1.1166}{m})\frac{a}{m}$
cuius parti quartae semidiameter aperturae aequalis statui potest.

Distan-

CAPVT II.

Distantia denique oculi ab hac lente reperitur

$$O = -(4 - \tfrac{4 \cdot 1 \cdot m}{m}) \tfrac{a}{n}$$

Campi vero apparentis semidiameter erit $\tfrac{13n}{n+1}$ minut.

Coroll. I.

243. Cum interuallum primae lentis et secundae sit $= -0,8\,a$, prodibit tota telescopii longitudo ab obiectiuo vsque ad oculum

$$-(8 - \tfrac{4 \cdot 0110}{m} - \tfrac{1 \cdot 2 \cdot 7100}{a \cdot n}) a$$

ita, vt haec longitudo fere sit octuplo maior, quam distantia focalis a qua circumstantia haec telescopia non admodum commendari merentur.

Coroll. 2.

244. Cum primae lentis semidiameter aperturae debeat esse $x = my = \tfrac{m}{1}$ dig. qui autem maior esse nequit parte quarta radii minoris, quae est $0,1336.a = \tfrac{1}{4} a$ circiter; patet capi debere $-a > \tfrac{4}{133}$ vel $a > 0,16.\,m$.

Quia autem lentis secundae semidiameter aperturae esse debet $= \tfrac{1}{4} x = \tfrac{m}{4}$ dig. hic quoque minor esse debet parte quarta radii, quae est $0,396.a$; vnde esse debet $-a > 0,0909.\,m$, qui limes cum minor sit praecedente, illum obseruari oportet.

Scho-

CAPVT II.

Scholion.

245. Cum igitur $-\alpha$ maius esse debeat, quam $0, 16. m$ statuamus $-\alpha = \frac{1}{15}. m$ siue $\alpha = -0, 2 m$, atque sequentem constructionem pro Telescopiis huius speciei obtinebimus.

Constructio Telescopiorum
pro quacunque multiplicatione m, lentibus ex vitro communi confectis.

I. Pro lente obiectiua

rad. fac. $\begin{cases} \text{anter.} = +3, 8314\, m - 27, 7932\, \text{dig.} \\ \text{poster.} = -0, 1069.\, m + 0, 0564\, \text{dig.} \end{cases}$

Eius aperturae semidiameter $= \frac{m}{10}$ dig.

Interuallum ad lentem secundam $= 0, 16.\, m$ dig.

II. Pro lente secunda, in digitis.

distantia focalis $= +0, 2880\, m. - 0, 12$.

radius faciei vtriusque $= +0, 3168\, m - 0, 13$.

Eius aperturae semidiam. $= \frac{m}{15}.\, m = 0, 036.\, m$.

Interuallum ad lentem tertiam

$$= +1, 4400\, m - 2, 03 - \frac{1,14}{m}.$$

III. Pro tertia lente in digitis

distantia focalis $= +0, 800 - \frac{1,26}{m}$.

radius

radius vtriusque faciei $= + 0,88 - \frac{1,71}{m}$
cuius pars quarta $= \frac{1}{4}$ dig. dat femidiametrum aperturae. Hinc ad oculum vsque distantia erit

$$O = 0,8 - \frac{1,71}{m} \text{ dig.}$$

Campi apparentis femidiameter $= \frac{116}{m+1}$ minut.
Tota autem Telescopii longitudo erit

$$= (-1,30 + 1,6. m - \frac{1,2}{m}) \text{ dig.}$$

Ita v. gr. pro $m = 100$ erit longitudo $= 158 \frac{1}{2}$ dig. siue 13 ped. 2 $\frac{1}{2}$ dig.

Cum igitur supra tubo vnum pedem vix superante fere tantam multiplicationem produxerimus, haec telescopiorum species nunc quidem erit repudianda, etsi respectu vulgarium tuborum astronomicorum maxime foret aestimanda, cum quod nullum marginem coloratum praebeat, tum vero etiam quia confusio ab apertura oriunda prorsus fit sublata. Quamobrem nobis inquiri conueniet, num duabus lentibus inter obiectiuam et imaginem collocandis hoc incommodum euitari possit.

Problema 4.

246. Inter lentem obiectiuam et imaginem eiusmodi duas lentes interponere, vt non solum margo coloratus, sed etiam confusio ab apertura oriunda penitus destruatur.

CAPVT II.

Solutio.

Cum hic quatuor lentes sint considerandae, multiplicatio dabit hanc formulam $m = \frac{a}{b} \cdot \frac{\beta}{c} \cdot \frac{\gamma}{d}$, quarum trium fractionum binae priores negatiuae, tertia vero affirmatiua esse debebit. Statuatur ergo
$\frac{a}{b} = -k; \frac{\beta}{c} = -k'$ eritque $\frac{\gamma}{d} = \frac{m}{kk'}$.

Vnde erit $b = -\frac{a}{k}; c = -\frac{\beta}{k'}; d = \frac{\gamma k k'}{m}$

praeterea vero est $\beta = Bb; \gamma = Cc$ vnde omnia haec elementa ex a ita definientur:

$b = -\frac{a}{k}; \beta = -\frac{Ba}{k}; c = +\frac{Ba}{kk'}$

$\gamma = \frac{BCa}{kk'}; d = \frac{BCa}{m}$

hinc interualla leutium fient

1°. $a + b = \frac{k-1}{k} \cdot a$.

2°. $\beta + c = \frac{Ba}{k} (\frac{1-k'}{k'})$

3°. $\gamma + d = BCa (\frac{1}{kk'} + \frac{1}{m})$

vnde quia $k \ k'$ et m sunt per se numeri positiui, hae sequuntur conditiones:

1°. $a(k-1) > 0$; 2°. $Ba(1-k') > 0$;

3°. $BCa > 0$;

quae

CAPVT II.

quae eliso a reducuntur ad has duas

4°. $\frac{a(1-k')}{k-1} > 0$;

5°. $\frac{C}{1-k'} > 0$ seu $C(1-k') > 0$.

Iam ex superioribus vidimus, marginem coloratum destrui non posse, nisi ante fractiones π, π' et π'' definiantur quem in finem sequentes aequationes considerari debent:

$$\frac{\varpi \tau - \Phi}{\Phi} = \frac{\pi}{b} = -k$$

$$\frac{\varpi \pi - \pi + \Phi}{\Phi} = \frac{b a}{c} = kk'.$$

et $\Phi = \frac{\pi - \pi' + \varpi}{m+1}$

ex quibus assequimur:

$$\frac{\pi}{\Phi} = \frac{1-k}{b};$$

$$\frac{\pi'}{\Phi} = \frac{1-k}{b c} + \frac{k k'-1}{c}$$

$$\frac{\pi''}{\Phi} = \frac{\pi'}{\Phi} - \frac{\pi}{\Phi} + m + 1$$

$$= \frac{1-k}{b c} + \frac{k k'-1}{c} + m + 1$$

quibus valoribus substitutis ad marginem coloratum tollendum requiritur haec aequatio, diuisione per $\frac{da}{a-1}$ facta,

$$0 = -\frac{\pi}{\Phi} \cdot \frac{1}{1} + \frac{\pi'}{\Phi} \cdot \frac{1}{aa} + \frac{\pi''}{\Phi} \cdot \frac{1}{a}$$

siue

fiue

$$o = \tfrac{b-1}{\mathfrak{B}\lambda} + \tfrac{1-\lambda}{\mathfrak{B}\mathfrak{C}\cdot\lambda'} + \tfrac{bb'-1}{\mathfrak{C}\cdot\lambda'}$$
$$+ \tfrac{1-\lambda}{\mathfrak{B}\mathfrak{C}\cdot m} + \tfrac{bb'-1}{\mathfrak{C}\cdot m} + \tfrac{m-1}{m}$$

ex qua aequatione vel $\mathfrak{B}$ vel $\mathfrak{C}$ definiri potest; tum vero vt femidiameter confufionis ad nihilum redigatur, debet effe

$$o = \lambda - \tfrac{1}{\mathfrak{B}\lambda}\left(\tfrac{\lambda'}{\mathfrak{C}} + \tfrac{v}{\mathfrak{a}}\right)$$
$$+ \tfrac{1}{\mathfrak{B}\mathfrak{C}\lambda\lambda'}\left(\tfrac{\lambda''}{\mathfrak{C}'} + \tfrac{v}{\mathfrak{C}}\right) + \tfrac{\lambda-}{\mathfrak{B}\mathfrak{C}\cdot\mathfrak{C}'\cdot m}$$

quae vt refolui poffit, littera $\mathfrak{B}$ debet effe pofitiua, vel fi $\mathfrak{B}$ effet negatiuum ob B quoque negatiuum littera $\mathfrak{C}$ debet effe pofitiua.

Coroll. 1.

247. Aequatio pro margine colorato tollendo ad hanc formam reducitur:

$$o = \tfrac{1-\lambda}{\mathfrak{B}\mathfrak{C}}\left(\tfrac{1}{\lambda\lambda'} + \tfrac{1}{\mathfrak{a}}\right) - \tfrac{1-\lambda}{\mathfrak{B}}\left(1 + \tfrac{1}{\mathfrak{m}}\right)$$
$$+ \tfrac{bb'-1}{\mathfrak{C}}\left(\tfrac{1}{\lambda\lambda'} + \tfrac{1}{\mathfrak{a}}\right) + \tfrac{m-1}{m}$$

feu ad hanc:

$$o = \tfrac{1-\lambda}{\mathfrak{B}}\left(\tfrac{1}{\mathfrak{C}}\left(\tfrac{1}{\lambda\lambda'} + \tfrac{1}{\mathfrak{a}}\right) - 1 - \tfrac{1}{\mathfrak{m}}\right)$$
$$+ \tfrac{bb'-1}{\mathfrak{C}}\left(\tfrac{1}{\lambda\lambda'} + \tfrac{1}{\mathfrak{a}}\right) + \tfrac{m-1}{m}$$

vnde

vnde reperitur

$$\frac{k-1}{\mathfrak{C}} = \frac{\frac{kk'-1}{\mathfrak{C}}\left(\frac{1}{kk'}+\frac{1}{n}\right)+\frac{m+1}{n}}{\frac{1}{\mathfrak{C}}\left(\frac{1}{kk'}+\frac{1}{n}\right)-\frac{1}{k}-\frac{1}{k}}$$

siue.

$$\frac{k-1}{\mathfrak{C}} = \frac{(kk'-1)(m+kk')+(m+1)kk'\mathfrak{C}}{m+kk'-\mathfrak{C}k'-kk'\mathfrak{C}}$$

$$\frac{k-1}{\mathfrak{C}} = \frac{(kk'-1)(m+kk')+\mathfrak{C}kk'(m+1)}{m+kk'-\mathfrak{C}k'(m+k)}$$

$$\frac{k-1}{\mathfrak{C}} = kk'-1+\frac{\mathfrak{C}k'(m(k-1)+kk'(k+m))}{m+kk'-\mathfrak{C}k'(m+k)}$$

Coroll 2.

248. Si haec aequatio statim a fractionibus liberetur, habebitur

$$0 = (1-k)(m+kk')-\mathfrak{C}(1-k)k'(m+k)$$
$$+\mathfrak{B}(kk'-1)(m+kk')$$
$$+\mathfrak{B}\mathfrak{C}kk'(m+1)$$

vnde reperitur

$$\mathfrak{C} = \frac{(m+kk')(k-1)+\mathfrak{B}(1-kk')}{\mathfrak{B}kk'(m+1)+(k-1)k'(m+k)}$$

Scholion.

249. Inprimis autem notatu dignus est casus quo numerus B sit infinitus et numerus C = 0, quem supra iam alia occasione euoluimus; quae operatio cum supra difficilior sit visa, nunc sequenti modo planiore expe-

expediatur. Considerabimus scilicet numerum B vt praegrandem sitque $B = \frac{1}{\omega}$, denotante ω fractionem minimam, ita, vt ω loco B in calculum introducatur. Tum igitur erit $\mathfrak{B} = \frac{1}{1+\omega}$ iam ne secundum interuallum $\beta + \epsilon$ nimis excrescat, statuatur $\beta + \epsilon = \frac{\eta a}{k}$ eritque $\epsilon = \frac{\eta a}{k} - \beta$, $\frac{a}{\epsilon} = -L' = \frac{k\beta}{\eta a - a\beta}$
et quia est
$$\beta k = - B a = - \frac{a}{\omega}; \text{ erit}$$
$$+ k' = \frac{1}{\eta \omega + 1} \text{ et } 1 - k' = \frac{\eta \omega}{1 + \eta \omega}$$
ita vt nunc loco litterae k' in calculum introducatur littera η; denique ne tertium interuallum nimis excrescat ob $B = \frac{1}{\omega}$, statuamus $C = \vartheta \omega$, vt fiat $BC = \vartheta$; ita, vt hic loco litterae C, ϑ in calculum ingrediatur. Hinc erit $\mathfrak{C} = \frac{\vartheta \omega}{1 + \vartheta \omega}$ atque hinc porro
$$\tfrac{\pi}{\phi} = (1-k) + \omega(1-k)$$
$$\tfrac{\pi}{\phi} = \tfrac{1+\eta \omega}{(1+\eta \omega)^2}((1-k-\eta k) + \eta \omega(1-k))$$
$$\tfrac{\pi}{\phi} = \tfrac{1+\vartheta \omega}{(1+\eta \omega)^2}(1-k-\eta k + \eta \omega(1-k))$$
hincque posito $\omega = 0$, erit
$$\tfrac{\pi}{\phi} = 1 - k; \tfrac{\pi}{\phi} = \tfrac{1}{1}(1 - k - \eta k)$$
hincque
$$\tfrac{\pi}{\phi} = \tfrac{1-k-\eta k}{1} + k + m.$$

Quare

CAPVT II.

Quare cum pro margine tollendo inuenta sit haec aequatio:

$$0 = -\frac{\tau}{\phi} \cdot 1 + \frac{\tau}{\phi} \cdot \frac{1}{kk'} + \frac{\tau'}{\phi} \cdot \frac{1}{k}$$

ob $k' = 1$, si illi valores substituantur, prodibit

$$0 = \frac{k-1}{k} + \frac{1-k-\eta k}{kl} + \frac{1-k-\eta k}{kl} + \frac{k+m}{k}$$

siue $0 = m \vartheta (k-1) + m(1-k-\eta k)$
$\qquad\qquad + k(1-k-\eta k)$
$\qquad\qquad + k \vartheta (k+m)$

$0 = \vartheta(k^2 + (2k-1)m) + (k+m)(1-k-\eta k)$

hincque inuenietur

$$\vartheta = \frac{\pm\sqrt{} \pm \sqrt{}}{}$$

hinc autem nostra elementa erunt

$b = -\frac{a}{k}$; $\beta = \infty$; $c = \infty$;
$\gamma = \frac{la}{k}$; $d = \frac{la}{k}$

et interualla

$a + b = \frac{k-1}{k} \cdot a$
$\beta + c = \frac{\eta a}{k}$
$\gamma + d = \vartheta a (\frac{1}{m} + 1)$

quae debent esse positiua; ideoque

$\eta(k-1) > 0$; $\vartheta(k-1) > 0$ et $\vartheta \eta > 0$.

Pro

Pro loco oculi autem habebimus

$$O = \frac{r}{z}\vartheta\,d = \frac{1-z-\eta t}{\eta u}\cdot a + \frac{(t+\eta)tz}{\eta^2}$$

et valore pro ϑ substituto

$$O = \frac{1-z-\eta t}{\eta}\cdot a + \frac{(t+\eta)^2(t+\eta t-)a}{\eta^2((z t-)\eta + t)}$$

$$O = \frac{\eta+t}{\eta}\cdot\frac{t+\eta t-1}{(z t-)\eta + t}\cdot a$$

his denique obseruatis resoluenda restat haec aequatio:

$$0 = \lambda - \frac{\lambda'}{t} + \frac{\lambda''}{t\cdot z} + \frac{\lambda'''}{t\cdot z\cdot \eta}$$

quae cum secundum membrum per se sit negatiuum facile resolui poterit, id quod in sequente problemate ostendemus.

Problema 5.

250. In casu praecedentis problematis si binae priores lentes ita fuerint comparatae, vt radii iterum paralleli euadant, constructionem huiusmodi telescopiorum exponere.

Solutio.

Cum hoc casu fiat $B = \infty$ et $C = 0$ in scholio praecedente elementa iam sunt definita; vnde ea hic repetere superfluum foret; quo autem clarius solutionem euoluamus, duo sunt casus perpendendi; alter, quo distantia α est positiua; alter, quo ea est negatiua.

I. Sit

CAPVT II.

I. Sit igitur $a > 0$, debebitque esse $k > 1$; $\eta > 0$ et $\vartheta > 0$ quae vltima conditio sponte impletur; sitque etiam O positiuum, tum vero fiet $\frac{\pi}{\phi} < 0$ et $\frac{\pi'}{\phi} < 0$ nempe $\frac{\pi'}{\phi} = \frac{1-k-\eta k}{l} = \frac{-(1 k - 1) m - k^2}{k+m}$.

Ex vltima igitur formula colligetur semidiameter campi visi

$$\phi = \frac{\pi'' \cdot l}{1 - k - \eta k + (k+m) \vartheta} \text{ seu}$$

$$\phi = \frac{(m+k)\pi''}{m(m+1)}$$

substituto scilicet valore ϑ, si modo praecedentes formulae non praebeant campum minorem. Ad quod diiudicandum comparentur valores π et π' cum π'': et ob $\frac{\pi''}{\phi} = \frac{m(m+1)}{m+k}$

erit $\frac{\pi}{\phi} = \frac{(1-k)(m+k)}{m(m+1)}$

et $\frac{\pi'}{\pi'} = \frac{-(1 k - 1) m - k^2}{m(m+1)}$, hincque $\frac{\pi-\pi'}{\pi'} = \frac{k}{m}$;

at ex illis formulis patet tam π, quam π' minores esse, quam π'' dummodo sit k minus, quam $\frac{1}{1!} m$ et cum sit

$$\phi = \frac{\pi-\pi'+\pi''}{m+1} \text{ ob } \frac{\pi-\pi'}{\pi'} > 0$$

campus apparens hinc aliquod augmentum accipiet eritque $\phi = \frac{k+m}{m(m+1)} \pi''$ qui vtique maior est quam simplex, scilicet $\phi = \frac{\pi}{m+1}$ idque in ratione $m + k : m$.

Tom. II.   K k   Iam

CAPVT II.

Iam porro aequatio refoluenda eſt, vt ante:

II. Sin autem a fit negatiuum fieri debet $k < 1$, $\eta < 0$; $\vartheta < 0$; ad quod neceſſarium eſt, vt fit $k > i$.

Quia nunc pro caſu praecedente habuimus $\frac{\tau - \pi'}{\varpi'} = \frac{k}{\eta}$, hinc campus apparens multo minus augmentum accipit in hoc caſu, quam in illo, quod adeo vix erit ſenſibile, et pro loco oculi diſtantia O etiam hoc caſu fit poſitiua; quam ob cauſſam caſus prior huic poſteriori anteferendus videtur.

Etſi autem priori caſu campus apparens notabiliter augeri poſſe eſt inuentus, dum ſcilicet k vsque ad valorem $\frac{1}{\eta} = $ augetur, tamen reſolutio noſtrae aequationis hoc non permittit, quoniam numerus λ' nimis magnus accipi deberet, quocirca littera k vix vltra binarium vel ternarium ad ſummum creſcere poteſt; vti in ſubiunctis exemplis magis fiet manifeſtum, quae ex caſu priore deriuabimus, quoniam facile eſt praevidere, poſteriorem caſum eo etiam vitio eſſe laboraturum, quod longitudo teleſcopii nimis excreſcat.

Exemplum.

251. Statuamus $k = 2$ et multiplicationem $m = 50$, quandoquidem hic de tubis aſtronomicis agitur eritque

$$\vartheta = \frac{m(1 + 1\eta)}{1\eta} = \frac{m}{\eta}(1 + a\eta)$$

qui

qui valor ne fiat nimis parvus, quia tum in nostra aequatione terminus $\frac{\lambda'''}{n\eta}$ fieret nimis magnus, ita, vt λ' enormem adipisceretur valorem, statuamus insuper $\eta = 1$, vt fiat $\vartheta = \frac{n}{\eta}$, hincque elementa nostra ita se habebunt

$$b = -\tfrac{a}{\gamma}; \quad \beta = \infty; \quad \epsilon = -\infty;$$
$$\beta + \epsilon = \tfrac{a}{\gamma}; \quad \gamma = \tfrac{n}{\eta}\vartheta \cdot a; \quad d = \tfrac{nn a}{\gamma \eta};$$

tum vero aequatio resoluenda ita est comparata:

$$o = \lambda - \tfrac{\lambda'}{\eta} + \tfrac{\eta\eta \lambda^2 \lambda'''}{\gamma\gamma \vartheta \cdot a} + \tfrac{\eta\eta \lambda^2 \lambda'''}{\gamma\gamma \vartheta \cdot 10}$$

hincque

$$\lambda' = 2\lambda + \tfrac{\eta\eta \lambda^2 \lambda'''}{\gamma\eta \cdot 1} + \tfrac{\eta\eta \lambda^2 \lambda'''}{\gamma\eta \cdot 18}$$

Iam, vt tam prima lens, quam vltima maximam admittat aperturam, ponamus $\lambda = \lambda''' = 1,6299$, dum scilicet omnes lentes ex vitro communi $n = 1,55$ factae assumuntur; at λ'' sit $= 1$. quibus positis colligemus

$$\lambda' = 3,2593 + 0,9630 + 0,0627$$
$$\lambda' = 4,2841; \text{ hinc ergo}$$
$$\lambda' - 1 = 3,2841, \text{ et}$$
$$r. \sqrt{(\lambda' - 1)} = 1,64023;$$

quare constructio singularum lentium ita se habebit:

I. Pro prima lente

quae cum sit aeque vtrinque conuexa eiusque distantia focalis $= a$, erit radius vtriusque faciei $= 1, 10 . a$ rum vero eius semidiameter aperturae $x = my = \frac{1}{4}$ dig. ob $m = 50$ et $y = \frac{1}{2}$, dig. et interuallum ab hac lente ad secundam $= \frac{1}{4} . a.$

II. Pro secunda lente

ob $\beta = \infty$, erit

$$F = \frac{b}{f \pm 1.6 \cdot 11} = \frac{b}{b.9.09}$$

$$G = \frac{b}{f \div 1.6 \cdot 11} = \frac{b}{-6.111}$$

hinc $F = -0, 2730 . a$

$G = +39, 0625 . a$

rum vero semidiameter eius aperturae $= \frac{1}{4}$ dig. ex §. 23. et interuallum ad lentem sequentem $= \frac{1}{4} . a.$

III. Pro tertia lente

ob $\epsilon = \infty$ et $\lambda'' = 1$. erit

$F = \frac{?}{\epsilon} = 0, 31123 . a$

$G = \frac{?}{f} = 2, 6559 . a$

rum vero aperturae semidiameter $= \frac{1}{4}$ dig. et interuallum ad sequentem lentem $= \frac{17.15}{17.15} a$ feu $= \frac{1}{5} a$ proxime.

IV. Pro quarta lente

radius vtriusque faciei $= 1, 10 \, d$, existente $d = \frac{1}{n \ln n} \cdot a$, cuius pars quarta dat semidiametrum aperturae, hinc denique interuallum vsque ad oculum erit $= \frac{1}{n \cdot \ln} \cdot a$

$= \frac{1}{10} a$

$= \frac{1}{12} a$ proxime. Quod ad diftantiam a attinet, fi ad folam primam lentem refpiceremus, quia ea aperturam admittit, cuius femidiameter $= \frac{1}{2} a$, fumi poffet $a = 4$ dig. fed ad fecundam lentem refpiciendo, cuius minor radius eft circiter $\frac{1}{4} a$, huius pars quarta $\frac{1}{16} a$ femidiametro aperturae $\frac{1}{2}$ dig. aequalis pofita, dabit $a = 8$ dig., quam menfuram etiam retinere oportet; vnde longitudo telefcopii excederet 12 dig. Huius rei cauffa eft, quod primam lentem vtrinque aeque conuexam affumfimus. Adiungamus igitur aliam infuper folutionem fumendo $\lambda = 1$; vnde fit

$$\lambda' = 2 + 0,9620 + 0,0627$$
$$\lambda' = 3,0247; \lambda' - 1 = 2,0247.$$
et $\tau \sqrt{(\lambda' - 1)} = 1,2678;$

vnde haec fequitur lentium conftructio.

I. Pro prima lente

$$F = \frac{a}{r} = 0,6145 \cdot a$$
$$G = \frac{a}{r} = 5,2439 \cdot a$$

II. Pro fecunda lente

$$F = \frac{b}{\ldots} = \frac{\ldots}{\ldots}$$
$$G = \frac{b}{\ldots} = \frac{\ldots}{\ldots}$$
$$F = -0,3382 \cdot a; G = -1,4783 \cdot a$$

Reliqua manent, vt ante. Hic igitur ſtatim patet, ſecundam lentem debitam aperturam $\frac{1}{2}x$ recipere poſſe, ſi prima patiatur aperturam x. Primae autem radius minor, cum ſit circiter $\frac{14}{15}$, eius pars quarta $\frac{1}{15}$, a ipſi $x = 1$ dig. aequata dat $a = \frac{15}{4}$ dig. $= 6\frac{3}{4}$ dig. quin etiam tertia lens poſtulat, vt ſit $\frac{15}{16} = \frac{1}{2}$ dig. vnde a iterum $6\frac{3}{4}$ dig. ſicque tota teleſcopii longitudo vix ſuperabit 10 digit.

Quocirca notari merebitur ſequens Conſtructio Teleſcopii quinquagies multiplicantis, lentibus ex vitro communi paratis.

I. Pro prima lente

radius faciei $\begin{cases} \text{anter.} = 4, 10 \text{ dig.} \\ \text{poſter.} = 34, 96 \text{ dig.} \end{cases}$

Aperturae ſemidiameter $= 1$ dig.

Interuallum ad ſecundam lentem $= 3\frac{1}{4}$ dig.

II. Pro ſecunda lente

radius faciei $\begin{cases} \text{anter.} = -2, 25. \text{ dig.} \\ \text{poſter.} = -9, 82. \text{ dig.} \end{cases}$

Semidiameter aperturae $= \frac{1}{2}$ dig.

Interuallum ad tertiam lentem $= 3\frac{1}{4}$ dig.

III. Pro tertia lente

radius faciei $\begin{cases} \text{anter.} = 2, 08 \text{ dig.} \\ \text{poſter.} = 17, 71. \text{ dig.} \end{cases}$

Aper-

CAPVT II.

Aperturae femidiameter $= \frac{1}{8}$ dig.
Interuallum ad lentem ocularem $= 3 \frac{1}{8}$ dig.

IV. Pro quarta lente
radius vtriusque faciei $= 0, 15$ dig.
Semidiameter aperturae $= \frac{1}{10}$ dig.
et diftantia oculi $= \frac{7}{8}$ dig. proxime
vnde tota longitudo $= 10 \frac{3}{8}$ dig.
Campi vero vifi femidiameter, vt hactenus,
$= \frac{17}{60}$ min. $= 16$ min. 51 fec.

Scholion.

252. Maiores multiplicationes calculo hic non fubjicio, quia ab huiusmodi telefcopiis etiam maior campus, quam vulgo, exfpectari folet. Quamobrem noftram inueftigationem ad campum apparentem augendum profequamur, idque retentis commodis, quae ternae lentes priores nobis funt largitae. Hinc poffemus valoribus hic affumtis vti, fcilicet $k = 2, \eta = 1$ et $\vartheta = 1$ fed quia hoc modo duo priora interualla fatis fiunt magna, fcilicet $\frac{1}{2}$ a; quo pacto tota longitudo non parum augetur, praeftare videtur haec duo interualla multo minora efficere, ita, vt tantum non euanefcant; neque lentes fe immediate contingere debeant. Hunc in finem pro k numerus vnitatem vix fuperans affumi debebit, vnde fimul hoc lucrum nancifci-

CAPVT II.

ciscimur, vt pro λ' numerus binarium vix superans reperiatur. Statuamus igitur $k = 1 + \omega$, denotante ω fractionem minimam, ita, vt sit

$$b = -\frac{a}{1+\omega} = -(1-\omega)\cdot a;$$
$$a + b = \omega a;$$

ob eandemque rationem statuatur etiam $\eta = \omega$, vt secundum interuallum etiam fiat ωa. Quod deinde ad litteram ϑ attinet, quae hic ex margine colorato est definita, factis his hypothesibus multo minor voitate esset proditura, scilicet $\vartheta = 2\omega$, qui valor maximis incommodis foret obnoxius; primo enim elementa γ et d euanescerent, nisi a in immensum augeretur; deinde etiam valor ipsius λ' fieret enormis. Sed probe hic notandum est, has hypotheses non casui hic tractato, vbi vnica lens ocularis admittitur, destinari, sed propositum nobis esse iis vti in sequentibus, vbi duae pluresue lentes oculares considerabuntur, quibus cum nonae litterae in calculum introducantur, non amplius opus erit, ex aequatione marginem coloratum tollente, hanc litteram ϑ definire, sed eam poterimus vt arbitrariam contemplari; ita, vt iam nihil obstet, quominus ponatur $\vartheta = 1$. Quod autem hunc valorem elegerim, duae sunt caussae; altera est, quod cum distantia γ hic sit ϑa, si ϑ vltra vnitatem augeretur, longitudo telescopii maior esset proditura; altera autem suadet, ne ϑ minus vnitate capiatur, quia tum

λ' mox

CAPVT II.

λ' max communem valorem effet obtenturum sit igitur ratum statuere

1°. $k = 1 + \omega$; 2°. $\eta = \omega$; 3°. $\vartheta = 1$.

vnde quotcunque lentes adhibeantur, pro tribus primoribus semper erit

$b = -(1-\omega)a$; $\beta = \omega$; $c = -\omega$

$\beta + c = \omega a$; $\gamma = a$.

Deinde pro litteris π et π' erit quoque semper

$\frac{\pi}{\varphi} = -\omega$; $\frac{\pi'}{\varphi} = -2\omega$;

ceterum notetur, esse $B = \omega$, $\mathfrak{B} = 1$, $C = \mathfrak{C} = 0$, et $BC = 1$. atque hinc aequatio pro margine tollendo semper his duobus terminis exordietur $+\omega - 2\omega$; ita, vt hi duo termini semper coalescant in $-\omega$. Denique etiam aequatio pro confusione tollenda semper incipiet ab his tribus terminis

$$0 = \lambda - \frac{\lambda'}{1+\omega} + \frac{\lambda\omega}{1+\omega} \ldots \ldots$$

vnde facile erit calculum pro quotuis lentibus ocularibus prosequi, vbi potissimum nobis erit propositum, campum apparentem multiplicare, idque quousque libuerit.

Problema 6.

253. Tribus lentibus prioribus ita ante imaginem realem dispositis, vti §. praec. est indicatum, si post imaginem duae lentes constituantur, efficere, vt campus apparens euadat maximus.

CAPVT II.

Solutio.

Cum hic habeantur quinque lentes, formula pro multiplicatione erit $m = -\frac{a}{b}\cdot\frac{\beta}{\epsilon}\cdot\frac{\gamma}{d}\cdot\frac{\delta}{e}$ quarum fractionum ista $\frac{\gamma}{d}$ erit positius, reliquae negatiuae. Cum igitur fit $\frac{a}{b} = -1 - \omega$, $\frac{\beta}{\epsilon} = -1$. Statuatur $\frac{\gamma}{d} = k$ et $\frac{\delta}{e} = -l$ habebimusque sequentia elementa:

$$b = \frac{-1}{1+\omega}; \quad \beta = \omega; \quad c = -\omega; \quad \gamma = a$$
$$d = \frac{a}{k}; \quad \delta = +\frac{Da}{k}; \quad e = -\frac{Da}{kl}$$

existente $m = (1+\omega) k l.$

Deinde distantiae focales

$$p = a; \quad q = b; \quad r = \gamma; \quad s = Dd \text{ et } t = e.$$

Porro Interualla lentium

$$a + b = \omega a; \quad \beta + c = \omega a;$$
$$\gamma + d = \frac{1+l}{k} a; \quad \delta + e = D(\frac{l-1}{kl}) \cdot a,$$

quorum trium priora cum per se sint positiua, tantum supereft, vt fit $D(l-1)$ positiuum.

Pro fractionibus π, π' etc. iam habemus:

$$\frac{\pi}{\phi} = -\omega; \quad \frac{\pi'}{\phi} = -2\omega; \quad \text{ideoque } \frac{\pi-\pi'}{\phi} = \omega.$$

Pro binis reliquis vero habentur hae aequationes:

$$\frac{D\pi'-\pi'+\pi-\mathfrak{D}}{\phi} = \frac{a}{d} = i$$
$$\frac{\pi''-\pi''+\pi-\pi+\mathfrak{D}}{\phi} = \frac{Da}{e} = -il = -m$$

Ex

CAPVT II.

Ex quibus elicitur

$$\frac{\varpi}{D} = \frac{1+l-u}{D} = \frac{1+l}{D}$$

$$\frac{\varpi}{D} = \frac{1+l}{D} + u - 1 - m.$$

Vnde pro loco oculi statim habemus

$$0 = -\frac{\varpi}{mD} \cdot l = (\frac{1+l}{D} + u - 1 - m) \frac{Du}{ul}$$

$$0 = (\frac{1+l}{D} - 1 - m) \frac{Du}{ul}$$

quae vt fiat positiua, necesse est, vt D sit negatiuum, adeoque ob $D(l-1) > 0$ erit quoque $l < 1$. Quare cum distantia O facta sit positiua pro margine colorato tollendo habebitur haec aequatio:

$$0 = -u + \frac{\varpi}{D} \cdot l - \frac{\varpi}{D} \cdot l \text{ seu}$$

$$0 = -u + \frac{1+l}{D} - \frac{1+l}{D} + \frac{1+l}{D}$$

seu reiectis m

$$0 = \frac{1+l}{D} \cdot \frac{l-1}{l-1} + \frac{l+1}{l-1} \text{ seu}$$

$$0 = \frac{(1+l)(l-1)}{D} + 1 + m \text{ hinc}$$

$$D = \frac{-(1+l)(l-1)}{m+1} = \frac{(1+l)(1-l)}{m+1} \text{ et } D = \frac{(1+l)(1-l)}{(1-1)l}$$

qui valor debet esse negatiuus ob $l < r$, hincque esse oporteret $l < \frac{1}{1+l}$ siue $l < \frac{1}{2}$; ita, vt hinc esse debeat $l > 2m$, et $D = \frac{-(1+l)(1-l)}{l(1-1)l}$.

His circa valores D et l definitis examinemus campum apparentem, cuius femidiameter Φ duplici modo exprimitur

1°. $\Phi = \frac{D\pi}{l+i} = \frac{(l-l)\pi'}{m+l}$;

2°. $\Phi = \frac{D\pi^{l}}{l+l D-(m+l)}$, $\Phi = \frac{(l-l)\pi}{(m+l)}$

quorum minor tantum locum habet, fiquidem π'' et π''' maximum valorem, qui eft circiter $\frac{1}{2}$, obtineant. Cum autem fit π'': $\pi''' = 1 : l$, tantum fumi poterit $\pi'' = \frac{1}{2}$ fietque $\pi''' = \frac{1}{2}$ hincque campus prodiret $\Phi = \frac{1}{2} \cdot \frac{l-1}{m+1}$; ideoque minor, quam fi lente oculari fimplici vteremur, contra noftrum inftitutum; ita, vt hoc problema pro noftro fcopo refolui nequeat.

Idem Problema praecedens.

254. Vbi ceteris manentibus omnibus, tantum quarta lens ante imaginem realem collocatur.

Solutio.

In folutione ergo etiam omnia manebunt, vt ante, nifi quod binarum quantitatum i et l figna fint mutanda. Primo ergo erunt elementa

$b = -\frac{a}{1+u}$; $\beta = \infty$; $c = -\infty$; $\gamma = a$

$d = -\frac{a}{l}$; $\delta = -\frac{Da}{l}$; $e = \frac{-Da}{l l}$.

Diftantiae focales.

$p = a$; $q = -a$; $r = \gamma = a$;

$s = -\frac{Da}{l}$; $t = -\frac{Da}{l l}$.

CAPVT II.

Lentium vero interualla
$$a+b = \omega a; \quad \beta+c = \omega a$$
$$\gamma+d = +\tfrac{(i-1)}{i}a;$$
$$\delta+e = \tfrac{-(i+1)}{i}a. \; Da$$

vnde patet, effe debere D negatiuum, et $i > 1$; tum vero notetur effe $m = il$.

Deinde inueniemus
$$\tfrac{q}{\phi} = -\omega; \quad \tfrac{r}{\phi} = -2\omega$$
$$\tfrac{r}{\phi} = -\tfrac{(i-1)}{D}; \quad \tfrac{s}{\phi} = -\tfrac{(i-1)}{D} - 2 - m$$

hincque pro loco oculi
$$0 = (-\tfrac{(i-1)}{D} - 2 - m) \tfrac{Dq}{aa}$$

qui ergo valor eft pofitiuus ob $D < 0$. Quare vt margo coloratus euanefcat debet effe
$$\mathfrak{D} = \tfrac{-(i-1)(i+1)}{m+i}$$
$$D = \tfrac{-(i-1)(i+1)}{im+i-i}$$

qui valor cum fit negatiuus, conditionibus praecedentibus fatisfit, fi modo fit $i > 1$. atque his valoribus fubftitutis erit

$$b = -a; \; \beta = \infty; \; c = -\infty; \; \gamma = a; \; d = -\tfrac{a}{i}$$
$$\delta = \tfrac{(i-1)(i+1)a}{(im+i-i)i}; \; e = \tfrac{(i-1)(i+1)a}{(im+i-i)il}$$
$$p = a; \; q = -a; \; r = a;$$

$t =$

CAPVT II.

$$r = \frac{(i-1)(i'+1)a}{(i\pi+1)i!}; \quad t = \frac{(i-1)(i'+1)\pi g}{(i\pi+i-1)i!}$$

$$a+b = u a; \quad \beta+c = u a; \quad \gamma+d = \frac{i-1}{i} a$$

$$\delta + e = \frac{(i-1)(i'+1)\pi a}{(i\pi+i-1)i!}$$

$$\frac{\pi}{\phi} = -\omega; \quad \frac{\pi'}{\phi} = -a\omega$$

$$\frac{\pi''}{\phi} = + \frac{\pi+i}{i+1}$$

$$\frac{\pi'''}{\phi} = + \frac{\pi+i}{i+1} - 1 - a = - \frac{i(a+1)}{i+1} \quad \text{hincque}$$

$$0 = \frac{i(i-1)(a\pi+1)}{i\pi+i-1} \cdot \frac{a}{\pi i}$$

Cum igitur fit $\pi'': \pi''' = 1: -l$ pro campo duo cafus funt perpendendi.

I. Si $l > 1$. tum poterit capi $\pi''' = -\frac{1}{i}$ vt fiat $\pi'' = \frac{1}{i i} < \frac{1}{i}$ hincque femidiameter campi

$$\Phi = \frac{1}{i} \cdot \frac{(i+1)l}{a+i}$$

II. Si $l < 1$, capi poterit $\pi'' = \frac{1}{i}$ vt fiat $\pi''' = -\frac{l}{i} < -\frac{1}{i}$; hincque $\Phi = \frac{1}{i} \cdot \frac{i+l}{a+i}$.

Vtroque ergo cafu campus maior erit, quam fi vnica adeffet lens ocularis, quo cafu inuenimus

$$\Phi = \frac{1}{i} \cdot \frac{i}{a+i}.$$

Maximus igitur campus obtinebitur fi capiatur $l = 1$. quo cafu ob $i l = a$ fit $i = a$ tum vero

$$\Phi = \frac{i}{i(a+1)} = \frac{i\pi}{a+i} \text{ min.}$$

qui

CAPVT II.

qui est duplo maior. Conueniet igitur sumi $l = 1$, si modo resolutio postremae aequationis id permittat, quae est

$$0 = \lambda - \frac{\lambda'}{1+u} + \frac{\lambda''}{1+u} - \delta_i(\frac{\lambda'''}{D^2} + \frac{v}{D}) - \frac{\lambda''''}{D \cdot \cdot \cdot}$$

vbi si capiatur $l = 1$, vt sit $i = m$ sit

$$\mathfrak{D} = -2. \tfrac{m-1}{m+1}; \quad D = -2. \tfrac{m-1}{m+1};$$

quare si m sit numerus praemagnus, erit $\mathfrak{D} = -2$; $D = -\tfrac{1}{2}$; ex quo manifestum est resolutionem illius aequationis hoc modo non solum non impediri, sed et adiuvari, ita, vt haec positio $l = 1$ nostro scopo maxime conueniat. Hinc ergo consequimur

$$\lambda' = (1 + u)\lambda + \lambda'' - \tfrac{\lambda'''}{\mathfrak{D} \cdot \cdot} - \tfrac{\lambda''''}{D \cdot \cdot \cdot} - \tfrac{v}{DD \cdot \cdot}$$

ad quam resoluendam primo notetur, quia duae postremae lentes maximam requirunt aperturam, eas vtrinque aeque conuexas capi debere; vnde pro vltima lente sumi debebit $\lambda'''' = 1,6299$; pro penultima vero habetur

$$\gamma(\lambda''' - 1) = \tfrac{m-1}{1+1} \cdot \tfrac{i-1}{i+1}$$

$$= \tfrac{m-1}{1+1} \cdot \tfrac{m-1+1}{m+1}$$

Cum nunc sit $(\tfrac{m-1}{1+1})^2 = 0,6299$

erit $\lambda''' = 1 + 0.6299 \cdot (\tfrac{m-1+1}{m+1})^2$

deinde vero sumamus $\lambda = 1$ et $\lambda'' = 1$. pro u autem commode sumi posse videtur $u = \tfrac{1}{2}$, quoniam
hoc-

hoc modo interualla lentium priorum non fiunt nimis parua, quam vt in praxi locum habere queant.

Coroll. 1.

255. Quodsi ergo statuamus $l=1$, vt sit $i=m$, tum vero $u=\frac{1}{n}$, nostra elementa ita se habebunt:

$$b = -\frac{na}{n+1}; \quad \beta = \infty; \quad c = \infty$$

$$\gamma = a; \quad d = -\frac{a}{n}; \quad \delta = \frac{i(n-1)a}{n(in-1)}; \quad \epsilon = \frac{i(n-1)a}{n(in-1)};$$

ita, vt sit $\delta = \epsilon$ et imago realis inter binas lentes postremas media interiaceat.

Distantiae autem focales erunt

$$p = a; \quad q = -\frac{na}{n+1}; \quad r = a$$

$$s = \frac{i(n-1)a}{n(n+1)}; \quad t = \frac{i(n-1)a}{n(in-1)}$$

Interualla vero lentium

$$a + b = \frac{a}{n}; \quad \beta + c = \frac{a}{n}; \quad \gamma + d = \frac{n-1}{n}a$$

$$\delta + \epsilon = \frac{i(n-1)a}{n(in-1)}$$

et $O = \frac{nn-1}{in-1} \cdot \frac{a}{nn}$.

Coroll. 2.

256. Adiecta igitur vnica lente hoc insigne commodum feliciter sumus adepti quod amplitudo campi duplo maior sit facta, quam si vnica lente oculari vteremur, vbi probe notandum est, quod haec noua lens adiecta non post imaginem realem, sed ante eam debeat collocari.

Scho-

CAPVT II.

Scholion L

257. Quo haec, quae inuenimus, commodissime ad praxim accommodemus, methodo iam supra tradita vtamur ac primo conftructionem telefcopii pro multiplicatione quapiam modica veluti $m = 25$ inueftigemus; deinde vero pro $m = \infty$; ex quorum cafuum comparatione non difficulter pro qualibet multiplicatione media conftructionem colligere licebit.

Exempl. L

Pro $m = 25$.

258. Conftructionem telefcopii exhiberes

Cum hic fit $m = 25$, erit

$$\mathfrak{D} = -\tfrac{..}{..} = -1,84615$$
$$D = -\tfrac{..}{..} = -0,64865$$

hinc erit $\frac{1-D}{1+D} = \tfrac{..}{..}$

hinc Log. $\left(\frac{1-D}{1+D}\right)^2 = 1,3428018$

vnde colligitur $\lambda''' = 14,8699$.

Iam cum fit

Log. $-\mathfrak{D} = 0,2662669$

Log. $-D = 9,8120104$

reperiemus

$\lambda' = 1,04 + 1 + 0,094529 + 0,23885 - 0,00777$

$\lambda =$

CAPVT II.

$$\lambda' = 1,3656$$
$$\lambda' - 1 = 1,3656 \text{ et}$$
$$\tau \cdot \gamma(\lambda' - 1) = 1,0577$$

Conſtructio igitur lentium ita ſe habebit:

I. Pro prima lente.

radius faciei $\begin{cases} \text{anter.} = 0,6145. a \\ \text{poſter.} = 5,2439. a \end{cases}$

Semidiameter aperturae $= \frac{11}{15}$ dig. $= \frac{1}{7}$ dig.

Interuall. ad lentem ſequentem $= \frac{1}{25} \cdot a = 0,04 \, a$.

II. Pro ſecunda lente

calculus ita ſe habebit

$$F = \frac{b}{f = 1,0577} = \frac{-n/4 a}{1,1,0}$$
$$G = \frac{b}{g + 1,0577} = \frac{-\nu'.a}{a,14,7}$$

ſeu $F = -0,7690. a$
$G = -1,6851. a$

Interuallum ad ſequentem, vt ante, $= 0,04 \, a$

III. Pro tertia lente

cum eius diſtantia focalis ſit reuera

$$\gamma = \frac{a}{1 + u} = (1 - u) a \text{ et } \lambda'' = 1,$$

CAPVT II.

ex prima lente haec ita definitur

radius faciei $\begin{cases} \text{anter.} = 0,5900. a \\ \text{poster.} = 5,0342. a \end{cases}$

Interuallum ad quartam $= a - \frac{1.8}{2.5} = 0,92. a$

IV. Pro quarta lente

cuius distantia focalis est $1,84615. \frac{a}{2}$

quia debet esse vtrinque aeque connexa,

erit vtriusque faciei radius $= 2,03076. \frac{a}{2}$

Semidiameter aperturae $= 0,50769. \frac{a}{2}$

Interuallum ad sequentem $= + 1,29730 \frac{a}{2}$.

V. Pro quinta lente

cuius distantia focalis $= 0,64865. \frac{a}{2}$

erit radius vtriusque faciei $= 0,71351. \frac{a}{2}$

Semidiameter aperturae $= 0,17838. \frac{a}{2}$

hinc interuallum ad oculum vsque erit $= 0,3372. \frac{a}{2}$, existente $m = 25$ et campi apparentis semidiameter erit $\Phi = \frac{1711}{60}$. minut. $= 66$ min. et longitudo totius instrumenti

$= a + 1,6345. \frac{a}{2} = 1,06538. a.$

Exem-

CAPVT II.
Exempl II.

Si $m = \infty$.

259. Conftructionem telefcopii defcribere.

Erit igitur $\mathfrak{D} = -a$; $D = -\frac{a}{2}$
et $u = 0, \frac{1-D}{1+D} = 5$; vnde fit
$\lambda''' = 1 + 0,6299. 25 = 16,74$

Hincque colligitur
$\lambda' = 1 + 1 = 2$; $\lambda' - 1 = 1$. Ideoque
$\tau. \sqrt{(\lambda' - 1)} = \tau = 0.9051$.

Conftructio igitur lentium ita fe habebit.

I. Pro prima lente

radius faciei $\begin{cases} \text{anter.} = 0,6145. a \\ \text{pofter.} = 5, 2439. a \end{cases}$

Semidiameter aperturae $= \frac{a}{7}$, dig.
Interuallum ad lentem fequentem $= \frac{a}{2}$.

II. Pro fecunda lente
cuius diftantia focalis $b = -a$ habebimus:

$F = \frac{b}{e \pm c.poft} = \frac{-a}{1,0.11}$
$G = \frac{b}{e + c.poft} = \frac{-a}{0,7111}$

Hinc $F = -0,91257. a$
$G = -1,38446. a$
Interuallum ad fequentem $= \frac{a}{2}$.

III. Pro

CAPVT II.

III. Pro tertia lente

radius faciei $\begin{cases} \text{anter.} = 0,6145 \cdot a \\ \text{poster.} = 5,2439 \cdot a \end{cases}$

Interuallum ad sequentem lentem $= a - \frac{1a}{m}$.

IV. Pro quarta lente
cuius distantia focalis est $\mathfrak{D} d = + \frac{1a}{m}$,
erit radius vtriusque faciei $= 2, 2 \frac{a}{m}$

Interuallum $= \frac{1}{3} \cdot \frac{a}{m} = 1,333 \cdot \frac{a}{m}$.

V. Pro quinta lente
cuius distantia focalis $= 0,666 \cdot \frac{a}{m}$

erit radius vtriusque faciei $= 0,7333 \cdot \frac{a}{m}$

Interuallum ad oculum $= \frac{1}{3} \cdot \frac{a}{m}$.

Exempl. III.

260. Pro multiplicatione quacunque m constructionem huiusmodi telescopii describere.

Hic assumsi omnes lentes ex ea vitri specie parari, pro qua est $n = 1,55$. Ex praecedentibus autem sequens constructio concinnabitur

I. Pro prima lente
erit, vt hactenus,

radius faciei $\begin{cases} \text{anter.} = 0,6145 \cdot a \\ \text{poster.} = 5,2439 \cdot a \end{cases}$

Semidiameter aperturae $x = \frac{a}{12}$ dig.

Interuallum ad sequentem $= \frac{a}{m}$.

II. Pro secunda lente

ponatur
$$F = -(0,91257 + \frac{f_1}{m})a$$
$$G = -(1,38446 + \frac{g_1}{m})a$$

erit autem
$$0,91257 + f_1 = 0,7690$$
$$1,38446 + g_1 = 1,6852$$

vnde $f = -3,59$

$g = +7,52$

Interuallum $= \frac{a}{m}$.

III. Pro tertia lente

radius faciei $\begin{cases} \text{anter.} = 0,6145(1-\frac{1}{m})a \\ \text{poster.} = 5,2439(1-\frac{1}{m})a \end{cases}$

Interuallum ad sequentem $= a - \frac{15}{m}$.

IV. Pro quarta lente

statuatur radius vtriusque faciei
$$= (2,2 + \frac{b}{m})\frac{a}{m}$$
eritque $2,2 + \frac{b}{M} = 2,03076$

CAPVT II.

hinc colligitur $b = -4,231$.

Interuallum ad sequentem $= (1,333 + \frac{k}{m}) \frac{a}{m}$

hinc $k = -0,90$; adeoque interuallum erit

$(1,333 - \frac{0,90}{m}) \frac{a}{m}$.

V. Pro quinta lente

cuius distantia focalis $= (0,666 - \frac{0,0?}{m}) \frac{a}{m}$

erit radius vtriusque faciei $= (0,7333 - \frac{0,???}{m}) \frac{a}{m}$

Distantia ad oculum $= (\frac{1}{3} + \frac{1}{m}) \frac{a}{m}$

vnde $l = 0,097$ adeoque haec distantia erit

$(0,333 + \frac{0,0?}{m}) \frac{a}{m}$

et tota telescopii longitudo $=$

$a + (1,666 - \frac{0,???}{m}) \frac{a}{m}$

vel $a + 1,666. \frac{a}{m} - 0,803. \frac{a}{m^2}$

Perpendamus nunc quantam valorem ipsi a tribui conueniat et cum ternae priores lentes vt lens triplicata spectari queant, minimus radius est $0,6145\ a$, cuius pars quarta $\frac{1}{17}. a$ ipsi $x = \frac{1}{10}$ aequalis posita dat $a = \frac{10}{17}$. dig. $= \frac{1}{13}$ dig. Ponamus igitur $a = \frac{1}{2}$ dig. et habebitur sequens

Constructio huiusmodi Telescopiorum.

Circa diaphragma his telescopiis inferendum videtur sequens Scholion 3.

Pro

CAPVT II.

Pro multiplicatione quacunque m, lentibus ex vitro $n = 1,55$, factis

I. Pro prima lente

radius faciei $\begin{cases} \text{anter.} = 0,08193 . m. \text{ dig.} \\ \text{poster.} = 0,69918. m. \text{ dig.} \end{cases}$

Semidiameter apertorae $= \frac{m}{15}$ dig.

Interuallum $= \frac{1}{11}$ dig.

II. Pro secunda lente

rad. fac. $\begin{cases} \text{anter.} = (-0,1217.m + 0,478) \text{dig.} \\ \text{poster.} = (-0,18459.m - 1,003) \text{dig.} \end{cases}$

Interuallum $= \frac{1}{11}$ dig.

III. Pro tertia lente

rad. fac. $\begin{cases} \text{anter.} = (0,08193 m - 0,0819) \text{ dig.} \\ \text{poster.} = (0,69918 m - 0,699) \text{ dig.} \end{cases}$

Interuallum $= (\frac{1}{11} m - \frac{1}{11})$ dig.

IV. Pro quarta lente

radius vtriusque faciei $= (0,2933 - \frac{0,111}{m})$ dig.

Interuallum $= (0,1777 - \frac{0,111}{m})$ dig.

V. Pro quinta lente

radius vtriusque faciei $= (0,098 - \frac{0,044}{m})$ dig.

Hinc interuallum ad oculum $= (0,044 - \frac{0,022}{m})$ dig.

Longitudo tota $= (\frac{1}{11} m - 0,11)$ dig.

ita,

CAPVT II.

ita, vt pro caſu $m = 100$ haec longitudo fit $13\frac{1}{2}$ dig. campi denique apparentis ſemidiameter $= \frac{1711}{m+1}$ min. ſeu, quia etiam lentes priores aliquantillum ad campum augendum conferunt, $\Phi = \frac{1711}{m}$ min. ita, vt pro $m = 100$ fiat $\Phi = 17$ min. 10 ſec.

Scholion 2.

261. Teleſcopia haec in ſuo genere ita omnibus numeris abſoluta videntur, vt perfectiora vix deſiderari queant, niſi diuerſas vitri ſpecies adhibere velimus. Non ſolum enim confuſionis ab apertura oriundae ſunt expertia aeque ac marginis coloraci, ſed etiam campum apparentem duplo maiorem patefaciunt, quam ſimplicia ac praeterea tam ſunt breuia, vt breuiora ne ſperare quidem liceat. Deinde etiam in exſecutione inſigne commodum inde obtineri poteſt, quod inter tres priores lentes interualla aliquantillum, variari poſſunt; ſi enim forte eueniat, vt ob tantillum errorem in praxi commiſſum hae lentes non exactiſſime ad interualla hic praeſcripta ſint accommodata, facile euenire poteſt, vt iis pauliſper mutatis, egregium effectum ſint praeſtaturae. Interim tamen ſemper conſultum erit, ſecundam lentem concauam pluries elaborari, ſecundum easdem menſuras; cum enim ſemper aliquod diſcrimen deprehendatur, inter plures eiusmodi lentes optima facile eligi poterit. Nihilo minus vero conueniet noſtram inueſtigationem vlterius proſequi et in eiusmodi huius generis tele-

190 CAPVT II.

scopia inquirere, quorum campus adeo triplo vel quadruplo maior sit proditurus.

Scholion 3.

262. Quo haec telescopia meliorem effectum praestent, necesse est, vt in loco imaginis verae diaphragma siue septum, quemadmodum supra iam est descriptum, cum foramine debitae magnitudinis constituatur. Cadit autem haec imago ob $\delta = e$ praecise in medium interualli quartae & quintae lentis ideoque ad distantiam $= (0,0888 - \frac{0.008}{n})$ dig. Deinde cum foramen magnitudini huius imaginis debeat esse aequale et semidiameter imaginis sit in genere $= a \Phi$. $BCD = a \Phi$. $D = -2 . \frac{m-1}{t-1} . a \Phi$; debet esse semidiameter foraminis $= -2 . \frac{m-1}{t-1} a \Phi$. Iam cum in nostro exemplo euoluto sit $a = \frac{1}{16}$ et $\Phi = \frac{1}{4}$ colligitur iste foraminis semidiameter $= \frac{1}{16} . \frac{m-1}{t-1}$ dig. $= (\frac{1}{16} - \frac{1}{116}.)$ dig.

Ceterum etsi his telescopiis multo maiorem claritatis gradum conciliauimus quam vulgo fieri solet, dum sumsimus $y = \frac{1}{6}$ dig., ex Hugenii regulis autem sequitur $y = \frac{1}{4}$ dig. tamen si quis vereatur, ne hic ob multitudinem lentium claritas notabilem iacturam patiatur, huic incommodo facile medela afferetur, mensuras datas tantum quapiam sui parte augendo seu, quod eodem redit, mensuram vnius digiti, quam hactenus indefinitam reliquimus, pro lubitu augendo.

Pro-

CAPVT II.

Problema 7.

263. Si praeter tres lentes priores, vti in praecedente problemate sunt constitutae, adhuc vna lens ante locum imaginis collocetur, post eam insuper duas lentes ita disponere, vt maximus campus obtineatur.

Solutio.

Cum hic occurrant sex lentes, erit
$$m = \frac{a}{b} \cdot \frac{\beta}{c} \cdot \frac{\gamma}{d} \cdot \frac{\delta}{e} \cdot \frac{\epsilon}{f}.$$
quarum fractionum tres priores sunt negatiuae, quarta positiua & quinta denuo negatiua. Pro prioribus iam sumsimus esse $\frac{a}{b} = -1 - \omega$; $\frac{\beta}{c} = -1$. Pro posterioribus vero statuamus $\frac{\gamma}{d} = -k$; $\frac{\delta}{e} = i$ et $\frac{\epsilon}{f} = -l$ vt sit $m = (1+\omega)kli$; vnde ob $B = \infty$, $C = 0$, et $BC = 1$ elementa nostra erunt

$b = -\frac{a}{1+\omega}$; $\beta = \infty$; $c = -\infty$;

$\gamma = \frac{a}{1+\omega}$; $d = -\frac{a}{k}$; $\delta = -\frac{Da}{k}$;

$e = -\frac{Da}{ki}$; $t = -\frac{DEa}{ki}$; $f = \frac{DEa}{kil}$.

Atque hinc distantiae focales reperientur:

$p = a$; $q = -(1-\omega)a$; $r = \frac{a}{1+\omega}$;

$s = -\frac{Da}{k}$; $t = -\frac{EDa}{ki}$; $u = \frac{DEa}{kil}$.

Tum

Tum vero interualla lentium

$$a+b=\omega a;\ \beta+e=\omega a;\ \gamma+d=\tfrac{1-i}{i}\cdot a$$
$$\delta+e=-D\,a\,\tfrac{1-i}{i i};\ \epsilon+f=D\,E\,a\,\tfrac{1-l}{k i i}$$

quae vt prodeant politiua, debet elle

$1°.\ k > 1;\ 2°.\ D < 0;\ 3°.\ +E(l-1) > 0$

Litterae $\pi,\ \pi'$ etc. fequenti modo definientur:

$$\tfrac{\pi}{\varphi}=-\omega;\ \tfrac{\pi'}{\varphi}=-2\omega$$

et reliquae ex fequentibus formulis determinari debent

$$\tfrac{D\pi''-\pi'+\pi-\varphi}{\varphi}=\tfrac{2Ca}{\epsilon}=-k$$
$$\tfrac{E\pi'''-\pi''+\pi'-\pi+\varphi}{\varphi}=\tfrac{2CDa}{\epsilon}=-ki$$
$$\tfrac{\pi''''-\pi'''+\pi''-\pi'+\pi-\varphi}{\varphi}=m$$

hinc ergo colligimus

$$\tfrac{\pi''}{\varphi}=\tfrac{1-k}{D};\ \tfrac{\pi'''}{\varphi}=\tfrac{\pi''}{eD}-\left(\tfrac{1-k i}{E}\right)$$

et $\tfrac{\pi''''}{\varphi}=\tfrac{\pi'''}{\varphi}-\tfrac{\pi''}{\varphi}+m+1$

Nunc cum pro campo apparente fit

$$\Phi=\tfrac{\pi-\pi'+\pi''-\pi'''+\pi''''}{n+1}$$

is fiet maximus, fi fumatur $\pi''=\tfrac{1}{2},\ \pi'''=-\tfrac{1}{2};$ $\pi''''=\tfrac{1}{2};$ inde enim fiet $\Phi=\tfrac{1}{2}\cdot\tfrac{1}{n+1};$ vnde illae aequationes dabunt

$$\tfrac{n+1}{2}=\tfrac{1-k}{D};\ \tfrac{-n-1}{e}=\tfrac{n}{2}\tfrac{1}{E}-\left(\tfrac{1-k i}{E}\right)$$

et

CAPVT II.

et $\frac{n+\iota}{\iota} = \frac{n-\iota}{\iota} - \frac{n-\iota}{\iota} + m + \iota$

quae est, vti debet, identica.

Vnde pro loco oculi sequitur

$$O = \frac{n+\iota}{\iota} \cdot \frac{\iota}{m} = \frac{n+\iota}{\iota} \cdot \frac{D E a}{a i l. m}$$

quae distantia vt fiat positiua ob $D < o$ debet etiam esse $E < o$ adeoque $l < \iota$, siquidem assumamus a positiuum. Patet autem, si caperemus $l = \iota$, binas postremas lentes sibi immediate iungi et prodire casum lentis ocularis duplicatae iam supra consideratum. Videamus autem ante quam aequationem pro margine colorato contemplemur, cuiusmodi valores litterae $\mathfrak{E}$ et $\mathfrak{D}$ ex binis aequationibus superioribus obtineant et ex priori quidem inuenitur $\mathfrak{D} = -\frac{\iota(k-\iota)}{m-+\iota}$ qui cum sit negatiuus, etiam D fit negatiuum, vti oportet; et ex altera fit $\mathfrak{E} = \frac{\iota k i - n + \iota}{m-+\iota}$ hincque $E = \frac{\iota k i - n + \iota}{\iota m - \iota k i - \iota}$; qui valor cum debeat esse negatiuus, duo casus sunt considerandi.

I. Si numerator negatiuus et denominator positi- uus, erit $3 k i + 2 < m$ et $m > \frac{\iota k i + \iota}{\iota}$ seu simpliciter $m > 3 k i + 2$.

II. Sin autem numerator sit positiuus et denominator negatiuus, erit $m < 3 k i + 2$ et $m < \frac{\iota k i + \iota}{\iota}$ seu simpliciter $m < \frac{\iota k i + \iota}{\iota}$.

Cum autem sit $m = k i l$, ob $l < \iota$ erit $m < k i$, vnde patet priorem casum locum habere non posse,

sed

CAPVT II.

sed solum secundum., ita, vt sit $m < ki$ quo pacto omnes conditiones sunt adimpletae, sicque nihil impedit, quominus resolutionem aequationis pro margine tollendo suscipiamus, quae praeter exspectationem tam facilis euadet, vt nullae difficultates, quales ante occurrebant, negotium turbent. Haec autem aequatio omissis duobus primis terminis vtpote minimis ita se habebit:

$$0 = \frac{\pi''}{\Phi} \cdot \frac{d}{p} + \frac{\pi'''}{\Phi} \cdot \frac{d}{\delta p} + \frac{\pi''''}{\Phi} \cdot \frac{d}{\delta\delta p}$$

quae ob $\pi'' = -\pi''' = +\pi''''$ abit in hanc:

$$0 = \frac{d}{p} - \frac{d}{\delta p} + \frac{d}{\delta\delta p}$$

cum nunc sit $p = a$ et $\frac{d}{a} = -1$, $\frac{l}{a} = -\frac{p}{kl}$; $\frac{l}{a} = \frac{pk}{kl}$

erit nostra aequatio

$$0 = -1 + \frac{i}{kl} + \frac{1}{kll}$$

seu per k multiplicando

$$0 = -1 + l + \lambda$$
$$0 = -il + l + 1;$$

hincque $i = \frac{l+1}{l}$, vbi debet esse $l < 1$ hinc $il = 1 + l$ et $m = (1 + l)k$; ita vt sit $k = \frac{m}{1+l}$.

Deinde erit

$$\mathfrak{D} = \frac{-1(k-1)}{m+1}; \quad \mathfrak{E} = \frac{1k/-m+1}{m+1} \text{ ideoque}$$
$$D = \frac{-1(k-1)}{1k+m-1}; \quad E = \frac{1k/-k+1}{m-1k/-1}.$$

His

CAPVT II.

His inuentis aequatio pro confufione tollenda erit

$$0 = \lambda - \tfrac{\lambda'}{1+\omega} + \tfrac{\lambda''}{1+\omega} - \tfrac{1}{D\lambda}(\tfrac{\lambda'''}{D'} + \tfrac{v}{D})$$
$$- \tfrac{1}{D'.\bar{e}\bar{n}}(\tfrac{\lambda''''}{e'} + \tfrac{v}{k}) + \tfrac{\lambda'''''}{D'E'.\bar{n}}$$

quae, vt hactenus 'eft factum, facile refoluitur, quaerendo fcilicet valorem ipfius λ'.

Scholion.

264. Solutio huius problematis ad fequentes inueftigationes expediendas maximum adiumentum nobis affert, dum ea nobis nouam methodum fuppeditat aequationem pro margine colorato tollendo, quae fupra infignibus difficultatibus erat inuoluta, expeditiffime refoluendi. Huius methodi autem vis in eo confiftit, vt litteris π, π', π'' etc. ftatim determinatos valores tribuamus qui quidem ita fint comparati, vt maximum campum apparentem producant. Hoc enim facto iftae litterae ex memorata aequatione ftatim tolluntur et loco litterarum d, e, f valores ante inuentos fubftituendo etiam litterae majusculae fponte ex calculo euanefcunt; ita, vt tota aequatio nulla amplius alia elementa inuoluat praeter litteras k, i, l; quarum vna inde fine vlla difficultate definitur; deinde vero ex illis valoribus pro litteris π, affumtis facile determinantur litterae $\mathfrak{D}$, $\mathfrak{E}$ etc. indeque etiam D, E etc. quarum valores in vltimam aequationem translati totum negotium facile conficient; quin etiam haec me-
tho-

thodus pro prioribus lentibus in vfum vocari poteſt, vbi autem notandum eſt, quia hae lentes quaſi ad obiectiuam conſtituendam concurrunt, ex earum litteris π et π' nihil vel perparum ad campum amplificandum redundare poſſe. Quocirca his litteris non vt ſequentibus valor $\frac{1}{2}$, ſed potius quam minimus, puta $\frac{1}{3}$. ω et $\frac{1}{3}$. ω' tribui debet, denotantibus ſcilicet ω et ω' fractiones quam minimas. Quare quo haec noua methodus clarius perſpiciatur, ea ad ſequens problema generale huc ſpectans ſoluendum vtemur.

Problema 8.

265. Teleſcopium huius generis ex ſex lentibus conſtruere, quarum tres priores inſeruiant omni confuſioni tollendae, tres autem poſteriores campo triplicando, dum ſcilicet lenti oculari ſimplici campum ſimplicem aſſignamus.

Solutio.

Hic igitur quinque ſequentes fractiones conſiderandae veniunt:

$$\frac{a}{b}.\ \frac{\beta}{c}.\ \frac{\gamma}{d}.\ \frac{\varepsilon}{e}.\ \frac{\iota}{f}$$

quarum omnes praeter vnicam debent eſſe negatiuae. Quare ſi ſtatuamus:

$$\frac{a}{b} = -P;\ \frac{\beta}{c} = -Q;\ \frac{\gamma}{d} = -R;$$
$$\frac{\varepsilon}{e} = -S\ \text{et}\ \frac{\iota}{f} = -T.$$

evidens

CAPVT II.

euidens est, harum quinque litterarum P, Q, R, S, T vnicam fore negatiuam, reliquis exiftentibus pofitiuis. Quaenam autem sit negatiua, hic nondum opus est definire. Hoc posito nostra elementa aeque ac distantiae focales cum interuallis lentium sequenti modo conspectui repraesententur:

D. stant. determinat.	Dist. focales	Interualla lentium
	$p = a$	
$b = \frac{a}{p}$	$\beta = -\frac{Ba}{P}$	$q = \mathfrak{B}b$	$a+b = a(1-\frac{1}{p}) > 0$
$c = \frac{Ba}{PQ}$	$\gamma = \frac{BCa}{PQ}$	$r = \mathfrak{C}c$	$\beta + c = -\frac{Ba}{P}(1-\frac{1}{Q}) > 0$
$d = \frac{BCa}{PQR}$	$\delta = -\frac{BCDa}{PQR}$	$s = \mathfrak{D}d$	$\gamma + d = \frac{BCa}{PQ}(1-\frac{1}{R}) > 0$
$e = \frac{BCDa}{PQRS}$	$\epsilon = \frac{BCDEa}{PQRS}$	$t = \mathfrak{E}e$	$\delta + e = -\frac{BCDa}{PQR}(1-\frac{1}{S}) > 0$
$f = \frac{BCDEa}{PQRST}$		$u = f$	$\epsilon + f = \frac{BCDEa}{PQRS}(1-\frac{1}{T}) > 0$

vbi cum productum $PQRST$ sit negatiuum, pro multiplicatione erit $m = -PQRST$.

Deinde cum pro campo apparente habeatur

$$\Phi = \frac{z - \tau' + \tau'' - \tau''' + \tau''''}{m+1}$$

sit ξ maximus valor, quem hae litterae π, π' etc. recipere possunt et statuamus $\pi = \omega\xi$; $\pi' = -\omega'\xi$; $\pi'' = \xi$; $\pi''' = -\xi$; $\pi'''' = \xi$; vt sit $\Phi = \frac{\omega + \omega' + 1}{m+1} \cdot \xi$

Cum igitur hinc sit $\frac{\pi}{\Phi} = \frac{m+1}{\omega + \omega' + 1}$, pro distantia oculi habebimus

Tom. II.   O o $O =$

CAPVT II.

$$O = \frac{\tau'''}{\phi} \cdot \frac{n}{m} = \frac{n+1}{\omega+\omega'+1} \cdot \frac{BCDEa}{PQRST \cdot m}$$

seu $O = \frac{n+1}{\omega+\omega'+1} \cdot \frac{BCDE \cdot a}{m \cdot m}$.

Vt igitur O fiat pofitiuum, quia $\frac{\tau'''}{\phi}$ eft pofitiuum, debet effe $u > 0$ ideoque vltima lens conuexa, quae conditio infuper eft probe obferuanda.

Nunc igitur aequatio pro margine colorato tollendo ita fe habebit:

$$o = \omega \cdot \frac{b}{a} - \omega' \cdot \frac{c}{Ba} + \frac{d}{BCa} - \frac{e}{BCDa} + \frac{f}{BCDEa}$$

quae reducitur ad hanc formam:

$$o = + \omega \cdot \frac{1}{P} + \omega' \cdot \frac{1}{PQ} + \frac{1}{PQR} + \frac{1}{PQRS} + \frac{1}{PQRST}$$

in qua duos priores terminos ob paruitatem negligere licet, ita, vt adhuc fit

$$o = 1 + \frac{1}{s} + \frac{1}{st}$$

quae aequatio facile refoluitur, dummodo litterarum S et T altera fit negatiua; vnde patet, tres priores litteras P, Q, R neceffario effe pofitiuas. Nunc ordo poftulat, vt etiam litteras $\mathfrak{B}$, $\mathfrak{C}$, $\mathfrak{D}$ etc. ex aequationibus fundamentalibus determinemus

$$\frac{B\tau - \phi}{\phi} = -P;$$
$$\frac{C\tau - \tau + \phi}{\phi} = PQ$$
$$\frac{D\tau - \tau + \tau - \phi}{\phi} = -PQR$$
$$\frac{E\tau - \tau + \tau - \tau + \phi}{\phi} = PQRS.$$

ex

CAPVT II.

ex quibus, si breuitatis gratia ponamus, $\frac{u+u'+v+1}{u+v+1}=M$, colligimus:

$\mathfrak{B}=\frac{(1-P)\pi}{u}$ $\qquad$ $B=\frac{\mathfrak{B}}{1-\mathfrak{B}}$

$\mathfrak{C}=\frac{(1-PQ)M-u}{u'}$ $\qquad$ $C=\frac{\mathfrak{C}}{1-\mathfrak{C}}$

$\mathfrak{D}=(1-PQR)M-u'-u$ $\qquad$ $D=\frac{\mathfrak{D}}{1-\mathfrak{D}}$

$\mathfrak{E}=(1-PQRS)M-u'-u-1$ $\qquad$ $E=\frac{\mathfrak{E}}{1-\mathfrak{E}}$

adeoque

$B = \frac{(1-P)\pi}{u-(1-P)\pi}$

$C = \frac{(1-PQ)M-u}{u'+u-(1-PQ)\pi}$

$D = \frac{(1-PQR)M-u'-u}{1+u+u'-(1-PQR)\pi}$

$E = \frac{(1-PQRS)M-u'-u-1}{1+u+u'+u''-(1-PQRS)\pi}$

Nunc denique aequatio pro confusione aperturae tollenda considerari debet, quae est

$0 = \lambda - \frac{1}{6\Gamma}(\frac{\lambda''}{u} + \frac{v}{u})$
$+ \frac{1}{B'C'PQ}(\frac{\lambda'''}{C'} + \frac{v}{C})$
$- \frac{1}{B'C'D'PQR}(\frac{\lambda''''}{D'} + \frac{v}{D})$
$+ \frac{1}{B'C'D'E'PQRS}(\frac{\lambda'''''}{E'} + \frac{v}{E})$
$- \frac{1}{B'C'D'E'F'PQRST} \cdot \lambda'''''$

cui aequationi ut satisfieri queat, notandum est, terminos post tres priores sequentes admodum fieri par-
uos.

Cum enim fit $PQRST = -m$, hoc eft numero ingenti, primi autem factores P et Q vix ab vnitate diferepent, necesse eft, vt productum RST numerum m fere totum producat; deinde quia inter S et T inuenimus aequationem: $0 = 1 + \frac{1}{3} + \frac{1}{31}$, patet, numerum m neque in S neque in T contineri, ideoque factorem R maximam partem numerum m complecti. Quocirca huius aequationis membra quartum et fequentia prae tribus prioribus quafi euanefcent ita, vt tria priora fe mutuo propemodum deftruere debeant, vnde proxime ftatuendum erit

$$0 = \lambda - \frac{\lambda'}{\mathfrak{B}P} + \frac{\lambda''}{\mathfrak{B}'\mathfrak{C}\cdot PQ}$$

ideoque

$$\lambda' = \mathfrak{B}'P.\lambda + \frac{\mathfrak{B}'\lambda''}{\mathfrak{B}'\mathfrak{C}\cdot Q}$$

vbi pro felici exfecutione optandum effet, vt prodiret $\lambda = 1$; $\lambda' = 1$ et $\lambda'' = 1$. quia tum leues errores in praxi commiffi minimi funt momenti. Quare cum fequentes termini parui fint pofitiui, necesse erit, vt fit $1 > \mathfrak{B}'P + \frac{\mathfrak{B}'}{\mathfrak{B}'\mathfrak{C}\cdot Q}$ vnde fi effet $P = 1$ et $Q = 1$, et, vt fupra, $\mathfrak{B}\mathfrak{C} = 1$ deberet effe $1 > 2\mathfrak{B}'$ feu $\mathfrak{B} < \overset{\smile}{V}\frac{1}{2}$; fiue $\mathfrak{B} < \frac{1}{2}$; quod praeceptum in adplicatione attendi meretur.

Coroll. I.

166. Cum igitur nunc certum fit, quinque litteras $PQRST$ omnes effe pofitiuas, praeter S vel T,

si sumamus distantiam a semper esse positiuam, ex primo interuallo concludimus esse $P > 1$; et quia hoc interuallum statuitur minimum, P parum tantum superabit vnitatem & quia etiam secundum interuallum sumitur minimum, littera Q parum quoque ab vnitate discrepabit. Deinde quia quoque F debet esse quantitas positiua, ideoque productum BCDE positiuum ob $1 = -Tf$ vltimum interuallum fit $(1-T)f$ statimque hanc praebet conditionem $T < 1$ vnde si T sit positiuum, conditio postulat, vt sit $T < 1$; sin autem T sit negatiuum, nulla restrictione opus est.

Coroll. 2.

267. Quia in vltima aequatione omnia membra praeter secundum sunt positiua, ita, vt solum secundum, omnia reliqua destruere debeat, necesse est, vt $\mathfrak{B}$ sit positiuum et propemodum, vti notauimus, valorem habeat vnitate aliquantillum minorem. Quare cum inuentum sit $\mathfrak{B} = \frac{(1-r)M}{v}$; littera autem M semper sit positiua, et $1-r$ negatiuum, sequitur, fore particulam ω negatiuam.

Coroll. 3.

268. Si igitur interuallum primum statuamus $= \eta \alpha$, pariterque secundum etiam $\eta \alpha$ existente η fractione minima, quoniam tantum hic illum casum euitare volumus, quo hae lentes quasi in vnam coalescere deberent, η tam paruum assumi conuenit, quam

exſecutio permittit; ad qnod ſufficere videtur, ſi ſit $\eta = 0,03$; hinc igitur erit $1 - \frac{1}{2} = \eta$ adeoque $P = \frac{1}{1-\eta}$ et nunc ω propius definire poterimus, ſcilicet $\omega = \frac{-\eta\zeta}{(1-\eta)\mathfrak{B}}$ et quia $M = \frac{1}{m+1}$ erit $\omega = \frac{-\eta}{(m+1)\mathfrak{B}}$ ſicque littera $\mathfrak{B}$ adhuc noſtro arbitrio relinquitur

Coroll. 4.

269. Quia $\mathfrak{B} > 0$ et parumper minus vnitate erit B poſitiuum; vnde pro ſecundo interuallo habebimus $Q = \frac{\mathfrak{B}}{1+\eta\mathfrak{B}}$ ideoque $Q < 1$. ſiue $Q = \frac{(1-\eta)\mathfrak{B}}{(1-\eta)\mathfrak{B}+\eta}$ ſeu proxime $Q = 1 - \frac{\eta}{\mathfrak{B}}$; hincque definire licet ω' ſcilicet $\omega' = \frac{(1-PQ)\eta-\omega}{\mathfrak{C}}$ ſiue $\omega' = \frac{\epsilon\eta}{(m+1)\mathfrak{B}\mathfrak{C}}$, ita, vt etiam $\mathfrak{C}$ noſtro arbitrio relinquatur.

Scholion 1.

270. Hinc caſus ſupra tractatus, quo erat $B = \infty$ et $\mathfrak{C} = 0$, facile deducitur tum enim erit $Q = 1$; manente $P = 1 + \eta$, $\omega = \frac{-\eta}{m+1}$; $\omega' = \frac{\epsilon\eta}{(m+1)\mathfrak{B}\mathfrak{C}}$ et quia tam $\beta = \infty$, quam $\epsilon = -\infty$ fiet γ diſtantia focalis tertiae lentis $r = \frac{\mathfrak{B}\mathfrak{C}a}{PQ}$, vbi $\mathfrak{B}\mathfrak{C}$ ita definiri poterit, vt tertia lens primae perfecte euadat aequalis, quod ad praxin valde eſt conueniens; ſtatuatur nempe $\mathfrak{B}\mathfrak{C} = PQ = 1 + \eta$.

Quia autem tum fit $\mathfrak{B} = 1$, poſtremae conditioni ſatisfieri nequit; quae cum fit maioris momenti, quam praecedens, ſtatuamus potius $\mathfrak{B} = \frac{1}{2}$ vt ſit B = 4

et

et fumto $P = 1,03$ reperitur, fumi debere $\mathfrak{C} > 0, 2567$, quare fumatur $\mathfrak{C} = 0, 257$. eritque
$C = \frac{2357}{2401} = 0, 34589$
quod notaffe fufficiat pro iis, qui tali refolutione vti veliat.

Coroll. 5.

271. Quia nunc tam BC, quam PQ funt numeri pofitiui, vt tertium quoque interuallum fiat pofitiuum, neceffe eft, vt fit $R > 1$, quae conditio fponte impletur, quoniam R erit numerus multo adhuc maior. Pro quarto interuallo $-\frac{BCD}{PQR}(1-\frac{1}{5})a$ neceffe eft, vt $-D(1-\frac{1}{5})$ fit pofitiuum; ex praecedentibus autem patet, $\mathfrak{D}$ ideoque et D effe negatiuum; vnde fieri debet $1-\frac{1}{5} > 0$ quod fit, fi fuerit vel S negatiuum vel $S > 1$, fi fit pofitiuum. De quinto interuallo iam fupra vidimus.

Scholion 2.

272. Hic ergo duo cafus funt confiderandi, alter, quo S eft numerus negatiuus, alter vero, quo T eft negatiuum.

I. Sit $S < 0$. et ponatur $S = -K$ habebiturque ifta aequatio $0 = 1 - \frac{1}{K} - \frac{1}{KT}$ eritque $K = 1 + \frac{1}{T}$ verum hic eft $T < 1$, vti fupra vidimus; vnde erit $K > 2$ et KT continetur intra limites 1 et 2; vnde cum fit $RKT = m$, continebitur R intra limites m et $\frac{1}{2}m$. hoc porro cafu erit $\mathfrak{C} = (1+RK)M - 1$; qui valor ob $RK > m$ et $M = \frac{1}{m+1}$ erit $\mathfrak{C} > \frac{1(m+1)}{m+1} - 1 > 1$; ideo-

ideoque E semper negatiuum, vti reliqua conditio postulat, scilicet vt BCDE sit positiuum.

II. Sit iam $T<0$ et ponatur $T=-K$ eritque $0=1+\frac{1}{3}-\frac{1}{k}$ ideoque $S=\frac{1}{k}-1$, vbi quidem rationes vltimi interualli K pro lubitu accipi posset, nunc vero requiritur, vt sit $K<1$. Cum igitur sit $RSK=\varpi$, erit $RS=\frac{\varpi}{K}$ adeoque $RS>\varpi$ et littera $\mathfrak{E}$ manifesto fit negatiua ideoque etiam E; quibus notaris euolutio exemplorum nulla plane laborat difficultate; id tantum hic adhuc adiungere visum est, vt tres posteriores lentes maximam aperturam accipiant, eas vtrinque aeque connexas confici debere; qua conditione numeri λ''', λ'''', λ''''' sequenti modo determinantur, vti quidem iam supra est ostensum, scilicet si pro indole vitri ponatur $\frac{1-f}{f}=N$, reperitur $\lambda'''=1+N'.(\frac{1-D}{1+D})^2$, quae forma ob $D=\frac{D}{1-2}$ erit $\lambda'''=1+N'(1-2\mathfrak{D})^2$ similique modo $\lambda''''=1+N'(1-2\mathfrak{E})'$ $\lambda'''''=1+N'.$

Superfluum autem iudico hanc inuestigationem exemplo illustrare, cum quia pro casu quinque lentium plurima exempla iam sunt allata, tum vero inprimis si quis campum maiorem desiderauerit, consultum potius erit, duas vitri species adhibere, vt etiam vltima confusionis species penitus remoueatur. Quod argumentum in sequente adhuc capite fusius nobis explicandum restat.

CAPVT

CAPVT III.
DE
VLTERIORI TELESCOPIORVM
SECVNDI GENERIS PERFECTIONE, DI-
VERSAS VITRI SPECIES ADHIBENDO.

Problema I.

273.

Si telescopium ex tribus lentibus sit componendum, inuenire momenta, ad eius perfectionem facientia.

Solutio.

Incipiendum igitur est a duabus fractionibus, quae methodo ante exposita ponantur $\frac{a}{b} = -P$; et $\frac{\beta}{c} = -Q$; ita vt litterarum P et Q altera sit positiua, altera vero negatiua, ita, vt sit $PQ = -m$. Tum igitur erunt distantiae determinatrices

$$b = -\frac{a}{P}; \quad \beta = -\frac{2a}{P}; \quad c = \frac{2a}{PQ}$$

distantiae focales

$$p = a; \quad q = \frac{-2a}{P}; \quad r = \frac{2a}{PQ} = \frac{-2a}{m}$$

et bina interualla

$$a + b = a(1 - \tfrac{1}{P}); \quad \beta + c = -\tfrac{2a}{P}(1 - \tfrac{1}{Q})$$

Deinde

CAPVT III.

Deinde cum fit pro campo $\Phi = \frac{q-r}{q+r}$ et media lens parum conferat, statuamus $\pi = \omega \xi$ et $\pi' = -\xi$, vt fiat $\Phi = \frac{n+1}{n-1} \xi$, vnde pro distantia oculi habetur

$$O = -\frac{\pi'}{r} \cdot \frac{r}{a} = -\frac{(n+1)}{\omega+1} \cdot \frac{Ba}{a\pi}$$
$$= -\frac{Ba}{\pi} \cdot \frac{n+1}{a(1+\omega)}$$

ita, vt nunc $-Ba$ debeat esse positiuum; seu his tribus conditionibus erit satisfaciendum:

1°. $a(1 - \frac{1}{b}) > 0$
2°. $-\frac{Ba}{7}(1 - \frac{1}{b}) > 0$
3°. $-Ba > 0$

hiocque $\frac{1}{7}(1 - \frac{1}{b}) > 0$.

Porro autem fiet

$$Ba = (1 - P)M; \quad B = \frac{(1-P)q}{a-(1-P)r}$$

existente $M = \frac{n+1}{n-1}$

Iam pro margine colorato tollendo aequatio est, siquidem pro fractionibus $\frac{dn}{n-1}$; $\frac{dn'}{n'-1}$ et $\frac{dn''}{n''-1}$ litteras N, N', N'' statuamus

$0 = N' \cdot \omega \cdot \frac{1}{7} + N'' \cdot \frac{1}{PQ}$ seu
$0 = N'\omega + N'' \cdot \frac{1}{Q}$; vnde fit $Q = -\frac{N''}{N'\omega}$.

Vt autem haec confusio penitus tollatur, requiritur, vt fit

$$0 = N \cdot a - \frac{N'a}{\omega P} + \frac{N''a}{aPQ}$$

quae

CAPVT III.

quae loco Q valore substituto fit

$$o = N - \tfrac{N'}{P}(\tfrac{u}{\mathfrak{B}} + \tfrac{w}{P})$$

est vero $w = \frac{1-P}{(m+1)\mathfrak{B}+P-1}$

in qua si ponatur valor ipsius w, erit

$$o = N - \tfrac{N'}{P}\left(\tfrac{m+P}{(m+1)\mathfrak{B}+P-1}\right)$$

deinde aequatio pro Q inuenta ob $PQ = -m$ dabit quoque

$$m = \tfrac{N''.P((m+1)\mathfrak{B}+P-1)}{N'(1-P)}$$

ex qua si in praecedente aequatione pro $(m+1)\mathfrak{B}+P-1$ scribatur valor ipsius $\frac{N'm(1-P)}{N''.P}$ orietur haec aequatio,

$$o = NP((m+1)\mathfrak{B}+P-1) - N'(m+P)$$
$$o = \tfrac{N.N'm(1-P)}{N''} - N'(m+P)$$

indeque porro

$$P = \tfrac{m.(N-N'')}{Nm+N''} \text{ ideoque cum sit}$$

$\tfrac{mN'(1-P)}{N''P} = (m+1)\mathfrak{B}+P-1$, colligitur

$\mathfrak{B} = \tfrac{N'}{N-N''} + \tfrac{N''}{Nm+N''}$ siue $\mathfrak{B} = \tfrac{NN'm + NN'' + N'N'' - N''N''}{(N-N'')(Nm+N'')}$

hinc $1 - \mathfrak{B} = \tfrac{NNm - NN''m - NN''m - N'N''}{(N-N'')(Nm+N'')}$

adeoque $B = \tfrac{NN''m + NN'' + N'N'' - N''N''}{NNm - NN''m - NN''m - N'N''}$

Iam videamus, quomodo hae determinationes cum superioribus conditionibus subsistere queant et cum

esse

esse debeat $\frac{1}{b}(1-\frac{1}{b}) > 0$; siue ob $Q = -\frac{m}{p}, \frac{1}{p} + \frac{1}{m} > 0$
erit $\frac{N}{\mathfrak{h}-\mathfrak{n}''} > 0$; et $N > N''$.

Primum autem interuallum $a(1-\frac{1}{p}) > 0$ abit in hoc $\frac{-N''(\mathfrak{m}+\frac{1}{p})}{\mathfrak{m}(\mathfrak{h}-N'')} . a$; ideoque $\frac{-N''\cdot a}{N-N''} > 0$. et quia denominator iam inuentus est positiuus, restat, vt sit $-N''. a > 0$. Conditio vero $-Ba > 0$ dabit nunc $B > 0$ vnde etiam fiet $\mathfrak{B} > 0$, quare quum sit $N - N'' > 0$ erit quoque $\frac{NN'm + NN'' + N'N'' - N''N''}{\mathfrak{h}\mathfrak{m}+N''} > 0$, adeoque necesse est vt in hac fractione, tam numerator quam denominator simul sit aut positiuus aut negatiuus, poni autem nequit $Nm + N'' < 0$, quia tum foret $m < -\frac{N''}{P}$, neque $NN'm + NN'' + N'N'' - N''N'' > 0$ nam inde sequeretur esse $m < \frac{N''(N''-N-N')}{\mathfrak{h}N'}$, quod cum sit impossibile, etiam impossibile est, vt ope trium lentium haec duo commoda, quibus altera confusio penitus tollitur, obtineantur.

Scholion.

274. Hoc ergo problema resolui nequit siquidem posteriorem confusionem penitus tollere velimus. Omissa autem vltima aequatione, solutio facilis fuisset, sed tum plus non essemus consecuti, quam in praecedente capite, vbi vnica vitri specie sumus vsi. Quoniam igitur non conuenit, duas vitri species adhibere, ad telescopia conficienda, quae ex vnica specie aeque felici successu obtineri possunt: huic inuestigationi non immorabimur, sed totum eiusmodi in medium

dium producere conabimur, quae praeter superiores qualitates etiam omni confusione, quae ibi erat relicta, dellituantur. Caussa autem, cur ista inuestigatio hic non successit, in eo manifesto consistit, quod numerus litterarum indefinitarum erat nimis paruus, siquidem ad tres aequationes adimplendas tantum tres litterae praesto erant. Quare si plures lentes constituamus, plures etiam habebimus eiusmodi litteras, quibus non solum his tribus aequationibus, sed reliquis etiam conditionibus satisfieri poterit.

Problema 2.

275. Si Telescopium ex quatuor lentibus sit componendum determinare momenta, ad eius perfectionem facientia.

Solutio.

Tres fractiones hic considerandae ponantur

$$\frac{a}{b} = -P; \quad \frac{\beta}{c} = -Q; \quad \frac{\gamma}{d} = -R$$

ita, vt harum litterarum P, Q, R vna sit negatiua et $m = -PQR$. vnde erunt distantiae determinatrices:

$$b = -\frac{a}{P}; \quad \beta = -\frac{Ba}{P}; \quad c = \frac{Ba}{PQ}$$

$$\gamma = \frac{BCa}{PQ}; \quad d = -\frac{BCa}{PQR}$$

distantiae autem focales

$$p = a; \quad q = \frac{-Ba}{P}; \quad r = \frac{BCa}{PQ}; \quad s = \frac{-BCa}{PQR}$$

et interualla lentium

$$a + b = a(1 - \tfrac{1}{3}); \quad \beta + c = -\tfrac{Bq}{P}(1 - \tfrac{1}{u})$$
$$\gamma + d = \tfrac{BC\alpha}{PQ}(1 - h)$$

Pro campo autem apparente $\Phi = \tfrac{\pi - \pi' + \pi''}{m + 1}$, ftatuatur $\pi = \omega \xi$; $\pi' = -l\xi$ et $\pi'' = \xi$, exiftente ξ valore maximo, quem hac litterae accipere poffunt, fcilicet $\tfrac{1}{1}$; ita vt fit $\Phi = \tfrac{\omega + l + 1}{m + 1} \cdot \xi$, fiue $\Phi = M\xi$, pofito $M = \tfrac{\omega + l + 1}{m + 1}$. Ex his igitur obtinemus

$$\mathfrak{B}\omega = (1 - P)M; \quad \mathfrak{C}i = (1 - PQ)M - \omega.$$

Pro loco autem oculi erit

$$O = \tfrac{\pi''}{\Phi} \cdot \tfrac{1}{m} = \tfrac{\pi \pm 1}{m \pm 1} \cdot \tfrac{BC\alpha}{\omega + l + 1} = \tfrac{BC\alpha}{m \cdot M};$$

quod vt fiat pofitiuum debet effe $BC\alpha > 0$.

His pofitis tribus fequentibus aequationibus fatisfieri debet

I. $o = \tfrac{N'\omega}{P} + \tfrac{N''d}{PQ} + \tfrac{N'''}{PQR}$

II. $o = N - \tfrac{N'}{BP} + \tfrac{N''}{BCPQ} - \tfrac{N'''}{BCPQR}$

III. $o = \mu\lambda - \tfrac{\mu'}{BP}(\tfrac{\lambda'}{B'} + \tfrac{\nu}{B})$
$\quad + \tfrac{\mu''}{B'C'PQ}(\tfrac{\lambda''}{C'} + \tfrac{\nu'}{C}) - \tfrac{\mu'''\lambda'''}{B'C'PQR}$

quae refolutio quo facilius inftitui poffit, confideremus primo cafum, quo duae priores lentes fibi immediate iunguntur, vt fupra de lentibus duplicatis affumfimus.

Primus

Primus casus, quo $a+b=0$ ideoque $P=1$, et $\omega=0$ tum littera $\mathfrak{B}$ manet indeterminata, hincque etiam B; quo facto resolutio facile institui poterit.

Prima enim aequatio dat. $o = N''i + \frac{N'''}{R}$ vnde sequitur $R = -\frac{N'''}{N''i}$, ita vt R' sit quantitas negatiua, siquidem i sit positiuum, id quod ratio campi postulat. Hinc ergo cum sit
$$P = 1, \text{ erit } PQR = \frac{-QN'''}{N''i} = -\mathfrak{m},$$
ideoque $Q = \frac{N''\mathfrak{m}i}{N'''}$.

Secunda autem aequatio, in qua iam duo postremi termini euadunt valde parui, siquidem multiplicatio $\mathfrak{m}$ sit magna, statim dat $o = N - \frac{N'}{\mathfrak{B}}$, adeoque $\mathfrak{B} = \frac{N'}{N}$; et hinc sit $B = \frac{N'}{N-N'}$; vnde, si libuerit, valor ipsius $\mathfrak{B}$ adcuratius definiri poterit, habebitur nempe
$$\frac{1}{\mathfrak{B}} = \frac{N}{N'} + \frac{N''(N-N')}{N'N'\mathfrak{C}\cdot\mathfrak{m}\cdot i} + \frac{N'''(N-N')}{N'N'\mathfrak{C}\mathfrak{c}\pi}$$
plerumque autem sufficit, his duabus aequationibus proxime satisfecisse.

Tertia autem adcurate resolui debet, cuius secundus terminus cum sit negatiuus, reliquis existentibus positiuis, vt mox videbimus, ille reliquis aequalis esse debet: erit enim $\mathfrak{C}i = \frac{N'''-N''\mathfrak{m}i}{N'''} \cdot \frac{i+1}{\pi+1}$, ideoque $\mathfrak{C}$ est negatiuum, simulque etiam C vnde conditiones supra memoratae sunt perpendendae.

Primum autem interuallum est per hypothesin $= 0$. Secun-

CAPVT III.

Secundum fit $\beta + c = \frac{-N'(N''l - N''')}{(N-N')N''T} \cdot a$ pro quo si a fit positiuum, debet esse $-\frac{N'}{N-N'}$ positiuum, seu $N < N'$; contra autem si a fit negatiuum, debet esse $N > N'$.

Tertium porro interuallum est $\frac{N'Ca}{(N-N')Q}(1 + \frac{N'l}{N'''})$; quia hic Q est positiuum; C negatiuum requiritur, vt fit $-\frac{N'a}{N-N'}$ positiuum vti pro secundo interuallo, ita, vt si secundum interuallum fuerit positiuum, tertium sponte euadat positiuum.

Denique formula pro loco oculi $O = \frac{BCa}{B \cdot A}$ etiam fit positiua sub conditionibus iisdem. Ex quibus sequitur, si lens prima fit ex vitro coronario, secunda vero ex chryftallino, fiue $N' > N$, tunc debere esse a positiuum; seu $p > 0$; $q < 0$; $r > 0$; $s > 0$.

Sin autem primam lentem ex vitro chryftallino, secundam vero ex coronario faciamus, ita, vt fit $N' < N$ debebit esse a negatiuum ideoque $p < 0$; $q > 0$; $r > 0$; $s > 0$. quare pro vtroque casu facile erit tertiam aequationem resoluere. His conditionibus perpensis, quae etiam nunc locum habebunt, dummodo ω fit fractio quam minima, statuamus primum interuallum $\alpha(1 - \frac{1}{\eta}) = \eta a$ existente η fractione minima, siue positiua, si $a > 0$, siue negatiua, si $a < 0$ eritque $P = \frac{1}{1-\eta}$; deinde maneat $\mathfrak{B}$ adhuc indefinita et quaeratur ω; eritque

$$\mathfrak{B}\omega = \frac{-\mathfrak{B}}{(1-\eta)} \cdot \frac{(\omega + l + t)}{(\mathfrak{B} + t)};$$

CAPVT III.

in quo poſtremo factore, ω tuto omittitur; ita, vt hinc fit $\omega = \frac{-\lambda}{(1-\eta)}, \frac{i+i}{(m+1)\,\delta}$ qui valor ob duplicem cauſſam diminuitur, 1°. enim η eſt valde paruum, deinde ea diuiditur per $m+1$ numerum ſatis magnum; porro vero tam $\mathfrak{B}$ quam $i+1$ ab vnitate parum diſcrepant; quam ob cauſſam valor ω recte pro euaneſcente haberi poterit; vnde prima aequatio nobis dabit, vt ante,

$$0 = N'' i + \tfrac{N'''}{k}; \text{ et } R = \tfrac{-N'''}{N'' i};$$

quem valorem ſiquis adhuc accuratius deſideret, erit,

$$-k = \tfrac{N' \omega Q}{N''} + \tfrac{N' i}{N'''};$$

ita, vt nunc P et R ſint quantitates cognitae in primo termino vtpote minimo ſufficit Q proxime noſſe, quem adeo ex caſu praecedente deſumere licet quia ω iam eſt definitum et $\mathfrak{B}$ mox definietur. Hinc igitur $Q = \tfrac{-m}{Fk}$. Secunda aequatio iterum, vt in caſu praecedente, proxime dabit, vt ante, $\mathfrak{B} = \tfrac{N'}{N}$; ſi quis eum vero exactius deſideret, erit ei hac aequatione vtendum:

$$\tfrac{N'}{\mathfrak{B}} = NP + \tfrac{N''}{1\,\varepsilon Q} - \tfrac{N'''}{\varepsilon\,\omega\,\lambda}$$

vbi pro B ſufficit valorem prope verum noſſe, nempe $B = \tfrac{N'}{N-N'}$. Tum vero habebitur

$$\mathfrak{C} i = (1 + \tfrac{m}{k})(\tfrac{m+i+1}{m+1}) - \omega$$

quem valorem manifeſtum eſt propter valorem ipſius R eſſe negatiuum, ideoque etiam C. Quocirca condiditiones praescriptae iisdem casibus implentur, vt in praecedente, vbi $\omega = 0$; ita, vt nunc tantum superfit, aequationem tertiam resoluere; si modo meminerimus, ob $\pi'' = \xi$ quartam lentem fieri debere aeque conuexam; quae forma etiam tertiae lenti tribui deberet, si esset $i = 1$. Verum si sumeretur $i = 1$ vnde haec lens fieret vtrinque aeque conuexa, ob $\mathbb{C} = -1$ propemodum, pro hac lente statui deberet

$$\lambda'' = 1 + N^1 (1 - 2\mathbb{C})^2 = 1 + N^1 . 9$$

vbi, vt ante sumsimus, est $N = \frac{s-1}{1 \cdot 7}$ sicque numerus λ'' satis magnum obtineret valorem; quod incommodum euitabimus, sumendo $i < 1$. et plerumque sufficiet statuere $i = \frac{1}{2}$.

Corollarium.

276. Hic ergo differentia refractionis vitri tantum in duabus prioribus lentibus in considerationem venit ideoque sufficiet, vnicam tantum lentem ex vitro chryftallino conficere, et reliquas omnes ex vitro coronario sicque duos tantum casus habebimus euoluendo; alterum, quo prima lens ex vitro chryftallino conficitur; alterum, quo secunda.

CASUS I.

277. Sit igitur prima lens chryftallina, reliquae omnes ex vitro coronario factae erit $n = 1, 58$; et $n' = n'' = 1, 53$ tum vero secundum Dollondi experimenta

CAPVT III.

rimenta $N = 10$, $N' = N'' = N''' = 7$. His positis et sumto $i = \frac{1}{7}$ erit α negatiuum ideoque etiam η. Sumatur autem $\eta = -0,03$ hinc ergo habebimus
$P = \frac{1}{1,\pi} = \frac{1}{1\pi}$; et quia erit proxime
$\mathfrak{B} = \frac{1}{7}$ et $B = \frac{1}{7}$, inuenimus $\omega = \frac{11}{711(m+1)}$.

Deinde cum sit proxime $R = -2$; ideoque $Q = \frac{157,m}{152}$ adcuratius habebimus
$-\frac{1}{\lambda} = \frac{1}{1} + \frac{137, m}{160, 0(m+1)}$ seu
$R = \frac{-16010(m+1)}{10911m + 10011}$
qui est valor correctus ipsius R, ex quo etiam adcuratius Q definiri poterit scilicet $Q = \frac{-n}{PR}$.

Vt nunc etiam $\mathfrak{B}$ adcuratius definiatur, erit
$\mathfrak{b} = \frac{10 \cdot P}{7} + \frac{7 \cdot 100}{740 \cdot m \cdot \frac{m}{R}} + \frac{7 \cdot 100}{711 \cdot 04 \cdot m \cdot \frac{m}{R}}$.

Est vero $\mathfrak{C} = (1 + \frac{n}{R})(\frac{1 + 1\omega}{m+1}) - 2\omega$ et $C = \frac{\mathfrak{c}}{1 - \frac{1}{4}}$; vnde etiam B definiri potest.

His igitur valoribus definitis, tertia aequatio principalis resolui debet, statuendo $\lambda''' = 1 + (\frac{\mathfrak{c}-\mathfrak{s}}{1.7})^2$, vt quarta lens aeque conuexa vtrinque reddatur. Pro tertia autem lente videtur statui posse $\lambda'' = 1$.

Denique inuentis singulis litteris à etiam singularum lentium constructio habebitur. Vtemur autem methodo iam aliquoties vsitata, scilicet pro casu quodam determinato, puta $m = 15$, deinde pro casu $m = \infty$ euolutionem instituamus, indeque constructionem pro quacunque multiplicatione deriuemus.

Qq 2   Exem-

CAPVT III.

Exempl. I.

278. Si prima lens ex vitro chryſtallino, tres ſequentes autem ex coronario ſint parandae, pro multiplicatione $m = 25$ conſtructionem teleſcopii inueſtigare.

Sumto igitur $\eta = -0,03$, vt interuallum duarum priorum lentium fiat $-\frac{15}{100}$ ob a negatiuum, habemus ſtatim $P = \frac{133}{137} = 0.97087$

    Log. $P = 9.9871628$

hinc $u = 0,00243$

deinde $R = \frac{-16930,26}{10,8103 + 10035}$

ſeu $R = \frac{-6050,16}{4,1823} = -1,90576$

    Log. $R = 0,2800680. (-)$

hincque $Q = 13,51160$

    Log. $Q = 1,1307092$

nunc pro $\mathfrak{C}$ inueniendo notetur eſſe $PQ = 13,11810$

    Log. $PQ = 1,1178720$

hincque erit

    $\mathfrak{C} = -12,1181 \frac{(1,1178)}{68} - 0,00480$

ſeu $\mathfrak{C} = -1,40528$

    Log. $\mathfrak{C} = 0,1477628 (-)$

hincque $C = -0,58425$

    Log. $C = 9,7665972 (-)$

Nunc de ique pro B inueniendo nulla approximatione vtimur, quia ob $\frac{1}{\mathfrak{e}} = \frac{1}{a} + 1$ adcurate habemus

CAPVT III.

$$x - \frac{1}{c_2} + \frac{1}{c_{2x}} = (\sqrt[3]{P} - 1) B \text{ fiue}$$
$$x + 0,05266 + 0,06647 = (1,38696 - 1) B$$

adeoque $1,11913 = 0,38696. B.$
ideoque $B = 2,89210$.

Log. $B = 0,4612145$.

confequenter

$\mathfrak{B} = \frac{1}{1}\frac{1}{1}\frac{1}{1}\frac{1}{1}\frac{1}{1} = 0,74307$

Log. $\mathfrak{B} = 9.8710305$

His valoribus definitis primo quaeramus noftra elementa, ac reperiemus

$b = -1,03000. a.$

Log. $\frac{b}{a} = 0.0228371 (-)$

Log. $B = 0,4612145$

Log. $\frac{\beta}{a} = \overline{0,4740517}(-)$; $\beta = -2,97887 a$

Log. $Q = 1,1307092$

Log. $\frac{c}{a} = \overline{9,3433425}$; $c = +0,22046. a$

Log. $C = 9,7665972 (-)$

Log. $\frac{\gamma}{a} = \overline{9,1099397}$; $\gamma = -.0,12880 a$

Log. $R = 0,2800680$

Log. $\frac{d}{a} = \overline{8.8298717}$; $d = -0,06759 a$

Hinc

CAPVT III.

Hinc porro etiam diſtantias focales

$p = a; q = -0,76536. a$

Log. $q = 9.8836677 (-)$

$r = -0,30982 a$

Log. $r = 9,4911053 (-)$

$s = -0,06759. a$

Log. $s = 8,8298717.$

Porro interualla lentium erunt.

$a + b = -0,03000. a$
$\beta + c = -2,75841. a$
$\gamma + d = -0,19639. a$

Diſtantia denique oculi ab vltima lente

$O = -1,12480. \frac{m \pm 1}{m n}. a$

ideoque interuallum inter primam et vltimam lentem $= -2,98480. a.$

Tertiam iam conſideremus aequationem, quae reſoluta et per μ diuiſa pro hoc caſu dabit.

$o = \lambda - \frac{\mu'}{\mu} \cdot \frac{\lambda'}{BP} + \frac{\mu'}{\mu} \cdot \frac{\lambda''}{B'C'PQ}$
$- \frac{\mu'}{\mu} \cdot \frac{\nu'}{BF} + \frac{\mu'}{\mu} \cdot \frac{\nu'}{F'C'FQ} - \frac{\mu'}{\mu} \cdot \frac{\lambda''}{B'C'F'Q'R}$

vbi $\mu = 0,8724$, et $\mu' = 0,9875$ et $\nu' = 0,2196$, vnde habebitur haec aequatio ad numeros reducta

$o = \lambda$

CAPVT III.

$$0 = \lambda - 2,84162\,\lambda' - 0,00128\,\lambda''$$
$$(\text{Log. } 7, 1090175)$$
$$- 0,00938\,\lambda''' - 0,11913$$
$$(\text{Log. } 7,9724463) + 0,00095.$$

Vt nunc hanc aequationem refoluamus, primo notandum eſt, quartam lentem eſſe vtrinque aeque conuexam ideoque $\lambda''' = 1,60006$ vnde cum eius diſtantia focalis ſit $s = - 0,06759$. a, erit radius vtriusque faciei $= 1,06$. $s = - 0,07164$. a. Pro tertia autem lente, cuius diſtantia focalis eſt $r = \mathfrak{C}c$, quia eius ſemidiameter aperturae eſſe debet $= \frac{1}{2}\mathfrak{C}c$ cui ergo quarta pars minoris radii aequalis eſſe debet; inde minor radius eſſe debet $\frac{1}{8}\mathfrak{C}r$, ex quo λ'' definiri oportet. Hunc in finem hanc lentem nunc definiamus. Eius autem radius anterioris faciei eſt

$$= \frac{c\gamma}{i\gamma + \varepsilon c \pm \tau(c + \gamma, \sqrt{(\lambda'' - 1)}}$$
$$= \frac{\mathfrak{C}c}{p\mathfrak{C} + s \mp \tau(1 + \mathfrak{C})\sqrt{\lambda'' - 1}}$$

et radius faciei poſterioris

$$= \frac{\mathfrak{C}c}{s\mathfrak{C} + p \pm \tau(1 + \mathfrak{C})\sqrt{\lambda'' - 1}}$$

ita, vt habeamus

$$\text{rad. fac.} \begin{cases} \text{anter.} = \dfrac{\mathfrak{C}c}{1,1117 \mp 0,11171\sqrt{\lambda'' - 1}} \\ \text{poſter.} = \dfrac{\mathfrak{C}c}{-0,7011 \mp 0,11171\sqrt{\lambda'' - 1}} \end{cases}$$

CAPVT III.

vbi figna fuperiora valere debeant; cum vero prior radius eft minor; ideoque ponatur $= \frac{1}{2} \mathfrak{C} c$; vnde colligitur

$$\frac{c}{1.1177 - 2.1515\tau\sqrt{\lambda'' - 1}} = \frac{1}{2}\mathfrak{C}$$

ficque erit $0, 41575 \tau \sqrt{\lambda'' - 1} = 0,6961$ adeoque

rad. fac. $\begin{cases} \text{anter.} = \frac{\gamma}{a.114} = -0, 15489. a \\ \text{pofter.} = \frac{\gamma}{-0.6071} = +a, 73475. a \end{cases}$

cuius ergo lentis femidiameter aperturae erit $= 0,03872\, a$ at ex valore ipfius r colligemus $\sqrt{(\lambda'' - 1)} = 1, 80969$; hincque $\lambda'' = 4, 27497$.

Nunc revertamur ad noftram aequationem, quae erit

$$\lambda - 2, 84162 \lambda' - 0, 00549 - 0, 11818 - 0, 01501$$

quia nunc λ' vnitate minus effe nequit, ftatuamus $\lambda' = 1$, eritque

$\lambda = 2, 98030; \lambda - 1 = 1, 98030$

et $\tau \sqrt{\lambda - 1} = 1, 23484;$

ex quo prima lens ita erit conftruenda

$F = \frac{a}{\tau \mp 1.11414} = \frac{a}{a.1175} = 2, 87439. a$

$G = \frac{a}{\tau \pm 1.11414} = \frac{a}{1.1761} = 0, 72664. a$

Tandem

CAPVT III.

Tandem pro secunda lente habemus

$$F = \frac{b\beta}{r\beta + rb} = \frac{bb}{\pi r r b} = -1,28638.a$$

$$G = \frac{b\beta}{r\beta + rb} = \frac{bb}{1,0179} = -0,59247.a$$

cuius minoris radii pars quarta seu $0,14812.a$ dat semidiametrum aperturae tam pro lente prima, quam pro lente secunda. Quare hinc deducitur sequens

Constructio Telescopii
pro multiplicatione $m = 25$.

I. Pro lente prima. Flint Glass.

radius faciei $\begin{cases} \text{anter.} = 2,87439.a \\ \text{poster.} = 0,72664.a \end{cases}$

Semidiameter aperturae $= 0,14812.a$

Interuallum ad secundam $= -0,03.a$

II. Pro secunda lente. Crown Glass.

radius faciei $\begin{cases} \text{anter.} = -1,28638.a \\ \text{poster.} = -0,59247.a \end{cases}$

Semidiameter aperturae vt ante.

Interuallum $= -2,75841.a$

III. Pro tertia lente. Crown Glass.

radius faciei $\begin{cases} \text{anter.} = -0,15489.a \\ \text{poster.} = +2,73475.a \end{cases}$

Semidiameter aperturae $= 0,03872.a$

Interuallum $= -0,19639.a$

IV. Pro quarta lente. Crown Glaſſ
radius vtriusque faciei $= -0,07164. a$.
Semidiameter aperturae $= 0,01791. a$
Diſtantia ad oculum $= -1,1248 . \frac{n+1}{n} a$
ſeu $O = -1,1248 \left(1 + \frac{1}{n}\right) \cdot \frac{a}{n}$
$O = -0,04679. a$
vbi notandum eſt, eſſe a negatiuum ac ſi ſemidiametrum aperturae ſumamus $= \frac{n}{12} dig. = \frac{1}{4} dig.$ fiet $a = -\frac{1}{4} dig.$ circiter vel maius, et longitudo teleſcopii $= 10 \frac{1}{2} dig.$ Denique ſemidiameter campi erit $\Phi = 49 \frac{1}{2} min.$ circiter.

ExempL II.

279. Si prima lens ex vitro chryſtallino, reliquae ex coronario ſint parandae, pro n ultiplicatione maxima conſtructionem teleſcopii inueſtigare.

Sit iterum $\eta = -0,03$; habebimus

vt ante, $P = 0,97087$
 Log. $P = 9,9871628$
tum vero $\omega = 0.$ et $R = -\frac{16018}{11918}$
 ſeu $R = -1,90217$
  Log. $R = 0,2792503 (-)$
 $Q = 0,54148. m$
  Log. $\frac{Q}{m} = 9,7335868$

Porro

CAPVT III.

Porro $\mathfrak{C} = \frac{1}{R} = -1,57714$
   Log. $\mathfrak{C} = 0.1978710 (-)$
et $C = -0,61197$.
   Log. $C = 9,7867330 (-)$

Pro B autem inueniendo habetur haec aequatio
$$1 - \tfrac{1}{6Q} + \tfrac{1}{cuR} = (\gamma P - 1) B$$
quae quia termini per Q diuisi euanescunt, abit in hanc $1 = 0,3869$. B
hinc $B = 2,58464$.
   Log. $B = 0,4124012$
et $\mathfrak{B} = 0,72103$
   Log. $\mathfrak{B} = 9.8579557$.

Hinc habebimus distantias determinatrices
$b = -1,03000 . a;$ Log. $b = 0,0128372 (-)$
$\beta = -2,66218 a;$ Log $\beta = 0,4252383 (-)$
$c = +4,91645 \tfrac{a}{m};$ Log. $c = 0.6916515$
$\gamma = -3,00874 \tfrac{a}{m}.$ Log. $\gamma = 0,4783845 (-)$
$d = -1,58173 \tfrac{a}{m};$ Log. $d = 0,1991342 (-)$

atque interualla lentium
$a + b = -0,03000. a$
$\beta + c = -2,66218. a - 4,91645. \tfrac{a}{m}$
$\gamma + d = -4,59047. \tfrac{a}{m}$

CAPVT III.

et distantia oculi post vltimam lentem

$$O = -0,63269 \cdot \frac{a}{n}$$

tum vero distantias focales

$$p = a; \quad q = -0,74267 \cdot a;$$
$$r = -7,75394 \cdot \tfrac{a}{n}; \quad s = -1,58173 \cdot \tfrac{a}{n}.$$

Nunc igitur consideremus aequationem tertiam

$$0 = \lambda - \frac{\mu'}{\mu} \cdot \frac{\lambda'}{\Theta' \rho} - \frac{\mu' \nu'}{\mu \Theta \delta \rho}$$
$$0 = \lambda - 3,11022 \lambda' - 0,13738$$

quae sumto, vt ante, $\lambda' = 1$, dat $\lambda = 3, 24760$;
hinc $\lambda - 1 = 2, 24760$ et $\tau \sqrt{\lambda - 1} = 1, 31555$;
vnde lentium constructio sequenti modo expedietur.

I. Pro prima lente ex vitro chrystallino.

$$F = \frac{a}{f - 1, 11555} = \frac{a}{0,2671} = 3,7425 \text{L}. a$$
$$G = \frac{a}{f + 1, 11555} = \frac{a}{1,2189} = 0,68639. a$$

II. Pro secunda lente ex vitro Coronario

$$F = \frac{b\beta}{\beta^2 + c\beta} = \frac{\beta}{1,1281} = -1,18525. a$$
$$G = \frac{b\beta}{c\beta + c\beta} = \frac{\beta}{1,1178} = -0,58931. a$$

III. Pro tertia lente ex Crown Glass.

$$F = \frac{c\epsilon}{c\gamma + \epsilon + 2}; \quad G = \frac{c\epsilon}{c\epsilon + \gamma \pm \pi}$$
$$F = \frac{\gamma}{1,1511 \pm \pi}; \quad G = \frac{\gamma}{-0,7791 \pm \pi}$$

Cum

CAPVT III.

Cum nunc, vt ante, radius faciei anterioris fiat minor, is femiffi diftantiae focalis $= \frac{1}{2} \mathfrak{C} r$ aequalis ponatur, eritque

$1,5214 - x = \frac{2C}{C} = 2(C+1)$ feu $x = 0,7454$

Vnde ftatim habetur

$F = -3,87697 \cdot \frac{a}{m}$

$G = \frac{\gamma}{-0,3016} = +68,69266 \cdot \frac{a}{m}$.

IV. Denique pro quarta lente, cuius diftantia focalis $s = -1,58173 \frac{a}{m}$ radius vtriusque faciei erit

$= 1,06 \cdot s = -1,67663 \cdot \frac{a}{m}$

ficque omnia momenta pro hoc cafu funt definita.

Exempl. III.

280. Si prima lens ex vitro chryftallino, reliquae ex coronario fint parandae, pro multiplicatione quacunque conftructionem telefcopii exponere.

Solutio.

Ex comparatione duorum exemplorum praecedentium fingula momenta methodo fupra indicata facile definiemus. Primo pro diftantiis determinatricibus erit

$b = -1,0300 \cdot a$; pro reliquis autem ftatuatur

$\beta =$

$\beta = -2,6622\, a - \beta'.\frac{a}{m}$; erit $\beta' = 7,9150$

$\epsilon = +4,9164.\frac{a}{m} + \frac{c}{m}.\frac{a}{m}$; $\epsilon' = 14,8812$

$\gamma = -3,0087.\frac{a}{m} - \frac{\gamma}{m}.\frac{a}{m}$; $\gamma' = 5,281$

$d = -1,5817\frac{a}{m} - \frac{d'}{m}.\frac{a}{m}$; $d' = -3,531$

fimili modo pro diftantiis focalibus eft $p = a$; pro reliquis ftatuatur

$q = -0,7427.\, a - \frac{q'}{m}.\, a$;

$r = -7,7539.\frac{a}{m} - \frac{r'}{m}.\frac{a}{m}$;

$s = -1,5817.\frac{a}{m} + \frac{1,777}{m}.\frac{a}{m}$;

eritque $q' = 0,5665$; $r' = -0,2062$
unde lentium interualla funt

$a + b = -0,0300.\, a$

$\beta + \epsilon = -2,6622.\, a - \frac{1,077}{m}.\, a + \frac{14,88}{m}.\frac{c}{m}$

$\gamma + d = -4,5904.\frac{a}{m} - \frac{1,710}{m}.\frac{a}{m}$

Pro loco oculi ftatuatur

$O = -0,63269.\frac{a}{m} - \frac{O'}{m}.\frac{c}{m}$

erit $O' = 13,431$.

I. Pro lente prima ftatuatur radius ficiei

anter. $= 3,7425.\, a + F'.\frac{a}{m}$;

pofter. $= 0,6864.\, a + G'.\frac{a}{m}$

erit $F' = -21,70$; $G' = 1,005$.

II. Pro

CAPVT III.

II. Pro lente secunda statuatur radius faciei

anter. $= -1,1853.a - F'.\frac{a}{m}$;
poster. $= -0,5893.a - G'\frac{a}{m}$
erit $F' = 2,52$; $G' = 0,08$.

III. Pro lente tertia radius faciei

anter. $= -3,8769.\frac{a}{m} - \frac{v}{m}.\frac{a}{m}$
poster. $= +68,6926.\frac{a}{m} + \frac{G'}{m}.\frac{a}{m}$
erit $F' = -0,116$; $G' = -8,096$.

IV. Denique pro quarta lente radius vtriusque faciei $= -1,6766.\frac{a}{m} - \frac{H}{m}.\frac{a}{m}$
erit $H = +2,862$. ex quibus conficitur sequens.

Constructio Telescopii pro multiplicatione quacunque m.

I. Pro prima lente Chryſtall. Glaſſ.
radius faciei

anter. $= 3,7425.a - 21,70.\frac{a}{m}$
poster. $= 0,6864.a + 1,005.\frac{a}{m}$

Eius diſtantia focalis $= a$
Semidiameter aperturae $= \frac{m}{15}$ dig.
Interuallum ad lentem secundam $= -0,03.a$.

II. Pro

II. Pro secunda lente, Crown Glass.
radius faciei
anter. $= -1,1853\,a - 2,52\frac{a}{n}$
poster. $= -0,5893\,a - 0,08.\frac{a}{n}$
D flautia focalis $= -0,7427.\,a - 0,\frac{aa\,a}{n}$
Semidiameter aperturae quoque $= \frac{a}{7},$ dig.
Interuallum ad tertiam
$= -2,6622\,a - 2,998.\frac{a}{n} + \frac{aa\,a}{n}.\frac{a}{n}.$

III. Pro tertia lente Crown Glass.
radius faciei
anter. $= -3,8769\,\frac{a}{n} + 0,116.\frac{a}{n\,n}$
poster. $= +68,6926.\frac{a}{n} - 8,096.\frac{a}{n\,n}$
Distantia focalis $= -7,7539.\frac{a}{n} + c,206.\frac{a}{n\,n}$
cuius pars octaua dat semidiametrum aperturae
Interuallum ad quartam
$-4,5904.\frac{a}{n} - 1,750.\frac{a}{n\,n}$
At distantia imaginis realis post hanc lentem
$= \gamma = -3,0087.\frac{a}{n} - 5,281.\frac{a}{n\,n}.$

IV. Pro quarta lente Crown Glass.
radius vtriusque faciei $= -1,6766\frac{a}{n} - \frac{aa\,a}{n\,n}.$
Eius distantia focalis $= -1,5817.\frac{a}{n} - \frac{aa\,a}{n\,n}.$
cuius pars quarta dat semidiametrum aperturae.
Et interuallum ad oculum
$O = -0,6326.\frac{a}{n} - 13,43.\frac{a}{n\,n}.$

Hinc

CAPVT III.

Hinc totius Telescopii longitudo erit

$$= -0,03a - 2,998\tfrac{a}{m} + 14,88\tfrac{a}{mn}$$
$$-2,6622.a - 4,590\tfrac{a}{m} - 1,75\tfrac{a}{mn}$$
$$-0,632\tfrac{a}{m} - 13,43\tfrac{a}{mn}$$

$$= -2,6922.a - 8,220\tfrac{a}{m} - 0,30.\tfrac{a}{mn}$$

Semidiameter vero campi apparentis erit $= \tfrac{100}{m+1}$ min.

Hic vero notandum est, a esse negatiuum, cuius valor definietur ex radio posteriore lentis secundae, cuius pars quarta $0,1473.a$ seu circiter $= \tfrac{a}{4}$. a ipsi $\tfrac{n}{10}$ aequalis posita dabit $a = -\tfrac{4n}{10}$ statui igitur poterit $a = -\tfrac{n}{7}$.

Corollarium.

281. Si igitur statuamus $a = -\tfrac{n}{7}$, habebitur sequens

Constructio determinata telescopii in ratione $m : 1$ multiplicantis:

I. Pro prima lente. Flint Glass
radius faciei in digitis
  anter. $= -0,5346. m + 3, 10.$
  poster. $= -0,0981. m - 0, 14.$
Distantia focalis $= -\tfrac{n}{7}$
Semidiameter aperturae $= \tfrac{n}{10}$
Interuallum $= 0,0043. m.$

II. Pro

CAPVT III.

II. Pro secunda lente. Crown Glass.
radius faciei
    anter. $= + 0,1693. m + 0,36.$
    poster. $= + 0,0842. m + 0,01.$
    Distantia focalis $= + 0,1061. m + 0,080.$
    Semidiameter aperturae $= \frac{m}{15}$ dig.
    Interuallum $= + 0,3803. m + 0,43 - \frac{0,13}{m}.$

III. Pro tertia lente. Crown Glass.
radius faciei
    anter. $= + 0,55 - \frac{0,01}{m}.$
    poster. $= - 9,81 + \frac{0,1}{m}.$
    Distantia focalis $= + 1,11 - \frac{0,07}{m}.$
    Interuallum $= 0,65 + \frac{0,1}{m}.$
Distantia imaginis realis post hanc lentem
$= 0,43 + \frac{0,1}{m}.$

IV. Pro quarta lente. Crown Glass.
radius vtriusque faciei $= + 0,24 - \frac{0,1}{m}.$
Distantia focalis $= 0,22 + \frac{0,1}{m}.$
Semidiameter aperturae $= 0,05 + \frac{0,1}{m}.$
Interuallum vsque ad oculum $= 0,09 - \frac{1,0}{m}.$

et

et tota telescopii longitudo

$$= 0,3846. m + 1,18 + \tfrac{mn}{q}.$$

et semidiameter campi $= \tfrac{nnp}{q+1}$ min.

Scholion

282. Haec itaque telescopia multo sunt longiora, quam ea, quae praecedente capite sunt inuenta, pro eadem vtrinque multiplicatione. Hic enim pro multiplicatione $m = 100$ prodit longitudo $= 40$ dig., dum in praecedente capite sufficiebat longitudo $= 13\tfrac{1}{2}$ dig. hoc est triplo minor. Hic igitur merito quaeritur, vtrum qualitas, qua etiam spatium diffusionis a diuersa radiorum refrangibilitate oriundae ad nihilum redigitur, tanti sit habenda, vt longitudo telescopii triplicetur, quae quaestio non nisi per praxin dijudicari poterit quae autem eo erit difficilior, quo minus accuratissimam exsecutionem horum praeceptorum exspectare licet. Quocirca nisi haec conditio praescripta felicissime succedat, semper praestabit, telescopia praecedentis capitis praeferre; ita, vt duplici vitri specie carere possimus. Ceterum in euolutione casus secundi huiusmodi euolutionibus numericis non immorabimur, cum quia methodus tales calculos tractandi iam satis est explicata, tum vero quia propositum est, huic operi singularem librum subiungere, in quo sola praecepta pro praxi dirigenda in gratiam artificum colligentur.

CASVS II.

CAPVT III.

CASVS II.

283. Sit iam secunda lens ex vitro chryftallino, reliquae vero ex vitro coronario, ita, vt fit $n'=1,58$ et $n=n''=n'''=1,53$, indeque etiam $N=N''=N'''$ et ponatur $\frac{N'}{N}=\zeta$, vt fit fecundum Dollondum $\zeta=\frac{1}{2}$. His pofitis et fumto $i=\frac{1}{2}$ erit a pofitiuum ideoque etiam η. Sumatur igitur $\eta=0,03$, vnde habebimus $P=\frac{1}{1-\eta}$. Quia nunc, vt vidimus, eft $\mathfrak{B}=\zeta$ proxime, erit

$$\omega=\frac{-\eta}{1-\eta}\cdot\frac{\zeta+\eta}{(\mathfrak{n}+1)\zeta}=\frac{-\eta}{(\mathfrak{n}\cdot\zeta(\mathfrak{n}+1)}$$

Deinde cum fit proxime $R=-a$, ideoque $Q=\frac{a}{i?}$, vbi $P=+\frac{i\omega}{i?}$; adcuratius habebimus ex prima aequatione, $o=\zeta Q\omega+i+\lambda$, quae abit in hanc

$$-\lambda=i-\frac{\zeta\mathfrak{n}}{\mathfrak{n}\cdot\cdot P(\mathfrak{n}+1)}\text{ feu }-\lambda=i-\frac{i\mathfrak{n}}{\infty(\mathfrak{n}+1)}$$

ex quo etiam Q adcuratius definiri poteft, cum fit $Q=\frac{-\mathfrak{n}}{PA}$.

Vt nunc etiam $\mathfrak{B}$ adcuratius definiatur, colligimus ex aequatione fecunda,

$$0=1-\frac{\zeta}{6P}+\frac{i}{\mathfrak{B}PQ}-\frac{i}{\mathfrak{B}PQA}$$

quae ob $\phi=\lambda+1$ dabit

$$-B(\zeta-P)=\zeta-\frac{i}{\zeta Q}+\frac{i}{Q\lambda}$$

Erat autem proxime $B=\frac{-\zeta}{\zeta-1}$, ideoque negatiuum. Ex valore porro adcurato ipfius B erit $\mathfrak{B}=\frac{1}{\zeta-1}$.

His

CAPVT III.

His igitur definitis tertia aequatio erit

$$0 = \lambda - \frac{\mu'\lambda'}{\mu\Theta'\rho} + \frac{\lambda''}{\rho'\zeta'\pi\zeta} - \frac{\lambda'''}{\rho'\zeta'\rho\Omega}$$
$$\mp \frac{\mu'\nu'}{\mu\Theta\rho} + \frac{\nu'}{\rho'\zeta\pi\zeta'}$$

Hic duo primi termini vtpote valde magni dabunt proxime $\lambda' = \frac{\mu}{\mu'}$. $\mathfrak{B}$' P. λ vnde intelligere licet pro lente concaua eius valorem λ maiorem prodire, quam casu primo ita, vt casus primus ad praxin sit aptior iudicandus.

Vt nunc etiam de longitudine telescopii iudicare possimus, quia praecedente casu ea nimis magna prodierat, considerari debet eius pars praecipua, quae est littera β, cuius valor ante fuerat $= -2,6622$. α circiter, qui autem nunc ob $\beta = \frac{-\gamma\alpha}{\rho}$ et $B = \frac{-\zeta}{\rho-\gamma}$, proxime seu $B = -\frac{\gamma}{\rho}$ et $P = 1$ reperitur $\beta = \frac{\gamma}{\rho}$. $\alpha = 3,33.\alpha$, ita, vt telescopia hinc nata adhuc fiant longiora, quae propterea hic fusius euoluere operae non erit pretium.

Scholion.

184. Quia longitudo telescopii, quae hinc tanta resultat, perfectioni non parum obstat, disquirendum est, vtrum huic incommodo non aliquod remedium adferri possit, quod autem ex hypothesi hic facta, qua lens obiectiua quasi ex duabus tenuibus constare est assumta, neutiquam sperare licet. Quamobrem lentem obiectiuam quasi ex tribus lentibus constantem assumi conueniet, quarum vel vna vel duae

CAPVT III.

sint concauae et ex vitro chrystallino formatae. Ne autem nouam inueſtigationem circa maiorem campum ſuſcipere cogamur, hic ſtatim quoque tres lentes quaſi oculares introducamus, vt hoc modo ſi negotium ſucceſſerit, non ſolum breuiora teleſcopia obtineantur, ſed etiam ſimul campus apparens notabile incrementum accipiat.

Problema 2.

285. Si tres lentes priores ad obiectiuum conſtituendam referantur, tum vero tres quaſi lentes oculares adiungantur, definire momenta, ad teleſcopii conſtructionem neceſſaria.

Solutio.

Cum igitur hic occurrant ſex lentes, ſtatuamus

$\frac{a}{b} = -P; \frac{b}{c} = -Q; \frac{c}{d} = -R; \frac{d}{e} = -S; \frac{e}{f} = -T.$

vt ſint noſtra elementa

$b = -\frac{a}{P}; c = \frac{Ma}{PQ}; d = \frac{-BCa}{PQR}; e = \frac{BCDa}{PQRS}$

$\beta = \frac{Ba}{P}; \gamma = \frac{BCa}{PQ}; \delta = \frac{-BCDa}{PQR}; \epsilon = \frac{BCDEa}{PQRS}$

et $f = \frac{-BCDEa}{PQRST}$

atque diſtantiae focales

$p = a; q = \frac{-Ma}{P}; r = \frac{Ma}{PQ}; s = \frac{-BCDa}{PQR};$

$t = \frac{BCDEa}{PQRS}; u = \frac{-BCDEa}{PQRST};$

eſtque $u = -PQRST.$

Horum

CAPVT III.

Horum iam numerorum P, Q, R, S, T vnicus debet esse negatiuus; interualla autem lentium ita exprimentur

$$a+b = a(1-\tfrac{1}{p}); \quad \beta+c = \tfrac{-Ba}{P}(1-\tfrac{1}{q})$$

$$\gamma+d = \tfrac{BCa}{PQ}(1-\tfrac{1}{R}); \quad \delta+e = \tfrac{-BCDa}{PQR}(1-\tfrac{1}{S})$$

$$\text{et } \epsilon+f = \tfrac{BCDEa}{PQRS}(1-\tfrac{1}{T})$$

quod vltimum interuallum ob $\epsilon = -Tf$, etiam ita exhibetur $\epsilon+f = f(1-T)$; vnde quia f debet esse quantitas positiua, statim patet, esse debere $T < 1$.

Quia nunc tres priores lentes exiguis interuallis a se inuicem distare debent, statuamus vtrumque interuallum $= \eta$ a hincque habebimus

$$P = \tfrac{1}{1-\eta}, \text{ et } Q = \tfrac{1}{1+\eta^2}.$$

Nunc vero cum sit campli semidiameter

$$\Phi = \tfrac{\pi - \pi' + \pi'' - \pi''' + \pi''''}{n+1}$$

statuamus $\pi = \omega\xi$; $\pi' = -\omega'\xi$; $\pi'' = i\xi$; $\pi''' = -\xi$ et $\pi'''' = \xi$, ita, vt sit

$$\Phi = \tfrac{\omega+\omega'+i+1+1}{n+1}\xi = M\xi, \text{ existente}$$

$$M = \tfrac{\omega+\omega'+i+1+1}{n+1} \text{ seu proxime } M = \tfrac{i+1}{n+1}$$

ob ω et ω' fractiones minimas, vt mox videbimus. Hincque ob $\tfrac{\pi''''}{\Phi} = \tfrac{1}{M}$, statim oritur distantia oculi

$$O = \tfrac{1}{M} \cdot \tfrac{l}{a} = \tfrac{n+1}{a(i+1)} \cdot l$$

Porro

Porro confiderari oportet fequentes aequationes

$\mathfrak{B}\omega = (1-P)M$; $\mathfrak{C}\omega' = (1-PQ)M - \omega$
$\mathfrak{D}i = (1-PQR)M - \omega' - \omega$
$\mathfrak{E} = (1-PQRS)M - \omega' - \omega - i$.

Ex harum aequationum duabus primis quaerantur particulae ω et ω', fcilicet

$$\omega = \frac{(1-P)M}{\mathfrak{B}} = \frac{-\eta M}{(1-\eta)\mathfrak{B}}$$

$$\omega' = \frac{(1-PQ)M-\omega}{\mathfrak{C}} \text{ feu}$$

$$\omega' = \frac{\eta(1-\mathfrak{B})\cdot M}{(\mathfrak{B}+(1-\mathfrak{B})\eta)\eta\mathfrak{C}} + \frac{\eta M}{(1-\eta)\mathfrak{B}\mathfrak{C}} \text{ feu}$$

$$\omega' = \frac{\eta M}{\mathfrak{C}}\left(\frac{1\mathfrak{B}+\eta(1-\mathfrak{B})}{(\mathfrak{B}+\eta(1-\mathfrak{B}))(1-\eta)\mathfrak{B}}\right)$$

quare cum η fit fractio valde parua erit proxime

$$\omega = \frac{-\eta M}{\mathfrak{B}}; \quad \omega' = \frac{1\eta M}{\mathfrak{B}\mathfrak{C}}$$

atque litterae $\mathfrak{B}$ et $\mathfrak{C}$ etiamnum manent indeterminatae, dum fequentes $\mathfrak{D}$ et $\mathfrak{E}$ per formulas hic allatas determinantur. Nunc igitur confiderentur tres aequationes, quas adimpleri oportet

I. $0 = +\frac{N\omega}{P} + \frac{N\omega'}{PQ} + \frac{Ni}{PQR} + \frac{N\omega}{PQRS} + \frac{N\omega}{PQRST}$

II. $0 = N - \frac{N'}{\mathfrak{B}P} + \frac{N''}{\mathfrak{B}\mathfrak{C}PQ} - \frac{N'''}{\mathfrak{B}\mathfrak{C}\mathfrak{D}PQR}$
$\qquad + \frac{N''''}{\mathfrak{B}\mathfrak{C}\mathfrak{D}\mathfrak{E}PQRS} - \frac{N'''''}{\mathfrak{B}\mathfrak{C}\mathfrak{D}\mathfrak{E}\mathfrak{F}PQRST}$.

III. $0 =$

CAPVT III.

III. $o = \mu\lambda - \frac{\mu'}{6P}\left(\frac{\lambda'}{6T} + \frac{v'}{T}\right)$
$+ \frac{\mu''}{6\cdot C\cdot PQ}\left(\frac{\lambda''}{6T} + \frac{v''}{C}\right)$
$- \frac{\mu'''}{6\cdot C\cdot D\cdot PQR}\left(\frac{\lambda'''}{D} + \frac{v'''}{D}\right)$
$+ \frac{\mu''''}{6\cdot C\cdot D\cdot E\cdot PQRS}\left(\frac{\lambda''''}{E} + \frac{v''''}{E}\right)$
$- \frac{\mu''''\cdot\lambda''''}{6\cdot C\cdot D\cdot E\cdot F\cdot QRST}$.

In prima autem aequatione duo membra priora prae sequentibus manifesto sunt valde parua, dum etiam per ω multiplicata adhuc multo minora manent sequentibus. Iis omissis habebitur

$o = N'''\cdot i + \frac{N''''}{3} + \frac{N''''}{ST}$

vbi quia tres posteriores lentes ex eadem vitri specie fieri conuenit erit $o = iST + T + 1$; vnde patet, vel S vel T esse debere quantitatem negatiuam. Hanc ob rem statuatur, $S = -k$ vt vnica harum lentium ante imaginem realem cadat, vnde fiet $k = \frac{T+1}{T}$; ante autem iam vidimus, esse $T < 1$ ideoque $K > 2$ ob $i < 1$ et si $i = \frac{1}{4}$ fiet adeo $K > 4$ ex quo erit
$KT = \frac{1+T}{1} = -ST$.

Iam ob P et Q vnitati proxime aequales erit quoque proxime $RST = -\omega$ ideoque $R = \frac{-\omega}{ST}$ adeoque numerus magnus. Ex his autem valoribus proximis facile erit valores adcuratos ex eadem aequatione prima deducere. Iam in aequatione secunda satis euidens est, tres terminos priores multo maiores esse sequentibus.

His ergo omiſſis habebitur

$$0 = N - \frac{N'}{\mathfrak{B}P} + \frac{N''}{\mathfrak{B}CPQ}$$

vnde ob P et Q proxime $= 1$, colligitur fore etiam proxime

$$0 = N - \frac{N'}{\mathfrak{B}} + \frac{N''}{\mathfrak{B}C}$$

vnde colligitur

$$\mathfrak{C} = \frac{N''\mathfrak{B}}{\mathfrak{B}(N'-N\mathfrak{B})} = \frac{N''(1-\mathfrak{B})}{N'-N\mathfrak{B}} \text{ hineque}$$

$$C = \frac{N'(1-\mathfrak{B})}{N'-N\mathfrak{B}-N''+N''\mathfrak{B}}$$

$$C = \frac{N'(1-\mathfrak{B})}{N'-N''+\mathfrak{B}(N''-N)}$$

vbi littera $\mathfrak{B}$ adhuc arbitrio noſtro permittitur.

Pro $\mathfrak{C}$ autem ſequentes caſus ſunt notandi;

1°. Si $\mathfrak{B} > 1$ et $\mathfrak{B} < \frac{N'}{N}$; tunc erit $\mathfrak{C}$ negatiuum, adeoque etiam C negatiuum.

2°. Si $\mathfrak{B} > 1$ et $\mathfrak{B}$ ſimul $> \frac{N'}{N}$; tunc erit $\mathfrak{C}$ poſitiuum.

3°. Si fuerit $\mathfrak{B} < 1$ et $\mathfrak{B} < \frac{N'}{N}$; tunc erit $\mathfrak{C}$ poſitiuum.

4°. Si fuerit $\mathfrak{B} < 1$ et $\mathfrak{B} > \frac{N'}{N}$; tunc erit $\mathfrak{C}$ negatiuum; adeoque et C negatiuum.

Pro ſecundo autem caſu erit C negatiuum ſi $N' > N$. Sin autem fuerit $N' < N$, erit C poſitiuum. Pro caſu tertio erit C poſitiuum, ſi ſit $N' > N$; ſin autem ſit $N' < N$, erit C negatiuum.

Circa

CAPVT III.

Circa duas autem reliquas litteras $\mathfrak{D}$ et $\mathfrak{E}$ notandum est, fore $\mathfrak{D}$ negatiuum, ideoque et D, tum vero $\mathfrak{E}$ esse positiuum; fit enim proxime

$$\mathfrak{E} = \tfrac{1+i}{1+i} - i, \text{ ideoque}$$

$$E = \frac{\tfrac{1+i}{1+i} - i}{1 + i - \tfrac{1+i}{1+i}}; \text{ ideoque E negatiuum.}$$

Examinemus iam interualla lentium ac primo quidem cum sit $d < \gamma$ necesse est, vt sit γ positiuum ideoque debet esse $BC \alpha > 0$.

Est vero $BC = \frac{\gamma^m q}{n' - \lambda'' + \delta(n' - \lambda)};$

Cum igitur distantia γ maximam partem totius longitudinis contineat, $\mathfrak{B}$ ita accipi debet, vt quantitas BC vnitatem vix superet, quia ante hic coefficiens modo binarium tum vero et ternarium superauerat.

Statim autem ac γ reddita est quantitas positiua, erit d negatiuum et manifesto $\gamma + d > 0$.

Porro vero fit δ positiuum, nempe $\delta = D d$ atque etiam e positiuum; ita, vt fit $\delta + e$ positiuum.

Denique $s = E e$ adeoque negatiuum et f positiuum; eritque etiam $s + f > 0$ ob $T < 1$, vt iam ante notauimus; ex quo etiam distantia oculi fit positiua, sicque omnes conditiones sunt adimpletae.

Denique in tertia aequatione etiam manifestum est, tres tantum terminos priores potissimum in com-

pu-

340 CAPVT III.

putum venire, vtpote prae reliquis multo maiores; vnde fit

$$o = \mu\lambda - \frac{\xi'\lambda'}{\mathfrak{B}\mathfrak{T}} + \frac{\xi''\lambda''}{\mathfrak{B}\mathfrak{T}'}$$

vbi efficiendum quoque est, vt nulla litterarum λ, λ', λ'' valorem notabiliter superet. Quemadmodum igitur haec omnia commodissime praestentur, diuersos casus euolui oportet, prouti inter tres lentes priores vel vna vel duae chryftallinae occurrant et quo loco.

CASVS I.

286. Quo prima lens chryftallina, secunda et tertia vero ex vitro coronario est parata. Erit ergo $N = 10$, $N' = 7$, et $N'' = 7$. adeoque primo

$$\mathfrak{C} = \tfrac{r(1-\mathfrak{B})}{7-1\cdot\mathfrak{B}} \text{ et } C = \tfrac{-r(1-\mathfrak{B})}{1\cdot\mathfrak{B}} \text{ ideoque}$$

$$B\mathfrak{C} = \tfrac{r\mathfrak{B}}{7-1\cdot\mathfrak{B}} \text{ et } BC = -\tfrac{r}{1}$$

hinc ergo fit $\gamma = -\tfrac{r}{1}a$; vnde euidens est, fumi debere a negatiuum, qui valor cum non minor fit, quam in problemate praecedente; hunc casum vlterius non profequimur.

CASVS II.

287. Quo lens secunda est chryftallina; prima vero et tertia ex vitro coronario; erit $N = 7$, $N' = 10$; $N'' = 7$; atque hinc

$$C = \tfrac{r(1-\mathfrak{B})}{1} \text{ adeoque } BC = \tfrac{r}{1}\mathfrak{B}$$

$$\mathfrak{C} = \tfrac{r(1-\mathfrak{B})}{10-1\cdot\mathfrak{B}} \text{ et } B\mathfrak{C} = \tfrac{r\mathfrak{B}}{10-1\cdot\mathfrak{B}}$$

vnde

CAPVT III.

vnde fit $\gamma = \frac{1}{3}\mathfrak{B}.a$. Quo igitur telescopium contrahatur, sumi debet $\mathfrak{B} < 1$; tum vero erit B positiuum; at ex tertia aequatione habebimus

$$0 = \mu\lambda - \tfrac{\mu'\lambda'}{\mathfrak{B}\gamma} + \tfrac{\mu''\lambda''}{\gamma\cdot\mathfrak{C}\gamma} \text{ siue}$$

$$0 = \mu\lambda - \tfrac{\mu'\lambda'}{\mathfrak{B}\gamma} + \tfrac{\mu\lambda''(1\cdot 1 - r\mathfrak{B})^2}{\gamma\cdot\mathfrak{C}\gamma} \text{ vnde fit}$$

$$\tfrac{\mu'\lambda'}{\mu} = \mathfrak{B}'\lambda + \tfrac{(1 - r\mathfrak{B})^2\lambda''}{\gamma}$$

hic ergo videamus, an litterae λ et λ' et λ'' possint ad vnitatem redigi; ad quod requiritur, vt fit

$$\tfrac{\mu'}{\mu} = \mathfrak{B}' + (\tfrac{1}{\gamma} - \mathfrak{B})'$$

cuius euolutio ob $\tfrac{\mu'}{\mu}$ propemodum $= 1$ dat

$$(\tfrac{1}{\gamma})' - 3(\tfrac{1}{\gamma})'\mathfrak{B} + 3(\tfrac{1}{\gamma})\mathfrak{B}' = 1$$

cuius radices sunt prior $\mathfrak{B} = 0,97$; qua autem hic nihil in longitudine lucramur; altera vero est $\mathfrak{B} = 0,46$ siue $\mathfrak{B} = \tfrac{1}{1}$ hocque modo fiet $\gamma = \tfrac{1}{3}a$; quod insigne lucrum est qui ergo casus inprimis meretur, vt adcuratius euoluatur.

CASVS III.

288. Sit nunc tertia lens chrystallina, prima et secunda ex vitro coronario, vt fit $N = 7$, $N' = 7$, at $N'' = 10$. Hinc igitur, sequitur

$$\mathfrak{C} = \tfrac{10(1-\mathfrak{B})}{7 - \gamma\mathfrak{C}} = \tfrac{10}{7}; \quad C = -\tfrac{10}{7} \text{ indeque}$$

$$B\mathfrak{C} = \tfrac{10}{7}B; \text{ et } BC = -\tfrac{10}{7}B$$

vnde fit $\gamma = -\tfrac{10}{7}Ba$. Deberet ergo esse $-B < 1$ vel

vel $B > -1$. hinc $\mathfrak{B} < 1$. Hinc ergo tertia aequatio vnitate loco cuiuslibet λ scripta erit

$$0 = 1 - \frac{1}{61} + \frac{101(1-\mathfrak{B})^2}{1000\mathfrak{B}^2} \text{ seu}$$

$$0 = \mathfrak{B}^2 - 1 + \frac{101}{1000}(1-\mathfrak{B})^2 \text{ seu}$$

$$0 = 657 - 1029\mathfrak{B} + 1029\mathfrak{B}^2 + 657\mathfrak{B}^2$$

qui ergo casus etiam euolutione dignus videtur.

CASVS IV.

289. Si prima et secunda lens sint chrystallinae et tertia coronaria; erit

$N' = N = 10$; et $N'' = 7$; hincque
$\mathfrak{C} = \frac{\gamma(1-\mathfrak{B})}{1\mathfrak{C}(1-\mathfrak{B})} = \frac{1}{10}$ et $C = \frac{1}{7}$ hincque $BC = \frac{1}{7}$.

Nunc quia est α negatiuum, γ autem positiuum, debet esse $\gamma = + \frac{1}{5} B \alpha$. Ponamus nunc $\frac{1}{5} B = -1$ erit $B = -\frac{7}{5}$ et $\mathfrak{B} = -\frac{1}{7}$ et $B\mathfrak{C} = -\frac{1}{15}$ vnde tertia aequatio fiet

$$0 = \lambda + \frac{\lambda'\cdot\lambda^2}{1^2} - \frac{\alpha''}{\mu}\cdot\frac{\lambda^2\cdot101^2}{1^2}$$

ita, vt esse debeat

$$\lambda + \frac{6\cdot\lambda^2}{15} = \frac{\alpha''}{\mu}\cdot\frac{1029\lambda^2}{15} + \text{etc.}$$

quod cum fieri nequeat, nisi pro λ et λ' numeri maximi accipiantur, hic casus nullo modo in praxi admitti potest.

CASVS V.

290. Sint prima et tertia lens chrystallinae, secunda ex vitro coronario, erit $N = N'' = 10$

et

CAPVT III.

ea $N' = 7$, adeoque

$\mathfrak{C} = \frac{10(1-\mathfrak{B})}{7-10\frac{5}{9}}$ et $C = -\frac{10(1-\mathfrak{B})}{\mathfrak{B}}$ hinc

$BC = -\frac{10}{7}\mathfrak{B}$ et $\gamma = -\frac{10}{7}\mathfrak{B}a$.

Ponatur ergo $\frac{10}{7}\mathfrak{B} = 1$ eritque $\mathfrak{B} = \frac{7}{10}$ et $B = \frac{7}{9}$ et $B\mathfrak{C} = \frac{1}{9}$; vnde aequatio tertia dabit

$0 = \lambda - \frac{\mu'}{\mu} \cdot \frac{\lambda' - \mu}{1^2} + \frac{0. \lambda''}{1^2}$ feu

$\lambda + \frac{0. \lambda''}{1^2} = \frac{\mu'}{\mu} \cdot \frac{1000 \lambda'}{1^2} + $ etc.

quae aeque parum ad praxin eft idonea.

CASVS VI.

291. Sint fecunda et tertia lens chryftallinae, prima ex vitro coronario confecta; erit $N = 7$, et $N' = N'' = 10$, vnde colligitur

$\mathfrak{C} = \frac{10(1-\mathfrak{B})}{10-7\frac{7}{9}}$ et $C = \frac{10(1-\mathfrak{B})}{\mathfrak{B}}$; hincque

$BC = \frac{10}{7}$ et $\gamma = \frac{10}{7}a$,

qui ergo cafus iam fponte cadit.

Evolutio vlterior cafus fecundi.

292. Quod ad valorem litterae η attinet, pro quauis multiplicatione m, quae lentis obiectiuae aperturam poftulat, cuius femidiameter fit circiter $\frac{m}{10}$ dig. fumamus accipi $a = \frac{m}{9}$ dig. quia lens plerumque fere eft plano-conuexa; eritque huius lentis craffities circiter $\frac{1}{10}a$, quare fi interuallum binarum lentium priorum ftatuamus $\frac{10}{10}a$; metuendum non eft, ne duae lentes fe mutuo tangant, fed fatis relinquetur fpatii, vt etiam

etiam quodammodo moueri poßint. Ponamus ergo
$\eta = \pm \tfrac{1}{15} = \pm 0,02$.

Quia nunc prima lens est ex vitro coronario, ideoque conuexa erit a poſitiuum et $\eta=+\tfrac{1}{15}=+0,02$. Hinc reperimus ſtatim $P = \tfrac{11}{15}$ et $Q = \tfrac{4(1-\mathfrak{B})}{15\mathfrak{B}+1}$, vbi de B infra diſpiciemus. Hic notaſſe ſufficiat, eſſe proxime $Q = 1$ et $P = 1$.

His praemiſſis ſumta fractione $i = \tfrac{1}{2}$ et $T = \tfrac{1}{2}$, quandoquidem eſſe debet $T < 1$. prima aequatio noſtra dabit $k = 6 = -S$ et ob $PQ = 1$ proxime $R = \tfrac{1}{2}\pi$; neque opus eſt, vt hic valor accuratius eruatur.

Secunda autem aequatio, cui pariter proxime tantum ſatisfeciſſe ſufficit, quia hoc caſu eſt $N = 7$, $N' = 10$, $N'' = N''' = N'''' = N''''' = 7$. nobis praebet

$$0 = 7 - \tfrac{10}{6P} + \tfrac{7}{P\mathfrak{C}PQ}$$

quae ſumto $P = 1$ et $PQ = 1$ dat

$\mathfrak{C} = \tfrac{-7(1-\mathfrak{B})}{(7\mathfrak{C}-10)} = \tfrac{7(1-\mathfrak{B})}{10-7\mathfrak{B}}$ indeque

$C = \tfrac{7(1-\mathfrak{B})}{3}$ et $BC = \tfrac{7\cdot\mathfrak{B}}{7}$.

Cum dein ex primis elementis ſit $\gamma = \tfrac{2Ca}{PQ}$, quae diſtantia praecipuam partem totius longitudinis continet, faciemus $\gamma = a$ ſiue proxime ſaltem $= a$ adeoque $BC = 1$; vnde ſequitur $\tfrac{1}{2}\mathfrak{B} = 1$ et $\mathfrak{B} = \tfrac{1}{2}$; vnde porro $B = \tfrac{1}{2}$; $\mathfrak{C} = \tfrac{1}{2}$ et $C = \tfrac{1}{2}$ ideoque $B\mathfrak{C} = \tfrac{1}{2}$,

Nunc

CAPVT III.

Nunc ex valore B inuento habebimus praeter $P = \frac{\mu}{\mu'}$ etiam $Q = \frac{\lambda\nu}{\mu'\mu}$ et $PQ = \frac{\lambda\nu}{\mu'\mu}$ ficque adcurate iam erit $R = \frac{\nu\lambda\mu}{\mu'\mu}$.

Nunc igitur ad aequationem tertiam progrediamur:

$$0 = \lambda - \frac{\mu'}{\mu} \cdot \frac{\lambda^{\nu}}{B\cdot P} + \frac{\lambda\nu}{B\cdot C\cdot PQ}$$
$$- \frac{\mu'\nu}{\mu} \cdot \frac{\lambda}{BP} + \frac{\lambda}{BCPQ}$$
$$- \frac{\lambda^{\mu'}}{BCDPQR} + \frac{\lambda^{\mu'}}{BCDBPQRS}$$
$$- \frac{\lambda}{BCDPQR} + \frac{\lambda}{BCDBPQRS}$$
$$+ \frac{\lambda}{BCDBPQRS}$$

quae vt in numeros euolui poffit, ante neceffe eft, valores litterarum D et E inueftigare, qui ex formulis supra datis inueniuntur:

$\frac{1}{2}\mathfrak{D} = (1 - PQR)M$; feu

$\mathfrak{D} = (1 - \frac{1}{2}m)\frac{1}{m+1} = -\frac{1}{3}$

ob m vt valde magnum affumtum praecipue cum $\mathfrak{D}$ tantum occurrat in numeris per se minimis; adeoque $D = -\frac{1}{3}$. Simili modo erit

$\mathfrak{E} = \frac{1(1 + 1m)}{1(m+1)} - \frac{1}{3} = \frac{1}{3}$ et $E = 7$.

CAPVT III.

His igitur valoribus substitutis habebimus

$$0 = \lambda - 10, 9985 \lambda' + 12,7884 \lambda''$$
$$(1,0413348) \quad (1,1068156)$$
$$- 0,68119 + 0,68775$$
$$(9,8332690) \quad (9,8374334)$$
$$+ 0,64800 \lambda''' + 0,02247 \lambda''''$$
$$\overline{m \qquad\qquad m}$$
$$(9,8115752) \quad (8,3516924)$$
$$- 0,363245 + 0,07773$$
$$\overline{m \qquad\qquad m}$$
$$(9,8010248) \quad (8,8906053)$$
$$+ 1,92720 \lambda'''''$$
$$\overline{m}$$
$$(0,2849264)$$

ex qua aequatione si sumatur $\lambda = 1$ et $\lambda'' = 1$, colligitur

$$\lambda' = 0,09092 + 0,0589 \lambda''' : m - \frac{\ldots}{\ldots}$$
$$+ 1,16275 + 0,0080 \lambda'''' : m :$$
$$+ 0,00060 + 0,1752 \lambda''''' : m.$$
$$\overline{1,25427}$$

Circa litteras λ''', λ'''', λ''''' observandum est, quia binae postremae plenam aperturam admittere debent, esse debere

$$\lambda''''' = 1,60006 \text{ et } \lambda'''' = 1 + 0,60006.$$
$$\text{et } \lambda'''' = 1 + 0,60006 (1 - 2\mathfrak{C})^2$$
$$= 1 + 0,60006.64$$

unde hae duae lentes statim computari possunt.

Pro

CAPVT III.

Pro quarta autem lente in ipso radiorum calculo valor numeri λ''' definiatur. Tum vero lens prima et tertia quoque per calculum determinantur. Quo facto quaeratur valor ipsius λ', qui cum etiam m inuoluat, primo pro valore determinato ipsius m. v. g. $m = 25$, deinde pro $m = 40$ radii facierum huius lentis inuestigentur ex iisque pro multiplicatione quacunque eorum valores concludantur, vt iam supra aliquoties est factum.

Interualla autem lentium cum distantiis focalibus sequenti modo se habebunt:

$b = -0,98 . a$
$\beta = -0,73500 . a$, $\log \beta = 9,86628 34 + 3$
$c = 0,73500 . a$
$\gamma = 1,00667 . a$, $\log \gamma = 0,00288 56$
$d = -\frac{10}{7} . a$
$\delta = +\frac{1,177}{?} . a$
$e = +\frac{?}{?}$
$e = -\frac{?}{?}$
$f = +\frac{?,10?1?6}{?}$

et distantiae focales

$p = a$; $q = -0,4500 . a$; $r = -0,43 \ldots$
$s = \frac{10}{7}$; $t = +\frac{?}{?}$; $u = \frac{?}{?} . a$

Hincque interualla lentium

$a+b = 0,02.a$; $\beta+c = 0,0200.a$
$\gamma+d = 1,00667.a - \frac{1}{n}.a$
$\delta+e = 2,1875.\frac{a}{n}$; $\epsilon+f = \frac{2,0075.a}{n}$
et pro loco oculi $O = 0,5626.\frac{a}{n}$.

Conſtructio lentium.

Inueſtigemus primo conſtructionem pro ſingulis lentibus ex vitro coronario parandis poſitisque pro quauis lente

radiis faciei $\begin{cases} \text{anter.} = F. \\ \text{poſter.} = G. \end{cases}$

haec determinatio ſequenti modo ſe habebit

I. Pro prima lente

ob $\lambda = 1$ reperietur

$F = \frac{a}{c} = 1,\frac{a}{1001} = 0,60237.a$
$G = \frac{a}{c} = 0,\frac{a}{1117} = 4,41111.a$

III. Pro tertia lente.

ob $\lambda'' = 1$ erit

$F = \frac{c\gamma}{\gamma c + c c} = \frac{cc}{c f + c} = \frac{\gamma}{c f + c}$
$G = \frac{c\gamma}{\gamma c + c f} = \frac{cc}{c f + c} = \frac{\gamma}{c f + c}$
$F = 1,\frac{1}{3} = 0,51298.a$
$G = 1,\frac{\gamma}{1101} = 0,41255.a$

IV.

CAPVT III.

IV. Pro quarta lente

ob λ''' etiamnunc incognitum ponatur breuitatis gratia

$$r(1+D) \sqrt{(\lambda''' - 1)} = s \text{ eritque}$$

$$F = \frac{s}{Df+s \pm s}; \quad G = \frac{s}{1+Df \mp s}$$

adeoque

$$F = \frac{s}{\frac{1}{1,1115} \pm s}; \quad G = \frac{s}{-0,1105 \mp s}$$

Vt nunc haec lens aperturam $\frac{1}{4} \xi$ admittat, hoc eueniet, si posterior facies fuerit plana, seu denominator $= 0$; valeant igitur signa inferiora et ponatur $s = 0, 8109$ vnde fiet

$$G = \infty \text{ et } F = \frac{s}{0,3311} \text{ seu } F = \frac{1,6310 \cdot a}{m}$$

vti debet esse, quia $F = (n-1) s$. Cum igitur sit

$$r(1+D) \sqrt{(\lambda''' - 1)} = 0, 8109 \text{ erit}$$

$$\sqrt{\lambda''' - 1} = \frac{0,8109}{0,3311} \text{ hincque } \lambda''' = 6, 4642.$$

V. Pro quinta lente

est $\lambda'''' = 39, 40384$ et quia haec lens est vtrinque aeque conuexa erit

radius faciei vtriusque $= 1, 06. s = 1, 4906. \frac{a}{m}.$

VI. Pro sexta lente

est, vti vidimus, $\lambda''''' = 1, 60006$ ideoque

radius vtriusque faciei $= 1, 06. u = 0, 8518. \frac{a}{m}.$

II. Pro

II. Pro secunda lente reperietur nunc primo
$$\lambda' = 1,25427 + \tfrac{0,04 \, m}{m}.$$
Statuamus nunc esse $m = 25$ eritque
$$\lambda' = 1,28154.$$
Quare cum pro secunda lente sit
$$F = \frac{\rho}{\mathfrak{s} r' + \sigma' \pm r'(1+B)\sqrt{(\lambda'-1)}}$$
$$G = \frac{\rho}{\mathfrak{s} r' + r' \mp r'(1+B)\sqrt{(\lambda'-1)}}$$
erit $\tau'(1+B)\sqrt{\lambda'-1} = 0,81524$
unde colligitur
$$F = \frac{\rho}{1,4100 \pm 0,81524} = e\tfrac{\rho}{1,577}$$
$$G = \frac{\rho}{1,3100 \mp 0,81524} = 1\tfrac{\rho}{1,575}$$
hinc $F = -0,54134.\,a$
$G = -0,34286.\,a$
fit nunc $m = \infty$ erit
$$\lambda' = 1,25427 \text{ et } \tau(1+B)\sqrt{\lambda'-1}$$
$= 0,77434$, unde radii facierum
$$F = \frac{\rho}{1,6000 \pm 0,77403} = e\tfrac{\rho}{1,575}$$
$$G = \frac{\rho}{1,3100 \mp 0,77403} = 1\tfrac{\rho}{1,040}$$

hinc

CAPVT III.

hinc $F = -0,80373 \cdot a$
$G = -0,34955 \cdot a$

Ex his igitur duobus casibus pro multiplicatione quacunque concludimus

$F = -0, 80373 \cdot a - \frac{f}{u}$

$F = -0, 80373 \cdot a - 0,940 \frac{a}{n}$

et $G = -0, 34955 \cdot a - \frac{k}{n}$

$G = -0, 34955 \cdot a + 0, 167 \cdot \frac{a}{n}$

Denique semidiameter campi visi erit

$\Phi = \frac{v \cdot v}{n+1}$ minut.

Scholion.

293. Quia ternae lentes priores communem postulant aperturam, cuius semidiameter sit $\frac{n}{n}$ dig. hic ad radium minimum istarum lentium, qui est $0,343 \cdot a$; respici debet, cuius pars quarta $0,086 \cdot a$ est circiter $\frac{1}{n} a$ ipsi $\frac{n}{n}$ dig. aequalis posita dabit $a = \frac{4}{n} m$ siue $a = \frac{1}{3} m$ cum ante licuisset statuere $a = \frac{1}{3} m$ neque ergo voti nostri compotes sumus facti, dum longitudinem telescopii contrahere sumus conati, etsi enim hic longitudo telescopii minorem tenet rationem ad a, tamen ipsa quantitas a fere tanto maior hic prodiit. Ex quo intelligitur, si omnes plane perfectiones desideremus, necesse prorsus esse, maiorem longitudinem admittere. Interim tamen longitudo

hinc

hinc refultans aliquanto minor eft, quam fupra inuenta, fed probe hic eft perpendendum, hoc cafu elaborationem lentium multo maioribus difficultatibus effe obnoxiam, quam ante. Ita vt artifex non nifi poft plurima tentamina fcopum attingere poffit. Quocirca his inueftigationibus non vlterius immoror, cum ex calculis allatis facile fit huiusmodi telefcopiorum conftructionem in vfum artificum depromere.

LIBRI

LIBRI SECVNDI,
DE
CONSTRVCTIONE TELESCOPIORVM
SECTIO TERTIA.
DE
TELESCOPIIS TERTII GENERIS,
QVIBVS
OBIECTA ITERVM SITV ERECTO REPRAESENTANTVR.

CAPVT I.
DE
TELESCOPIIS SIMPLICIORIBUS
TERTII GENERIS EX VNICA VITRI SPECIE PARATIS.

Problema I.

294.

Telescopium simplicissimum huius generis, quod tribus tantum constat lentibus construere, quod obiecta secundum datam rationem aucta et situ erecto repraesentet.

Solutio.

Pro duobus interuallis, quae hic occurrunt, ponamus vt semper fractiones $\frac{a}{b} = -P$ et $\frac{\beta}{c} = -Q$ et quia hic duae imagines reales habentur, quarum altera in prius interuallum cadens est inuersa, altera vero in posterius interuallum cadens erecta, ita, vt sit semidiameter illius $= \alpha \Phi$, huius vero $= B \alpha \Phi$; ambae litterae P et Q debent esse negatiuae, vnde statuamus $-P = k$ et $-Q = k'$, vt sit multiplicatio $m = k k'$. Hinc elementa nostra ita se habebunt:

$$b = \frac{a}{k}; \quad \beta = \frac{B a}{k} \text{ et } c = \frac{B a}{k k'}$$

et distantiae focales

$$p = a; \quad q = \frac{B a}{k} \text{ et } r = \frac{B a}{k k'} = \frac{B a}{m}$$

tum vero bina interualla

$$a + b = a(1 + \tfrac{1}{k}); \quad \beta + c = \tfrac{Ba}{k}(1 + \tfrac{1}{k'})$$

quae per se sunt positiua, siquidem esse debet $B > 0$ ideoque et $\mathfrak{B}$. Pro campo porro apparente cum sit eius semidiameter $\Phi = \frac{-\pi \pm \pi'}{a \mp a}$; ponamus $\pi = -i\xi$ et $\pi' = \xi$, denotante ξ maximum valorem, quem litterae π et π' recipere possunt et i fractionem vnitate minorem eritque $\Phi = \frac{i+1}{a-a} \xi$ atque hinc pro loco oculi fiet

$$O = \frac{\pi}{\Phi} \cdot \frac{r}{m} = \frac{a-1}{i+1} \cdot \frac{B a}{m a}$$

quae

CAPVT I.

quae distantia etiam per se est positiua. His positis aequationes pro litteris π, π' supra datae debent

$$\frac{\varrho \pi - \varrho}{\vartheta} = \frac{\pi}{b} = k; \text{ feu}$$

$$\mathfrak{B}. \frac{-i(\frac{\pi}{b}-1)}{i+1} = b + i \text{ vnde}$$

$$i = \frac{-b-1}{i+i+(\frac{\pi}{b}-1)\mathfrak{B}}$$

qui valor debet esse vnitate minor. Cum igitur hinc valor ipsius i necessario sit negatiuus et vnitate minor, erit campi semidiameter

$$\phi = \frac{\mathfrak{B} \xi}{i+i+(\frac{\pi}{b}-1)\mathfrak{B}},$$

qui certe eo minor est, quam $\frac{\xi}{b}$, quo k est maius et quo minus est $\mathfrak{B}$. Quo igitur campum maiorem obtineamus, in id est incumbendum, vt litterae k quam minimus, litterae $\mathfrak{B}$ vero quam maximus valor concilietur; at cum sit $B = \frac{\mathfrak{B}}{1-\mathfrak{B}}$ et debeat esse $B > 0$ hinc euidens est, $\mathfrak{B}$ non vltra vnitatem augeri posse. Casu autem quo sit $\mathfrak{B} = 1$ sit $\phi = \frac{\xi}{i+i}$. Tum vero ob $B = \infty$ longitudo tubi fieret infinita. Diminutio vero numeri k quam parum conferat ad campum augendum; videamus nunc etiam an margo coloratus destrui possit, quem in finem esse deberet,

$$0 = \frac{\pi}{\phi} \cdot \frac{b}{p} + \frac{\pi'}{\phi} \cdot \frac{e}{p},$$

$$0 = -i. \frac{1}{b} + \frac{1}{\lambda k^2}$$

quae aequatio ob $i < 0$ nullo modo subsistere potest;

vnde

vnde haec telescopiorum species vitio marginis colorati quam maxime laborabit. Ceterum pro semidiametro confusionis habebimus hanc aequationem

$$\frac{a\pi x'}{z'}(\lambda + \frac{1}{6^2 k}(\frac{\lambda'}{6^2} + \frac{v}{z}) + \frac{\lambda''}{z^2 \cdot m}) = b$$

vnde colligitur

$$a = k x \sqrt[3]{\mu m} \left\{ \begin{array}{c} \lambda + \frac{\lambda'}{6^2 k} + \frac{\lambda''}{z^2 \cdot m} \\ + \frac{v}{z \cdot 6 \cdot k} \end{array} \right\}$$

qui sumto $x = \frac{n}{12}$ dig. et $k = 50$ abit in hunc valorem

$$a = m \sqrt[3]{\mu m} \left\{ \begin{array}{c} \lambda + \frac{\lambda'}{6^2 k} + \frac{\lambda''}{z^2 \cdot m} \\ + \frac{v}{z \cdot 6 \cdot k} \end{array} \right\}$$

in qua expressione cum omnia membra sint positiua, nullum est dubium, quin distantia focalis a multo fiat maior, quam casu duarum lentium.

Coroll. 1.

295. Cum iam sit animaduersum, si $\mathfrak{B}$ caperetur $= 1$ longitudinem instrumenti in infinitum excrescere ideoque $\mathfrak{B}$ capi debere minus vnitate; secundum membrum in aequatione valde increscet pariter ac vltimum, ex quo distantia a augebitur.

Coroll. 2.

296. Sin autem huic incommodo mederi vellemus augendo numerum k, tunc campus apparens restringeretur.

Scho-

CAPVT I.
Scholion 1.

297. Nullum igitur est dubium, quin haec prima istiusmodi telescopiorum species penitus sit repudianda, non solum quod nimis exiguum campum ostendat, tubusque fiat valde longus, sed eam ob causam praecipue, quod repraesentatio margine colorato sit inquinata neque etiam reperimus huiusmodi telescopia vnquam vsu fuisse recepta. Interim tamen casum quendam in sequente exemplo proponamus.

Exemplum.

298. Si sumatur $\mathfrak{B} = \frac{1}{2}$; et $k = a$ telescopium huius generis describere pro multiplicatione quacunque m.

Cum igitur hinc fit $B = 4$ erunt elementa
$$b = \tfrac{1}{2} a; \quad \beta = 2a; \quad c = \tfrac{ma}{2}$$
et distantiae focales
$$p = a; \quad q = \tfrac{1}{2} a; \text{ et } r = \tfrac{ma}{2} \text{ et}$$
$$a + b = \tfrac{3}{2} a; \quad \beta + c = 2a + \tfrac{ma}{2}$$
quorum summa $\tfrac{7}{2} a + \tfrac{ma}{2}$ dat tubi longitudinem.

Tum vero reperitur $i = \frac{-11}{11 + m}$

et semidiameter campi $\Phi = \frac{-\xi}{11+m}$

seu in mensura anguli $\Phi = \frac{\cdot 11 \cdot}{11 + m}$. minut.

qui non multo est minor, quam campus ordinarius.

Pro

Pro loco oculi vero erit $O = \frac{\lambda'' + \lambda'''}{2 \cdot 2} \cdot a$

Denique vero pro distantia foculi a habebimus

$$a = m \cdot \sqrt[\nu]{\mu \, m \left(\lambda + \frac{\lambda'\cdot\text{\tiny{\ldots}}}{\text{\tiny{\ldots}}} + \frac{\lambda''}{\text{\tiny{\ldots}}} + \frac{1}{\text{\tiny{\ldots}}}\right)}$$

vbi circiter est $\mu = 1$ et $\nu = \frac{1}{3}$, quare si litteris λ, λ', λ'' valor minimus scilicet 1 tribuatur; erit

$$a = m \sqrt[\nu]{m \left(2 + \tfrac{1}{3 \cdot 2} + \tfrac{1}{2 \cdot 2 \cdot m}\right)}$$

$$a = m \sqrt[\nu]{\left((2 + \tfrac{1}{3 \cdot 2}) m + \tfrac{1}{3}\right)} \text{ digit.}$$

hinc si esset $m = 25$, erit

$$a = 25 \cdot \sqrt[\nu]{50 \cdot \tfrac{5}{12}} = 92, 23 \text{ dig.}$$

hincque tota longitudo erit $= 340$ dig. $= 28$ ped. 4 dig. quae longitudo ratione multiplicationis vtique tam est magna, vt in praxi nullo modo admitti possit, etiamsi vitium marginis colorati non adesset.

Scholion 2.

299. Cum igitur hinc nihil in vsum practicum trahi possit, haecque species simplicissima penitus rejici debeat, ad species simpliciores progrediamur, quae scilicet oriuntur, si tribus lentibus insuper vna lens quarta adiungatur, ex quo variae species nascentur, prouti haec noua lens vel inter obiectiuam et priorem imaginem vel inter priorem et posteriorem, vel inter hanc posteriorem et lentem ocularem constituatur; quos ergo casus seorsim hic euolui conueniet.

Pro-

CAPVT L

Problema 2.

300. Si inter lentem obiectiuam et primam imaginem noua lens ponatur, indolem horum telescopiorum indagare eorumque constructionem describere.

Solutio.

Cum hic quatuor lentes sint, statuantur ternae fractiones, vt semper, $\frac{a}{b} = -P$; $\frac{\beta}{\gamma} = -Q$ et $\frac{\gamma}{\delta} = -R$ et quia in primum interuallum nulla imago cadit retinebit P valorem positiuum, reliquae vero Q et R fient negatiuae.

Quare ponatur $Q = -k$ et $R = -k'$ vt fiat multiplicatio $m = Pkk'$ elementaque nostra sint

$$b = -\frac{a}{P}; \quad c = -\frac{Ba}{Pk}; \quad d = -\frac{KCa}{Pkk'} = -\frac{Kc}{m}$$

$$\beta = -\frac{Ba}{P}; \quad \gamma = -\frac{KCa}{Pk};$$

$$p = a; \quad q = -\frac{Ba}{P}; \quad r = -\frac{BCa}{Pk}; \quad s = -\frac{BCa}{m}$$

vnde prodeunt interualla

$$a + b = a(1 - \tfrac{1}{P})$$

$$\beta + c = -\tfrac{Ba}{P}(1 + \tfrac{1}{k})$$

$$\gamma + d = -\tfrac{BCa}{Pk}(1 + \tfrac{1}{k'})$$

sicque patet, Ba esse debere negatiuum, vt et BCa ideoque C debet esse positiuum; vnde si $a > 0$, debet esse $P > 1$; $B < 0$ et $C > 0$, sin autem $a < 0$, debet esse $P < 1$, $B > 0$ et $C > 0$.

Nunc cum pro campo apparente fit

$$\Phi = \frac{-\pi + \pi' - \pi''}{m-1} \text{ ftatuatur}$$

$\pi = -\omega\xi; \ \pi' = i\xi; \ \pi'' = -\xi$ vt fit

$$\Phi = \frac{\omega + i + 1}{m-1} \cdot \xi = M\xi \text{ exiftente } M = \frac{\omega + i + 1}{m-1}.$$

Atque ftatim pro loco oculi fequitur

$$O = -\frac{\pi''}{\Phi} \cdot \frac{1}{m} = -\frac{1}{M} \cdot \frac{BCa}{mm}$$

quae diftantia per conditiones fuperiores iam eft pofitua. Aequationes autem pro litteris π fupra datae praebent:

$$\frac{B\pi - 1}{\Phi} = -\frac{m\omega - 1}{N} = -P;$$

$$\frac{Ci}{N} + \frac{\omega}{N} + 1 = -Pk$$

vnde colligitur

$$\omega = \frac{(P-1)(i+1)}{B(m-1) - P + 1}$$

vt maneat $\mathfrak{B}$ indefinitum; et

$$\mathfrak{C} = \frac{-(1+Pk)M - \omega}{i}$$

quae quantitas cum debeat eſſe poſitiua, debet eſſe vel i negatiuum vel ſi eſſet i poſitiuum, deberet eſſe

$-(1 + Pk)M - \omega > 0$ ſiue

$-(1 + Pk)(\frac{\omega + i + 1}{m-1}) - \omega > 0$ ſeu

$-\omega(m + Pk) - (1 + Pk)(i+1) > 0$

vnde patet, fractionem ω negatiuam eſſe debere; ita, vt hinc campus apparens diminuatur.

Videa-

CAPVT I.

Videamus iam, an marginem coloratum tollere vel huic aequationi satisfacere possimus:

$$0 = +\omega \cdot \mathbf{k} - \frac{i}{\mathbf{k}\omega} + \frac{1}{\mathbf{k}\omega\omega}$$

vnde colligimus

$$0 = \omega - \frac{i}{k} + \frac{1}{k\omega} \text{ adeoque}$$

$$k' = \frac{-i}{k\omega - i} = \frac{1}{i - k\omega}$$

qui valor debet esse positiuus adeoque $k\omega - i < 0$, de quo deinceps videbimus. Nunc adhuc aequationem pro confusione aperturae tollenda contemplemur, quae sequenti modo exhibebitur:

$$a = kx'\sqrt{\mu}m(\lambda - \frac{1}{\omega r^2}(\frac{\lambda'}{\omega}+\frac{y}{k}) - s' \cdot \frac{1}{\mathfrak{C} r_1}(\frac{\lambda''}{\mathfrak{C}'}+\frac{y}{\mathfrak{C}}) - \frac{\lambda'''}{r_1 \mathfrak{C} \cdot \omega})$$

pro qua expressione hactenus sumsimus $x' = \frac{n}{13}$ dig. et $k = 50$.

Coroll. I.

301. Pro dijudicandis litteris ω et i, vtrum valores habere queant positiuos an negatiuos, considerandae sunt hae duae formulae:

I. $\mathfrak{C} = \frac{-(1+p k)q - \omega}{i}$

II. $k' = \frac{1}{i - k\omega}$

ex quarum prima patet, ambas litteras i et ω simul positiuas esse non posse, quia alioquin $\mathfrak{C}$ foret negatiuum; quae littera tamen valorem positiuum habere debet. Ex secunda vero euidens est, fieri non posse, vt fit $\omega > 0$ et $i < 0$, quia alioquin k' prodiret negatiuum.

Coroll. 2.

302. Ex his duobus cafibus fequitur litteram ω nunquam pofitiuam effe poffe, quae condito ita enunciari poteft, vt fecunda lens femper campum apparentem imminuere debeat.

Coroll. 3.

303. Cum igitur ω femper debeat effe negatiuum, ponatur $\omega = -\zeta$, vt fit $\mathfrak{B}\zeta = (1 - P)M$ et $M = \frac{1 + i - \zeta}{m - 1}$. Noftrae vero formulae, neceffario pofitiuae, erunt

I. $\mathfrak{C} = \frac{-(1+Pk)M + \zeta}{1}$

II. $k' = \frac{1}{1+k\zeta}$

vnde fi fit i fractio pofitiua, debet effe $\zeta > (1 + Pk)M$.

Sin autem i fit fractio negatiua, puta $i = -y$, per primam debet effe $\zeta < (1 + Pk)M$ et fimul $\zeta > \frac{y}{1}$.

Coroll. 4.

304. Praeterea etiam manifeftum eft, fractionem $\zeta = -\omega$ nunquam euanefcere poffe, fi enim fit $i > 0$ debet effe $\zeta > (1 + Pk)M$. Sin autem fit $i < 0$ feu $i = -y$ debet effe $\zeta > \frac{y}{1}$.

Coroll.

CAPVT I.

Coroll. 5.

305. Quia casu $i = -y$, duplicem inuenimus conditionem, priorem $\zeta < (1 + Pk)M$ et posteriorem $\zeta > \frac{y}{k}$; ex earum comparatione necesse est, vt sit $(1 + Pk)M > \frac{y}{k}$ seu $y < (1 + Pk)kM$.

Scholion.

306. Tot autem casus diuersi ideo potissimum habent locum, quod in solutione problematis non definitur, vtrum lens obiectiua habeat suam distantiam focalem a positiuam an negatiuam. Verumquo autem vsu venire potest, siquidem circa litteram P nihil aliud praecipitur, nisi quod sit positiua ideoque eius valor a ciphra vsque in infinitum augeri queat.

Quamdiu autem littera P intra limites o' et 1 continetur, a valorem habere debet negatiuum seu lens obiectiua erit concaua, et littera B positiua ideoque et $\mathfrak{B}$; vnde fit $\zeta = \frac{(1-P)N}{8}$ adeoque positiuum. Sin autem statuatur $P = 1$, quo casu binae lentes priores sibi immediate iunguntur, fit $\zeta = 0$, qui casus, vti vidimus, penitus excluditur, ita, vt lens obiectiua duplicata esse nequeat. At si fit P maior vnitate, necessario fit a positiuum seu lens obiectiua conuexa; vnde B fit negatiuum, neque vero hinc definitur $\mathfrak{B}$. At quia nouimus esse ω negatiuum seu ζ positiuum ob $\zeta = -\frac{(P-1)N}{8}$ patet, litteram $\mathfrak{B}$ negatiuam esse debere, hincque porro concluditur, $-B$ esse vnitate minus.

nus. Si denique P sit numerus infinitus, secunda lens in ipso loco prioris imaginis constituetur et ex eius distantia focali q concluditur

$$\mathfrak{B} = -P \cdot \frac{q}{a} = -\infty \text{ hincque } B = -1;$$

atque sic contemplati sumus obiter omnes casus pro littera P; qui autem nunc diligentius perpendi merentur. Ante omnia autem notari conuenit, sumi non posse $P = 0$, quia iam primum interuallum fieret infinitum, nisi distantia a esset infinite parua, quod autem foret aeque absurdum, quia prima lens aperturam definitam admittere debet.

I. Evolutio casus, quo $P < 1$.

307. Pro hoc casu iam animaduertimus, fore $a < 0$, quae negatio ne turbet ponamus $a = -a$ eritque

$$b = \frac{a}{P}; \quad c = \frac{\mathfrak{B}a}{Pq}; \quad d = \frac{\mathfrak{B}Ca}{a}$$

$$\beta = \frac{b_1}{P}; \quad \gamma = \frac{\mathfrak{B}Ca}{Pq}.$$

vnde patet, ambas litteras B et C debere esse positiuas; vnde litterae germanicae $\mathfrak{B}$ et $\mathfrak{C}$ non solum erunt quoque positiuae, sed etiam vnitate minores; quare cum sit $\mathfrak{B}\zeta = (1-P)M$, manifesto sequitur fore $\zeta > (1-P)M$. Deinde ob

$$\mathfrak{C} = \frac{-(1+Pk)M + \zeta}{\zeta} \text{ et } k' = \frac{1}{1+k};$$

non solum esse debet

$$\frac{-(1+Pk)M + \zeta}{\zeta} > 0, \text{ sed etiam } \frac{-(1+Pk)M + \zeta}{\zeta} < 1.$$

quod

CAPVT I.

quod quo clarius explicetur, duos casus examinari conueniet

I. Si i sit positiuum
ex valore $\mathfrak{C}$ nancisciscimur has conditiones
$$\zeta > (1+Pk)M \text{ et } \zeta < (1+Pk)M + i$$
conditio autem litterae k' sic sponte impletur. Quia autem iam inuenimus $\zeta > (1-P)M$; nunc inde patet, esse debere $(1+Pk)M + i > (1-P)M$ ideoque $i > -P(k+1)M$; id quod semper est verum, dummodo i sit positiuum, vti supponimus.

II. Si i sit negatiuum.
ponatur $i = -y$ eritque
$$\mathfrak{C} = \frac{(1+Pk)M-\zeta}{y}, k' = \frac{y}{k\zeta-y}.$$
Inde igitur sequuntur hae conditiones,
$$\zeta < (1+Pk)M$$
$$\zeta > (1+Pk)M - y; \text{ hinc vero } \zeta > \tfrac{y}{k};$$
at supra iam inuenimus, $\zeta > (1-P)M$; vnde sequitur fore $(1+Pk)M > \tfrac{y}{k}$ siue $y < (1+Pk)kM$.

Isto igitur casu, quo $P < 1$, fractio i tam positiue capi poterit, quam negatiue, ac si positiue accipiatur, eius valorem nulla limitatione restringi. Quare cum i vnitatem superare nequeat, poterit sine haesitatione statim poni $i = 1$ ita, vt pro campo apparente fiat $\Phi = \frac{1-\zeta}{1-1}. \xi$, dummodo ζ non superet vnitatem. Nulla autem ratio suadet, capere i negatiuum, quia tum campus nimium diminueretur.

IL Euo-

II. Euolutio cafus, quo $P > 1$.

308. Quia hic eſt a quantitas poſitiua ideoque b negatiua, debet eſſe B negatiuum, at C, vt ante, poſitiuum. Deinde etiam vidimus eſſe $\mathfrak{B}$ negatiuum ideoque $-B < 1$; vnde fit $\zeta = \frac{(1-P)\mathfrak{A}}{\mathfrak{b}}$ adeoque poſitiuum, vbi tantum notetur $\mathfrak{B}$ tam paruum accipi non debere, vt ζ ſuperet vnitatem. Deinde habetur $\mathfrak{C} = \frac{-(1+Pk)\mathfrak{A}+\mathfrak{L}}{1}$ et $k' = \frac{1}{1+k\zeta}$;
ex quibus formulis plane eadem fequuntur, quae in caſu praecedente ſunt allata; vnde videtur etiam ſtatui poſſe $i = 1$; dummodo ex valore pro ζ ante dato fit $\frac{1-P}{\mathfrak{b}} > 1 + Pk$ ſiue $-\mathfrak{B} < \frac{P-1}{Pk+1}$ et
$$-\mathfrak{B} > \frac{(P-1)\mathfrak{A}}{(1+Pk)\mathfrak{A}+1}.$$

III. Euolutio cafus, quo $P = \infty$.

309. Hoc ergo caſu, vt iam ſupra notauimus, erit $B = -1$ et $\mathfrak{B} = -\frac{\mathfrak{A}}{\mathfrak{d}}$.

Nunc autem euidens eſt, ſtatui debere $k = 0$, ita tamen vt fit $Pk = \vartheta$ ex quo elementa erunt
$$b = 0;\ \beta = 0;\ c = \tfrac{a}{\gamma};\ \gamma = \tfrac{\mathfrak{C}a}{\gamma};\ d = \tfrac{\mathfrak{C}a}{\gamma}.$$
Deinde cum fit $\mathfrak{B}\zeta = (1-P)M$ habebitur nunc $\zeta = \frac{\mathfrak{A}a}{\gamma}$; vnde $q = \frac{\mathfrak{A}a}{\gamma}$. Deinde binae noſtrae formulae erunt $\mathfrak{C} = \frac{-(1+\mathfrak{l}\mathfrak{A}+\mathfrak{L}}{1}$ et $k' = \frac{1}{1}$, vbi cum nihil impediat, quominus ponatur $i = 1$, erit hoc caſu $k' = 1$ et $Pk = \vartheta = m$ ita, vt fit $\mathfrak{C} = -(1+m)M+\zeta$;

CAPVT I.

ex quo valore hi limites colliguntur: $\zeta > (1+m)M$; $\zeta < (1+m)M+1$, at vero est $M = \frac{i-\zeta}{m-i}$; ideoque $\zeta > \frac{i+m(i-\zeta)}{m-i}$ ideoque $\zeta > \frac{m+i}{m-i}$ qui valor eius voluntatem superat, tamen in praxi locum habere potest, dummodo littera ξ in eadem ratione diminuatur; ita vt $\zeta \xi$ non superet valorem i, siquidem pro apertura maxima accipiatur. Sin autem sumsissemus $i = \frac{v}{u}$ prodiisset $k' = a$ hincque $m = 2\vartheta$ seu $\vartheta = \frac{m}{2}$ sicque haberemus $\zeta > (1+\frac{1}{2}m)M$ et $\zeta < (1+\frac{1}{2}m)M+1$; quia autem est $M = \frac{i-\zeta}{\frac{1}{2}(m-i)}$ prior conditio dat

$$\zeta > (1+\tfrac{1}{2}m)(\tfrac{i-\zeta}{\frac{1}{2}(m-i)}) \text{ siue } \zeta > \tfrac{i+m}{m-i};$$

ideoque multo magis $\zeta > i$. Ex quo patet, campum apparentem ob valorem ζ magis imminui, quam ob valorem i augeri, sicque eum semper aliquanto minorem fieri, quam in tubis astronomicis communibus. Supra iam obseruauimus, talem lentis locum in praxi vitari oportere.

IV. Euolutio casus prorsus singularis quo $i = o$.

310. Cum sit $i = o$ et $\mathfrak{C}$ vnitatem superare nequeat, ob

$$\mathfrak{C} i = -(1+Pk)M + \zeta \text{ erit}$$

$\zeta = (1 + Pk)M$ hincque $Pk = \frac{\zeta}{M} - 1$;

at est $k' = \frac{a}{k}$, ob $Pkk' = m$ erit $Pk = mk\zeta$; ideoque $P = m\zeta$. Quare ille valor pro Pk inuentus huic aequalis positus dabit $mk\zeta = \frac{\zeta}{M} - 1$; hincque $k = $

370 CAPVT I.

$k = \frac{1}{Km} - \frac{1}{m\zeta}$ ex quo porro habetur $k' = \frac{M-m}{\zeta-K}$ quia vero est $M = \frac{1-\zeta}{m-1}$, nascetur

$$k = \frac{m-1}{(1-\zeta)m} - \frac{1}{m\zeta} = \frac{m\zeta-1}{m(1-\zeta)\zeta}$$

$k' = \frac{m(1-\zeta)}{m\zeta-1}$ et $P = m\zeta$ atque $Pk = \frac{m\zeta-1}{1-\zeta}$,

qui valores cum neutiquam a $\mathfrak{C}$ pendeant, hoc insigne lucrum iam sumus adepti, vt littera C penitus arbitrio nostro relinquatur, sicque efficere poterimus, vt posteriores distantiae determinatrices ipsaeque lentes posteriores, quae hactenus plerumque nimis paruae sunt repertae, nunc datae magnitudinis fieri queant, in quo certe maximum commodum consistit; quod denique ad litteras $\mathfrak{B}$ et $\mathfrak{D}$ attinet, duos casus considerari oportet, prouti $P = m\zeta$ fuerit vel vnitate minor vel vnitate maior.

I. Sit igitur $m\zeta < 1$, seu $\zeta < \frac{1}{m}$ et habebitur
$$\mathfrak{B} = \frac{(1-m\zeta)M}{\zeta} = \frac{(1-m\zeta)(1-\zeta)}{(m-1)\zeta};$$

ibi autem vidimus, $\mathfrak{B}$ esse debere positiuum et vnitate minus; quocirca hoc casu, quo $\zeta < \frac{1}{m}$ ob

$\mathfrak{B} = \frac{(1-m\zeta)(1-\zeta)}{(m-1)\zeta}$ debet esse

$(1 - m\zeta)(1 - \zeta) < (m - 1)\zeta$ seu
$m\zeta^2 - 2m\zeta + 1 < 0$;

vnde colligitur, capi debere intra limites $\frac{1}{m}$ et $\frac{1}{im}$.

Cum autem litterae k et k' necessario sint positiuae, ad hoc necessario requiritur, vt sit $m\zeta > 1$

seu

CAPVT I.

seu $\zeta > \frac{1}{m}$; ob quam conditionem casus primus statim excludi debuisset.

II. Sit igitur $P(= m\zeta) > 1$ seu $\zeta > \frac{1}{m}$, prouti valores k et k' postulant, atque ad casum secundum recurrere debemus, pro quo cum iterum sit

$$\mathfrak{B} = \frac{(1-m\zeta)(1-\zeta)}{(m-1)\zeta}$$

simulque notetur $\mathfrak{B}$ esse debere negatiuum sine vlla alia conditione, nisi quod esse debeat $\zeta < 1$; vti quidem ratio campi absolute postulat; ita, vt iam contineatur intra limites 1 et $\frac{1}{m}$; manifestum autem est, expedire, vt ζ quam minime limitem $\frac{1}{m}$ superet. Ex quo operae pretium videtur, duo exempla adiungere, in quorum altero ζ limiti priori $\frac{1}{m}$, in altero vero limiti posteriori 1 propius accipiatur.

Exempl. I.

311. Pro casu postremo, quo $i = 0$ si statuatur $\zeta = \frac{1}{m}$, telescopium inde oriundum describere.

Hoc igitur casu habebimus

$$\mathfrak{B} = \frac{-(m-1)}{1(m-1)} \quad \text{et} \quad B = \frac{-(m-1)}{1(m-1)}.$$

Porro $P = 2$; $k = \frac{m}{1(m-1)}$; $k' = m - 2$; $M = \frac{m-1}{m(m-1)}$

vnde distantiae nostrae determinatrices ob a positiuum erunt

$$b = \frac{-a}{1}; \quad c = \frac{(m-1)^2}{m(m-1)} \cdot a$$

$$\beta = \frac{m-1}{1(m-1)} \cdot a; \quad \gamma = \frac{(m-1)^2}{m(m-1)} C a$$

$d =$

CAPVT L

$$d = \frac{n-1}{n(1+n-i)} C a$$

et distantiae focales

$$p = a; \quad q = \frac{n-1}{i(n-i)} a$$
$$r = \frac{(n-1)^2}{n(n-i)} C a; \quad s = \frac{n-1}{n(in-i)} C a$$

Tum vero interualla lentium

$$a + b = \tfrac{1}{2} a; \quad \beta + r = \frac{(n-1)(in-i)}{2n(1+n-i)} a = \frac{n-1}{2n} a$$
$$\gamma + d = \frac{(n-1)(n-i)}{n(1+n-i)} \cdot C a$$

et distantia oculi $O = \frac{n-1}{m(1+n-i)} C a$ et campi semidiameter $\Phi = \frac{n-1}{n(n-i)} \cdot \xi$. qui si in mensura angulorum desideretur sumi potest $\xi = 159.$ min. ob $\xi = \tfrac{1}{2}.$

Distantia denique focalis lentis obiectiuae a definiri debet ex formula in problemate data, vbi notandum est, ipsius λ' coefficientem circiter fore 4, et ipsius λ'' coefficiens semper maior erit, quam 27, qui termini cum omnes sint positiui, euidens est, pro a semper ingentem valorem reperiri, ita, vt haec telescopia valde longa euadant.

Exempl. II.

312. Pro casu postremo, quo $i = 0$, si sumatur $\zeta = \tfrac{1}{2}$, telescopium inde oriundum describere.

Hoc igitur casu erit $\mathfrak{B} = \frac{1(n-1)}{2(n-i)}$ et $B = \frac{4(n-1)}{2n-1}$; $P = \tfrac{n}{2}; \quad k = \frac{1(n-1)}{n}; \quad k' = \frac{n}{n-1}; \quad M = \frac{1}{2(n-1)};$ vnde

distan-

CAPVT L.

distantiae determinatrices

$$b = -\tfrac{i a}{m}; \quad c = \tfrac{a}{i m - i}$$
$$\beta = \tfrac{i(m-1)a}{m(im-i)}; \quad \gamma = \tfrac{Ca}{im-i};$$
$$d = \tfrac{m-1}{(im-i)m} Ca.$$

et distantiae focales

$$p = a; \quad q = \tfrac{m-1}{m(m-1)} a$$
$$r = \tfrac{Ca}{im-i}; \quad s = \tfrac{m-1}{(im-i)m} Ca$$

et interualla

$$a + b = \tfrac{m-i}{m} a; \quad \beta + c = \tfrac{a}{m}$$
$$\gamma + d = \tfrac{i(m-1)Ca}{m(im-i)} \text{ et}$$
$$O = \tfrac{i(m-1)(m-1)Ca}{mm(im-i)}$$

nunc vero campi semidiameter erit tantum

$$\Phi = \tfrac{a i o}{m-i} \text{ minut.}$$

In formula autem pro distantia a definienda notandum est, coefficientem λ' fore $\tfrac{i a}{m}$, ipsius vero $\lambda'' > \tfrac{v}{m t r}$ siquidem multiplicatio sit praemagna; vnde patet, pro a valorem multo minorem prodire, ita vt hinc telescopia satis idonea obtinerentur, si modo campus non esset tam exiguus.

Coroll. 1.

313. Quia pro lente tertia sumsimus i hincque et $\pi' = 0$, eius apertura ex formulis generalibus definiri debet,

debet, cuius femidiameter erit $=\frac{rn}{s\ell_{n}}$, qui ergo pro priori exemplo fit $\frac{n-1}{m} x$ pro fecundo autem $\frac{n}{m-1}$ vnde fi fumatur $x = \frac{m}{l_0}$ dig. hic femidiameter erit circiter $\frac{1}{10}$ dig. quae ergo lens commodiffime locum diaphragmatis tenebit.

Coroll. 2.

314. Si quafi medium fumendo inter duo exempla allata ftatuatur $\zeta = \frac{1}{\sqrt{n}}$, erit $P = \sqrt{m}$ et $k = 1$ et $k' = \sqrt{m}$; porro $\mathfrak{B} = -\frac{(\sqrt{m}-1)}{\sqrt{m}+1}$; $B = \frac{1(\sqrt{n}-1)}{1\sqrt{m}}$; $M = \frac{1}{m+\sqrt{n}}$ atque hinc

$b = -\frac{n}{\sqrt{n}}$; $\beta = \frac{\pm(\sqrt{m}-1)a}{1m}$; $c = \frac{\sqrt{m}-1}{1m} \cdot a$

$\gamma = \frac{\sqrt{m}-1}{1m} C a$; $d = \frac{\sqrt{m}-1}{1m\sqrt{m}} C a$ ergo

$a + b = (1 - \frac{1}{\sqrt{n}}) a$; $\beta + c = \frac{\sqrt{m}-1}{\sqrt{m}}' a$

$\gamma + d = \frac{\sqrt{m}-1}{1m} C a (1 + \frac{1}{\sqrt{m}}) = \frac{m-1}{1m\sqrt{m}} C a$

et diftantia oculi $O = + \frac{(m-1)}{1m\sqrt{m}} \cdot a$

quare longitudo telefcopii erit $\frac{m-1}{m}(1 + \frac{1+\sqrt{m}}{1m} C) a$ ac denique femidiameter campi $\Phi = \frac{f}{m+\sqrt{m}} = \frac{up}{m+\sqrt{m}}$ min. et femidiam. apert. tertiae lentis $= \frac{x}{\sqrt{m}} = \frac{\sqrt{n}}{10}$ dig.

Scholion.

315. Simili modo, quo hic cafum $i = 0$ expediuimus, etiam quaeftio in genere pro quouis valore

lore ipfius i refolui poterit; ex aequatione enim
$$\mathfrak{C} i = -(1 + Pk)M + \zeta \text{ quum deducatur}$$
$$Pk = \tfrac{\zeta - \mathfrak{C} i}{M} - 1 \text{ et quia eft}$$
$$M = \tfrac{1 + n - \zeta}{m - 1} \text{ fiet } Pk = -\tfrac{\mathfrak{C} i (m-1) + m \zeta - i - 1}{1 + i - \zeta}.$$
Verum ob $k' = \tfrac{1}{1 + k\zeta}$ erit etiam
$$Pk = \tfrac{m}{k'} = m(i + k\zeta);$$
vnde colligimus
$$-\tfrac{\mathfrak{C} i}{k} + \tfrac{m \zeta - i - 1}{1 + i - \zeta} = m i + m k \zeta$$
hincque
$$k = -\tfrac{\mathfrak{C} i}{m \pi \zeta} + \tfrac{m \zeta + m i \zeta - m i i - m i - i - i}{(1 + i - \zeta) m \zeta}$$
et quia eft
$$i + k \zeta = -\tfrac{\mathfrak{C} i}{\pi m} + \tfrac{m \zeta - i - 1}{(1 + i - \zeta) m}, \text{ erit}$$
$$k' = \tfrac{m(1 + i - \zeta)}{m \zeta - \mathfrak{C} i (m - 1) - i - 1} \text{ ideoque}$$
$$Pk = \tfrac{m \zeta - \mathfrak{C} i (m - 1) - i - 1}{1 + i - \zeta} \text{ et } P = \tfrac{m}{k k'};$$
quia nunc k' debet eſſe quantitas poſitiua, neceſſe eſt, vt ſit $m \zeta > \mathfrak{C} i (m - 1) + i + 1$; vnde facto calculo ſemper reperietur eſſe $P > 1$, ita; vt etiamſi non ſit $i = 0$ tamen ſolus caſus ſecundus ſupra memoratus locum habeat. Quia autem hypotheſis $i = 0$ tam commodam et concinnam ſupeditauit reſolutionem; nulla plane eſt ratio, cur litteram i ſiue poſitiuam ſiue negatiuam aſſumere vellemus, cum pro commodo nullum inde lucrum ſit expectandum. Praeter

ter concinnitatem calculi autem duo commoda, quae nobis ista hypothesis $l = 0$ largitur, maximi sunt momenti quorum alterum, vti vidimus, in hoc consistit, vt litterae $\mathfrak{C}$ et C arbitrio nostro permittantur, hocque modo nimia lentis ocularis paruitas euitari queat: alterum vero commodum huic nihil cedere est censendum, propterea quod tam exigua apertura lenti tertiae siue vllo siue campi siue claritatis detrimento tribui possit, vt omne lumen peregrinum tutius, quam per diaphragmata ordinaria excludatur.

Problema 3.

316. Si telescopium huius generis ita ex quatuor lentibus sit componendum, vt binae mediae ambae inter imaginem priorem et posteriorem constituantur, indolem eius indagare eiusque constructionem describere.

Solutio.

Positis igitur, vt ante, nostris fractionibus

$$\frac{a}{b} = -P; \quad \frac{\beta}{c} = -Q; \quad \frac{\gamma}{d} = -R;$$

hic litterae P et R debent esse negatiuae manente Q positiua: quare si ponatur $P = -k$ et $R = -k'$, vt sit $m = Qkk'$ elementa nostra ita se habebunt:

$$b = \frac{a}{k}; \quad \beta = \frac{ka}{k}; \quad c = \frac{ka}{Qk};$$

$$\gamma = \frac{kCa}{Qk}; \quad d = \frac{kCa}{Qkk'} = \frac{kCa}{m}$$

hincque

CAPVT L.

hincque interualla

$$a + b = a(1 + \tfrac{1}{k}); \text{ ideoque } a > 0$$
$$\beta + c = \tfrac{Bs}{T}(1 - \tfrac{1}{k}); \text{ hinc } B(1 - \tfrac{1}{k}) > 0$$
$$\gamma + d = \tfrac{-BCs}{QR}(1 + \tfrac{1}{k}); \text{ hinc } BC < 0$$

Pro campo apparente statuamus $\pi = -\omega \xi$; $\pi' = +i\xi$ et $\pi'' = -\xi$ vt fiat

$$\Phi = \tfrac{\omega + i + 1}{\omega - 1}. \xi = M\xi, \text{ existente } M = \tfrac{\omega + i + 1}{\omega - 1}$$

atque hinc primo erit distantia oculi

$$O = \tfrac{-\pi}{\Phi} \cdot \tfrac{d}{m} = \tfrac{d}{\pi m}$$

* deinde margo coloratus euanescet, si fuerit

$$o = \tfrac{\omega}{F} + \tfrac{i}{FQ} + \tfrac{1}{FQR} \text{ seu}$$
$$o = -\tfrac{\omega}{R} - \tfrac{i}{QR} + \tfrac{1}{QRP}$$

vnde concludimus

$$k' = \tfrac{1}{1 + Q\omega} \text{ et } m = \tfrac{c \omega}{1 + Q\omega}$$

tum vero considerari oportet sequentes aequationes:

$$-\tfrac{\omega u}{R} = 1 + k; \quad \tfrac{\xi i}{R} + \tfrac{\omega}{R} = -1 - Qk \text{ seu}$$
$$\mathfrak{C} i = -(1 + Qk)M - \omega \text{ et}$$
$$\mathfrak{B} \omega = -(1 + k)M$$

quarum euolutio commode generaliter institui non potest, sed casus magis particulares contemplari conueniet. Verum casus extremi duo habentur; alter,

Tom. II.   A a a   quo

CAPVT I.

quo lens in ipſam imaginem priorem, alter vero, quo in imaginem poſteriorem cadit. Illo ſcilicet fit $Q=0$; hoc vero $Q=\infty$. Inter hos autem quaſi medius quidam praecipue perpendi meretur oriundus ex valore $Q=1$, quos caſus deinceps ſeorſim euoluimus. Hic igitur tantum ſupereſt formulam adiungere pro confuſione deſtruenda; ex qua ſcilicet diſtantia a determinatur

$$a = kx\sqrt{\mu m}(\lambda + \tfrac{1}{\theta k}(\tfrac{\lambda'}{\theta} + \tfrac{y}{k}) - \tfrac{1}{B'\zeta \omega x}(\tfrac{\lambda''}{\zeta'} + \tfrac{y}{c}) - \tfrac{\lambda'''}{B'C'a})$$

Coroll. 1.

317. Quoniam inuenimus $k' = \tfrac{1}{1+Q\omega}$, ob $Q > 0$ euidens eſt, ambas litteras i et ω ſimul negatiuas eſſe non poſſe. Neque vero etiam ambae poſſunt eſſe poſitiuae, ſi enim ω eſſet poſitiuum, foret $\mathfrak{B}$ ideoque et B negatiuum; hincque ob $BC < 0$ deberet eſſe C poſitiuum, ideoque et $\mathfrak{C}$ poſitiuum, ac proinde $\mathfrak{C} i$ poſitiuum, id quod fieri non poſſe ex valore pro $\mathfrak{C} i$ ſupra dato manifeſtum eſt.

Coroll. 2.

318. Cum igitur ambae litterae ω et i nec poſitiuae nec negatiuae eſſe queant; neceſſe eſt, alteram eſſe poſitiuam, alteram negatiuam. Si fit $\omega > 0$, modo vidimus, eſſe debere $\mathfrak{B} < 0$ et $B < 0$ hincque $C > 0$. Sin autem fit $\omega < 0$, erit $\mathfrak{B} > 0$; de B vero hinc nihil definitur. Ex altera vero aequatione poſito

CAPVT I.

fito $\omega = -\zeta$, erit $\mathfrak{C}i = -(1+Qk)M + \zeta$ vnde intelligitur, fi fuerit $\zeta > (1+Qk)M$ fore $\mathfrak{C} > 0$; fin autem fit $\zeta < (1+Qk)M$ fore $\mathfrak{C} < 0$. Prius autem euenit, fi fuerit $1+k > (1+Qk)\mathfrak{B}$, feu $\mathfrak{B} < \frac{1+k}{1+Qk}$. Pofterius vero fi $\mathfrak{B} > \frac{1+k}{1+Qk}$; hoc ipfo autem pofteriori cafu cum fint $\mathfrak{C}$ et $\mathfrak{C}$ negatiua, debet effe $\mathfrak{B}$ pofitiuum; ideoque $\mathfrak{B} < 1$ ex quo fequitur fore $Q > 1$.

Euolutio cafus primi, quo $Q = 0$.

319. Quia eft $Q = 0$ erit fecundum interuallum $= -\frac{\mathfrak{B}a}{QA} = c$; ideoque $\beta = 0$. ergo vel $B = 0$ vel $k = \infty$. At prius fieri nequit, foret enim $\mathfrak{B} = 0$ et q feu diftantia focalis fecundae lentis $= 0$, quod eft abfurdum. Reftat ergo, vt fit $k = \infty$ et cum fit $q = \frac{\mathfrak{B}a}{\gamma}$ erit $\mathfrak{B} = \frac{k\gamma}{a} = \infty$, atque hinc $B = -1$. Ex quo fequitur ob $BC < 0$ fore $C > 0$ et $\mathfrak{C} < 1$. Cum vero fit $Q = 0$ et $K = \infty$, productum QK debet effe finitum, quare ftatuatur $QK = l$, vt fit

$$b = 0; \quad \beta = 0; \quad c = \mp\frac{a}{l}; \quad \gamma = \frac{ca}{l};$$

$$d = \frac{ca}{a}; \text{ porroque } O = \frac{ca}{a-l}.$$

Deftructio vero marginis colorati poftulat $k' = l$; ita, vt iam i certe fit fractio pofitiua, et $m = \frac{1}{i}$. Ambae autem aequationes noftrae fundamentales dabunt, prior $\mathfrak{B}\omega = -kM$ fiue $\frac{k\gamma\omega}{a} = -kM$; ideoque $\omega = -\frac{a}{\gamma}$; pofterior vero $\mathfrak{C}i = -(1+l)M + \frac{a}{\gamma}$;

quod

CAPVT I.

quod cum debeat esse positiuum, oportet esse $\frac{a}{q} > l+1$; siue $q < \frac{a}{l+1}$. Quia $\omega < 0$, scribatur $\omega = -\zeta$ et litteras i et ζ in calculo retineamus eritque $l = mi$; $q = \frac{mi}{\zeta}$ ac proinde $\mathfrak{C} i = -(1+mi) M + \zeta$. Vnde cum sit $\mathfrak{C} > 0$, simulque $\mathfrak{C} < 1$ nanciscimur hos limites:

1°. $\zeta > (1+mi) M$; 2°. $\zeta < (1+mi) M + i$

cum iam sit $M = \frac{1 \pm i - \zeta}{m - 1}$; hoc valore substituto ex istis limitibus colliguntur sequentes

1°. $\zeta > \frac{1+mi}{m}$ et 2°. $\zeta < \frac{1+mi}{m} + \frac{(m-1)i}{m(1+1)}$

siue $\zeta < \frac{1+1 \cdot mi + mi \cdot i}{m(1+1)}$

ex quibus si littera i pro lubitu capiatur indeque ζ debite assumatur, omnia pro telescopio erunt determinata, quo autem melius de campo iudicare possimus, loco ζ seorsim vtrumque limitem substituamus ac prior quidem limes dabit $M = \frac{1}{m}$; alter vero limes minor $M = \frac{1}{m(1+1)}$; inter quos valores littera M ideoque et campus apparens continebitur.

Pro definienda autem distantia a formula superiori hanc induet formam

$$a = k x \sqrt[n]{\mu} \mathfrak{m} \left(\lambda + * + \frac{1}{k^2} \left(\frac{\lambda''}{k^2} + \frac{\mathfrak{z}}{c} \right) + \frac{\lambda m}{c \cdot m} \right)$$

De hoc autem casu iterum valet, quod supra commemorauimus, scilicet ob impuritates minimas lentis

in

CAPVT L

in loco Imaginis conſtitutae repraeſentationem obiectorum inquinari.

De cetero autem campus ſemper maior eſt ſemiſſi campi ſimplicis, quem vero defectum noua lente adjicienda facile ſupplere licet.

Euolutio caſus, quo $Q = \infty$.

320. Hoc ergo caſu fit ſecundum internallum $\beta + c = \frac{ba}{a}$; vnde ſequitur B poſitiuum ideoque C negatiuum. Tum vero quia $c = -\frac{B}{Q}$ erit $c = 0$ et $\gamma = 0$. Cum autem huius lentis diſtantia focalis ſit $r = \mathfrak{C} c$, erit $\mathfrak{C} = \infty$ hincque $C = -1$ et quia $B > 0$, fiet $\mathfrak{B} > 0$, at < 1.

Cum porro ſit $m = Q k k'$, neque vero $k = 0$, neceſſe eſt, vt ſit $k' = 0$, ex quo ponatur $Q k' = l$, vt fiat $m = k L$. Iam vero ex margine coloratm habemus $k' = \frac{l}{1+Q\omega} = \frac{l}{\mathfrak{C}}$; vnde ſequitur $\omega = l$ hincque poſitiuum. Cum autem $\mathfrak{B}$ fit poſitiuum, ex prima aequatione fundamentali ſequitur $\omega = \frac{-(1+\frac{1}{b})\pi}{b}$ vnde oporteret eſſe ω quantitatem negatiuam, quod cum illi concluſioni aduerſetur, manifeſtum eſt, hunc caſum eſſe impoſſibilem ſeu potius hoc caſu marginem coloratum deſtrui non poſſe. Ceterum hoc caſu lens tertia in ipſo loco ſecundae imaginis foret conſtituta, quod cum contradictionem inuoluat, hinc facile intelligitur, tertiam lentem notabili interuallo ante imaginem poſteriorem conſtitutam eſſe debere.

Euolu-

CAPVT L

Euolutio casus prorsus singularis, quo $Q = 1$ et radii per binas lentes priores transmissi iterum fiunt paralleli.

321. Hoc ergo casu telescopium erit quasi ex duobus tubis astronomicis compositum, certo quodam interuallo ab eodem axe a se inuicem remotis, ad quod genus vulgaria telescopia terrestria dicta, sunt referenda. Cum igitur sit $Q = 1$, ne interuallum secundum $\beta + c$ ob $\beta = -Qc$ euanescat, debet esse tam β, quam c, infinitum, id quod eueniret, tam si $k = 0$, quam si $B = \infty$ prius autem hic locum habere nequit, quia interuallum primum etiam fieret infinitum; ex quo necesse est, vt sit $B = \infty$ et $\mathfrak{B} = 1$. Ne autem tertium interuallum euadat $= \infty$; productum BC debet esse quantitas finita et negatiua; quare statuatur $BC = -\vartheta$; ideoque $C = -\frac{\vartheta}{B} = 0$. Vt autem interuallum medium valorem finitum, puta $= \eta a$, obtineat, quantitas B non tanquam vere infinita, sed tantum praegrandis considerari debet, donec scilicet conditionibus praescriptis satisfecerimus, vnde etiam valor Ipsius Q aliquantillum ab vnitate discrepare reperietur, quoniam enim esse debet

$$\tfrac{B\alpha}{1}(1 - \tfrac{1}{b}) = \eta a; \text{ inde fit}$$

$$Q = \tfrac{1}{1 - \eta b} = 1 + \tfrac{r\vartheta}{b};$$

cum vero etiam erit

$$\mathfrak{B} = \tfrac{B}{1 + b} \text{ et } C = -\tfrac{\vartheta}{B} \text{ et } \mathfrak{C} = \tfrac{-\vartheta}{B - 1} = \tfrac{-\vartheta}{B}.$$

His

CAPVT I.

His notatis noftrae aequationes fundamentales erunt

$$\omega = \tfrac{-(1+k)\mathfrak{A}(1+\mathfrak{B})}{\mathfrak{B}} \text{ et}$$

$$+\tfrac{u}{\mathfrak{B}} = +(1+k)M + \tfrac{\eta b'\cdot\mathfrak{A}}{\mathfrak{B}} + \omega$$

In qua fi loco ω ex priore fubftituatur, valor inuentus obtinebitur

$$\tfrac{u}{\mathfrak{B}} = \tfrac{\eta k^2\mathfrak{A}-(1+k)\mathfrak{A}}{\mathfrak{B}} \text{ hincque } i = \tfrac{(\eta k^2-k-1)\mathfrak{A}}{\mathfrak{b}}$$

et nunc licebit ponere $B = \infty$, $\mathfrak{B} = 1$, $C = \mathfrak{C} = 0$, ita tamen, vt fit $BC = -\vartheta$. Deftructio autem marginis colorati praebet $k' = \tfrac{1}{1+\omega}$ et ob $kk' = m$ colligetur $i + \omega = \tfrac{b}{m}$; quia deinde eft $M = \tfrac{1+i+\omega}{m-1}$ fiet nunc $M = \tfrac{m+k}{m(m-1)}$ et fi valores pro i et ω inuenti fubftituantur in formula $i + \omega = \tfrac{k}{m}$ orietur haec aequatio

$$\tfrac{k}{m} = \tfrac{(\eta k^2-(1+k)(1+\vartheta))\mathfrak{A}}{\mathfrak{b}}$$

et pro M fubftituto valore

$$\vartheta(m-1)k = (\eta k^2 + (1+k)(1+\vartheta))(m+k)$$

vnde colligitur

$$\vartheta = \tfrac{(\eta k^2-k-1)(m+k)}{k^2+1+mk+m}$$

et quia ϑ debet effe numerus pofitiuus neceffe eft, vt fit $\eta > \tfrac{k+1}{k^2}$ et quidem ita, vt ϑ non fiat nimis exiguum, quandoquidem nunc elementa noftra ita exprimentur

$b =$

$b = \frac{a}{\xi}$; $\beta = \omega$; $c = \omega$; $\gamma = \frac{ia}{\xi}$; $d = \frac{b\omega}{a}$;

$a + b = a(1 + \frac{1}{\xi})$; $\beta + c = \eta a$; $\gamma + d = \theta a(1 + \frac{1}{\omega})$

indeque diftantia

$$O = \frac{ia}{\eta - i} = \frac{(n-1)ia}{n(\eta + i)}$$

atque diftantiae focales

$p = a$; $q = \frac{a}{\xi}$; $r = \frac{ia}{\xi}$; $s = \frac{ia}{\omega}$.

Diftantia autem a definiri debet ex aequatione fequente:

$$a = k \, s \, \sqrt[\nu]{\mu \, m \left(\lambda + \frac{\lambda'}{k} + \frac{\lambda''}{\mu k} + \frac{\lambda'''}{\mu m}\right)}$$

quare ne valor ipfius a nimis fiat magnus, conuenit k magnum affumi, tum vero ϑ non multo minus vnitate; quod ad prius attinet, etiam campus apparens fuadet, litterae k quam maximum valorem dare, quia tum M continuo magis crefcit; verum probe notandum eft, in formula $\Phi = M \xi$ pro littera ξ eatenus tantum valorem $\frac{1}{4}$ affumi poffe, quatenus litterae i et ω vnitatem non fuperant; ita, vt fi vel i vel ω vnitatem fuperaret, tum ξ in eadem ratione diminui deberet. Quam ob cauffam maximi momenti eft, in eum valorem ipfius k inquirere, vnde prodeat $i = 1$. Pofito autem $i = 1$ reperimus

$1 + \omega = \frac{k}{m}$; feu $m(m - 2) = k' + 2mk$

cuius aequationis refolutio praebet

$$k = -m + \sqrt{2m(m-1)}$$

Hic

CAPVT L.

Hic scilicet valor ipsius k nobis praebet $l = 1$ et
$$\omega - \tfrac{1}{m-1} = -1m + \sqrt{m(m-1)}$$
qui valor est negatiuus et vnitate minor, vnde pro campo apparente habebitur
$$\Phi = \tfrac{\gamma m(m-1)}{m(m-1)} \cdot \xi = \sqrt{\tfrac{1}{m(m-1)}} \cdot \xi$$
Sin autem k adhuc maiorem adipisceretur valorem, prodiret quidem l maius vnitate, sed tum ξ ita sumi deberet, vt fieret $i\xi = \tfrac{1}{l}$ seu $\xi = \tfrac{1}{il}$, sicque pro campo prodiret $\Phi = \tfrac{1+l+\omega}{m-1} \cdot \tfrac{1}{l}$ vnde calculum instituenti innotescit campum continuo diminui eo magis quo valor ipsius k illum terminum superauerit. Maxime igitur hic casus lucrosus est, si capiatur
$$k = -m + \sqrt{2m(m-1)}; \text{ vnde fit}$$
$$k' = \tfrac{m + \sqrt{2m(m-1)}}{m-1}.$$

Scholion.

322. Quia in antecedente problemate casus maxime memorabilis est deductus, ponendo $i = 0$, suspicari quis posset, etiam hic talem positionem institui conuenire. Quamobrem hic ostendamus, in hoc problemate neque positionem $i = 0$ neque $\omega = 0$ locum habere posse. Primo enim si esset $\omega = 0$, ob $k' = \tfrac{1}{1+Q m}$ deberet esse $i > 0$, at ob $\omega = 0$ prima aequatio $\mathfrak{B}\omega = -(1+k)M$ subsistere nequit, nisi fit $\mathfrak{B} = \infty$, ideoque $B = -1$; Iam ob $BC < 0$ debet esse C positiuum ideoque $\mathfrak{C}$ etiam > 0, ex quo pater,

patet, alteram aequationem $\mathfrak{C}i = -(1 + Qk)M$, plane subsistere non posse; sicque euictum est, sumi non posse $\omega = -$. Simili modo ostendetur, numerum i euanescere non posse; tum enim ob $k = \frac{1}{1+Q\omega}$ deberet esse $\omega > 0$ hincque posterior aequatio
$$\mathfrak{C}i = -(1 + Qk)M - \omega.$$
subsistere nequit, nisi sit $\mathfrak{C}i$ quantitas finita negatiua ideoque $\mathfrak{C} = \infty$; vnde fit $C = -1$, et hinc ob $BC < a$. fiet $B > 0$ simulque $\mathfrak{B} > 0$ id quod primae aequationi $\mathfrak{B}\omega = -(1+k)M$ manifesto contradicit; ex quo perspicuum est, etiam numerum i non posse capi $= 0$. Neque ergo praeter tres casus hic commemoratos vllus alius hic perpendi meretur atque postremus adeo tantis commodis reliquos omnes antecedit, vt is solus dignus videatur, qui in praxin deducatur; non solum enim maximum campum aperit, sed etiam pro a valorem non nimis magnum largitur, quoniam in illa formula radicali cubica termini post λ sequentes omnes fiunt valde parui eoque minores, quo maior fuerit multiplicatio, quoniam proxime fit $k = m(\sqrt{2}-1) = \frac{2}{5}m$. Tum vero hic etiam numerus ϑ arbitrio nostro permittitur, quo efficere possumus, vt lentes postremae non fiant nimis exiguae, sumto autem ϑ pro lubitu quantitas η sequenti aequatione definietur, quia enim supra inuenimus
$$\vartheta = \frac{(nk^2 - k-1)^2m + k^3)}{k^3 + 2nk^2 + n} \text{ ob } m(m-2) = 2mk + k^2$$

et

CAPVT I.

et $m + k = \Psi \cdot m(m - x)$ erit
$$g = \frac{(\eta b' - t - 1) \cdot t}{\gamma \cdot (m - 1)}$$ hincque
$$\eta = \frac{t \cdot t \cdot t}{t} + \frac{t \gamma \eta (\eta - 1)}{t \gamma \gamma}$$

ex quo valore interuallum secundae et tertiae lentis innotescit.

Problema 4.

323. Si telescopium huius generis ita ex quatuor lentibus fit componendum, vt vna lens inter imaginem secundam et ocularem constituatur, indolem eius indagare eiusque constructionem describere.

Solutio.

Quia igitur hic prima imago inter lentem primam et secundam, secunda vero imago inter lentem secundam et tertiam cadit, litterae P et Q erunt negatiuae, manente sola R positiua. Quare si statuatur $P = -k$ et $Q = -k'$ erunt elementa nostra

$$b = \frac{a}{k}; \quad \beta = \frac{ia}{k}; \quad c = \frac{ia}{k}; \quad \gamma = \frac{ica}{kc}$$
et $d = \frac{ica}{k \cdot ipk} = \frac{-ica}{k}$.

Hincque interualla

$a + b = a(1 + \frac{1}{k})$; ideoque a positiuum

$\beta + c = \frac{ba}{k}(1 + \frac{1}{k})$.

ergo $B > 0$. et $\mathfrak{B} > 0$ et simul $\mathfrak{B} < 1$

$\gamma + d = \frac{ica}{kf}(1 - \frac{1}{k})$ ergo $C(1 - \frac{1}{k}) > 0$.

CAPVT I.

Pro loco autem oculi erit $O = \frac{d}{R-m}$ quae vt fit positiua debet esse $d > 0$, vnde haec noua resultat conditio, vt sit $C < 0$ quae conditio cum antecedente coniuncta dat $1 - k < 0$ ideoque $R < 1$. Quodsi iam ponamus $\pi = -\omega \xi$, $\pi' = i\xi$ et $\pi'' = -\xi$, vt fiat

$$\Phi = \frac{\omega + i + 1}{\omega - 1} \xi = M \xi, \text{ existente } M = \frac{\omega + i + 1}{\omega - 1};$$

aequationes nostrae fundamentales erunt $\mathfrak{B} \omega = -(1+k)M$ et $\mathfrak{C} i = -(1-kk')M - \omega$; ex quarum priore statim ob $\mathfrak{B} > 0$ liquet fore $\omega < 0$.

Destructio autem marginis colorati postulat, vt sit

$$0 = \frac{\omega}{F} + \frac{i}{R} + \frac{1}{FQA}; \text{ ideoque}$$

$$0 = -\frac{\omega}{k} + \frac{i}{kk'} + \frac{1}{kk'R} \text{ vnde } R = \frac{1}{\omega k' - i},$$

vt ergo R prodeat positiuum, i necessario debet esse numerus negatiuus. Statuamus ergo $\omega = -\zeta$ et $i = -y$, vt iam sit pro campo apparente $M = \frac{1 - y - \zeta}{\omega - 1}$ ideoque $y + \zeta < 1$. Cum igitur sit $R = \frac{1}{y - k'\zeta}$ atque hinc $m = \frac{kk'}{y - k'\zeta}$ notandum est, ob $R < 1$ et $R = \frac{m}{kk'}$ esse debere $kk' > m$; hinc quia est

$$y = k'\zeta + \frac{kk'}{m}; \text{ erit } y > 1,$$

ideoque multo magis $y + \zeta > 1$, quod cum sit absurdum patet, huius problematis casum locum habere non posse.

Scho-

CAPVT I.

Scholion.

324. Cum igitur hoc problema penitus sit excludendum, cum aeque parum conditioni marginis colorati satisfacere possit atque primum tribus tantum lentibus adhibitis, relinquuntur nobis tantum problema secundum ac tertium. Quia autem ex secundo casu prorsus singularis ibi annotatus maxime reliquis omnibus antecellit, quemadmodum etiam ex tertio casu vltimus prae ceteris maximam attent onem meretur, hinc conflituemus duas praecipuas species telefcopiorum tertii generis easque feorsim ita pertractabimus, vt primo oftendamus, quemadmodum vtraque vna vel pluribus lentibus ex eodem vitro adiiciendis, deinde etiam ex diuerfo vitro ad maiorem perfectionis gradum euehi queant. Harum duarum vero specierum posterior ideo potissmum est notanda, quia telefcopia communia terrestria dicta quasi in se complectitur, reuera enim ab iis differt plurimum, quatenus a vitiis, quibus haec inftrumenta, vti vulgo fabricari solent, laborant, est 1 berata; vnde si etiam plures lentes in subsidium vocare nolimus, hinc regulae dari poterunt, haec telefcopia terrestria ita perficiendi, vt maior perfectio exfpectari nequeat. Prior autem species, quae longe aliam lentium ocularium dispositionem postulat, olim prorsus fuit ignota ac nuper demum a folertissimo Dollondo in praxin introduci est coepta. Quatenus scilicet lentibus minima apertura praeditis est vsus; neque tamen a sola experientia sum-

mus perfectionis gradus, cuius haec species est capax, sperari poteric. Hoc tamen facile est animaduertium, nisi insuper vna lens adiungatur, campum nimis fore paruum, quam vt ii acquiescere queamus. Vidimus enim campum semper aliquanto esse minorem, quam in tubis astronomicis vulgaribus, ad quod remedium etiam in sequentibus recurremus. Denique circa hanc speciem annotari conuenit, nos in posterum iis mensuris esse vsuros, quae in paragrapho § 314 sunt statutae, vbi scilicet posuimus $\zeta = \frac{1}{\gamma}$, cum inde aptissimae ad praxin determinationes obtineri videantur.

SECTIO-

SECTIONIS TERTIAE,

CAPVT II.
DE TELESCOPIIS TERRESTRIBVS COMMVNIBVS EORVMQVE PERFECTIONE.

Definitio.

325.

Character huiusmodi telescopiorum in hoc consistit, quod radii per duas priores lentes transmissi iterum inter se fiant paralleli, ita, vt haec telescopia ex duobus tubis astronomicis sint composita.

Coroll. 1.

326. Cum haec telescopia ex quatuor lentibus constent, quarum tam binae priores, quam binae posteriores secundum rationem tuborum astronomicorum sibi sunt iunctae; multiplicatio telescopii est in ratione composita ambarum multiplicationum, quas ambo isti tubi astronomici producerent.

Coroll.

Coroll. 2.

327. Scilicet si lentis primae ponatur distantia focalis $=p$; secundae $=q$; tertiae $=r$ et quartae $=s$ binae priores lentes ad interuallum $=p+q$ dispositae multiplicationem praebent $=\frac{q}{p}$; binae posteriores vero ad interuallum $=r+s$ dispositae multiplicationem $=\frac{s}{r}$; telescopium compositum multiplicationem producet $=\frac{qs}{ps}$.

Scholion 1.

328. Statim ab initio binae lentes posteriores inter se factae sunt aequales et quidem eiusdem distantiae focalis, ac lens secunda, quae tres lentes oculares vocari solent, ita, vt tum tubus posterior nullam plane multiplicationem producat ob $r=s=q$. Quanto autem interuallo hi duo tubi siue lentes secunda et tertia a se inuicem debeant esse remotae, auctores non satis definiunt; plerumque autem hoc spatium fieri iubent $=2q$ ita, vt cum etiam sit $r=s=q$ tota longitudo futura sit $=p+5q$. Deinde autem artifices observarunt, haec telescopia meliorem effectum producere, si tres lentes posteriores continuo certa ratione diminuantur, id quod egregie conuenit cum iis, quae supra de hoc telescopiorum genere annotauimus, vbi non solum multo maiorem campum, iis conciliauimus, quam vulgaris constructio suppeditat, sed etiam id inprimis effecimus, vt margo

colo-

CAPVT II.

coloratus penitus euanesceret. Quocirca præcepta pro constructione ante inuenta hic ordine proponi conueniet:

Constructio Telescopiorum terrestrium ex quatuor lentibus compositorum pro quauis multiplicatione m.

Quanta statui debeat lentis obiectiuae distantia focalis deinceps definiemus, quando pro singulis lentibus sequentibus numeros $\lambda, \lambda', \lambda'', \lambda'''$ assignauerimus.

I. Si igitur $p = a$ denotet distantiam focalem lentis obiectiuae, eius figuram vtique ex numero $\lambda = 1$ peti conueniet, Ita, vt si ratio refractionis sit $n = 1,55$ habeatur

radius faciei $\begin{cases} \text{anter.} = \frac{p}{r} = 0,6144. p. \\ \text{poster.} = \frac{p}{r} = 5,2439. p. \end{cases}$

pro eius apertura semidiameter hactenus posita est $\frac{1}{12}$ dig. Sin autem vel maior claritas desideretur vel minor sufficiat, loco 50 vel numerus maior vel minor assumi poterit.

Interuallum lentis secundae a prima debet esse $= p + q$, vbi valor ipsius q mox indicabitur.

II. Pro lente secunda si eius distantia focalis ponatur $= q$, in superiore capite vidimus, sumi conuenire $q = \frac{p}{k}$ existente $k = -m + \sqrt{2m(m-1)}$ et quia pro eius apertura debet esse $u = \frac{-(1+k)(n+k)}{n(n-1)}$ qui valor pro maioribus multiplicationibus erit circi-

Tom. II. C c c ter

ter $a = -\frac{1}{4}$, vnde cum haec apertura non fit maxima, etiam non opus est, vt haec lens fiat vtrinque aeque conuexa sed sufficiet, vt pro ea sumatur $\lambda' = 1$ vnde huius lentis constructio erit

$$\text{radius faciei} \begin{cases} \text{anter.} = \frac{2}{f} = 5,2439. f \\ \text{poster.} = \frac{2}{f} = 0,6144. f \end{cases}$$

Et aperturae semidiameter si capiatur $= \frac{1}{5} \cdot \frac{1}{9}$ conditioni praescriptae satisfaciet.

Distantia autem tertiae lentis a secunda, quae supra est posita $= \eta a$, definita est

$$\eta = \frac{1}{9^2} + 1 + \frac{\mathfrak{s} \nu \mathfrak{n} (\mathfrak{n} - 1)}{\mathfrak{s}^2 \sqrt{\mathfrak{s}}}$$

vbi numerus ϑ arbitrio nostro relinquitur, quem autem neque multo maiorem neque minorem vnitate sumi conueniet.

III. Pro tertia lente quoniam ea maximam aperturam recipere debet ob $i = 1$, ideoque vtrinque aeque conuexa confici debet, erit $\lambda'' = 1, 6299$ et cum eius distantia focalis sit $r = \frac{\mathfrak{sl}}{f}$ erit radius vtriusque faciei $= 1, 10 r$ cuius pars quarta dabit semidiametrum aperturae.

Ab hac lente distantia ad quartam est
$$= r + i = \vartheta a (1 + \frac{1}{n}).$$

IV. Quia quarta lens etiam maximam aperturam admittere ideoque etiam vtrinque aequaliter con-

vexa

CAPVT II.

vera esse debet, pro ex etiam erit $\lambda''' = 1,6299$; vnde cum eius distantia focalis sit $s = \frac{k\alpha}{\mu}$ erit radius vtriusque faciei $= 1, 10. s$ et $\frac{1}{4} s$ dabit semidiametrum eius aperturae, tum vero distantia ab hac lente ad oculum erit

$$= \frac{s}{k\pi} = \frac{k\pi\alpha}{\sqrt{s\pi(\pi-1)}} = \frac{s\sqrt{\alpha-1}}{\sqrt{s\pi}}.$$

V. Hocque telescopium campum ostendet, cuius semidiameter est $\Phi = \frac{\sqrt{s}}{\sqrt{\pi(\pi-1)}}$. ξ seu in mensura angulorum $\Phi = \frac{1145'}{\sqrt{\pi(\pi-1)}}$ min.

VI. Tota autem huius instrumenti longitudo ad oculum vsque erit

$$= \left(\tfrac{(\mu+1)^2}{\mu^2} + \tfrac{k\pi - \mu \cdot \sqrt{s}\,(\pi-1)}{\mu \sqrt{s\pi}}\right) p.$$

VII. Pro distantia autem focali p, si desideretur claritas $y = \frac{1}{10}$ dig. et pro gradu distinctionis $k = 50$, vt sit $ks = m$ ob litteram μ parum ab vnitate deficientem debebit sumi in digitis

$$p = m \sqrt[V]{m} \left(1 + 1 + \tfrac{k\pi \cdot \pi \pi}{\mu} \left(1 + \tfrac{1}{m}\right)\right)$$

ac si tam minore claritate, puta $y = \frac{1}{10}$ et minore gradu distinctionis puta $k = 35$ acquiescere velimus, iste valor ipsius p ad semissem redigi poterit.

Exemplum.

319. Si huiusmodi telescopium tantum oculos multiplicare debeat, vt sit $m = 9$, reperietur $k = 3$

hinc-

hincque $q = f$; $r = \frac{q}{f}$ et $s = \frac{q}{f}$; vnde erit totius telescopii longitudo $= (\frac{v}{s} + \frac{n}{u} 9)p$ et semidiameter campi $= 2° 23'$.

Tum vero distantia focalis p ita assumi debebit

$$p = 9 \sqrt[4]{9(1 + \frac{1}{4} + \frac{1}{9} \cdot \frac{u+p}{H})}$$

sumto ergo $9 = 1$, vt longitudo fiat $= \frac{n}{u} p$, seu propemodum $= 3p$ colligetur $p = 9 \sqrt[4]{18,5196}$. seu propemodum $p = 24$ dig. vnde longitudo tota $= 72$ dig. $= 6$ ped.; quae longitudo, vti animaduertimus, ad semissem reduci posset.

Scholion 2.

330. Verum etiam longitudo trium pedum pro tam exigua multiplicatione enormis videbitur, praecipue cum vulgo eiusmodi telescopia circumferantur multo breuiora magisque amplificantia. At praecipua causa huius longitudinis in campo apparente est sita, quem maximum producere sumus conati, qui sine dubio multo maior est, quam in vulgaribus eiusmodi instrumentis deprehenditur. Interim tamen destructio marginis colorati non parum ad longitudinem confert perinde ac insignis claritatis et distinctionis gradus, qui nobis erat propositus, ex quo instrumenta secundum haec praecepta parata plurimum antecellent iis, quae vulgo circumferuntur et quae plerumque tot tantisque vitiis laborant, vt in praxi vix tolerari queant. Non mediocriter autem eorum longitudo

CAPVT II. 397

gitudo diminui poſſet, ſi loco lentis obiectiuae ſinae lens duplicata ſiue etiam triplicata, quales ſupra ex principio minimi funt inuentae, ſubſtituantur, ſiquidem tum valor ipſius λ priori caſu ad $\frac{1}{2}$, poſteriore vero ad $\frac{1}{4}$ reduceretur; ita, ſi in noſtro exemplo λ fuiſſet $=\frac{1}{2}$; inueniſſemus $p = 20$ dig. et teleſcopii longitudo adhuc ad 5 pedes excreuiſſet. Sin autem lente obiectiua triplicata vſi eſſemus, vt fuiſſet $\lambda = \frac{1}{4}$ prodiiſſet $p = 19$; dig. vnde patet, a lentibus illis duplicatis et triplicatis, quales ſupra ſunt deſcriptae atque adeo a lentibus perfectis, vbi foret $\lambda = 0$, haud notabile decrementum longitudinis exſpectari poſſe, ſaltem pro minoribus multiplicationibus, vbi poſt ſignum radicale cubicum termini λ ſequentes admodum ſunt notabiles pro maioribus autem multiplicationibus maius lucrum eſſet futurum, quod vix tamen ad ſemiſſem redire poſſet. Quare pro hac ſpecie teleſcopiorum praecipue in id eſt incumbendum, vt lens obiectiua ita duplicetur vel triplicetur vt non ſolum confuſio ab ipſa oriunda, ſed et ea, quae a ſequentibus lentibus omnibus naſcitur, ad nihilum redigatur, tum enim diſtantiam p maiorem ſtatui non erit neceſſe, quam apertura ob claritatem requiſita poſtulat; quem caſum in ſequente problemate ita euoluemus, vt exiguum ſpatium intra lentes priores admittamus.

Cc 3 Proble-

CAPVT II.

Problema 2.

331. In hac telescopiorum specie loco lentis obiectiuae eiusmodi binas lentes ex eodem vitro parandas substituere, vt omnis confusio etiam a reliquis lentibus oriunda ad nihilum redigatur, sicque his telescopiis minima longitudo concilietur.

Solutio.

Cum igitur hic habeantur quinque lentes, statuamus nostras fractiones $\frac{a}{b} = -P$; $\frac{\beta}{\gamma} = -Q$; $\frac{\gamma}{d} = -R$ et $\frac{\delta}{\epsilon} = -S$. Quarum litterarum prima P proxime erit $= 1$; secunda Q erit negatiua $= -k$; tertia R etiam erit $= 1$, sed ita tamen, vt interuallum tertium $\gamma + d$ fiat quantitas finita, scilicet $= a$; denique vero erit $S = -k'$. Ita, vt nostra elementa futura sint

$$b = -\tfrac{a}{P}; \ c = -\tfrac{Ba}{PR}; \ d = \tfrac{BCa}{PQR} = -\infty$$

$$\beta = -\tfrac{Ba}{P}; \ \gamma = -\tfrac{BCa}{PQ} = \infty;$$

$$\delta = \tfrac{BCDa}{PQR}; \ \epsilon = \tfrac{BCDa}{PQRS} = \tfrac{BCDa}{B}.$$

Hincque interualla

1°. $a + b = a(1 - \tfrac{1}{P}) = \tfrac{a}{10}$ vti supra iam assumsimus, ita vt sit $P = 1 \tfrac{1}{10}$.

2°. $\beta + c = -\tfrac{Ba}{P}(1 + \tfrac{1}{R})$;

3°. $\gamma + d = -\tfrac{BCa}{PR}(1 - \tfrac{1}{Q}) = \eta a$ vbi scilicet est $C = \infty$, hincque $\tfrac{1}{Q} = 1 + \tfrac{\eta PR}{B}$.

4°. quia

CAPVT II.

4°. quia erat $C = \infty$ debet esse D infinite parvum, ita, vt sit $CD = -\vartheta$ eritque hoc interuallum $\delta + \epsilon = -\frac{kv}{rkk}(1+k)$; existente multiplicatione $\varpi = PkRk'$ seu proxime $\varpi = kk'$. Quia autem fieri posset, vt distantiam a negatiuam capi expediret, statuamus primum interuallum $a + b = \zeta a$ fietque $P = \frac{1}{1-\zeta}$, vbi notandum, si a esset quantitas negatiua, tam ζ, quam η negatiue scripsi debere, semper autem necesse erit, vt sit $-B a > 0$ seu $Ba < 0$ et $\vartheta > 0$, vti initio iam assumsimus, vbi posuimus $CD = -\vartheta$. Cum nunc pro campo apparente sit $\Phi = \frac{-\pi + \pi' - \pi'' + \pi'''}{v - 1}$ statuamus $\pi = -v\xi$; $\pi' = v\xi$; $\pi'' = -\xi$ et $\pi''' = \xi$, vt sit $\Phi = \frac{v+1}{v-1} \xi = M\xi$ existente $M = \frac{v+1}{v-1}$; ex quibus pro loco occult colligimus $O = \frac{\epsilon}{Rk}$, existente $\epsilon = \frac{kv}{Rk}$; considerem mus nunc nostras formulas fundamentales

1°. $B v = (P - 1) M$

2°. $C u = -(1 + Pk) M - v$

3°. $D = -(1 + PkR) M - v - u$

de quibus observari oportet fore primam $Bv = \frac{\zeta}{1-\zeta} M$; sicque valor v ob duplicem eandem sit quantitas minima, ita, vt etiam $u v$ adhuc sit valde paruum. Pro secunda autem, quia est $C = \infty$ erit $\mathfrak{C} = \frac{c}{1+\frac{1}{2}} = 1 - k$; pro tertia autem, quia est $D = 0$ seu potius $D = -\frac{1}{\vartheta}$ erit $\mathfrak{D} = \frac{-1}{\frac{-1}{\vartheta}+1} = \frac{-1}{\vartheta'}$ deinde etiam hic recordari oportet esse $R =$

CAPVT II.

$$R = \frac{ac}{ac+\eta Pk} = 1 - \frac{\eta Pk}{ac}$$

quia igitur ex secunda aequatione ob

$$\mathfrak{C} = \frac{c}{1+c} \text{ est } \omega = -(1+Pk)M(1+\xi)-v(1+\xi),$$

si hic valor in tertia aequatione substituatur, erit

$$-\frac{\xi}{c} = -(1+Pk)M + \frac{\eta P'k'M}{ac}$$
$$-v+(1+Pk)M(1+\xi)+v(1+\xi)$$

vbi cum termini finiti se mutuo destruant, ex infinite paruis concluditur fore

$$\vartheta = -\frac{\eta P'k'M}{a} - (1+Pk)M - v$$

vnde fit

$$\eta = -\frac{(1+Pk)a}{P'k'} - \frac{aM}{P'k'M} - \frac{av}{P'k'M}$$

vbi terminus vltimus tuto omitti potest.

Destructio porro marginis colorati postulat hanc aequationem

$$0 = \frac{v}{P} + \frac{\omega}{PQ} + \frac{i}{PQT} + \frac{i}{PQRT}$$

quae pro nostro casu fit

$$0 = v - \frac{\omega}{\xi} - l + \frac{i}{klr}$$

vnde neglecto termino primo deducitur $k' = \frac{1}{\omega+1}$; et ob $\omega = Pkk'$ erit $\omega = \frac{Pk}{\omega+1}$.

Cum autem sit $\omega = -(1+Pk)M$ et $M = \frac{\omega+1}{\omega-1}$, neglecto termino v fiet $(\omega-1)\omega = -(1+Pk)(\omega+1)$ hincque $\omega = \frac{-(1+Pk)}{\omega+Pk}$, atque $M = \frac{-1}{\omega+Pk}$. Quare cum

CAPVT II.

cum sit $w = \frac{Pk}{k+Pi}$ substituto valore ipsius w obtinemus $m - \frac{m(1+Pi)}{m+Pk} = Pk$; hincque

$$m\,m - s\,m = P^2 k^2 + b \cdot P k w,$$

quae in vtrinque addito praebet

$$a\,m\,(m-1) = (Pk+m)^2 \text{ ideoque}$$

$$Pk = -m + \sqrt{a\,m\,(m-1)}.$$

Hoc ergo valore pro Pk assumto, pro campo apparente adipiscemur maximum valorem, qui erit $\Phi = \frac{1}{\sqrt{a\cdot m(m-1)}} \cdot \xi$ et in mensura angulorum ob $\xi = 1$ erit $\Phi = \frac{1''''}{\sqrt{a\cdot m(m-1)}}$ min. Nunc autem praecipuum opus superest in eo consistens, vt binae priores lentes ita definiantur, vt formula pro semidiametro confusionis inuenta penitus euanescat, vnde sequens aequatio erit resoluenda:

$$0 = \lambda - \frac{1}{6r}\left(\frac{\lambda'}{r'} + \frac{\gamma}{r}\right) - \frac{\lambda'''}{s\cdot r\cdot r\cdot s} - \frac{\lambda'''}{s\cdot r\cdot r\cdot s} - \frac{\lambda''''}{s\cdot r\cdot r\cdot s} \text{ seu}$$

$$0 = \lambda - \frac{\lambda'}{6\cdot\gamma} - \frac{\lambda''}{s\cdot r\cdot s} - \frac{\lambda'''}{s\cdot r\cdot r\cdot s} - \frac{\lambda''''}{s\cdot r\cdot r\cdot s} - \frac{\lambda''''}{6s\cdot r}$$

in qua aequatione vt ante iam vidimus sumi potest $\lambda'' = 1$ et quia duae postremae lentes debent esse vtrinque aequaliter conuexae, erit pro vitro communi $\lambda''' = \lambda'''' = 1,6299$. Ex hac vero aequatione vel λ vel λ' definiri debet, prouti coefficiens ipsius λ' maior est vnitate, siue minor. Ceterum notandum est, omnes quantitates hic praeter litteras B et $\mathfrak{B}$ satis esse determinatas, ita, vt in hoc negotio tantum litterae B et $\mathfrak{B}$ arbitrio nostro permittantur; in quo duo casus sunt perpendendi, alter, quo $\mathfrak{B}$ est fractio vnitate maior, lor, puta $\frac{1+i}{i}$; alter vero, quo est vnitate minor, puta $= \frac{1}{1+i}$.

Primo fit $\mathfrak{B} = \frac{1+i}{i}$ erit $B = -1 - i$ ideoque numerus negatiuus, quo ergo casu *a* debet esse positiuum seu prima lens conuexa, secunda vero concaua, pro qua valor λ' determinari debet, et quidem ex hac aequatione

$$\lambda' = \frac{(1+i)^2 P\lambda}{i \cdot i} + \frac{\lambda''}{i \cdot i_2} + \frac{\lambda'''}{i \cdot i_2 \cdot i_3} + \frac{P\lambda''''}{i \cdot i_2 \cdot i_3 \cdot i_4} + \frac{(1+i)z}{i \cdot i}$$

vbi sumto $\lambda = 1$ euidens est λ' fieri vnitate maius.

At secundo si fit $\mathfrak{B} = \frac{i}{1+i}$ erit $B = i$ ideoque positiuum; vnde distantia *a* fiet negatiua siue prima lens concaua, secunda vero conuexa, quo casu numerus λ definiri oportet per hanc aequationem:

$$\lambda = \frac{(1+i)^2 \lambda'}{i \cdot i_P} + \frac{\lambda''}{i \cdot i_P \cdot i} + \frac{\lambda'''}{i \cdot i_P \cdot i_2} + \frac{\lambda''''}{i \cdot i_P \cdot i_2 \cdot i_3} + \frac{(1+i)z}{i \cdot i_P}$$

atque hic sumi poterit $\lambda' = 1$; λ vero vnitate maius fiet.

Perspicuum igitur est, simili fere modo, quo, in priore casu λ' definitur, in secundo casu litteram λ definiri, propterea quod proxime est $P = 1$; quandoquidem inuenimus $P = \frac{i}{1-i}$, vbi notetur priore casu, quo *a* est positiuum, sumi posse $\zeta = \frac{1}{1}$, vt sit $P = \frac{ii}{11}$, eodemque modo etiam η erit positiuum, quemadmodum etiam nostra formula posito $B = -1 - i$ declarat, scilicet $\eta = \frac{(1+P\frac{1}{2})(1+1)}{P\frac{1}{2} \cdot \frac{1}{2}} + \frac{(1+i)\lambda}{P\frac{1}{2} \cdot \frac{1}{2}}$.

Pro

CAPVT II. 403

Pro altero autem casu, quo a est quantitas negatiua, sumi debet $\zeta = -\frac{i}{r^2}$, vt sit $P = \frac{ii}{r^2}$; ob eandemque rationem etiam η fiet negatiuum, scilicet

$$\eta = -\frac{i(i+Pk)}{r^2 k^2} - \frac{ii}{r \cdot r \cdot k}.$$

Coroll 1.

332. Cum tollendo marginem colorum peruenerimus ad hanc aequationem

$$Pk = -m + \sqrt{:m(m-1)},$$

qua ob P datum, valor ipsius k determinatur, hinc habebimus

$$M = \frac{i}{\sqrt{:m(m-1)}} \text{ et } \mathfrak{N} = \frac{-i(i+Pk)}{\sqrt{:m(m-1)}} \text{ atque hinc}$$

$$\eta = \frac{-i(i+Pk)i}{r^2 k^2} - \frac{ii\sqrt{:m(m-1)}}{r \cdot r \cdot k}.$$

Coroll 2.

333. Cum sit $C = \infty$, $D = 0$ et $CD = -9$, fient nostra elementa

$$b = \frac{-ii}{r}; c = \frac{-ii}{rk}; d = \infty; e = \frac{-ii}{k};$$
$$\beta = \frac{-ii}{r}; \gamma = \infty; \delta = \frac{-ii}{rk};$$

hincque distantiae focales

$$p = a; q = \frac{-\Theta \cdot a}{r}; r = \frac{-ii}{rk}; s = \delta = \frac{-ii}{rk}; t = \frac{-ii}{k}$$

cum vero lentium interualla

$$a + b = a(1 - \frac{ii}{r}) = \zeta a; \beta + c = -\frac{\Theta}{r}(1 + \frac{i}{k})$$
$$\gamma + d = \eta a; \delta + e = -B \cdot 9 \cdot d(k + \frac{1}{i})$$

ac denique distantia oculi $O = \frac{\text{...}}{\text{...}}$ vbi notetur, litteram $\mathfrak{B}$ arbitrio nostro permitti, quo cauerl poterit, ne vltimae lentes fiant nimis paruae.

Coroll. 3.

334. Ex his perspicitur, quo maior capiatur littera B, eo maius prodire secundum interuallum cum sequentibus, hincque longitudinem telescopii eo magis augeri; at littera $\mathfrak{B}$ eo maior euadit, quo propius littera $\mathfrak{B}$ ad vnitatem accedit; sue enim sit $\mathfrak{B} = \frac{1+i}{i}$ siue $\mathfrak{B} = \frac{1}{1+i}$, aucto numero i augetur numerus B; quare cum littera $\mathfrak{B}$ etiam nunc arbitrio nostro permittatur, neutiquam expediet, eam voluti nimis propinquam statui, neque tamen etiam conueniet pro i numerum valde paruum assumi, veluti dimidium vel fractionem adhuc minorem; tum enim ex ultima aequatione numerus vel λ vel λ' prodiret nimis magnus, scilicet adeo maior, quam 27. Vnde concluditur, numerum i ad minimum vnitate maiorem capi debere.

Coroll. 4.

335. Hic igitur commodum cum incommodo compensatur; si enim i vnitate minus caperetur, augeremus commodum breuitatis tubi; contra vero nimis magnus valor numeri λ vel λ' insigne esset incommodum; sin autem numerum i vnitate multo maio-

CAPVT II.

maiorem fumeremus; obtineremus quidem commodum, vt λ vel λ' parum vnitatem excederent, contra vero tubus fieret nimis longus.

Coroll. 5.

336. Sin autem optio detur inter valores $\frac{i-1}{i}$ et $\frac{i}{i+1}$ pro $\mathfrak{B}$ assumendos, retinente i in vtroque eundem valorem; tunc λ vel λ' eundem fere valorem nancisceretur. Verum priore casu cum sit $B = -1 - i$ longitudo tubi maior prodiret, quam altero casu, quo esset $B = i$, quam ob rem semper consultius est, posteriorem casum eligere, quo lens prima est concaua et secunda connexa; quam priorem, vbi viciffim lens prima esset connexa, secunda vero concaua.

Scholion 1.

337. Quae quo clarius perspiciantur, ponamus $i = a$ et $\mathfrak{B} = \frac{a}{i}$, vt fiat $B = a$ tum igitur erit $P = \frac{aa}{ii}$ et elementa nostra sequenti modo se habebunt; existente a quantitate negatiua:

$$b = \frac{-aa}{ii}a; \ c = \frac{-aa}{\gamma\lambda}; \ d = -\infty; \ e = \frac{-aaa}{a};$$

$$\beta = \frac{-aa}{\gamma} = \frac{-aaa}{\gamma}; \ \gamma = \infty; \ \delta = \frac{-aaa}{\gamma\lambda}$$

existente $P\lambda = -a + \gamma a m (m - 1)$ tum vero distantiae focales erunt

$$p = a; \ q = \frac{-aaa}{ii}; \ r = \frac{aaa}{\gamma\lambda}; \ s = \frac{-aaa}{\gamma\lambda}, \ \text{et} \ t = \frac{-aaa}{a}$$

CAPVT II.

et interualla lentium

$$\alpha + b = -\tfrac{10}{10} \cdot a; \quad \beta + c = -\tfrac{a}{71}a - \tfrac{11a}{71}$$

$$\gamma + d = \eta a = \tfrac{-1(1+Pb)a}{P \cdot \delta \gamma} - \tfrac{b\gamma_1 m(a-1)}{P \cdot \delta \gamma}$$

$$\delta + e = \tfrac{-1a}{m} - \tfrac{1a}{P\lambda} = \tfrac{-1a}{P\lambda m} \, \sqrt{2m(m-1)}$$

et diſtantia oculi $O = \tfrac{-1a\sqrt{2m(m-1)}}{mn}$ quibus factis campi ſemidiameter erit $\Phi = \tfrac{171}{\sqrt{2m(m-1)}}$ min.

Pro apertura autem tertiae lentis notandum eſt, eſſe $\omega = \tfrac{-1(1+Pb)}{\sqrt{2m(m-1)}}$, ita, vt ſi m ſit numerus ſatis magnus fiat $\omega = -\tfrac{10}{n}$; vnde cum haec lene non maximam aperturam, ſed minorem, quae ſit ad maximam, vt $10:17$, requirat, ſufficiet pro hac lente ſumſiſſe $\lambda'' = 1$; quare ſi et $\lambda' = 1$ at $\lambda''' = \lambda'''' = 1,6299$, pro lente obiectiua inueniemus

$$\lambda = \tfrac{17 \cdot 11}{1 \cdot 10} + \tfrac{1}{173} + \tfrac{13499}{13171} + \tfrac{13000}{27 \cdot 6} + \tfrac{1117}{300}$$

exiſtente $\nu = 0,2326$ pro refractione ſcilicet $n = 1,55$.

Hinc autem inuento numero λ, prima lens obiectiua concaua ita conſtrui debet, vt fiat radius faciei anterioris $= \tfrac{a}{\rho - \tau\sqrt{\lambda-1}}$, poſterioris vero $= \tfrac{a}{\rho + \tau\sqrt{\lambda-1}}$; exiſtente $\rho = 0,1907$. $\sigma = 1,6274$; $\tau = 0,9051$.

Pro ſecunda autem lente capi debebit radius faciei anter. $= \tfrac{1b}{14 + \sigma}$ et poſterioris $= \tfrac{1b}{1\sigma + \rho}$; exiſtente $b = -\tfrac{11}{10} \cdot a$.

Pro

CAPVT II.

Pro tertia lente erit radius faciei anterioris $=\frac{c}{f}$ et posterioris $=\frac{d}{\gamma}$, existente $c=\frac{\gamma+a}{\gamma \lambda}$;

Pro quarta vero lente radius vtriusque faciei $= \imath, \imath o \, s$ et pro quinta lente radius faciei vtriusque $= \imath, \imath o \, t$.

Ad mensuras vero absolutas inueniendas consideretur in constructione lentium primae et secundae minimus radius, qui sit $= m \, a$, cuius pars quarta ; ma sequetur semidiametro aperturae ob claritatem requisitae, qui sit $\frac{m}{\imath 6}$ dig. hincque fit $a = \frac{\imath 6}{m}$ dig. quae mensura si forte det vltimas lentes nimis exiguas, vt supra vsu venit, tantum litterae 9 tribuatur valor vnitate pro lubitu maior; cum hinc longitudo telescopii vix augeatur. Colligitur autem tota haec longitudo ad oculum vsque

$$= -a \left(2 + \frac{\imath(}{\imath 6} + \frac{\imath()+\gamma\lambda)}{\gamma\xi} + \frac{(m+\gamma\lambda)\imath\varphi}{m\gamma\xi\tau} \right).$$

Exempl. I.

338. Si fuerit $m = 9$, erit $P k = 3$ et $k = \frac{\imath\imath}{\imath 6}$ ob $P = \frac{\imath\imath}{\imath 8}$; vnde elementa telescopii eruot

$$b = -\frac{\imath\imath}{\imath 4} a; \quad \beta = -\frac{\imath\imath}{\imath 4} \cdot a; \quad c = -\frac{m}{\gamma};$$

$$\gamma = \infty; \quad d = -\infty; \quad \delta = -\frac{\imath 6 a}{\gamma}; \quad e = -\frac{\imath 6 a}{\delta};$$

et distantiae focales

$$p = a; \quad q = -\frac{\imath\imath}{\imath 4} a; \quad r = -\frac{2}{3} a; \quad s \pm -\frac{\imath 6 a}{\gamma}; \quad t = -\frac{\imath 6 a}{\gamma};$$

CAPVT II.

et interuallis

$$a+b=-\tfrac{1}{n}a;\ \beta+c=-\tfrac{(1+n)}{n}a;$$
$$\gamma+d=-\tfrac{(1+n)}{n}a;\ \delta+e=-\tfrac{1+n}{n}a$$

et distantia Oculi $O=-\tfrac{a}{n}$.

Tum vero campi apparentis semidiametre
$\Phi = 143$ min. $= 2°\ 23'$.

Nunc vero habebimus

$$\lambda = 3,4425 + 0,04166 + \tfrac{2,9005}{n}$$
$$+ 0,1779$$
$$\overline{3,6204}$$
$$0,0416$$
$$\overline{\lambda = 3,6620 + \tfrac{2,9005}{n}}$$

Sumamus nunc $\vartheta = 1$. vt fiat $\lambda = 3,75255$;
$\lambda - 1 = 2,75255$ et $v.\ \sqrt{\lambda - 1} = 1,50162$

quare constructio lentis primae ita se habebit

radius faciei $\begin{cases} \text{anter.} = \tfrac{1}{1,\ddot{u}\pi\pi} = 7,9491.\ a \\ \text{poster.} = \tfrac{1}{1,\ddot{u}\pi\pi} = 0,5909.\ a \end{cases}$

Pro secunda autem lente erit

radius faciei $\begin{cases} \text{anter.} = \tfrac{1}{1,\ddot{u}\pi\pi} = -1,0155.\ a \\ \text{poster.} = \tfrac{1}{1,\ddot{u}\pi\pi} = -0,5921.\ a \end{cases}$

Pro tertia autem lente erit

radius faciei $\begin{cases} \text{anter.} = \tfrac{1}{1,\ddot{u}\pi\pi} = -3,4959.\ a \\ \text{poster.} = \tfrac{1}{1,\ddot{u}\pi\pi} = -0,4097.\ a \end{cases}$

CAPVT II.

Pro lente quarta
 radius faciei vtriusque $=-0,7333 \cdot a$
Pro lente denique quinta
 radius faciei vtriusque $= -0,2444 \cdot a$
Iam in duabus prioribus lentibus occurrit
 radius minimus $= 0, 5909 \, a$, vt fit
 $m = 0, 5909$, adeoque $a = -\frac{1}{11,52}$ dig.
 seu $a = - 1 \frac{1}{2}$ dig.
Vnde sequens prodibit

Constructio huius Telescopii pro multiplicatione $m = 9$. lentibus ex vitro communi factis.

I. Pro prima lente

radius faciei $\begin{cases} \text{anter.} = -9, 93 \text{ dig.} \\ \text{poster.} = -0, 73 \text{ dig.} \end{cases}$

cuius distantia focalis $= -1\frac{1}{2}$ dig.
semidiameter aperturae $= 0, 18$ dig.
distantia ad lentem secund. $= 0, 025$. dig.

II. Pro secunda lente

radius faciei $\begin{cases} \text{anter.} = 1, 27. \text{ dig.} \\ \text{poster.} = 0, 74. \text{ dig.} \end{cases}$

cuius distantia focalis $= 0, 85$ dig.
semidiameter aperturae vt ante $= 0, 18$ dig.
distantia ad lentem tertiam $= 3, 38$ dig.

III. Pro

CAPVT II.

III. Pro tertia lente

radius faciei $\begin{cases} \text{anter.} = +, 37 \text{ dig.} \\ \text{poster.} = 0, 51 \text{ dig.} \end{cases}$

cuius distantia focalis $= + 0, 83$ dig.
semidiameter aperturae $= 0, 13$ dig.
distantia ad quartam $= 2, 73$ dig.

IV. Pro quarta lente

radius vtriusque faciei $= 0, 92$ dig.
cuius distantia focalis $= + 0, 83.$ dig.
semidiameter aperturae $= 0, 23$ dig.
interuallum ad quintam $= 1, 11$ dig.

V. Pro quinta lente

radius vtriusque faciei $= 0, 30$ dig.
cuius distantia focalis $= 0, 28$ dig.
semidiameter aperturae $= 0, 07$ dig.
et distantia ad oculum $= 0, 19$ dig.
sicque tota instrumenti longit. $= 7, 49$ dig.
et semidiameter campi $= 2° 23'$.

Hac ergo perfectione adhibita telescopium, quod ante erat 6 ped. reductum est ad $7\frac{1}{2}$ dig.

Exeml. II.

CAPVT II.

Exempl. II.

339. Si multiplicatio fit $m = 50$, erit $Pk = 20$ et $k = \frac{101}{7}$ vnde elementa nostra erunt

$$b = -\tfrac{11}{10}a; \quad \beta = -\tfrac{8}{8}a; \quad c = -\tfrac{9}{13}; \quad \gamma = \infty;$$
$$d = -\infty; \quad \delta = -\tfrac{19}{10}; \quad e = -\tfrac{12}{11};$$

et distantiae focales

$$p = a; \quad q = -\tfrac{15}{17}a; \quad r = -\tfrac{9}{13}; \quad s = -\tfrac{19}{13} \text{ et } t = -\tfrac{69}{71};$$

et interualla lentium

$$a + b = -\tfrac{1}{10}a; \quad \beta + c = -\tfrac{17}{13}a;$$
$$\gamma + d = \tfrac{-(v \pm v t \theta) a}{\omega}; \quad \delta + e = \tfrac{-464}{10};$$

atque distantia oculi $O = -\tfrac{115}{8}$ et campi apparentis semidiameter erit $= 24\tfrac{1}{2}$ min.

Nunc vero prodibit

$$\lambda = 3,4425 + \tfrac{0,0111}{q}$$
$$ + 0,0063$$
$$ \tfrac{0,1779}{}$$
$$\lambda = 3,6267 + \tfrac{0,0111}{q}.$$

Sumatur nunc $\vartheta = \rho$, eritque $\lambda = 3,6285$;

$$\lambda - 1 = 2,6285 \text{ et } \tau \mathcal{V}(\lambda - 1) = 1,4674;$$

vnde fiet

I. Pro prima lente

radius faciei $\begin{cases} \text{anter.} = \tfrac{}{}= 6,2500.\,a. \\ \text{poster.} = \tfrac{}{}= 0,6031.\,a. \end{cases}$

II. Pro

II. Pro secunda lente, vti ante

radius faciei $\begin{cases} \text{anter.} = -1,0155.\,a \\ \text{poster.} = -0,5921.\,a \end{cases}$

III. Pro tertia lente

radius faciei $\begin{cases} \text{anter.} = 0,1801 = -0,5244.\,a \\ \text{poster.} = 1,1314 = -0,0615.\,a \end{cases}$

IV. Pro quarta lente

radius faciei vtriusque $= -0,2200.\,a$

V. Pro quinta lente

radius faciei vtriusque $= -0,0880.\,a$

Iam cum sit in duabus prioribus lentibus radius minimus $0,5921.\,a$, erit

$m = 0,5921$, adeoque $a = -\frac{12}{1,11}$ dig.

ita, vt capi posset $= -7$ dig.

Vnde sequens prodibit

Constructio huius Telescopii pro multiplicatione $m = 50$.

I. Pro prima lente

radius faciei $\begin{cases} \text{anter.} = -43,75 \text{ dig.} \\ \text{poster.} = -4,22 \text{ dig.} \end{cases}$

cuius distantia focalis $= -7$ dig.

semidiameter aperturae $= 1,05$ dig.

distantia ad lentem secundam $= 0,14$ dig.

CAPVT II.

II. Pro secunda lente

radius faciei $\begin{cases} \text{anter.} = 7, 11. \text{ dig.} \\ \text{poster.} = 4, 14. \text{ dig.} \end{cases}$

cuius distantia focalis est $4, 76$ dig.
semidiameter aperturae, vt ante, $= 1$ dig.
interuallum ad tertiam lentem $14, 98$ dig.

III. Pro tertia lente

radius faciei $\begin{cases} \text{anter.} = 3, 67. \text{ dig.} \\ \text{poster.} = 0, 43. \text{ dig.} \end{cases}$

distantia focalis est $0, 7$. dig.
semidiameter aperturae $= 0, 11$ dig.
interuallum ad quartam $= 3, 18$ dig.

IV. Pro quarta lente
radius vtriusque faciei $= 1, 54$ dig.
cuius distantia focalis est $1, 40$ dig.
semidiameter aperturae $= 0, 38$ dig.
interuallum ad quintam lentem $= 1, 96$ dig.

V. Pro quinta lente
radius vtriusque faciei $= 0, 61$ dig.
cuius distantia focalis $= 0, 56$ dig.
semidiameter aperturae $= 0, 14$ dig.
distantia ad oculum $= 0, 39$ dig.

CAPVT II.

ficque longitudo tota $= 20$; dig. propemodum et femidiameter campi $= 24\frac{1}{2}$ min.

Scholion 2.

340. Hoc ergo etiam poftremum telefcopium facile per tubos ductitios ita parari poteft, vt commode quis fecum id portare poffit, cum lente illa concaua omiffa hoc telefcopium vltra viginti pedes excreuiffet. Circa tubos autem ductitios hic notari oportet, dum ductus ad oculum accommodatur, folam lentem ocularem mobilem effe debere, reliquas vero lentes omnes in locis hic affignatis perpetuo confiftere debere, id quod in perpetuum de omnibus telefcopiis, quae hic tractantur, eft tenendum ceterum non opus eft, vt perfectioni quam variae vitri fpecies largiuntur, caput peculiare tribuamus, vt hactenus fecimus, fed folutio praecedentis problematis paucis mutandis ad hunc fcopum accommodari poteft, vti in problemate fequente oftendemus.

Problema 3.

341. Si prima lens obiectiua concaua ex vitro chryftallino paretur, dum reliquae ex vitro coronario conficiuntur, conftructionem telefcopii defcribere, in quo non margo folum coloratus, fed etiam tota confufio a diuerfa radiorum refrangibilitate oriunda penitus deftruatur.

Solutio

CAPVT II.

Solutio.

Hoc problema, vt hactenus fecimus, ex principiis supra stabilitis si resoluere vellemus, omnia plane eodem modo se essent habitura, vti in problemate praecedente vsque ad eum locum, vbi marginem coloratum sustulimus, atque etiam haec ipsa aequatio non esset discrepatura ab ea, quam in praecedenti problemate tractauimus, quoniam in ea prima lens non in computum venit, ita, vt hinc etiam eaedem determinationes obtinerentur atque hucusque litterae $\mathfrak{B}$ et B etiam nunc mansurae essent indeterminatae; iam autem demum vltimae aequationis, qua confusio penitus e medio tollitur, ratio erit habenda et aequatio eo pertinens si pro prima lente formulam differentialem $\frac{dn}{n-1}$ littera N, pro sequentibus autem lentibus litteris N' denotemus per hasque aequationem diuidamus, habebimus

$$0 = \frac{N}{N'} - \frac{1}{6p} - \frac{1}{8\xi'p_4} - \frac{1}{8\eta_A} - \frac{1}{8\gamma_a}$$

in qua aequatione terminus tertius cum sequentibus prae duobus primis tam sunt exigui, vt sine errore negligi queant, praecipue cum vti iam saepius notauimus, natura rei non permittat, vt haec aequatio adcurate resoluatur, neque id etiam scopus noster postulet. Quare sumtis tantum duobus terminis'prioribus colligemus $\mathfrak{B} = \frac{N'}{NF}$, scilicet ob hanc conditionem lentis primae e vitro chryflallino parandae totum discrimen in resolutione, in hoc tantum consistit, vt nunc

nunc cum littera $\mathfrak{B}$ ante arbitrio nostro mansisset relicta, definiatur; quocirca quia ex Dollondi experimentis habemus $N : N' = 10 : 7$ ac praeterea sit $P = \frac{11}{17}$ consequimur nunc $\mathfrak{B} = \frac{110}{119}$ qui valor proxime reducitur ad hanc $\mathfrak{B} = \frac{1}{1}$; siue etiam $\mathfrak{B} = \frac{1}{7}$, qui est ipse valor, quem in praecedentibus iam exemplis ipsi $\mathfrak{B}$ tribuimus; quicunque autem valor ipsi $\mathfrak{B}$ tribuatur, in aequationem vltimam, ex qua numerus λ definitur, leue quoddam discrimen ingreditur, cum enim nunc primus terminus per μ, sequentes vero per μ' sint multiplicandi, diuisione per μ' facta haec aequatio fiet

$$\tfrac{\mu}{\mu'}\lambda = \tfrac{\lambda'}{\sigma'\rho} + \tfrac{\lambda''}{\sigma'\rho_2} + \tfrac{\lambda'''}{\tau\cdot t'\rho_3} + \tfrac{\lambda''''}{\tau\cdot t'\cdot \tau} + \tfrac{}{\sigma\tau\tau}$$

vbi, vt ante, sumi potest $\lambda' = 1$ et $\lambda'' = 1$, at quia lentes posteriores ex vitro coronario, quo $n = 1,53$ conficiuntur, pro duabus postremis lentibus, quae vtrinque aequaliter conuexae esse debent, erit $\lambda''' = \lambda'''' = 1,60006$, litterae autem eo pertinentes erunt
$\mu' = 0,9875$; $\nu' = 0,2196$; $\rho' = 0,2867$ et
$\sigma' = 1,6601$; $\tau' = 0,9252$.
Pro prima autem lente chrystallina erit
$\mu = 0,8724$; $\nu = 0,2529$; $\rho = 0,1414$;
$\sigma = 1,5827$ et $\tau = 0,8775$.

Coroll. 1.

342. Nunc igitur demum intelligitur, cur praestet, primam lentem ex vitro chrystallino parare, quam

CAPVT II.

secundam, si enim prima est chrystallina sit $\mathfrak{B} = \frac{2}{3}$ et $B = \frac{3}{2}$. Sin autem secundam chrystallinam faceremus, foret $\mathfrak{B} = \frac{2}{3}$ et $B = -\frac{3}{2}$. Quare cum omnes sequentes distantiae multiplicatae sint per B, eae ac propterea tota longitudo tubi prodiret posteriore casu maior, quam primo, idque in ratione 7 : 5.

Coroll. 2.

344. Si discrimen dispersionis ambarum vitri specierum minus esset, quam hic secundum Dollondi experimenta assumimus; tunc fractio pro $\mathfrak{B}$ assumenda propius ad vnitatem accederet, indeque B maiorem nancisceretur valorem sicque instrumentum longius euaderet; ex quo ad praxin plurimum expedit, vt duae vitri species ratione dispersionis maxime inter se differentes eligantur siquidem hoc modo telescopia multo breuiora redderentur.

Scholion.

344. Quoniam igitur hic primam lentem ex vitro chrystallino, reliquas ex coronario fieri assumimus, experimentis Dollondianis innixi statuamus $\mathfrak{B} = \frac{2}{3}$, vt sit $B = \frac{3}{2}$ ac posito $9 = 2$, ne lens ocularis fiat nimis parua, elementa nostra sequenti modo se habebunt:

$$b = -\tfrac{21}{10}a; \quad c = -\tfrac{18}{175}; \quad d = -\infty; \quad e = -\tfrac{18}{25};$$
$$\beta = -\tfrac{21}{10}a; \quad \gamma = \infty; \quad \delta = -\tfrac{18}{75};$$

CAPVT II.

et diſtantiae focales

$$p = a; \quad q = -\tfrac{11}{13}a; \quad r = -\tfrac{18}{174}; \quad s = -\tfrac{18}{74}; \quad t = -\tfrac{18}{n};$$

hincque interualla

$$\alpha + b = -\tfrac{1}{13}a; \quad \beta + c = -\tfrac{11}{83}a - \tfrac{18}{174}$$
$$\gamma + d = \eta a = -\tfrac{s(1+\rho k)a}{27 \cdot 8^2} - \tfrac{s\sqrt{m(m-1)}a}{27 \cdot 87}$$
$$\delta + e = -\tfrac{18\sqrt{m(m-1)}}{m\rho 4}$$

et diſtantia oculi $O = -\tfrac{s\sqrt{m(m-1)}}{18^2} \dot{a}$

exiſtente $Pk = -m + \sqrt{2m(m-1)}$

tum autem ſemidiameter campi $\Phi = \tfrac{1018}{\sqrt{18(m-1)}}$ min.

Vt igitur hinc conſtructionem pro quauis multiplicatione m inueſtigemus, methodo iam ſaepius adhibita vtentes primo euoluamus caſum, quo $m = 25$ tum vero caſum, quo $m = \infty$.

Exemplum 1.

345. Sit multiplicatio $m = 25$ ac reperietur
$\sqrt{2m(m-1)} = 34,64101$; hincque
$Pk = 9,64101$; vnde interualla ita ſe habebunt:
$a + b = -0,02 a; \quad \beta + c = -2,80930. a$
$\gamma + d = -1,21770. a; \quad \delta + e = -0,71860. a$
et diſtantia Oculi $= -0,13844. a$

His

CAPVT II.

His praemissis quaeratur λ ex aequatione supra data et inuenietur

$\lambda = 3,16815 + 0,007514 + 0,001502$
$\quad + 0,000579 + 0,14198$ seu
$\lambda = 3,31971$; vnde fit $\tau\sqrt{(\lambda-1)} = 1,33648$.

Hinc igitur si F et G denotent radios anterioris et posterioris faciei, habebimus

I. Pro prima lente chryftallina
$F = \frac{a}{\tau - 1, 1161} = 0,\text{iin} = 4,0617 a$
$G = \frac{a}{\tau + 1, 1161} = 1,\text{iin} = 0,6766. a$

II. Pro secunda autem lente coronaria erit
$F = \frac{1b}{1\tau + 1\tau} = 1,\text{iin} = -1,1451 a$
$G = \frac{1b}{\tau + 1\tau} = 1,\text{iin} = -0,5826 a$

quae conftructio pro omni multiplicatione valet.

III. Pro tertia lente coronaria habebimus
$F = \frac{a}{\tau} = 0,\text{iin} = -\frac{1,1011 \cdot a}{rb} = -1,1438. a$
$G = \frac{a}{\tau} = 1,\text{iin} = -\frac{1,1011 \cdot a}{rb} = -0,1562. a$

vbi valores penultimi pro omni multiplicatione valent.

IV. Pro quarta lente itidem coronaria, cuius diftantia focalis $= s = -\frac{1a}{F4}$, erit

$F = G = 1,06. s = -\frac{1,1011 \cdot a}{F4} = -0,5497. a$

vbi valor penultimus pro omni multiplicatione valet.

F ff 2

V. Pro quinta lente etiam coronaria cuius distantia focalis est $l = -\frac{15}{9}$, erit

$$F = G = 1,06. \ l = -\frac{11,5}{9} = -0,212. \ a$$

vbi iterum forma penultima pro omni multiplicatione valet.

Exemplum II.

346. Si fit multiplicatio m infinita seu praegrandis, erit $\sqrt{2m(m-1)} = m\sqrt{2} = 1,41421.m$ hincque $Pk = 0,41421m$; vnde interualla erunt

$$a + b = -0,02 \ a;$$
$$\beta + c = -2,55 \ a - 6,0356. \tfrac{a}{a};$$
$$\gamma + d = -26,6425. \tfrac{a}{a}; \ \delta + e = -17,0712. \tfrac{a}{a};$$

et distantia oculi $O = -8,5355. \tfrac{a}{a}$.

His praemissis quaeratur λ ex aequatione data et habebitur

$$\lambda = 3,16815 + c,14198 = 3,31013$$

vnde fit $r\sqrt{(\lambda-1)} = 1,3337$; quare habebitur

I. Pro prima lente

$$F = \frac{a}{4-1,140} = 1,\tfrac{a}{140} = 4,0160. \ a$$
$$G = \frac{a}{8+1,1337} = 1,\tfrac{a}{111} = 0,6779. \ a$$

II. Secunda lens conuenit cum exemplo praecedente.

III. Pro tertia lente erit

$$F = \tfrac{-1,2011.a}{11} = -26,6237. \tfrac{a}{a}$$
$$G = \tfrac{-1,1104.a}{11} = -3,6357. \tfrac{a}{a}$$

IV. Pro

CAPVT II.

IV. Pro quarta lente erit
$$F = G = \tfrac{-919}{74} = -12,7955 \cdot \tfrac{a}{z}$$

V. Pro quinta denique lente
$$F = G = -5, 3 \cdot \tfrac{a}{z}$$

Elementa autem sequenti modo se habebunt:
$$b = -1,02\,a;\; c = -6,0355 \cdot \tfrac{a}{z};\; \delta = -12,0710 \cdot \tfrac{a}{z}$$
$$\beta = -2,55\,a;\; \gamma = \infty;\; d = -\infty;\; e = -5 \cdot \tfrac{a}{z}$$

hincque distantiae focales
$$p = a;\; q = -0,72857 \cdot a;\; r = -6,0355 \cdot \tfrac{a}{z}$$
$$s = -12,0710 \cdot \tfrac{a}{z};\; t = -5\tfrac{a}{z}.$$

Exemplum III.

347. Ex collatione praecedentium exemplorum pro quauis multiplicatione maiore m constructionem huiusmodi telescopiorum describere.

Primo elementa sequenti modo expressa reperientur:
$$b' = -1,02\,a;\; \beta = -2,55\,a;$$
$$c = -(6,0355 + \tfrac{11,710}{m})\tfrac{a}{z};\; \gamma = \infty;\; d = -\infty;$$
$$\delta = -(12,0710 + \tfrac{10,1100}{m})\tfrac{a}{z};\; e = -5 \cdot \tfrac{a}{z};$$

Hincque distantiae focales:
$$p = a;\; q = -0,72857 \cdot a;\; r = -(6,0355 + \tfrac{11,710}{m})\tfrac{a}{z};$$
$$s = -(12,0710 + \tfrac{10,1100}{m})\tfrac{a}{z};\; t = -5 \cdot \tfrac{a}{z};$$

CAPVT II.

et interualla lentium

$a+b = -0,02a$; $\beta+c = -2,55a - (6,0355 + \frac{11,1710}{m})\frac{a}{m}$;

$\gamma+d = -(26,6425 + \frac{27}{m})\frac{a}{m}$;

$\delta+e = -(17,0710 + \frac{11,1100}{m})\frac{a}{m}$;

et distantia oculi $O = -(3,5355 - \frac{1,1611}{m})\frac{a}{m}$;

et tandem semidiameter campi semper est

$$\Phi = \frac{1711}{\sqrt{1,2(n-1)}} \text{ min.}$$

Lentium vero constructio ipsa ita se habebit:

I. Pro prima lente chrystallina

radius faciei $\begin{cases} \text{anter.} = (4,0160 + \frac{1,611}{m})a \\ \text{poster.} = (0,6779 - \frac{2,1111}{m})a \end{cases}$

II. Pro secunda lente coronaria

radius faciei $\begin{cases} \text{anter.} = -1,1451.a \\ \text{poster.} = -0,5826.a \end{cases}$

III. Pro tertia lente coronaria

radius faciei $\begin{cases} \text{anter.} = -(26,6237 + \frac{16,11}{m})\frac{a}{m} \\ \text{poster.} = -(3,6357 + \frac{2,11}{m})\frac{a}{m} \end{cases}$

IV. Pro quarta lente coronaria

radius vtriusque faciei $= -(12,7953 + \frac{11,61}{m})\frac{a}{m}$

V. Pro quinta lente coronaria

radius vtriusque faciei $= -5,30.\frac{a}{m}$.

Nunc

CAPVT II.

Nunc denique iudicandum reſtat, quantum valorem ipſi a tribui conueniat. Hanc in finem conſideretur duarum priorum lentium radius minimus, qui eſt $-0,5826$. a cuius pars quarta $-0,1456$. a ponatur aequalis ſemidiametro aperturae $\frac{m}{10}$; indeque reperietur $a = -\frac{m}{1,11}$; quo quidem valore quantitas a minor accipi non debet; quocirca ſumatur $a = -\frac{m}{7}$; atque obtinebitur ſequens

Conſtructio huiusmodi Teleſcopiorum pro quauis multiplicatione m.

Poſita igitur diſtantia focali $a = -\frac{m}{7}$ dig. impetrabimus pro conſtructione quaeſita ſequentes menſuras.

I. Pro prima lente chryſtallina

radius faciei $\begin{cases} \text{anter.} = (-0,5737.m-0,16)\text{dig.} \\ \text{poſter.} = (-0,0968m+0,004)\text{dig.} \end{cases}$

cuius diſtantia focalis $= -\frac{m}{7}$ dig.

ſemidiameter aperturae $= \frac{m}{10}$ dig.

interuallum ad lentem ſecundam $= 0,00286.m$ dig.

II. Pro ſecunda lente coronaria

radius faciei $\begin{cases} \text{anter.} = 0,1636.\ m \text{ dig.} \\ \text{poſter.} = 0,0832.\ m \text{ dig.} \end{cases}$

cuius diſtantia focalis eſt $= 0,10408.\ m$ dig.

ſemidiameter aperturae $= \frac{m}{10}$ dig.

interuall. ad lentem tertiam $=(0,3643.m+0,86+\frac{14}{m})$dig.

III. Pro

CAPVT II.

III. Pro tertia lente coronaria

radius faciei $\begin{cases} \text{anter.} = (3, 80 + \frac{n}{m}) \text{ dig.} \\ \text{poster.} = (0, 58 + \frac{n}{m}) \text{ dig.} \end{cases}$

cuius distantia focalis est $(0, 86 + \frac{n}{m})$ dig.
semidiameter aperturae $= 0, 13$ dig.
interuallum ad quartam $= (3, 80 + \frac{n}{m})$ dig.

IV. Pro quarta lente coronaria

radius faciei vtriusque $= (1, 58 + \frac{n}{m})$ dig.
cuius distantia focalis est $(1, 72 + \frac{n}{m})$ dig.
semidiameter aperturae $= 0, 43$ dig.
interuallum ad quintam $= (2, 44 + \frac{n}{m})$ dig

V. Pro quinta lente coronaria

radius vtriusque faciei $= 0, 76$. dig.
cuius distantia focalis $= 0, 71$. dig.
semidiameter aperturae $= 0, 18$ dig.
interuallum ad oculum $= (0, 50 - \frac{n}{m})$ dig.

VI. Tota ergo, telescopii longitudo inde colligitur haec: $(0, 3672. m + 7, 60 + \frac{n}{m})$ dig. vnde patet, si $m = 100$, longitudinem instrumenti non esse superaturam $44\frac{1}{2}$ dig.

VII. Semidiameter denique campi apparentis erit $\Phi = \frac{1712}{\sqrt{1.m(n-1)}}$ min., qui ergo pro $m = 100$ fiet 38 minut. Scho-

CAPVT II.

Scholion.

348. Haec ergo telescopia adhuc satis brevia forent, si modo in praxi lentes quam exactissime secundum mensuras praescriptas liceret elaborare et si etiam vtraque vitri species praecise eandem refractionem admitteret, quam hic supposuimus; perpetuo autem tenendum est, si vitri refractio discrepet ab ea, quam assumsimus, tunc totum calculum de nouo esse instituendum, qui scilicet ad formationem lentium spectat; deinde vero etiam haec regula probe est observanda, vt, quo minus felicissimum successum ab artifice exspectare queamus, mensurae hic praescriptae augeri atque adeo duplicari vel triplicari debeant; id quod commodissime fiet, si digiti mensuram multo maiorem accipiamus. Semper autem etiamsi artifex summam industriam adhibeat, vix vnquam sperandum erit, vt primum statim, quod produxerit, instrumentum voto respondeat; quin potius semper necesse erit, vt lentis primae concauae praesertim plura exempla elaborentur, vt ex iis optimum per experientiam eligi possit; quamuis enim eaedem mensurae retineantur; tamen semper vsu veniet, vt plura exempla omnia inter se al quantillum discrepent. Quin etiam saepe consultum erit, ipsam mensuram pro constructione huius lentis aliquantillum immutare, ita tamen, vt eadem distantia focalis conseruetur, et pro quauis mensura aliquot exempla conficere, scilicet si ex theoria radii facierum anterioris et posterioris illius lentis in-

uenti fuerint F et G, hanc figuram faepe ita immutari conueniet, vt capiatur radius faciei anterioris $= F \mp F'\omega$ posterioris vero $= G \pm G'.\omega$, sumendo pro ω tantilla fractione, quae adhuc in praxi sentiri queat; tum enim in diftantia focali nihil mutabitur. Donique etiam quaedam monenda restant circa diaphragmata in huiusmodi telescopiis vsurpanda, quia enim in iis duae imagines reales reperiuntur in vtriusque loco etiam diaphragma conftitui poterit, cuius apertura ipsam illam imaginem capere debet. Primae autem imaginis semidiameter est

$= a \Phi B = B a M \xi = \frac{1}{2} M B \alpha.$

est vero M in nostro casu $= \frac{1}{\sqrt{ }\cdot n(n-1)}$ et $B = \frac{1}{2}$ adeoque iste semidiameter erit $= \frac{1 \cdot a}{\sqrt{ }\cdot n(n-1)}$ sumtoque $a = \frac{m}{v}$, vt ante, semidiameter iste erit

$= \frac{1 m}{v \sqrt{ }\cdot n(n-1)} = \frac{1}{v \sqrt{ }\cdot n} = \frac{1}{2} dig.$

nisi m sit numerus paruus. Secundae autem imaginis semidiameter est $= a \Phi. B C D = a \Phi B \vartheta$; quare cum sumserimus $\vartheta = 2$ posterius diaphragma aperturam habere debet cuius semidiameter sit duplo maior, quam antecedens, scilicet ½ dig. a quo vero nullus vsus exspectari poterit, cum postremae lentes ipsae multo minorem aperturam postulent, ita, vt solum diaphragma prius vtilitatem habere possit, cui etiam, si libuerit, micrometrum adplicari poterit.

SECTIO-

SECTIONIS TERTIAE.
CAPVT III.
DE ALTERA TERTII GENERIS TELESCOPIORVM SPECIE PRINCIPALI, EORVMQVE PERFECTIONE.

Definitio.
349.

Ad alteram hanc speciem referimus ea telescopia, quae supra §. 310. et quidem speciatim in subnexo Corollario 2. §. 314. sunt explicata, in quibus scilicet lens secunda adhuc ante primam imaginem realem collocatur; tertia vero lens post hanc imaginem in eo loco, vbi lentis primae instar obiecti consideratae imago per secundam lentem projiceretur, qui locus cum ante imaginem secundam cadat, lens quarta ocularis in debito loco constituitur. Speciatim autem si primae lentis distantia focalis ponatur $= a$, secunda lens ita statuitur, vt sit $b = -\frac{a}{\sqrt{n}}$ siue interuallum primae et secundae lentis $= a(1 - \frac{1}{\sqrt{n}})$.

Coroll.

Coroll. 1.

350. Cum igitur haec telescopia quatuor conflent lentibus, pro iis elementa ita se habebunt:

$b = \frac{n-1}{\sqrt{n}}$; $\beta = \frac{\sqrt{n}-1}{\sqrt{n}} a$; $c = \frac{\sqrt{n}-1}{\sqrt{n}} \cdot a$;

$\gamma = \frac{\sqrt{n}-1}{\sqrt{n}} C a$; $d = \frac{\sqrt{n}-1}{n\sqrt{n}} \cdot C a$;

ita, vt sit $B = \frac{1-\sqrt{n}}{1+\sqrt{n}}$; $\mathfrak{B} = \frac{1-\sqrt{n}}{1+\sqrt{n}}$; et C arbitrio nostro relinquatur.

Coroll. 2.

351. Ex his elementis eruuntur lentium distantiae focales

$p = a$; $q = \frac{\sqrt{n}-1}{(1+\sqrt{n})\sqrt{n}} \cdot a$; $r = \frac{\sqrt{n}-1}{\sqrt{n}} \mathfrak{C} a$;

et $s = \frac{\sqrt{n}-1}{n\sqrt{n}} \cdot C a$. et lentium interualla

$a+b = (1 - \frac{1}{\sqrt{n}})a$; $\beta + c = \frac{\sqrt{n}-1}{n} \cdot a$; $\gamma + d = \frac{n-1}{n\sqrt{n}} C a$

et distantia oculi $O = \frac{n-1}{n\sqrt{n}} \cdot a$; ita, vt tota longitudo futura sit $= \frac{n-1}{n}(1 + \frac{1+\sqrt{n}\cdot C}{\sqrt{n}}) \cdot a$ vbi tantum monendum est, pro C numerum positiuum accipi debere.

Coroll. 3.

352. Litterae autem maiusculae P, Q, R pro hac specie fient $P = \sqrt{n}$; $Q = -1$ et $R = -\sqrt{n}$ ita, vt hinc prodeat $PQR = n$, vti rei natura postulat.

Scho-

CAPVT III.

Scholion.

353. Hic autem inprimis rationem reddere oportet conditionis in definitione commemoratae, quae diximus, lentem tertiam ibi esse collocandam, vbi primae lentis inflar obiecti confideratae imago per fecundam lentem proiecta esset casura. Cum enim fecundae lentis distantia focalis sit $q = \frac{\sqrt{n}-1}{(1+\sqrt{n})\sqrt{n}} \cdot a$, eius autem distantia a prima lente $= (1 - \frac{1}{\sqrt{n}}) a$, quae vocetur y, si prima lens vti obiectum confideretur, eius imago post secundam lentem cadet ad distantiam $\zeta = \frac{yq}{y-q}$; est vero $y - q = \frac{\sqrt{n}-1}{\sqrt{n}+1} a$ hincque $\zeta = \frac{\sqrt{n}-1}{n} a$, cui praecise distantia tertiae lentis a secunda aequatur. Hanc autem conditionem ideo in definitionem introduximus, quoniam eius ope locus tertiae lentis facillime per praxin assignatur. Ceterum supra iam notauimus, semidiametrum campi apparentis fore $\Phi = \frac{1+v}{n+\sqrt{n}}$ min. qui vtique augmentatione indiget, cum has lentes perficere conabimur. Denique ibidem quoque est ostensum, semidiametrum aperturae tertiae lentis statui debere $= \frac{v}{1}$ dig.

Pro secunda autem lente, quia posuimus, $\pi = \omega \xi$ et $\omega = -\zeta = -\frac{1}{\sqrt{n}}$, semidiameter eius aperturae esse debet $= \frac{q}{\sqrt{n}} = \frac{\sqrt{n}-1}{\sqrt{n}(1+\sqrt{n})} \cdot a$.

Problema 1.

354. Inter binas postremas lentes huius telescopiorum speciei nouam lentem inserere, qua campus apparens magis amplificetur.

Solutio.

CAPVT III.

Solutio.

Cum igitur hic occurrant quinque lentes statuantur nostrae quaternae fractiones:

$$\frac{a}{b} = -P; \quad \frac{\beta}{c} = -Q; \quad \frac{\gamma}{d} = -R; \quad \frac{\delta}{e} = -S.$$

quarum litterarum duae debent esse negatiuae, quarum prior erit Q statuaturque $Q = -k$; altera vero erit R vel S; vtram autem negatiuam statui conueniat, nondum definiamus. Hinc igitur elementa nostra eruet

$$b = \frac{-a}{P}; \quad c = \frac{-Ba}{PR}; \quad d = \frac{BCa}{PRR}; \quad e = \frac{-BCDa}{PRRS};$$

$$\beta = \frac{-Ba}{P}; \quad \gamma = \frac{-BCa}{PR}; \quad \delta = \frac{BCDa}{PRR};$$

distantiae autem focales:

$$p = a; \quad q = \frac{-Qa}{P}; \quad r = \frac{-BCa}{PR}; \quad s = \frac{BCDa}{PRR}; \quad t = \frac{-BCDa}{PRRS};$$

hincque lentium interualla

$$a + b = a(1 - \tfrac{1}{P}); \quad \beta + c = \frac{-Ba}{P}(1 + \tfrac{1}{Q})$$

$$\gamma + d = \frac{-BCa}{PR}(1 - k); \quad \delta + e = \frac{\pm BCDa}{PRR}(1 - \tfrac{1}{S})$$

quae cum esse debeant positiua et a iam sit positiuorum, necesse est, vt sit $1°. P > 1$; $2°. B < 0$; $3°.$ quod ad bina reliqua interualla attinet, duos casus distingui conuenit.

Casus prior, quo $R > 0$ et $S = -k'$, hocque casu debet esse $C(1 - \tfrac{1}{k}) > 0$ et $CD < 0$; quo ipso etiam fit e positiuum

Casus posterior, quo $R < 0$ seu $R = -k'$ et $S > 0$. Hoc ergo casu esse debet $C > 0$ idcoque etiam $\mathfrak{E} > 0$

CAPVT III.

$\mathfrak{E} > 0$, at < 1 et $D(1 - \frac{y}{x}) > 0$. Vt autem etiam fiat $e > 0$, debet effe $D < 0$, ideoque $S < 1$.

Nunc igitur confideremus campum apparentem, cuius femidiameter eft $\Phi = \frac{-\pi \pm \pi' - \pi'' + \pi'''}{m-1}$ ac ftatuamus, vt hactenus, $\pi = -m\xi$; $\pi' = 0$ ex natura huius fpeciei; $\pi'' = -\xi$; et $\pi''' = \xi$ vt fiat

$\Phi = \frac{y \pm z}{x-1} \xi = M\xi$, exiftente $M = \frac{y \pm z}{x-1}$; atque hinc iam ftatim pro loco oculi prodit

$O = \frac{e}{km} = \frac{(m-1)e}{m(e+1)}$.

Aequationes porro fundamentales erunt:

1°. $\frac{\mathfrak{B}\pi}{\Phi} = 1 - P$; feu $\mathfrak{B}\omega = -(1-P)M$

2°. $0 = -(1 + Pk)M - \omega$

3°. $\mathfrak{D} = -(1 + PkR)M - \omega$

vbi cum ex prima fit $\omega = \frac{-(1-P)M}{\Phi}$ hic valor in fecunda fubftitutus dat $0 = (1 + Pk)\mathfrak{B} + P - 1$; vnde fequitur $\mathfrak{B} = -\frac{(P-1)}{1+Pk}$; ita, vt $\mathfrak{B}$ ac proinde etiam B fit numerus negatiuus; fit autem $B = \frac{-(P-1)}{T(1+k)}$ et $\omega = -(1+Pk)M$; tum vero ex tertia erit $\mathfrak{D} = Pk(1-R)M$, litterae vero C et $\mathfrak{E}$ arbitrio noftro manens relictae. Pro binis ergo cafibus memoratis erit

Pro priore, quo $S = -k'$, $\mathfrak{D} = Pk(1-R)M$. Si ergo *fuerit* $R > 1$ debet effe $C > 0$ et $D < 0$ at cum fiat $\mathfrak{D} < 0$, fponte illa conditio $D < 0$ impletur. *Sin autem fit* $R < 1$ erit $\mathfrak{D} > 0$; debet

CAPVT III.

debet autem esse $C < 0$ et $D > 0$, consequenter $\mathfrak{D} < 1$, ideoque $Pk(1-R)M < 1$.

Pro posteriore casu, quo $R = -k'$, erit $\mathfrak{D} = Pk(1+k')M$ ideoque $\mathfrak{D} > 0$ ante autem vidimus, hoc casu esse debere $C > 0$ adeoque $\mathfrak{C} > 0$ et $\mathfrak{C} < 1$. Tum vero $D(1-\frac{1}{s}) > 0$. Quare cum esse debeat $S < 1$, erit $D < 0$ vnde ob $\mathfrak{D} > 0$ colligitur $\mathfrak{D} > 1$.

Nunc pro tollendo margine colorato habebitur haec aequatio:

$$0 = \tfrac{\omega}{P} - \tfrac{1}{P+R} - \tfrac{1}{P k + S};$$

ex qua colligitur

$0 = \omega k RS - S - 1$; seu $0 = kRS(1+Pk)M + S + 1$

vbi ergo binos nostros casus distingui oportet.

I. Si $S = -k'$, habebitur $0 = -kk' \cdot R(1+Pk)M - k' + 1$ vnde fit $R = \tfrac{1-k'}{kk'(1+Pk)M}$; vnde patet, esse debere $k' < 1$. vnde si prodeat $R > 1$, debet esse $C > 0$ et $D < 0$. Sin autem prodeat $R < 1$ debet esse $D > 0$, $C < 0$, $\mathfrak{D} > 0$ et $\mathfrak{D} < 1$. adeoque $Pk(1-R)M < 1$.

II. Si $R = -k'$, erit $0 = -kk'S(1+Pk)M + S + 1$ vnde colligitur $k' = \tfrac{S+1}{kS(1+Pk)M}$ quae expressio per se est positiua. Hoc autem casu supra vidimus esse debere $C > 0$ adeoque $\mathfrak{C} < 0$ et $\mathfrak{C} < 1$ et $D < 0$, ita, vt hoc casu sumendum sit $S < 1$.

Deni-

CAPVT III.

Denique hic meminiſſe oportet, eſſe $PkRS=-\omega$, quae conditio ſecundum binos caſus conſiderari debet.

I. caſu, quo $S=-k'$, ob $R=\frac{m}{Pkk'}$ noſtra aequatio dat $0=-\frac{m}{P}(1+Pk)M-k'+1$ vnde colligitur $k'=1-\frac{m}{P}(1+Pk)M$; ita, vt eſſe debeat $m(1+Pk)M < P$ vbi notetur, ſi prodeat $R > 1$, eſſe debere $C > 0$ et $D < 0$; ſi autem prodeat $R < 1$, debere eſſe $C < 0$ et $D > 0$, $\mathfrak{D} > 0$ et $\mathfrak{D} < 1$.

II. caſu, ſi $R=-k'$, vt ſit $m=Pkk'S$, noſtra aequatio dat $0=-\frac{m}{P}(1+Pk)M+S+1$; vnde colligitur $S=\frac{m}{P}(1+Pk)M-1$ ita, vt eſſe debeat $m(1+Pk)M > P$. Cum autem debeat eſſe $S < 1$, etiam eſſe debet $m(1+Pk)M < 2P$; praeterea recordemur, eſſe debere $C > 0$, adeoque $\mathfrak{C} > 0$ et $\mathfrak{C} < 1$, et $D < 0$.

Tandem circa has formulas probe obſeruandum eſt ob valorem ω inuentum litterarum M per reliqua elementa commode exprimi poſſe. Cum enim ſit

$$\omega = -(1+Pk)M, \text{ aequatio } \frac{\omega \pm 1}{-1} = M \text{ dabit}$$

$$M = \frac{1}{m+Pk} \text{ et } \omega = \frac{-1(1+Pk)}{m+Pk}$$

ita, vt pro campo apparente prodeat

$$\Phi = \frac{1}{m+Pk} \cdot \xi \text{ ſeu } \Phi = \frac{1 \cdot \xi}{m+Pk} \text{ min.}$$

Tum vero etiam pro loco oculi $O = \frac{c(m+Pk)}{am}$.
Quibus obferuatis binos cafus feorfim euoluamus.

I. Euolutio cafus, quo $S = -k'$.

355. Hoc ergo cafu elementa noftra ita fe habebunt:
$$b = -\tfrac{a}{P}; \; c = \tfrac{Ba}{Pk}; \; d = \tfrac{BCa}{PkR}; \; e = \tfrac{BCDa}{m};$$
$$\beta = \tfrac{-Ba}{P}; \; \gamma = \tfrac{-BCa}{Pk}; \; \delta = \tfrac{BCDa}{PkR};$$

hincque interualla
$$a + b = a(1 - \tfrac{a}{P}); \; \beta + c = -\tfrac{Ba}{P}(1 + \tfrac{a}{k})$$
$$\gamma + d = -\tfrac{BCa}{Pk}(1 - k); \; \delta + e = \tfrac{BCDa}{PkR}(1+k)$$

vbi ergo effe debet $P > 1$, et $\mathfrak{B} = \tfrac{-(P-1)}{1+Pk}$ hincque $B = \tfrac{-(P-1)}{P(1+k)}$.

Tertium vero interuallum dat hanc conditionem $C(1-k) > 0$ et vltimum $CD < 0$; eft autem $\mathfrak{D} = Pk(1-R)M = \tfrac{1Pk(1-R)}{m+Pk}$ et $D = \tfrac{1Pk(1-R)}{m-Pk+1PkR}$.

Deftructio autem marginis colorati poftulat, vt fit
$$k' = 1 - \tfrac{m}{P}(1 + Pk)M = 1 - \tfrac{1m(1+Pk)}{P(m+Pk)} \text{ et}$$
$$R = \tfrac{m(m+Pk)}{1(P(m+Pk)-1m(1+Pk))};$$

quamobrem debet effe $P(m + Pk) > 2m(1 + Pk)$ ideoque $k < \tfrac{m(P-1)}{P(1m-P)}$; quare cum illa quantitas maior debeat effe, quam k, ob $2m > P$, debet effe $P > 2$; ex qua etiam conditione patet, femper effe debere
$$R > 1$$

CAPVT III.

$R > 1$ adeoque $C > 0$ et $D < 0$, vti ex valore ipsius D manifestum est. Quo his conditionibus satisfiat formulaeque euadant simpliciores, statuamus $Pk = \sqrt{m}$ vt fiat $M = \frac{1}{m+\sqrt{m}}$ ideoque $\Phi = \frac{1}{m+\sqrt{m}} \cdot \xi = \frac{1+1\mathcal{V}}{m+\sqrt{m}}$ min. qui valor duplo maior est, quam ante. Tum vero erit $\omega = \frac{-1(1+\sqrt{m})}{m+\sqrt{m}}$; porro si capiatur $P = +\sqrt{m}$, prodit $k = 1$; $R = 2\sqrt{m}$ et $k' = 1$; hincque $\mathfrak{D} = \frac{1(1-1\sqrt{m})}{1+\sqrt{m}}$ et $D = \frac{1(1-1\sqrt{m})}{1\sqrt{m}-1}$. Praeterea vero $\mathfrak{B} = -\frac{(1\sqrt{m}-1)}{1+\sqrt{m}}$ et $B = -\frac{(1\sqrt{m}-1)}{1\sqrt{m}}$; vnde omnia interualla prodibunt positiua, dummodo pro C sumatur quantitas positiua.

II. Euolutio casus, quo $R = -k'$.

356. Pro hoc ergo casu destructio marginis colorati praebet

$$0 = -\frac{2m(1+Pk)}{P(m+Pk)} + S + 1$$

vnde concluditur

$$S = \frac{2m(1+Pk)}{P(m+Pk)} - 1$$

ita, vt esse debeat

$$2m(1+Pk) > P(m+Pk)$$

tum vero ob $S < 1$, debet esse

$$2m(1+Pk) < 2P(m+Pk)$$

statuamus nunc iterum, vt ante, $Pk = \sqrt{m}$ sitque $S = \frac{1\sqrt{m}}{P} - 1$, ita, vt nunc capi debeat $P < 2\sqrt{m}$ et $P > \sqrt{m}$; littera autem k cadet intra limites 1 et $\frac{1}{2}$.

436　CAPVT III.

Tum vero ob $S = \frac{V\overline{m}}{P} - 1$ erit $k' = \frac{m}{3\sqrt{2}} = \frac{P\sqrt{m}}{\sqrt{m}-P}$.
Definito autem P erit

$\mathfrak{B} = -\frac{(P-1)}{1+V\overline{m}}$ et $B = -\frac{(P-1)}{P+V\overline{m}}$ et

$\mathfrak{D} = \frac{1(1+k')}{1+V\overline{m}}$ et $D = \frac{1(1+k')}{\sqrt{m}-1 \cdot k'-1}$ fiue

$\mathfrak{D} = \frac{1(1V\overline{m}-P+PV\overline{m})}{(1+V\overline{m})(V\overline{m}-P)^2}$

qui valor cum fit pofitiuus et vnitate maior, littera D fponte fit negatiua, quemadmodum conditiones poftulant, dummodo C capiatur pofitiuum. Quo autem omnia plene determinentur, ftatuamus infuper $P = \frac{1}{2}V\overline{m}$ ac fiet $k = \frac{1}{3}$; $k' = 3V\overline{m}$, et $S = \frac{1}{3}$.

$\mathfrak{B} = -\frac{(1V\overline{m}-1)}{2(1+V\overline{m})}$ et $B = -\frac{(1V\overline{m}-1)}{1V\overline{m}}$

$\mathfrak{D} = \frac{1(1V\overline{m}+1)}{V\overline{m}+1}$ et $D = \frac{2(1V\overline{m}+1)}{1V\overline{m}+1}$

quibus valoribus omnibus conditionibus fatisfit.

Scholion.

357. En ergo duos cafus huiusmodi telefcopiorum penitus determinatos pro data multiplicatione m, quorum effectus in praxi idem efle debet. Cum autem pofteriore cafu longitudo inftrumenti minor euadat, quam priore, eum merito hic praeferimus; quam obrem operae pretium erit, in conftructionem iftorum Telefcopiorum adcuratius inquirere. Notatis igitur praecipuarum litterarum valoribus, fcilicet

$P = \frac{1}{2}V\overline{m}$; $k = \frac{1}{3}$; $k' = 3V\overline{m} = -R$; $S = \frac{1}{3}$

$\mathfrak{B} =$

CAPVT III.

$\mathfrak{B} = -\frac{(\sqrt[i]{n}-1)}{i(i+\sqrt[i]{n})}$; $D = -\frac{(\sqrt[i]{n}-1)}{\sqrt[i]{n}}$

$\mathfrak{D} = \frac{i(\sqrt[i]{n}+1)}{\sqrt[i]{n}+1}$; $D = -\frac{i(\sqrt[i]{n}+1)}{\sqrt[i]{n}+1}$;

et quia C debet esse positiuum, ponatur

I. $C = \mathfrak{D}$ vt sit $\mathfrak{C} = \frac{i}{i+i}$;

elementa nostra ita erunt expressa:

$b = -\frac{ia}{\sqrt[i]{n}}$; $\beta = \frac{i(\sqrt[i]{n}-1)a}{i\sqrt[i]{n}}$;

$c = \frac{\sqrt[i]{n}-1}{i\pi}$; $\gamma = \frac{i(\sqrt[i]{n}-1)}{i\pi}$;

$d = \frac{i(i\sqrt[i]{n}-1)}{i\pi\sqrt[i]{n}}$; $\delta = -\frac{i i(i\sqrt[i]{n}-1)(i\sqrt[i]{n}+1)}{i i(i\sqrt[i]{n}+1)\pi\sqrt[i]{n}} a$;

$e = \frac{i i(i\sqrt[i]{n}-1)(i\sqrt[i]{n}+1)}{i i(i\sqrt[i]{n}+1)\pi\sqrt[i]{n}} a$;

hinc distantiae focales

$p = a$; $q = \frac{i\sqrt[i]{n}-1}{i(i+\sqrt[i]{n})\sqrt[i]{n}} a$; $r = \frac{i}{i+i} \cdot \frac{(\sqrt[i]{n}-1)}{i\pi} a$;

$s = \frac{i K(i\sqrt[i]{n}-1)(i\sqrt[i]{n}-1)}{i i(i\sqrt[i]{n}+1)\pi\sqrt[i]{n}} a$ et

$t = \frac{i K(i\sqrt[i]{n}-1)i(i\sqrt[i]{n}+1)}{i i(i\sqrt[i]{n}+1)\pi\sqrt[i]{n}}$;

et lentium interualla

$a + b = a\left(1 - \frac{i}{i\sqrt[i]{n}}\right)$; $\beta + c = \frac{\sqrt[i]{n}-1}{i\pi} a$;

$\gamma + d = \frac{i(i\sqrt[i]{n}-1)(i\sqrt[i]{n}+1)}{i i\sqrt[i]{n}\sqrt[i]{n}} a$;

$\delta + e = \frac{i i(i\sqrt[i]{n}-1)(i\sqrt[i]{n}+1)}{i i(i\sqrt[i]{n}+1)\pi\sqrt[i]{n}} a$;

et distantia oculi

$O = \frac{e(i+\sqrt[i]{n})}{i\sqrt[i]{n}} = \frac{i(i+\sqrt[i]{n})(i\sqrt[i]{n}-1)(i\sqrt[i]{n}+1)}{i\pi^i(i\sqrt[i]{n}+1)} \cdot a$

vnde tota oritur longitudo telescopii

$= a \frac{(i\sqrt[i]{n}-1)(i+\sqrt[i]{n})}{i\pi} + \frac{i(i\sqrt[i]{n}+1)(i\sqrt[i]{n}+1)(i\sqrt[i]{n}-1)(i\sqrt[i]{n}+1)}{i i\pi^i(i\sqrt[i]{n}+1)}$

ita, vt si m sit numerus praemagnus, haec longitudo fiat $(1 + \frac{1}{1\sqrt{n}} + \frac{11}{3\sqrt{n}}) a$ et quia hoc casu fit $e = \frac{1 \cdot 6 \cdot a}{2 \cdot \cdot n}$, si liceret capere $a = \frac{n}{1}$ dig.; statui conueniret $\vartheta = 5$, vt vltimae lentis distantia focalis fieret circiter $\frac{1}{2}$ dig.; quando autem a multo maiorem obtinet valorem, facile capi poterit $\vartheta = 1$.

II. Adcuratius etiam inquirere debemus, quantam aperturam cuique lenti tribui oporteat, ac pro prima quidem lente semper sumi solet semidiameter aperturae $x = \frac{n}{15}$ dig. pro reliquis lentibus ex formulis supra expositis colligitur:

Semidiameter aperturae secundae lentis
$$= \pi q \pm \tfrac{q z}{6 r} = \tfrac{1}{3} \omega q + \tfrac{q z}{6 r}$$
$$= \tfrac{1}{3} q (\tfrac{1}{\sqrt{n}} + \tfrac{1(1 \pm \sqrt{n})}{1 \sqrt{n} - 1} \cdot \tfrac{z}{6})$$

Semidiameter aperturae tertiae lentis
$$= \tfrac{r z}{5 q r} = \tfrac{z}{\sqrt{n}} = \tfrac{1}{15} \text{ dig.}$$

Quarta autem et quinta lens maximam aperturam capere debent; vnde eas vtrinque conuexas effici oportet.

III. Quod nunc ad litteras λ attinet, pro prima lente semper sumi conuenit $\lambda = 1$, qui valor etiam pro secunda lente sumi posse videtur, siquidem numerus m non sit admodum paruus, de quo autem quouis casu seorsim erit dispiciendum. Pro tertia enim lente ob minimam aperturam nullum est dubium,

CAPVT III.

um, quin fumi poffit $\lambda'' = 1$. Quoniam vero quarta lens debet effe vtrinque aequaliter conuexa, pro ea fumi debet

$$\lambda''' = 1 + \left(\tfrac{e-t}{1T}\right)'(1 + 2\mathfrak{D})'$$
$$= 1 + \left(\tfrac{e-t}{1T}\right)'\left(\tfrac{11\sqrt{n-t+1}}{\sqrt{n+1}}\right)'.$$

Pro quinta autem lente erit $\lambda'''' = 1 + \left(\tfrac{e-t}{1T}\right)'$.

IV. His igitur valoribus pro λ, λ' ... ftabilitis quantitas a ex fequente formula definiri debet:

$$a = k x^\gamma \mu m \left\{ \begin{array}{l} \lambda - \tfrac{1}{\mathfrak{g}'F}\left(\tfrac{\lambda''}{\mathfrak{G}'} + \tfrac{y}{\mathfrak{g}}\right) - \tfrac{1}{\mathfrak{g}'\mathfrak{G}F\mathfrak{g}}\left(\tfrac{\lambda''}{\mathfrak{G}'} + \tfrac{y}{\mathfrak{g}}\right) \\ - \tfrac{1}{\mathfrak{g}'\mathfrak{C}'\mathfrak{D}F\mathfrak{g}F}\left(\tfrac{\lambda'''}{\mathfrak{D}'} + \tfrac{y}{\mathfrak{D}}\right) + \tfrac{\lambda''''}{\mathfrak{g}'\mathfrak{C}'\mathfrak{D}'\mathfrak{l}'\mathfrak{m}} \end{array} \right\}$$

vbi meminiffe iuuabit fumi folere $x = \tfrac{m}{k}$, et $k = 50$, vt fit $k x = m$. Interim tamen fi vel maiore claritatis vel diftinctionis gradu contenti effe velimus, pro $k x$ fumi poterit $\tfrac{1}{3}m$. Deinde etiam hinc euidens eft, ob illum praegrandem valorem ipfius λ''', qui fcilicet quadratum $(2\mathfrak{D} - 1)'$ inuoluebat, terminum inde hic oriundum iterum fatis fieri paruum, cum is diuifus fit per $\mathfrak{D}'$; praeterquam quod eius denominator ob $Pkk' = 3m$ per fe fit fatis magnus. Denique adhuc notari debet, numerum λ'' multiplicari per quantitatem fatis notabilem, cum fit $-\tfrac{1}{\mathfrak{g}'F}$ propemodum $\tfrac{11}{9}$ et $\tfrac{1}{\mathfrak{g}'T} > 1$; ideoque $-\tfrac{1}{\mathfrak{g}'\mathfrak{G}'}$ vltra 5 affurgat atque adeo ad 40 vsque, fi fumeretur $\theta = 1$; ita vt $Pk = \gamma m$ in denominatore, hunc terminum vix infra

CAPVT III.

fra vnitatem diminuere poſſit. Cui incommodo remedium afferri poſſet, hanc lentem fecundum praecepta in Libr. I. de lentibus compoſitis tradita duplicando. Hoc autem neceſſe non erit, quando ipſam lentem obiectiuam ita duplicabimus, vt omnis confuſio a reliquis etiam lentibus oriunda tollatur.

Exemplum.

358. Sumto $m = 25$, conſtructionem huiusmodi teleſcopii deſcribere.

I. Cum ſit $m = 25$, erit $\gamma m = 5$, indeque
$P = \frac{7}{3}$; $k = \frac{1}{3}$; $k' = 15$; $S = \frac{1}{3}$;
$\mathfrak{B} = -\frac{11}{3}$; $B = -\frac{11}{3}$; $\mathfrak{D} = \frac{7}{3}$; $D = -\frac{11}{3}$;

vnde elementa noſtra erunt

$b = -\frac{17}{3}$; $\beta = \frac{22}{3}$; $c = \frac{17}{3}$; $\gamma = \frac{19}{3}$;
$d = \frac{16}{3}$; $\delta = \frac{17}{3} a$; $e = \frac{19}{3}$;

et diſtantiae focales

$p = a$; $\varphi = \frac{13}{3} \cdot a$; $r = \frac{1}{2+7} \cdot \frac{17}{3} \cdot a$;
$s = \frac{17}{3} a$ et $t = \frac{17}{3} \cdot a$;

et interualla lentium

$a + b = \frac{11}{3} a$; $\beta + c = \frac{11}{3} a$;
$\gamma + d = \frac{12}{3} a$; $\delta + e = \frac{17}{3} \cdot a$;

ac diſtantia oculi $O = \frac{17}{3} \cdot a$;

ita, vt tota longitudo futura ſit $a(\frac{17}{3} + \frac{11}{3})$

Campi

CAPVT III.

Campi autem apparentis semidiameter erit
$\frac{...}{...}$ min. $= 57' 16''$.

II. Semidiameter aperturae lentis primae $= \frac{1}{2}$ dig.
- - - - secundae $= \frac{1}{2} q (\frac{1}{1} + \frac{1}{11} \cdot \frac{z}{a})$, vnde colligere licet, pro hac lente dimidiam aperturam sufficere.
- - - - tertiae $= \frac{1}{10}$ dig.

III. Deinde porro erit $\lambda = 1$; $\lambda' = 1$ fortasse; $\lambda'' = 1$; $\lambda''' = 1 + \frac{...}{.}(\frac{c-\ell}{.17})^2$, vbi notandum, si vitrum commune adhibeatur, quo $n = 1,55$ fore $\lambda''' = 1, + 0, 6299. \frac{..}{.} = 59, 702$ et $\lambda'''' = 1, 6299$.

Ex aequatione pro a colligere licet, numerum sub signo radicali contentum circiter vltra $2\mu m$. excrescere, vnde eius loco tuto scribere possumus 64 sicque obtinebimus $a = 100$. dig. $= 8\frac{1}{3}$ ped.

Pro maioribus autem multiplicationibus haec quantitas in ratione $m\sqrt[3]{m}$ crescer neque haec longitudo satis magna imminui poterit, nisi formulam pro semidiametro confusionis ad nihilum redigamus, id quod vti ex superioribus liquet, facile praestabitur, si his quinque lentibus adhuc lentem concauam praefigamus, siue ex eodem siue ex vitro chrystallino parandam.

Problema 2.

359. Hanc telescopiorum speciem ante primam lentem praefigendo lentem concauam ita perficere, vt consu-

confusio penitus tollatur sicque haec telescopia breuissima reddantur, seruato campo ante inuento.

Solutio.

Cum igitur nunc sex habeamus lentes, quinque litterae erunt considerandae P, Q, R, S, T, ad lentium interualla relatae, quarum prima P debet dare interuallum minimum, quod ob a negatiuum sumamus $=-\frac{1}{n}.a$, vt fiat $P=\frac{n}{1}$. Deinde cum sequentia interualla respondeant litteris Q, R, S, T, quae ante erant P, Q, R, S, nunc ponamus $R=-k$ et $S=-k'$, eruntque elementa

$b=-\frac{a}{P}$; $c=\frac{Ba}{PQ}$; $d=+\frac{BCa}{PQR}$; $e=\frac{BCDa}{PQRS}$;

$\beta=-\frac{Ba}{P}$; $\gamma=\frac{BCa}{PQ}$; $\delta=\frac{BCDa}{PQR}$; $\epsilon=\frac{BCDEa}{PQRS}$

et $f=\frac{-BCDEa}{PQRST}=\frac{-BCDEa}{a}$;

vnde interualla colliguntur

1°. $a+b=a(1-\frac{1}{P})$; quod fit sumto $P=\frac{n}{1}$.

2°. $\beta+c=-\frac{Ba}{P}(1-\frac{1}{Q})$; vnde cum Q capi debeat > 1, debet esse B positiuum, ideoque $\mathfrak{B} > 0$ et < 1.

3°. $\gamma+d=\frac{BCa}{PQ}(1+\frac{1}{k})$; vnde C debet esse negatiuum.

4°. $\delta+e=\frac{BCDa}{PQR}(1+\frac{1}{k'})$; vnde D debet esse positiuum, ideoque $\mathfrak{D} > 0$ et $\mathfrak{D} < 1$.

5°. $\epsilon+$

CAPVT III.

5°. $\imath + f = \frac{2CDE\vartheta}{PQ\lambda\varphi}(1-\frac{1}{4})$; vnde debet esse $\imath(1-\frac{1}{4})$ positiuum, sed cum et f debeat esse maius nihilo, debet esse E negatiuum, ergo $T < \imath$.

Iam pro campo apparente ponamus
$\pi = -v\xi$; $\pi' = \omega\xi$; $\pi'' = 0$; $\pi''' = \xi$ et $\pi'''' = -\xi$
vt fiat $\Phi = \frac{v \pm \omega \pm \imath}{m-1} \cdot \xi = M\xi$, existente $M = \frac{v \pm \omega \pm \imath}{m-1}$;
vnde pro loco oculi fit $O = \frac{f}{Rm}$. Ex his autem formabuntur sequentes aequationes fundamentales:

1°. $\mathfrak{B} v = -(\imath - P)M$.

2°. $\mathfrak{C} \omega = -(1 - PQ)M - v$.

3°. $\mathfrak{D} \cdot o = -(1 + PQk)M - v - \omega$.

4°. $\mathfrak{E} = -(1 - PQkk')M - v - \omega$.

Ex quarum tertia statim habemus
$v + \omega = -(1 + PQk)M$ est vero etiam
$v + \omega = (m-1)M - \imath$; vnde
$M = \frac{\imath}{m + PQk}$ sicque vicissim $v + \omega = \frac{-\imath(1 + PQk)}{m + PQk}$.

Quia nunc prima aequatio dat
$v = \frac{-\imath(1-P)}{\mathfrak{B}(m + PQk)}$; secunda praebebit
$\mathfrak{C} \omega = \frac{-\imath(1-PQ)}{m + PQk} + \frac{\imath(1-P)}{\mathfrak{B}(m+PQk)}$
quare nunc fiet
$v + \omega = \frac{\imath(1-P)}{\mathfrak{BC}(m + PQk)} - \frac{\imath(1-PQ)}{\mathfrak{C}(m+PQk)} = \frac{-\imath(1 + PQk)}{m + PQk}$,

quae aequatio reducta dabit
$$(1-\mathfrak{B})(1-\mathfrak{C})-(1-\mathfrak{C})P+\mathfrak{B}PQ+\mathfrak{BC}PQk=0$$
quae ad formam hanc reducitur:
$$\frac{1-P}{1-\mathfrak{C}}-\frac{P(1-Q)}{\mathfrak{C}}+PQ(1+k)=0$$
quae aequatio inseruit relationi inter litteras $\mathfrak{B}$ et $\mathfrak{C}$ definiendae. Littera autem D arbitrio nostro manet relicta, dummodo capiatur positiua. Tandem vero quarta aequatio dat
$$\mathfrak{C}=-\frac{1(1-PQkk')}{n+PQk}+\frac{1(1+PQk)}{n+PQk}=\frac{1PQk'1+M}{n+PQk},$$
qui valor cum sit positiuus, debet esse
$$2PQk(1+k')>n+PQk \text{ siue } PQk(1+2k')>n$$
Denique destructio marginis colorati postulat hanc aequationem:
$$0=\frac{v}{P}+\frac{M}{PQ}-\frac{1}{PQk}+\frac{1}{PQk'}+\frac{1}{PQkk'r}$$
quae substitutis pro v et ω valoribus abit in hanc:
$$0=\frac{-1(1-P)}{B(n+PQk)}-\frac{1(1-PQ)}{q(n+PQk)k}+\frac{1(1-P)}{qk(n+PQk)Q}$$
$$+\frac{1}{qkr}+\frac{1}{qkk'r}.$$
siue
$$0=\frac{1}{q(n+PQk)}\left(\frac{(1-P)(1-Q)}{\mathfrak{B}}-1-PQk\right)$$
$$+\frac{1}{qkr}+\frac{1}{qkk'r}$$

Vt huic aequationi commodissime satisfaciamus primo terminos factore $(1-P)$ adfectos ob summam paruitatem reiiciamus, quandoquidem non opus est, vt in hac

CAPVT III.

hac refolutione fummum rigorem fequamur, et habebimus

$$\frac{\sqrt{-1}+PQk}{-1+\sqrt{-1}} = \frac{1}{kk'}(1+\frac{1}{k})$$

vbi ftatim fecundum naturam huius fpeciei telefcopiorum fupra ftabilitam ftatuamus $PQk = \sqrt{m}$ et $T = \frac{1}{3}$; vnde fiet $\frac{1}{\sqrt{-1}} = \frac{1}{kk'}$; hinc $kk' = \frac{1+\sqrt{-1}}{k}$. Quia nunc erit $kk'T = \frac{\sqrt{-1}}{\frac{1}{3}} = \frac{m}{PQ}$ ita, vt fit $PQ = \frac{1}{3}. \sqrt{m}$, ob P datum etiam Q definietur. Quia porro eft $PQk = \sqrt{m}$, erit $k = \frac{1}{3}$, hincque $k' = 2\sqrt{m}$, ficque valores harum litterarum ita fe habebunt:

$P = \frac{m}{3}$; $PQ = \frac{1}{3}\sqrt{m}$; $k = \frac{1}{3}$; $k' = 2\sqrt{m}$ et
$T = \frac{1}{3}$; hincque $PQk = \sqrt{m}$;
$PQkk' = 2m$ et $PQkk'T = m$.

Quod nunc ad reliquas litteras B, C... attinet, aequatio fupra data, fi etiam factor $1 - P$ reiiciatur, dabit:

$$-\frac{1+PQ}{C}+PQ(1+k)=0$$

vnde inuenitur

$$C = \frac{1-PQ}{PQ(1+k)} = \frac{1-\frac{1}{3}\sqrt{m}}{\frac{4}{3}\sqrt{m}} \text{ et } \mathfrak{C} = \frac{1-\frac{1}{3}\sqrt{m}}{\frac{4}{3}(1+\sqrt{m})}.$$

Litterae autem B et $\mathfrak{B}$ arbitrio noftro permittuntur, ita, vt fi prima lens concaua ex vitro chryftallino paretur, vt fupra vidimus, poni conueniat $\mathfrak{B} = \frac{1}{3}$; porro vero litterae $\mathfrak{D}$ et D hinc plane non determinantur, nifi quod vtramque pofitiuam effe oportet, ex quo statuamus $D = \mathfrak{D}$, hincque $\mathfrak{D} = \frac{s}{i+T}$; denique vero erit

$\mathfrak{C} = \frac{s(1+i\sqrt{m})}{1+\sqrt{m}}$; hincque $E = \frac{s(1+i\sqrt{m})}{1+\sqrt{m}}$;

qui valores vni conspectui ita repraesentantur:

$\mathfrak{B} = 1$; $\mathfrak{C} = \frac{1-i\sqrt{m}}{i(1+\sqrt{m})}$;

$\mathfrak{D} = \frac{s}{i+T}$ et $\mathfrak{C} = \frac{s(1+i\sqrt{m})}{1+\sqrt{m}}$;

$B = 1$; $C = \frac{1-i\sqrt{m}}{i\sqrt{m}}$; $D = \mathfrak{D}$ et $E = \frac{s(1+i\sqrt{m})}{1+\sqrt{m}}$;

hincque

$BC = \frac{s(1-i\sqrt{m})}{i\sqrt{m}}$; $BCD = \frac{s(1-i\sqrt{m})}{i\sqrt{m}}$;

$BCDE = \frac{s(1\cdot\sqrt{m}-1)(1+i\sqrt{m})}{i\sqrt{m}(1+i\sqrt{m})}$;

ex quibus elementa nostra penitus determinantur. Nihil igitur aliud superest, nisi vt semidiameter confusionis ad nihilum redigatur, id quod fit sequente aequatione:

$\lambda = \frac{1}{p}(\frac{\lambda''}{\mathfrak{G}} + \frac{v}{\mathfrak{B}\mathfrak{G}}) - \frac{1}{\mathfrak{B}\cdot\mathfrak{r}\mathfrak{Q}\mathfrak{k}}(\frac{\lambda'''}{\mathfrak{G}} + \frac{v}{i\mathfrak{Q}})$
$\quad - \frac{1}{\mathfrak{B}\cdot\mathfrak{C}\cdot\mathfrak{D}\cdot\mathfrak{P}\mathfrak{Q}\mathfrak{k}}(\frac{\lambda''}{\mathfrak{D}} + \frac{v}{\mathfrak{D}\mathfrak{D}})$
$\quad - \frac{1}{\mathfrak{B}\cdot\mathfrak{C}\cdot\mathfrak{D}\cdot\mathfrak{P}\mathfrak{Q}\mathfrak{k}\mathfrak{r}}(\frac{\lambda'''}{\mathfrak{E}} + \frac{v}{i\mathfrak{E}}) + \frac{\lambda'''}{\mathfrak{B}\cdot\mathfrak{C}\cdot\mathfrak{D}\cdot\mathfrak{E}\cdot\mathfrak{L}\cdot\mathfrak{m}}$;

si scilicet omnes lentes ex eodem vitro sint factae. Sin autem prima lens sit chryftallina; reliquae vero coronariae, valor ipsius λ hinc inuentus insuper multiplicari debet per $\frac{999}{1000}$, quae fractio est fere $\frac{11}{12}$, propius vero $\frac{111}{112}$.

Circa

CAPVT III.

Circa hanc vero aequationem obseruandum est, sumi debere $\lambda' = 1$; $\lambda'' = 1$; $\lambda''' = 1$. Pro quinta autem Lente, vt vtrinque fiat aeque conuexa, sumi debet

$$\lambda'''' = 1, +0,60006.(1-2\mathbb{C})' = 1 + \frac{2\xi^{n+4}(1+\sqrt{m})^2}{(1+\sqrt{m})^2}$$

Pro sexta vero $\lambda''''' = 1,60006$.

Coroll. 1.

360. Pro his igitur telescopiis cum sit $M = \frac{1}{m+\sqrt{m}}$ erit semidiameter campi apparentis $\Phi = \frac{1818}{m+\sqrt{m}}$. min.

Coroll. 2.

361. Semidiametri autem aperturae singularum lentium ita definiuntur: ex §. 21.

Pro prima $= x$.

Pro secunda $= \frac{x}{7}$.

Pro tertia $= \frac{r}{1+\sqrt{m}} \pm \frac{x}{\gamma \mathbb{Q}}$.

Pro quarta $= 0s \pm \frac{x}{PQA}$.

Pro quinta $= \frac{1}{s} \pm \frac{x}{PQAF}$.

Pro sexta $= \frac{1}{s} \pm \frac{x}{PQFPT} = \frac{1}{s} \pm \frac{x}{m}$.

Coroll. 3.

362. Si in locis imaginum realium velimus diaphragmata constituere, reperitur

Pro

CAPVT III.

Pro priori femidiameter aperturae $= \frac{BC}{n+\sqrt{n}} \cdot \frac{s}{t}$.

Pro posteriore vero $= \frac{BCD}{n+\sqrt{n}} \cdot \frac{s}{t}$.

Scholion.

363. En ergo duplicem perfectionem huius generis telescopiorum; altera scilicet spectat ad campum apparentem; quem fere duplo maiorem reddidimus; altera vero consistit in destructione confusionis, qua efficitur, vt non opus sit, quantitatem a maiorem accipere, quam apertura lentis obiectiuae ad claritatem requisita postulat, sicque longitudo telescopii tantopere contrahatur, quantum quidem fieri licet. Cum hic duae lentes post vltimam imaginem reperiantur, quibus campus duplo maior est factus, ita, si tres pluresue lentes adhibere velimus, campum, quousque voluerimus, amplificare licebit. Quod cum vix maiorem calculum postulet, quam praecedens problema, operae pretium vtique erit, hanc inuestigationem generatim ad quoscunque lentes extendere.

Problema 3.

364. Praefixa, vt ante, lente concaua, plures lentes post vltimam imaginem realem ita disponere, vt campus apparens quantum libuerit ampli ficetur.

Solutio.

Hic omnia prorsus maneant vt in problemate antecedente, quod scilicet ad elementa, distantias focales

et

CAPVT III.

et interualla lentium attinet, hoc tantum discrimine, vt ambae series litterarum B, C, D etc. et P, Q, k, k', T etc. vlterius continuari debeant. Deinde littera M, qua campus apparens definitur, alium nanciscetur valorem a numero lentium post vltimam imaginem inferendarum. Sit igitur harum lentium numerus $= i$ eritque $M = \frac{v + \omega + l}{n - i}$ tum vero aequationes fundamentales se habebunt, vt ante, nisi quod vlterius progrediantur, post tertiam autem, quamlibet sequentium ope tertiae definiamus, vti sequitur

1°. $\mathfrak{B} v = -(1-P)M$

2°. $\mathfrak{C} \omega = -(1-PQ)M - v$

3°. $0 = -(1+PQk)M - v - \omega$ siue
$v + \omega = -(1+PQk)M$ vnde
$M(n-1) = -(1+PQk)M + i$ et
$M = \frac{i}{n+PQk}$.

4°. $\mathfrak{E} = PQk(1+k')M$

5°. $\mathfrak{F} = PQk(1+k'T)M - 1$

6°. $\mathfrak{G} = PQk(1+k'TU)M - 2$

7°. $\mathfrak{H} = PQk(1+k'TUV)M - 3$
etc.

ex primis autem formulis colligetur, vt ante,

$$\frac{1-P}{BC} - \frac{P(1-Q)}{C} + PQ(1+k) = 0$$

vnde, quia P proxime $= 1$, ideoque v pro nihilo haberi potest, erit satis exacte .

$v =$.

CAPVT III.

$$\omega = -(1+PQk)M = -\frac{(1-PQ)x}{C}$$

vnde colligimus

$$\mathfrak{C} = \frac{1-PQ}{1+PQk} \text{ et } C = \frac{1-PQ}{PQ(1+k)}.$$

Hic autem fufficit hunc valorem vero proxime definiuiffe, quia aperturae lentium, vnde litterae v, ω etc. pendent, fummam praecifionem refpuunt. Quod cum etiam valeat in aequatione, qua margo coloratus deftruitur, habebitur, loco M fubftituto valore,

$$\frac{i(1+PQk)}{n+PQk} = \frac{1}{iF}\left(1 + \frac{1}{k} + \frac{1}{TU} + \frac{1}{TUV} \text{ etc.}\right)$$

quorum terminorum numerus cum fit i et fingulae litterae T, U, V vnitate debeant effe minores, ftatuamus tam concinnitatis gratia, quam vt lentes poftremae aequis fere interuallis diftent,

$$T = 1; U = \frac{1}{2}; V = \frac{1}{3}; W = \frac{1}{4} \text{ etc.}$$

vt factor ipfius $\frac{1}{kk'}$ fiat

$$1 + 2 + 3 + 4 \ldots i = \frac{(1+i)i}{2}$$

deinde etiam, vt ante, ponamus $PQk = \sqrt{m}$, vt prodeat ifta aequatio

$$\frac{1}{\sqrt{m}} = \frac{1}{iF} \cdot \frac{(i+1)i}{2} \text{ vnde elicitur } kk' = \frac{(1+i)\sqrt{m}}{2}.$$

Productum vero reliquarum litterarum

$$TUV\ldots = \frac{1}{i!}, \text{ erit } kk'TUV\ldots$$
$$= \frac{(1+i)\sqrt{m}}{2 i!} = \frac{n}{PQ}; \text{ hincque ergo deducitur}$$

$$PQ = \frac{2 i!\sqrt{m}}{1+i}, \text{ et quia P per fe datur, hinc Q definietur.}$$

Deni-

CAPVT III.

Denique ob $PQk = \sqrt{m}$, elicitur $k = \frac{1+l}{1-l}$ et $k' = i\sqrt{m}$; hic ergo valores omnes sequenti modo se habent:

$$PQ = \frac{1+\sqrt{m}}{1+1}; \quad k = \frac{1+l}{1-l}; \quad k' = i\sqrt{m};$$

$$T = \tfrac{1}{1}; \quad U = \tfrac{1}{1}; \quad V = \tfrac{1}{1}; \quad W = \tfrac{1}{1} \text{ etc.}$$

$$PQk = \sqrt{m}; \quad PQkk' = lm;$$

$$PQkk'T = \tfrac{lm}{T}; \quad PQkk'TU = \tfrac{lm}{T}; \text{ et}$$

$$PQkk'TUV\ldots = \tfrac{lm}{T} = m.$$

Circa litteras B C D etc. prima B cum tertia D hinc non definitur; iam vero ostendimus esse,

$$C = \frac{1-PQ}{PQ(1+b)} = \frac{1+1-1\sqrt{m}}{(1+1)\sqrt{m}} \text{ et}$$

$$\mathfrak{C} = \frac{1-PQ}{1+PQk} = \frac{1+1-1\sqrt{m}}{(1+1)(1+\sqrt{m})}.$$

Ponamus igitur, vt ante, $D = \mathfrak{D}$, et $\mathfrak{D} = \frac{1}{1+1}$ sequentes vero erunt

$$\mathfrak{E} = \frac{1(1+1\sqrt{m})}{1+\sqrt{m}}; \quad \mathfrak{F} = \frac{1(1+1\sqrt{m})}{1(1+\sqrt{m})} - 1;$$

$$\mathfrak{G} = \frac{1(1+1\sqrt{m})}{2(1+\sqrt{m})} - 2; \quad \mathfrak{H} = \frac{1(1+1\sqrt{m})}{(1+\sqrt{m})} - 3;$$

quarum litterarum penultima erit

$$\frac{1(1-1)+(1-1)\sqrt{m}}{(1-1)(1+\sqrt{m})} \text{ et vltima } = 1.$$

Has igitur quoque litteras hic coniunctim afpectui exponamus:

Kkk 3 $\mathfrak{B} =$

CAPVT III.

$\mathfrak{B} = \frac{1}{2}$ circiter

$\mathfrak{C} = \frac{(1+i)\sqrt{m}-i-1}{(1+i)(1+\sqrt{m})}$

$\mathfrak{D} = \frac{1}{1+i}$

$\mathfrak{E} = \frac{1+i+i\sqrt{m}}{1+\sqrt{m}}$

$\mathfrak{F} = \frac{i(i-1)+(i-1)\sqrt{m}}{2(1+\sqrt{m})}$

$\mathfrak{G} = \frac{i(i-1)+(i-1)\cdot i\cdot\sqrt{m}}{2(1+\sqrt{m})}$

$\mathfrak{H} = \frac{i(i-1)+(i-1)\cdot i\cdot\sqrt{m}}{2(1+\sqrt{m})}$

$B = \frac{1}{2}$ vel circiter

$C = \frac{-(1+i)\sqrt{m}-i-1}{(1+i)\sqrt{m}}$

$D = \vartheta$

$E = \frac{-(i+i\sqrt{m})}{(i-1)(1+(i+1)\sqrt{m})}$

$F = \frac{-(i(i-1)+(i-1)\sqrt{m})}{(i-1)(1+(i+1)\sqrt{m})}$

$G = \frac{-(i(i-1)+(i-1)\sqrt{m})}{(i-1)(1+(i+1)\sqrt{m})}$

$H = \frac{-i(i-1)+(i-1)\sqrt{m})}{(i-1)(1+(i+1)\sqrt{m})}$

ex quibus valoribus omnia elementa secundum formulas satis cognitas definiri possunt. Deinde vero vt omnis confusio tollatur, haec aequatio erit adimplenda:

$$\lambda = \tfrac{1}{2}(\tfrac{\lambda'}{\mathfrak{B}'} + \tfrac{\dot{x}}{\mathfrak{B}\mathfrak{B}}) - \tfrac{1}{\mathfrak{B}'\mathfrak{C}\mathfrak{Q}}(\tfrac{\lambda''}{\mathfrak{C}'} + \tfrac{\dot{x}}{\mathfrak{C}\mathfrak{C}})$$
$$- \tfrac{1}{\mathfrak{B}'\mathfrak{C}'\mathfrak{P}\mathfrak{Q}\mathfrak{R}}(\tfrac{\lambda'''}{\mathfrak{D}'} + \tfrac{\dot{x}}{\mathfrak{D}\mathfrak{D}})$$
$$- \tfrac{1}{\mathfrak{B}'\mathfrak{C}'\mathfrak{D}'\mathfrak{P}\mathfrak{Q}\mathfrak{R}\mathfrak{S}}(\tfrac{\lambda^{-}}{\mathfrak{E}'} + \tfrac{\dot{x}}{\mathfrak{E}\mathfrak{E}})$$
$$+ \tfrac{1}{\mathfrak{B}'\mathfrak{C}'\mathfrak{D}'\mathfrak{E}'\mathfrak{P}\mathfrak{Q}\mathfrak{R}\mathfrak{S}\mathfrak{T}}(\tfrac{\lambda^{-}}{\mathfrak{F}'} + \tfrac{\dot{x}}{\mathfrak{F}\mathfrak{F}})$$
$$- \tfrac{1}{\mathfrak{B}'\mathfrak{C}'\mathfrak{D}'\mathfrak{E}'\mathfrak{F}'\mathfrak{P}\mathfrak{Q}\mathfrak{R}\mathfrak{S}\mathfrak{T}\mathfrak{V}}(\tfrac{\lambda^{-}}{\mathfrak{G}'} + \tfrac{\dot{x}}{\mathfrak{G}\mathfrak{G}})$$
$$+ \text{etc.}$$

vbi, vt ante, ostendum est, si lens prima, concaua ex vitro chryftallino paretur, reliquae autem omnes ex coronario; tum valorem hinc pro λ inuentum insuper multiplicari debere per fractionem $\frac{1+i\sqrt{m}}{1+\sqrt{m}}$; quo casu siquidem statuatur $\mathfrak{B} = \frac{1}{2}$, etiam omnis confusio a diuersa refrangibilitate radiorum oriunda tolli deberet,

sc. li-

CAPVT III.

scilicet secundum Dollondi experimenta. Ceterum, vt iam monuimus, pro litteris λ', λ'' et λ''' vnitas poni poterit. Pro sequentibus vero lentibus, quae omnes vtrinque aeque conuexae esse debent, statui debet

$$\lambda'''' = 1 + 0,60006 (2 ☽ - 1)";$$
$$\lambda''''' = 1 + 0,60006 (2 ♃ - 1)";$$
$$\lambda'''''' = 1 + 0,60006 (2 ☉ - 1)" \text{ etc.}$$

Coroll. 1.

365. Hoc igitur modo campi apparentis semidiameter erit

$$\Phi = \frac{i\xi}{n + \sqrt{m}} \text{ siue } \Phi = \frac{11c\cdot f}{n + \sqrt{m}} \text{ minut.}$$

ac si pro lente vltima fuerit distantia focalis $= \zeta$, pro loco oculi habebimus

$$O = \frac{\zeta}{n\,m} = \frac{\zeta(n + \sqrt{m})}{f\,m} = \frac{\zeta(1 + \sqrt{m})}{i\sqrt{m}}$$

vnde si multiplicatio fuerit praemagna erit $O = \frac{\zeta}{f}$.

Coroll. 2.

366. Semidiametri aperturae singularum lentium ita definientur:

Pro Ima $= x$; IIda $= \frac{x}{f}$;

IIItia $= \frac{1}{\sqrt{m}} \cdot \xi \pm \frac{x(1+f)}{11\sqrt{m}}$

IVta $= 0\,\xi \pm \frac{x}{\sqrt{m}}$

Vta $= \xi \pm \frac{1}{\sqrt{m}} \cdot x$

VIta $= \xi \pm \frac{1}{\sqrt{m}} \cdot x$

VIIta $= \xi \pm \frac{1}{\sqrt{m}} x$.

Coroll.

CAPYT III.

Coroll 3.

367. Circa diaphragmata eadem est ratio, vt in problemate praecedente: scilicet pro diaphragmate in loco prioris imaginis collocando debet esse radius foraminis $= \frac{fbc}{m+\sqrt{m}} \cdot \frac{\vartheta}{z}$; pro altero autem diaphragmate $= \frac{fbcD}{m+\sqrt{m}} \cdot \frac{\vartheta}{z}$ vnde patet, haec foramina eo maiora fieri debere, quo magis campus amplificetur.

Scholion.

368. Hoc igitur problemate totum hoocce de telescopiis tractatum finimus, quoniam cuucta praecepta pro illorum constructione satis sunt exposita, neque hic constructiones generales commode exhiberi queant, propterea quod hic non solum quantitates duplicis generis, vt ante, vbi scilicet vel numeri absoluti vel per multiplicationem m diuisi occurrebant, sed triplicis adeo generis scilicet praeter numeros absolutos quantitates primo per $\sqrt{m}$, vel etiam per m diuisae in computum sunt ducendae, ita, vt ex comparatione duorum casuum nulla conclusio generalis colligi queat. Nihil igitur aliud hic restat, nisi vt pro qualibet multiplicatione, quam quis postulat, atque etiam pro quantitate campi, seu valore numeri i calculus ab initio instituatur, quem pro quouis casu oblato suscepisse ob rei dignitatem sine dubio operae erit pretium: In quo quidem negotio etiam littera ϑ, quae arbitrio nostro hactenus est permissa, determinari debet,

CAPVT III.

debet, quam commode vnitati aequalem vel maiorem assumere licet. Videtur autem aptissime poni posse $\vartheta = 2$; vnde posteriora instrumenti interualla non nimis augentur, simul vero valor pro λ notabiliter minor prodit, quam si esset $\vartheta = 1$. Quo autem totus iste calculus facilius suscipi et absolui queat; aliquot exempla hic subiungamus.

Exemplum I.

369. Si $m = 49$, vt sit $\sqrt{m} = 7$ et pro campo apparente $i = 2$, ita, vt telescopium ex sex lentibus sit componendum et sumatur praeterea $\vartheta = 2$. Primo colligantur litterae P, Q etc. vt sequitur
$$P = \tfrac{11}{2}; \; PQ = \tfrac{7}{2}; \; k = \tfrac{1}{2}; \; k' = 14; \; T = \tfrac{1}{2};$$

Log. $\tfrac{1}{P} = 0,0086002$; Log. $\tfrac{1}{PQ} = 9,0299632$;
Log. $\tfrac{1}{PQk} = 9,1549019$; Log. $\tfrac{1}{PQkk'} = 8,0087738$;
Log. $\tfrac{1}{PQkk'T} = 8,3098038$.

$\mathfrak{B} = \tfrac{1}{2}$;	l.$\mathfrak{B} = 9,8538719$	$B = \tfrac{1}{2}$;	l.$B = 0,3979399$
$\mathfrak{C} = -\tfrac{11}{2}$;	l.$\mathfrak{C} = 0,0177287(-)$	$C = -\tfrac{11}{2}$;	l.$C = 9,7077438(-)$
$\mathfrak{D} = \tfrac{1}{2}$;	l.$\mathfrak{D} = 9,6239086$	$D = 2$;	l.$D = 0,3010300$
$\mathfrak{E} = \tfrac{7}{2}$;	l.$\mathfrak{E} = 0,5740313$	$E = -\tfrac{11}{2}$;	l.$E = 0,1346984(-)$

ex his logarithmis formantur sequentes:
l.$BC = 0,1056837(-)$; l.$BCD = 0,4067137(-)$
l.$BCDE = 0,5414121(+)$ l.$B\mathfrak{B} = 0,2518118(+)$
l.$C\mathfrak{C} = 9,7254725(+)$; l.$D\mathfrak{D} = 0,1249386(+)$
l.$E\mathfrak{E} = 0,7087297(-)$.

Hoc

CAPVT III.

Hoc quasi primo labore confecto colligamus nostra elementa, quae ita se habebunt:

$b = -1,02 a.$	$\beta = -2,55. a$	$q = -0,72857. a$
		Log. $q = 9,8624713(-)$
$c = +0,26785 a$	$\gamma = -0,13666.a$	$r = -0,27901. a$
		Log. $r = 9,4456318(-)$
$d = -0,18221 a$	$\delta = -0,36443 a$	$s = -0,12148. a$
		Log. $s = 9,0844942(-)$
$e = -0,02603 a$	$\epsilon = 0,03549. a$	$t = -0,09762 a$
		Log. $t = 8,9895188(-)$
$f = -0,07099 a$		$u = -0,07099. a.$

Pro oculo autem erit $O = \frac{v}{v} = -0,04057. a$

III. Hinc iam lentium interualla cognoscuntur:

1°. $a + b = -0,02000. a$
2°. $\beta + c = -2,28215. a$
3°. $\gamma + d = -0,31887. a$
4°. $\delta + e = -0,39046. a$
5°. $\epsilon + f = -0,03550. a$
6°. $O = -0,04057. a$

Tota longitudo $= -3,08755. a$

Deinde etiam diaphragmata ita definiuntur:
Prium post lentem tertiam ad distantiam
$\gamma = -0,13666. a$ ponitur,
Eius semidiameter foraminis $= 0,0569. a$

Poste-

CAPVT III.

Poſterius ponitur poſt quartam lentem ad diſtantiam $\delta = -0,36443$.

Eius ſemidiameter foraminis $= 0,1138$.

Porro vero ſemidiameter campi apparentis erit $30\frac{1}{2}$ min.

IV. Nunc ſingulas lentes examinari conueniet, quarum non ſolum conſtructio, ſed etiam momentum confuſionis, quod quaelibet ad valorem λ confert; eſt definiendum, vbi quidem prima lens vltimo loco, poſtquam ſcilicet valor λ fuerit inuentus, tractari debebit. Quoniam igitur ſequentes lentes omnes ex vitro coronario fieri ſumuntur, valores eo pertinentes eruntc:

$\nu = 0,2196$; Log. $\nu = 9.3416323$
$\sigma = 1,6601$
$\varrho = 0,2267$
$\sigma - \varrho = 1,4334$; Log. $\sigma - \varrho = 0,1563674$
$\tau = 0,9252$;

Nunc igitur ſingulas lentes poſt primam ordine percurramus:

Pro lente ſecunda

1°. radius $\begin{cases} \text{anter.} & \dfrac{q}{\sigma - \mathfrak{v}(\sigma - \rho) + \tau \sqrt{(\lambda' - 1)}} \\ \text{poſter.} & \dfrac{q}{\rho + \mathfrak{v}(\sigma - \rho) - \tau \sqrt{(\lambda' - 1)}} \end{cases}$

quae formulae ex ſuperioribus facile eliciuntur. Hic vero eſt $\lambda' = 1$ et calculus ita inſtituntur

1. $\sigma -$

CAPVT III.

$1.\ \sigma - \varrho = 0,1563674$ | $\sigma = 1,6601$
$L.\ \mathfrak{B} = 9,8538719$ | subtr. $1,0239$

$\phantom{L.\ \mathfrak{B} =}\ 0,0102393$ | $\ 0,6362$ den. rad. ant.
 | $\varrho = 0,2267$
$\mathfrak{B}(\sigma - \varrho) = 1,02386$ | add. $1,0239$

 | $1,2506$ den. rad. poſt.

log. $q = 9,8624713\ (\cdot)$ | $9,8624713\ (-)$
log. den. $= 9,8035937$ | $0,0971184$

$\ 0,0588776\ (\cdot)$ | $9,7653529\ (-)$
rad. anter. $= -1,14519.\alpha$ | rad. poſt. $= -0,58257.\alpha$

2°. Semidiameter aperturae requiritur
$= \frac{11}{12} x = \frac{11}{13} \cdot \frac{7}{13}$ dig.

3°. Calculus pro momento confuſionis:
$L.\frac{1}{4} = 0,0086002$ | $L.\lambda' = 0,0000000$ | $L.\nu = 9,3416323$
 | $L.\mathfrak{B}' = 9,5616157$ | $L.B\mathfrak{B} = 0,2518118$

$\ 0,4383843$ | $9,0898205$
adde log. coëffic. $=\ \ 0,0086002$ | $0,0086002$

$\ 0,4469845$ | $9,0984207$
Ergo pars prior $= 2,79888$
 poſterior $= 0,12543$

Momentum confuſionis $= 2,92431$

Pro lente tertia
1°. radius ant. $= \dfrac{r}{r - \mathfrak{E}(\sigma - \varrho) + \tau \sqrt{(\lambda'' - 1)}}$
... poſter. $= \dfrac{r}{r + \mathfrak{E}(\sigma - \varrho) - \tau \sqrt{(\lambda'' - 1)}}$

CAPVT III.

vbi notetur, effe $\lambda'' = 1$.

1. $\sigma - \varrho = 0,1563674$	$\sigma = 1,6601$	$\varrho = 0,2267$
$L - \mathfrak{C} = 0,0177287$	$+ 1,4931$	$- 1,4931$
$0,1740961$	$3,1532$	$- 1,2664$
$\mathfrak{C}(\sigma - \varrho) = - 1,49313$	denom. anter.	denom. pofter.

Log. $r = 9,4456318 (-)$	$9,4456318 (-)$
log. den. $= 0,4987515 (+)$	$0,1025709 (-)$
$8,9468803 (-)$	$9,3430609 (+)$

Ergo
    radius anter. $= - 0,08848. a$;
    radius pofter. $= + 0,22032. a$.

2°. Semidiameter aperturae requifita $= \frac{1}{5}\xi + \frac{1}{16} x$. fiue $= 0,02 a + \frac{1}{16} x$, quam aperturam haec lens vtique fuftinere poteft.

3°. Calculus pro momento confufionis:

l.$\lambda = 9,0299632$	l.$\lambda'' = 0,0000000$	l.$v = 9,3416323$
3 l.$B = 1,1938197$	3 L$\mathfrak{C} = 0,0531861(-)$	L$\mathfrak{C} = 9,7254725$
$7,8361435$	$9,9468139$	$9,6161598$
	$7,8361435$	$7,8361435$
	$7,7829574(-)$	$7,4523033$

Ergo pars prior $+ 0,00606$
        pofter. $- 0,00283$

Momentum confuf. $= 0,00323$

Pro lente quarta

1°. radius anter. $= \frac{1}{\sigma - D(\sigma - \varrho) + \tau \sqrt{(\lambda''' - 1)}}$

poster. $= \frac{1}{\varrho + D(\sigma - \varrho) - \tau \sqrt{\lambda''' - 1}}$

vbi iterum fumatur $\lambda''' = 1$.

l.$\sigma - \varrho = 0{,}1563674$	$\sigma = 1{,}6601$	$\varrho = 0{,}2267$
l.$D = 9{,}8239086$	$0{,}9556$	$0{,}9556$
l.$D(\sigma - \varrho) = 9{,}9802760$	$0{,}7045$	$1{,}1823$
$D(\sigma - \varrho) = 0{,}95560$	denom. anter.	denom. poster.

log. $1 = 9{,}0844942 \,(-)$;	$9{,}0844942 \,(-)$
log. den.$= 9{,}8478810$	$0{,}0727277$
$9{,}2366132\,(-)$	$9{,}0117665\,(-)$

radius anter. $= -0{,}17243\,a$;
radius poster. $= -0{,}10273\,a$;

2°. Semidiameter aperturae requifitus $= \frac{1}{3}\,x$. quam aperturam lens commode fuftinebit, fi enim minor radius lentis fecundae, qui eft $0{,}58257\,a$, fuftinet aperturam x; hic radius minor, qui eft $0{,}10273\,a$, commode fuftinebit aperturam $\frac{1}{3}\,x$.

3°. Calculus pro momento confufionis:

l.$\frac{1}{FG}=9{,}1549019$	l.$\lambda''' = 0{,}0000000$	l.$\nu = 9{,}3416323$
3l.$BC = 0{,}3170511\,(-)$	3l.$D = 9{,}4717258$	l.$DD = 0{,}1249186$
$8{,}8378508$	$0{,}5282742$	$9{,}2166937$
	$8{,}6378508$	$8{,}8378508$
	$9{,}3661250$	$8{,}0545445$

Ergo

Ergo pars prior 0, 23234
  poster. 0, 01133
Mom. confuf. $=$ 0, 24367
  Pro lente quinta

1°. Quia haec lens vtrinque debet effe aeque convexa, ob eius diftantiam focalem $f = -0,09762$. a erit radius vtriusque faciei $= 1,06. f = -0, 10348$. a nunc vero erit $\lambda'''' = 1 + 0, 60006 (2 \mathfrak{C} - 1)^2$ at eft $2 \mathfrak{C} - 1 = 6, 5$; ergo

log $(2 \mathfrak{C} - 1) = 0, 8129134$; et
log. $(2 \mathfrak{C} - 1)^2 = 1, 6258268$
log. 0, 60006 $=$ 9, 7781947
 _____
 1, 4040215

adeoque $\lambda'''' = 26, 352$.

2°. Semidiameter aperturae hic per hypothefin eft $\frac{1}{2} f. = -0, 02440$. a; altera enim pars $\frac{1}{4} x$, quam haec lens facillime patitur.

3°. Calculus pro momento confufionis:

$l. \frac{1}{f \cdot m} = 8,0087736$	$l. \lambda''' = 1,4208136$	$l. \nu = 9,3416323$
$3 l. \overline{BCD} = 1,2201411$	$3 l. \mathfrak{C} = 1,7220939$	$l. E \mathfrak{C} = 0,7087297$
6,7886327	9,6987197	8,6329026
	6,7886327	6,7886327
	6,4873524	5,4215353

Ergo

Ergo pars prior 0,00031
    poster. − 0,00002
Momentum confuf. = 0,00029

Pro lente sexta

1°. Quia per hypothesin haec lens vtrinque debet esse aeque conuexa, ob eius distantiam focalem
$u = - 0,07099 . a$, erit
radius vtriusque faciei $= 1,06 . u = - 0,07525 . a$
tum vero erit $\lambda'''' = 1,60006$.

2°. Semidiameter aperturae $= \frac{1}{4} u = - 0,01775 . a$

3°. Calculus pro momento confusionis:

l. $\frac{1}{p u a a \cdot 1} = 8,3098038$ | l. λ'''' 0,2041363
3. l BCDE $= 1,6242363$ | 6,6855675
   ───────────── | ─────────────
            6,6855675 | 6,8897038

Ergo momentum confuf. = 0,00077.

His inuentis, colligantur omnia momenta confusionis in vnam summam, quae erit 3,17227. Nunc autem duo casus sunt considerandi, prout primam lentem concauam vel ex vitro coronario vel ex chrystallino parare voluerimus, quos seorsim euolui oportet.

I. Pro prima lente concaua ex vitro coronario paranda.

Pro hac ergo lente erit

$\lambda = 3,17227$ vnde $\lambda - 1 = 2,17227$;

hinc-

CAPVT III.

hincque fiat fequens calculus.

$$\text{Log. } (\lambda-1) = 0,3369138$$
$$\text{Log. } \gamma(\lambda-1) = 0,1684569 \quad \text{ergo}$$
$$\text{Log } \tau = 9,9662356 \quad \tau\gamma(\lambda-1) = 1,3636$$
$$\overline{0,1346925}$$

Nunc cum fit pro hac lente

rad. anter. $= \frac{a}{\sigma - \tau\gamma\lambda - 1}$; rad. poster. $= \frac{a}{\varrho + \tau\gamma\lambda - 1}$

calculus ita fe habebit:

$$\sigma = 1,6601; \quad \varrho = 0,2267$$
$$\tau\gamma(\lambda-1) = 1,3636 \quad \quad 1,3636$$
$$\overline{0,2965} \quad \quad \overline{1,5903}$$
$$\text{L } 0,2965 = 9,4720247 \mid \text{l. } 1,5903 = 0,2014791$$
$$\text{compl.} = 0,5279753 \mid \text{compl.} = 9,7985208$$

ficque prodit

radius anter. $= 3,37268. a$; poster. $= 0,62881. a$
femidiametro aperturae exiftente $x = \frac{m}{n}$ dig. $= 1$ dig.

II. Pro prima lente concaua ex vitro chryftallino paranda.

Pro hac igitur lente erit $\lambda = \frac{999}{271} \cdot 3; 17227$ feu $\lambda = 3,59069$; et quia pro vitro chryftallino eft

$\varrho = 0,1414; \sigma = 1,5827; \tau = 0,8775;$

calculus ita fe habebit.

Log.

Log. $(\lambda-1) = 0,4134339$
Log. $V(\lambda-1) = 0,2067169$
Log. $\tau = 9,9432471$ | ergo $\tau V(\lambda-1) = 1,41242$
———————
$0,1499640$

$\sigma = 1,5827;$ | $\xi = 0,1414$
fubtr. $1,4124$ | add. $1,4124$
——————— | ———————
$0,1703$ | $1,5538$
log. $9,2312146$ | log. $0,1913951$
compl. $0,7687853$ | compl. $9,8086048$

ficque prodit

rad. anter. $= 5,87199$. a; rad. poft. $= 0,64358$. a femidiametro aperturae exiftente $x = \frac{a}{10} = 1$ dig.

VI. Quia binae priores lentes coniunctim lentem obiectiuam conftituunt, cuius femidiameter aperturae $= 1$ dig.; ftatuatur earum minimus radius, qui eft $-0,58257$. $a > 4$ dig. hincque concluditur, lumi debere $-a > 1,\text{\tiny{...}}$ dig. hoc eft $-a > 7$ dig. vel faltim non minus, ita, vt, fi optimus fucceffus fperari poffit, accipere liceret $-a = 7$ dig. Sin autem aberratio quaedam fit pertinelcenda, tantum opus erit menfuram vnius digiti augere. Commoditatis autem gratia fumamus $a = -10$ dig.; vnde fequens prodit.

Con-

CAPVT III.

Constructio huius telescopii determinata, pro multiplicatione $m = 49$.

I. Pro lente obiectiua,
quatenus ex vitro coronario paratur.

rad. fac. $\begin{cases} \text{anter.} = -33,73 \text{ dig.} \\ \text{poster.} = -6, 29 \text{ dig.} \end{cases}$ Crown Glass

(I) Pro lente obiectiua,
quatenus ex vitro chryftallino paratur.

rad. fac. $\begin{cases} \text{anter.} = -58,72 \text{ dig.} \\ \text{poster.} = -6, 48 \text{ dig.} \end{cases}$ Flint Glass

cuius diftantia focalis pro vtroque casu $= -10$ dig.
femidiameter aperturae $= 1$ dig.
Interuallum ad fecundam $= 0, 2 = \frac{1}{5}$ dig.

II. Pro lente fecunda

rad. fac. $\begin{cases} \text{anter.} = 11, 45 \text{ dig.} \\ \text{poster.} = 5, 82 \text{ dig.} \end{cases}$ Crown Glass

cuius diftantia focalis $= 7, 28$ dig.
femidiameter aperturae $= 1$ dig.
Interuallum ad tertiam $= 22, 82$ dig.

III. Pro lente tertia

rad. fac. $\begin{cases} \text{anter.} = 0, 884 \text{ dig.} \\ \text{poster.} = -2, 20 \text{ dig.} \end{cases}$ Crown Glass

cuius diftantia focalis $= 2, 79.$ dig.
femidiameter aperturae $= 0, 3$ dig.
Interuallum ad quartam $= 3, 19.$ dig.

CAPVT III.

IV. Pro lente quarta

rad. fac. { anter. $= 1,72$ dig. } Crown Glaſſ
{ poſter. $= 1,03$ dig. }

cuius diſtantia focalis $1, 21$ dig.
ſemidiameter apertnrae $= \frac{1}{2}$ dig.
Interuallum ad quintam $= 3, 90$ dig.

V. Pro lente quinta
radius vtriusque faciei $= 1,03$ dig. Crown Glaſſ
cuius diſtantia focalis eſt $0, 97$ dig.
ſemidiameter aperturae $= \frac{1}{2}$ dig.
Interuallum ad ſextam $= 0, 35$ dig.

VI. Pro lente ſexta
radius faciei vtriusque $= 0, 75$ dig. Crown Glaſſ
cuius diſtantia focalis $= 0, 70$ dig.
ſemidiameter aperturae $= 0, 18 = \frac{1}{2}$ dig.
Diſtantia ad oculum vsque $= 0, 40$ dig.

Huius igitur teleſcopii longitudo tota fiet
$= 30, 87$ dig. $= 2 \frac{1}{2}$ ped.
et ſemidiameter campi apparentis $= 30 \frac{1}{2}$ min.

APPEN-

APPENDIX
DE
CONSTRVCTIONE
TELESCOPIORVM
CATOPTRICO-DIOPTRICORVM.

APPENDIX
DE
TELESCOPIIS CATOPTRICO DIOPTRICIS.

CAPVT I.
DE
IMAGINIBVS PER SPECVLA SPHAERICA FORMATIS EARVMQVE DIFFVSIONE.

Problema 1.

§. 1.

Si a puncto lucido in axe speculi constituto radii axi proximi in speculum incidant, invenire locum imaginis.

CAPVT L

Solutio.

Tab. I. Fig. 1.

Sit PAP speculum sphaericum probe politum centro O radio $OA = f$ descriptum, cuius axis sit recta AOE, in cuius puncto E constitutum sit punctum lucidum et ponatur eius distantia $EA = a$, vnde radii in totam speculi superficiem incidant, e quibus autem eos tantum hic consideramus, qui axi sint proximi seu qui in puncta a medio puncto speculi A proxima incidunt, talis igitur radius incidens sit EA et ad punctum a ex centro O ducatur radius $Oa = f$ qui cum in speculum sit normalis, erit EaO angulus incidentiae, cui ab altera parte rectae Oa capiatur angulus aequalis OaF, eritque recta aF radius reflexus cum axe occurrens in puncto F, in quo puncto adeo omnes radii axi proximi e puncto E emissi concurrent, siquidem etiam radius EA secundum ipsam axem emissus in punctum F reflectitur, ita, vt punctum F sit imago puncti lucidi E per reflexionem formata, et cum a radiis axi proximis formetur, in hoc puncto erit imago principalis, vti eam in tractatu de lentibus vocauimus. Ad locum igitur istius puncti F inueniendum consideretur triangulum EaF, cuius angulus EaF bisectus est recta Oa, vnde notum theorema Geometricum praebet hanc proportionem $Ea : FO = Fa : FO$ deinde quia in triangulo EaO anguli ad E et ad a sunt infinite parui in triangulo autem OaF anguli ad O et a; erit $Ea = EO + f$; et $Fa = f - OF$ vnde

CAPVT I.

vnde illa proportio abit in hanc

$$EO+f : EO = f - OF : OF$$

et componendo

$$2EO+f : EO = f : OF$$

Cum iam sit $EO = EA - AO = a - f$ fiet

$$2a-f : a-f = f : OF$$

hincque $OF = \frac{(a-f)f}{2a-f}$

sicque locus puncti F innotescit, cuius distantia a puncto A erit $AF = f - FO = \frac{af}{2a-f}$. q. e. i.

Coroll. 1.

§. 2. Ex data ergo distantia puncti lucidi E a speculo $EA = a$, inuenimus distantiam imaginis principalis super axe AF, quam cum in lentibus littera a designauerimus, etiam hic eadem littera vtamur, ita, vt sit $a = \frac{af}{2a-f}$.

Coroll. 2.

§. 3. Speculum hic tanquam concauum spectauimus, cuius radius esset $AO = f$. vnde valores positiui huius litterae f specula concaua; valores vero negatiui specula conuexa denotabunt. Tum vero etiam distantia a, quatenus valorem habet positiuum, distantiam imaginis ante speculum indicabit; sin autem prodeat negatius, id indicio erit imaginem post specu-

speculum cadere eamque fore fictam, cum praesens sit realis. Hinc autem intelligitur, imaginem fore realem, si fuerit $a > \frac{1}{2}f$, siquidem sit $f > 0$; sin autem sit $f < 0$ seu speculum conuexum; tum imago semper post speculum cadet, eritque ficta, non realis.

Coroll. 3.

§. 4. Si puncti lucidi distantia $AE = a$ fuerit infinita; tum distantia imaginis principalis a speculo erit $AF = \frac{1}{2}f$ ita, vt haec distantia $AF = \frac{1}{2}f$ pro distantia focali speculi sit habenda hinc si speculi distantiam focalem ponamus $= p$, erit radius speculi. $f = 2p$. Tum vero in genere distantiae a et α ita a se inuicem pendebunt, vt sit $\alpha = \frac{ap}{a-p}$, hincque $p = \frac{a\alpha}{a+\alpha}$ et $\frac{1}{p} = \frac{1}{a} + \frac{1}{\alpha}$ prorsus vti in lentibus vsu venire supra vidimus.

Scholion.

§. 5. Hic notatu inprimis dignum occurrit, quod tres istae distantiae a, α et p eodem prorsus modo a se inuicem pendent, vti in lentibus; ex quo euidens est ratione calculi specula perinde tractari posse ac lentes, quae calculi conuenientia adhuc in sequentibus magis illustrabitur. Hic tantum notasse iuuabit, lentibus conuexis respondere specula concaua; vti enim lentibus conuexis distantias focales positiuas tribuimus, quippe quarum foci sunt reales, ita etiam specula concaua realem habent focum ibique aeque vi vrendi pollent

CAPVT I.

pollent atque lentes conuexae in suis focis; discrimen tamen in eo situm est, quod in speculis concauis focus ante ea cadat, cum in lentibus conuexis post eas formetur atque simili modo specula conuexa ad lentes concauas referentur dum in vtrisque focus tantum fictus datur, in quo scilicet radii non reuera congregentur. Quando ergo de speculis sermo erit, distantia focalis positiua semper speculum concauum; distantia vero focalis negatiua, speculum conuexum indicabit, ac si distantia focalis euadat infinita, speculum erit planum, simili modo, quo lens distantiam focalem habens infinitam est plano plana. Praeterea vero etiam obseruasse iuuabit, si vti in Dioptrica fecimus, statuamus $a = Aa$ et $\mathfrak{A} = \frac{A}{A+a}$, tum etiam fore $p = \mathfrak{A}a$.

Problema 2.

§. 6. Si non amplius lucidum punctum E, sed obiectum Ee axi speculi perpendiculariter insistat, eius imaginem, quae in puncto F situ inuerso repraesentabitur, definire.

Solutio.

Ponatur iterum distantia huius obiecti a speculo $EA = a$, sitque eius magnitudo $Ee = \zeta$, quippe qua denominatione supra de lentibus sumus vsi, ita, vt ζ semper sit quantitas valde parua respectu distantiae $EA = a$, sin angulus EAe quasi infinite paruus. Deinde sit vt ante radius speculi $OA = f$, eius distantia

Tab. I.
Fig. 2.

stantia focalis $=p$, ita, vt fit $f = 2p$, et diftantia imaginis principalis a fpeculo $AF = a$ ita, vt fit $a = \frac{ap}{a-f}$. His pofitis facile intelligitur, imaginem quaefitam in punctum F incidere atque ad contrariam partem axis fore directam; ducta enim recta ε A referet radium incidentem, cui conuenit radius reflexus $A\zeta$, qui ergo per imaginis extremitatem tranfire debebit; vnde fi in puncto F normaliter ad axem ducatur recta $F\zeta$, ad radium reflexum $A\zeta$ terminata, haec recta $F\zeta$ imaginem principalem obiecti exhibebit, cuius ergo magnitudo ex fimilitudine triangulorum $AE\varepsilon$ et $AF\zeta$ ita definietur, vt fit

$$F\zeta = \frac{AF \cdot P\varepsilon}{AE} = \frac{a\zeta}{a}.$$

quod idem etiam hoc modo oftendi poteft. Ex puncto ε per centrum fpeculi O ducatur etiam radius incidens $\varepsilon O a$, qui cum fit normalis, eius reflexus in ipfum cadet tranfibitque etiam per punctum ζ vnde fimilitudo aliorum $OE\varepsilon$ et $OF\zeta$ dabit $F\zeta = \frac{OF \cdot E\varepsilon}{OE}$. Eft vero $OF = f - a$, et $OE = a - f$ ex quo fit $F\zeta = \frac{(f-a)\varepsilon}{a-f}$. Cum ex fuperiori problemate fit

$a = \frac{\varepsilon f}{1\varepsilon - f}$ hincque $f = \frac{1\varepsilon a}{a + \varepsilon}$ erit

$f - a = \frac{(\varepsilon - a)a}{\varepsilon + a}$ et $a - f = \frac{(\varepsilon - a)\varepsilon}{\varepsilon + a}$;

hincque fubftitutis his valoribus, fiet $F\zeta = \frac{a\zeta}{\varepsilon}$, prorfus, vt ante quo ipfo confirmatur rectam $F\zeta$ axi rectae normalem effe ductam.

Coroll.

CAPVT I.

Coroll. 1.

§. 7. Hic ergo etiam magnitudo imaginis principalis eodem plane modo ex obiecti magnitudine determinatur, quo in Dioptrica id fieri supra ostendimus vnde si vt ibi fecimus statuamus $a = Aa$, habebimus etiam hic $F\zeta = A\zeta$.

Coroll. 2.

§. 8. Quia nostra figura telescopium concauum refert, eius analogia cum lentibus conuexis etiam hic manifesto cernitur, quemadmodum enim lentes conuexae imagines inuersas post se repraesentant, ita specula concaua imagines itidem inuersas ante se referunt; iam enim obseruauimus, quae post lentes contingunt, cum iis comparari debere, quae ante specula contingunt.

Problema 3.

§. 9. Si a puncto lucido E in axe speculi sito radii incidant in extremitatem speculi P, eorum cum axe concursum in puncto ζ inuestigare, indeque spatium diffusionis determinare.

Tab. L
Fig. 3.

Solutio.

Sit iterum distantia $EA = a$, radius speculi $OA = OP = f = 2p$, denotante p distantiam speculi focalem. Iam tantum sit speculum, vt sit angulus $AOP = \omega$ et cum perpendiculum PX denotet se-
midia-

CAPVT I.

midiametrum aperturae speculi, fit haec linea $PX=x$ eritque $x=f.$ sin. ω. Demisso iam ex puncto lucido E in radium PO productum perpendiculo ER ob $EO = a-f$ et angulum $EOR = \omega$ erit

$$ER = (a-f)\sin.\omega \text{ et } OR = (a-f)\cos.\omega$$

hincque $PR = f + (a-f)\cos.\omega$;

vnde inuenitur

$$EP = \sqrt{(PR^2 + ER^2)}$$
$$= \sqrt{(a^2 - 2af + 2f^2 + 2f(a-f)\cos.\omega)}$$

quae breuitatis gratia sit $= \varphi$. atque hinc erit anguli incidentiae EPO, ideoque etiam anguli reflexionis

$$OPf \text{ sinus} = \tfrac{ER}{EP} = \tfrac{(a-f)\sin.\omega}{\varphi}$$

et cosinus $= \tfrac{f+(a-f)\cos.\omega}{\varphi}$.

Cum iam in $\triangle$lo OPf detur angulus OPf vna cum angulo $POf = \omega$ et latere $OP = f$; si vocetur angulus $AfP = \psi$ ob $\psi = \omega + OPf$ erit

$$\sin.\psi = \tfrac{f\sin.\omega + (a-f)\sin.\omega\cos.\omega}{\varphi}$$

atque hinc ex natura triangoli erit

$$\sin.\psi : OP = \sin.OPf : Of.$$

ex qua analogia colligitur

$$Of = \tfrac{f(a-f)}{f+(a-f)\cos.\omega}$$

hinc

CAPVT I.

hincque interuallum

$$Af = \frac{f' + f(a-f)(\text{v}'\omega'-1)}{f + (a-f)\cos\omega}$$

haecque eſt ſolutio generalis noſtri problematis.

Cum autem in praxi angulus A O P nonquam anarus aſſumatur, vt non liceat praeſtates anguli a quadratica altiores negligere, expreſſio inuenta commode ad formam ſimpliciorem ſequenti modo reducetur. Cum ſit

$$\cos\omega = \sqrt{(1 - \sin\omega^2)} = 1 - \tfrac{1}{2}\sin\omega^2.$$

ob $\sin\omega = \tfrac{x}{f}$ erit $\cos\omega = 1 - \tfrac{x^2}{2f^2}$.

hincque ille denominator

$$f + 2(a-f)\cos\omega \text{ fiet} = 2a - f - \tfrac{(a-f)x^2}{f^2},$$

ex quo pariter proxime erit

$$\frac{1}{f + 2(a-f)\cos\omega} = \frac{1}{2a - f - \frac{(a-f)x^2}{f^2}}$$

$$= \tfrac{1}{2a-f} + \tfrac{(a-f)x^2}{f^2(2a-f)^2}.$$

Vnde interuallum modo inuentum fit

$$Of = \tfrac{f(a-f)}{2a-f} + \tfrac{(a-f)^2 x^2}{f(2a-f)^2}$$

atque hinc interuallum quod potiſſimum quaerimus,

$$Af = \tfrac{af}{2a-f} - \tfrac{(a-f)^2 x^2}{f(2a-f)^2}.$$

Quare cum ante locum imaginis principalis F ita inueniſſemus, vt eſſet

$$AF = \tfrac{af}{2a-f}$$

nunc innotefcit, fpatium diffufionis

$$Ff = \frac{(a-f)^2 \cdot x^2}{f \cdot (1+a-f) f^2}.$$

Praeterea cum etiam plurimum interfit angulum ψ noffe, quo radii reflexi Pf ad axem inclinantur, ex formula fupra inuenta colligemus itidem proxime $\psi = \frac{(1+a-f)x}{af}$. Quoniam enim poteftates ipfius x quadrato maiores negligimus, numerator ibi inuentus fit $\frac{(1+a-f)x}{f}$ et in denominatore, vbi iam ipfum quadratum x^2 negligere licet, fit fimpliciter $= a$.

Coroll. 1.

§. 10. Quo haec ad formulas pro lentibus datas accommodemus, vbi tantum binas diftantias a et α in computum induximus, ob

$$a = \frac{\alpha f}{\alpha - f},\ \text{habebimus}\ f = \frac{\alpha a}{\alpha + a};$$

vnde fit

$$a - f = \frac{(\alpha - a) a}{\alpha + a}\ \text{et}\ 2a - f = \frac{\alpha a}{\alpha + a}$$

atque hinc fpatium diffufionis erit

$$Ff = \frac{(\alpha + a)^2 (\alpha - a)^2 \cdot x^2}{\alpha \cdot \alpha \cdot 2}$$

quod ergo perinde ac in lentibus vfu venit quadrato femidiametri aperturae x^2 eft proportionale; quin etiam ipfum hoc fpatium Ff in eundem fenfum cadit, ac in lentibus.

Coroll.

CAPVT I.

Coroll. 2.

§. 11. Simili modo poterimus etiam angulum obliquitatis ψ per solas distantias a et a itemque x exprimere, prodibit enim $\psi = \frac{x}{a}$. Hunc autem angulum supra in calculo circa lentes instituto sollicite definiuimus.

Scholion.

§. 12. Cum quaestio esset de lentibus earumque apertura maxima, quam capere possent, sumsimus x aequale parti quartae radii curuaturae; quodsi ergo hic idem institutum sequamur, et sumamus $x = \frac{1}{4}f$ hinc reperietur angulus $\omega = 14° 30'$. ita, vt totus arcus PAP infra 30° capi debeat. Quando autem hoc speculum locum lentis obiectiuae sustinet, eius apertura longe aliam determinationem postulat, quam scilicet ex mensura confusionis definiri oportet, vnde huius speculi apertura ad multo pauciores gradus reducetur, vti in sequentibus docebitur. Nunc autem etiam opus est, vt ostendamus, quemadmodum radii a nostro speculo reflexi et imaginem diffusam formantes porro ab alio speculo denuo reflectantur et qualem imaginis diffusionem tum sint producturi. Hunc in finem bina sequentia lemmata perpendi conueniet.

Lemma I.

§ 13. Si distantia obiecti a speculo $EA = a$. particula minima $d a$ vlterius a speculo remoueatur;

tum

tum imago principalis, cuius distantia a speculo erat $AF = a$ ad speculum propius accedet particula da, ita, vt fit $da = \frac{-a^2 \cdot da}{a^2}$.

Demonstratio.

Cum enim sit $\frac{1}{x} + \frac{1}{a} = \frac{1}{p} = \frac{2}{f}$ atque radius f idem maneat, vtcunque distantiae a et x inter se varientur; differentiatio dabit

$$\frac{dx}{x^2} + \frac{da}{a^2} = 0 \text{ vnde } da = -\frac{a^2 da}{a^2}.$$

Lemma 2.

§. 14. Si radii in speculum incidentes ad axem sint inclinati angulo $= \Phi$, inuenire angulum ψ, sub quo radii reflexi ad axem speculi erunt inclinati.

Solutio.

Tab. I. Fig. 3.

Sit igitur angulus $AEP = \Phi$, quo radii incidentes EP ad axem speculi inclinantur eritque proxime $\Phi = \frac{x}{e}$; ideoque $x = a\Phi$. Tum vero vidimus, angulum, quo radii reflexi ad eundem axem inclinantur, fore $\psi = \frac{x}{a}$; quocirca erit $\psi = \frac{a\Phi}{a}$ seu erit $\Phi : \psi = a : a$, seu reciproce vt distantiae a speculo.

Problema 3.

§. 15. Si radii postquam a primo speculo reflexi imaginem diffusam formauerunt in aliud speculum super eodem axe constitutum incidant, determinare

CAPVT L.

sare tam imaginem principalem, quam eius diffusionem, quam radii a secundo speculo reflexi exhibebunt.

Solutio.

Cum $F\zeta$ sit imago principalis a primo speculo formata, quam inuenimus $F\zeta = \frac{af}{e}$, sit eius distantia a secundo speculo $FB = b$ atque ipsum hoc speculum ita sit comparatum, vt ab eius reflexione imago principalis formetur $G\eta$ sitque distantia $BG = \beta$ atque vti iam vidimus reperietur $G\eta = \frac{\beta}{b}$. $F\zeta = \frac{a\beta}{eb}\zeta$ quae imago iterum erit erecta atque a radiis axi proximis formata. Nunc etiam consideremus in spatio diffusionis dato extremitatem f, vnde radii emissi cum axe faciant angulum $= \psi = \frac{z}{e}$; verum antequam huius obliquitatis rationem habeamus, fingamus punctum f etiam radios axi proximos emittere et cum id a speculo B longius sit remotum, quam F, eius radii concurrent in puncto huic speculo propiore γ, ad quod inueniendum referet hic $db = Ff$ et $d\beta = -G\gamma$; vnde colligitur $G\gamma = \frac{\beta t}{F'}$. Ff. Quare si in f obiectum verum esset constitutum, eius imago principalis caderet in γ, quatenus autem ex f emissi alii radii emittuntur, nisi qui cum axe faciant angulum $= \psi$, ii denuo reflexi incident in axem in puncto g ipsi speculo B adhuc propiore, quam γ, ita, vt hic casus similis sit praecedenti problemati, quo punctum f respondet puncto E; punctum γ puncto

Tab. II.
Fig. 4.

F et punctum g puncto f, hoc solo discrimine, ve quod ibi erat a et a hic fit b et β licebit enim vtique hic pro distantia Bf sumere BF $=b$. et pro distantia Bγ sumere β; hinc ergo per formulam supra inuentam si loco x hic scribatur y, fiet

$$\gamma g = \frac{(b+\beta)(b-\beta)^2 \cdot y^2}{\cdot b \cdot \beta}.$$

Quid autem nunc sit y, ex angulo ψ facillime definitur. Ducto enim radio fQ sub angulo BfQ $=\psi=\frac{a}{a}$ erit y semidiameter aperturae huius speculi QBQ ideoque $y = Bf. \psi = \frac{bx}{a}$; quo valore substituto prodit

$$\gamma g = \frac{(b+\beta)(b-\beta)^2 \cdot x^2}{\cdot a^2 b \beta}.$$

Quocirca torum spatium diffusionis iam erit

$$Gg = \frac{\beta^2}{b^2}. Ff + \gamma g; \text{ seu}$$

$$Gg = \frac{\beta^2}{b^2}. \frac{(a+a)(a-a)^2 \cdot x^2}{a^2 \cdot a} + \frac{(b+\beta)(b-\beta)^2 \cdot x^2}{a^2 b \beta}$$

Nunc autem post secundam reflexionem angulus, sub quo radii extremi ad axem erunt inclinati, colligitur ex Lemmate $2 = \frac{b\psi}{a} = \frac{b}{a\beta}. x.$

Scholion 1.

§. 16. Cum igitur speculum, ad quod refertur binae distantiae a et a et cuius semidiameter aperturae est $=x$, gignat spatium diffusionis

$$Ff = \frac{(a+a)(a-a)^2 \cdot x^2}{a^2 \cdot a}$$

com-

CAPVT I.

comparemus hoc fpatium cum eo, quod lens fub fi-
milibus circumftantiis producit, atque in primo libro
vidimus, pro tali lente effe fpatium diffufionis §. 49.

$$Ff = \frac{n(n-1)a^2x^2}{1(a-1)^2(a-1)}(\tfrac{1}{2}+\tfrac{1}{a})((\tfrac{1}{2}+\tfrac{1}{a})^2+\tfrac{1(a-1)^2}{1(a-1)^2})$$

quod quidem iam eft minimum, quod a lente ad has
diftantias a et a relata cum apertura, cuius femidiameter eft x, generari poteft. Quo autem facilius
hanc comparationem inftituere valeamus, ponamus
vtrinque diftantiam obiecti a effe infinitam atque e
fpeculo nafcetur fpatium diffufionis $Ff = \frac{x^2}{1a}$ quod
autem a lente nafcitur, erit

$$Ff = \frac{n\sqrt{a} \cdot a - 1 \cdot 1 \cdot x^2}{1(a-1)^2(a+1)a} \text{ vbi } n:1$$

denotat rationem refractionis et fumto $n = 1, 55$,
hoc fpatium inuentum eft $Ff = 0,938191. \frac{x^2}{a}$.

Vnde patet, a fpeculo multo minorem diffufionem
oriri, quam a lente, quandoquidem illa erit ad hanc,
vt $1 : 0,938191$; hoc eft propemodum vt $1 : 7,505528$
feu vt $1 : 7$; quae ergo proportio cum proprie in fpeculis vel lentibus obiectiuis locum habeat, hinc praecipua cauffa innotefcit, cur fpecula loco lentium ob-
iectiuarum fubftituta multo breuiora telefcopia fuppe-
ditauerint, quandoquidem ob minorem confufionem
diftantiam focalem minorem accipere licet, ad quod
accedit, quod in his telefcopiis catoptricis radii in fpeculum obiectiuum incidentes primo ad alterum fpeculum reflectuntur, vnde denuo per eandem viam re-
ver-

vertuntur antequam per lentes oculares transeant, ita, vt distantia amborum speculorum bis sit computanda, sicque longitudo instrumenti denuo fere ad semissem reducatur. Hoc ergo commodum specula praestarent, etiam sine vllo respectu ad eorum qualitatem habito, qua radii diuersorum colorum a reflexione non dispersguntur, vti fit in refractione. Verum tamen hic etiam insigne speculorum incommodum non est reticendum, in eo consistens, quod speculum etiam maxime politum semper multo pauciores radios reflectat, quam per lentem eiusdem magnitudinis transmittuntur. Atque haec caussa est, quod telescopia catoptrica plerumque multo minorem claritatis gradum largiantur.

Scholion 2.

§. 17. Quemadmodum hoc postremum problema resoluimus, atque etiam diffusionem imaginis a secundo speculo natam definiuimus, ita eadem inuestigatio ad plura specula accommodari posset, nisi ipsa rei natura speculorum vsum ad binarium restringeret. Quamobrem coacti sumus radios a secundo speculo reflexos ad lentes vitreas dirigere, per quas demum ad oculum propagentur atque ob hanc ipsam rationem ipsum speculum obiectiuum circa medium perforatum esse debet, vt radiis a secundo speculo reflexis transitus per hoc foramen concedatur, vbi simul a lentibus excipiantur. Quare cum hactenus speculum

CAPVT I.

Iam obiectiuam tanquam integrum fimus contemplati, nunc fupereſt, vt etiam foraminis, quo illud eſt pertufum, in calculo rationem habeamus, vbi fimul erit disquirendum, quomodo fpeculum fecundum refpectu huius foraminis comparatum eſſe debeat, ne fcilicet nimiam radiorum copiam intercipiat ac tamen fufficiat omnibus radiis a primo fpeculo reflexis excipiendis; haecque ergo momenta in fequenti problemate accuratius perpendemus.

Problema 4.

§. 18. Si in telefcopio loco lentis obiectiuae adhibeatur fpeculum concauum $P\pi A\pi P$ in medio pertufum foramine $\pi A \pi$, cuius centrum fit in axe AB in quo ad diſtantiam quaſi infinitam obiectum feu punctum lucidum concipiatur, ex quo radii axi paralleli in iſtud fpeculum $P\pi\pi P$ incidant indeque reflexi ad fpeculum minus fuper eodem axe normaliter poſitum QBQ dirigantur, vnde porro ad lentem vitream prope foramen $\pi\pi$ itidem fuper eodem axe normaliter fitam reflectantur; determinare imagines, per duplicem reflexionem formatas earumque diffuſionem.

Tab. III.
Fig. 5.

Solutio.

Sit femidiameter totius fpeculi obiectiui $AP = x$ et femidiameter foraminis $A\pi = y$, radius vero curvaturae fpeculi $= f$; ideoque diſtantia focalis $p = \frac{1}{2}f$ tum vero fpeculi minoris QBQ fit diſtantia focalis $= q$

$= q$ et distantia horum speculorum $AB = k$. His positis cum obiectum in axe AB ad distantiam infinitam remotum concipiatur radii inde axi paralleli ad speculum obiectiuum PP peruenient, qui ergo vt totam eius superficiem reflectentem $P\pi$ quaquaversus adimpleant, speculum QBQ maius esse non debet, quam foramen $\pi\pi$ neque etiam id minus esse conueniet, quia alioquin radii ab obiecto directe in foramen lentemque ibi sitam ingrederentur et repraesentationem inquinarent, ex quo intelligitur, semidiametrum aperturae huius speculi minoris esse debere $BQ = y$ vel saltem eo non multo maiorem. Quoniam igitur hic distantia obiecti, quae supra posita est $= a$, nostro casu est infinita, si radii axi proximi in speculum incidere possent, iis formaretur imago principalis in F ita, vt esset distantia $AF = a = p$. Quia autem radii axi proximi excluduntur, nulla imago principalis formabitur. Prima ergo imago a radiis circa oram foraminis reflexis formabitur in Φ, ita, vt sit interuallum $F\Phi = \frac{x'}{c}$, quia hic est y, quod supra erat x et distantia obiecti $a = \infty$. Imago autem extrema a radiis circa oram speculi Pp reflexis formetur in puncto f eritque interuallum $Ff = \frac{x'}{n}$; quare cum ipsa imago principalis hic desit, totum spatium diffusionis hic tantum erit $\Phi f = \frac{x'-y'}{c}$. Interim tamen haec puncta F, Φ, f inter se tam erunt propinqua, vt in calculo pro eodem haberi queant.

CAPVT L

queant. Cum ergo omnes radii a speculo maiore reflexi per punctum F transire sint censendi, vt in speculum QBQ incidant eius semidiameter BQ tantus esse debet, vt sit

$AF : AP = BF : BQ$ vnde fit $BQ = \frac{a-x}{a} x$

qui cum ipsi y debeat esse aequalis, habebimus

$y = \frac{a-x}{a} x$, hincque $k = \frac{a(x-y)}{x}$.

Sin autem minus speculum intra A et F esset constitutum; reperiretur.

$BQ = \frac{a-k}{a} x = y$; hincque $k = \frac{a(x-y)}{x}$.

quae vero expressio in superiori contenta est censenda, propterea quod radium foraminis y tam positiue, quam negatiue capere licet. Cum igitur nunc primae imaginis F distantia a speculo secundo sit $k - a = \frac{ay}{x}$ quam supra vocauimus $= b$, ita, vt sit $b = \frac{ay}{x}$, secunda imago a speculo QBQ reflexa cadet in punctum G, ita, vt sit $BG = \beta = \frac{bk}{k-b}$; ita, vt radii a speculo QBQ reflexi omnes per punctum hoc G transire sint censendi, siquidem hic animum a diffusione imaginis abstrahimus. Nunc igitur insuper efficiendum est, vt isti radii omnes in ipsum foramen $\pi A \pi$ ingrediantur, id quod cum sit $BQ = A\pi$ eueniet, si modo punctum G propius versus A cadat, quam versus B, seu debebit esse $\beta > \frac{1}{2}k$. Inuenimus vero

$\beta =$

$\beta = \frac{bq}{b-q} = \frac{ayq}{ay-qx}$ et $k = \frac{a(y+x)}{2}$,

ita vt nunc esse debeat

$\frac{ayq}{ay-qx} > \frac{a(y+x)}{2x}$ vnde oritur $q > \frac{ay(a+y)}{x(y+a)}$

ex qua ergo formula distantia focalis speculi minoris definiri poterit, quae ergo determinabitur per semidiametros foraminis et ipsius speculi maioris vna cum focali distantia speculi maioris $p = a$ sin autem speculum minus constituatur intra F et A, iam vidimus fore $AB = k = \frac{a(x-y)}{2}$ et cum nunc sit distantia $b = -\frac{ay}{x}$ distantia $DG = \beta = \frac{ayq}{ay+qx}$ quae vt maior sit, quam $\frac{1}{2}k$, necesse est fiat $q > \frac{ay(x-y)}{x(y-x)}$ vnde si x sit $> 3y$, debebit esse q negatiuum, ita, vt sit

$q > -\frac{ay(x-y)}{x(x-3y)}$

at si esset $x = 3y$, capi posset $q = \infty$, sicque speculum minus fieret planum. Quod denique ad diffusionem imaginis secundae in G repraesentatae attinet, ea iterum erit quasi truncata sua imagine principali, quod si litteris $G\Phi g$ repraesentetur ad similitudinem litterarum $F\Phi f$ totum spatium diffusionis tantum erit censendum $= \Phi g$, cuius quantitas ex formula praecedentis problematis reperietur, si loco x' scribatur $x'-y'$, vnde ob $a = \infty$ erit hic

$$\Phi g = \frac{\beta^2}{b^2} \cdot \frac{(x'-y')^2}{a-a} + \frac{(b+\beta)(b-\beta)}{aa} \cdot \frac{(x'-y')^2}{b+\beta}$$

atque nunc radiorum in Φ concurrentium obliquitas ad axem erit $= \frac{b}{a\beta} \cdot y$; obliquitas vero radiorum in $g = \frac{b}{a\beta} \cdot x$.

Coroll.

CAPVT I.

Coroll. 1.

§. 19. Si ergo minus speculum vltra locum Imaginis F collocetur, eius distantia a primo speculo debet esse

$$AB = \frac{a(z+y)}{z} = a + \frac{y}{z}a$$

ita, vt sit $FB = \frac{ay}{z}$ hocque ergo casu distantia AB maior erit, quam distantia focalis speculi principalis tum vero huius secundi speculi distantia focalis esse debet $q > \frac{ay(z+y)}{z(z+y)}$.

Coroll. 2.

§. 20. Hic autem manifesto supponitur, punctum G a puncto B versus A cadere, ita, vt distantia β euadat positiua; si enim esset $q > b$, punctum G ad alteram partem speculi QBQ caderet radiique GQ producti manifesto extra foramen praetergrederentur. Quare hic pro Q alterum limitem probe obstruari oportet, vt sit $q < b$. siue $q < \frac{ay}{z}$, tum vero etiam $q > \frac{ay(z+y)}{z(z+y)}$.

Coroll. 3.

§. 21. Sin autem speculum QBQ intra focum F collocetur, oportebit esse distantiam

Tab. II. Fig. 6.

$AB = \frac{a(z-y)}{z} = a - \frac{y}{z}a$. ita, vt sit $FB = \frac{ay}{z}$ tantoque interuallo prima imago post secundum speculum cadat, fiatque $b = -\frac{ay}{z}$; vnde deducitur diſtantia $BG = \beta = \frac{ay}{ay+\frac{1}{2}z}$, quae diſtantia ſemper eſt poſitiua ſeu verſus A dirigitur, niſi forte φ ſit quantitas negatiua; quae cum ſuperare debeat $\frac{1}{2}k$, debet eſſe $2xyq > ay(x-y) + x(x-y)q$ deberet ergo eſſe $2xy > x(x-y)$ ſeu $y > \frac{1}{2}x$. Quare ſi vt ſemper in praxi euenit ſit $y < \frac{1}{2}x$, huic conditioni ſatisfieri nequit; ſi ſcilicet alterum ſpeculum ſit concauum.

Coroll. 4.

§. 22. - Hoc ergo caſu neceſſe eſt, vt minus ſpeculum ſit conuexum eiusque diſtantia focalis negatiua. Statuatur ergo $q = -q$; vt ſiat $\beta = \frac{-bq}{f+q}$, qui valor ob $b = -\frac{ay}{x}$ abit in hunc $\beta = \frac{ayq}{qx-ay}$, qui valor vt primo ſit poſitiuus, debet eſſe $q > \frac{ay}{x}$ deinde vt ſiat $2\beta > k$ debet eſſe.

$$2xyq > x(x-y)q - ay(x-y)$$

ex qua ſit

$$ay(x-y) > x(x-3y)q$$

vnde pro q elicitur alter limes

$q < \frac{ay(x-y)}{x(x-3y)}$, altero exiſtente $q > \frac{ay}{x}$.

Coroll. 5.

§. 23. Sin vero praeter conſuetudinem foramen tantum fiat, vt ſit $3y > x$, tum ſpeculo minori concauo vti licebit dummodo eius diſtantia focalis ſit $q > \frac{ay(x-y)}{x(3y-x)}$, quemadmodum ex Coroll. 3 eſt maniſeſtum.

CAPVT I.

feftum, atque hoc cafu quoniam littera q nulla alia conditione reftringitur hoc fpeculum adeo planum fieri poterit.

Scholion.

§. 22. Haec duo fpecula ita hic fumus contemplati, quemadmodum in telefcopiis Gregorianis vfurpari folent atque hic tantum ad obiecti punctum medium in axe rubi fitum fpectauimus vnde radii axi paralleli in fpeculum principale incidant; alterum vero fpeculum ita inftruximus, vt omnes radios a priori reflexos recipiat eosque porro in foramen proiiciat. Cum autem etiam partes obiecti extra axem fitae vifui offerri debeant, quoniam inde radii fub aliqua exigua obliquitate in fpeculum incidunt, tubum, in quo haec duo fpecula inferuntur, aliquantillum diuergentem confici oporteret vel quod eodem redit tubum aliquanto ampliorem effici conueniet quam eft diameter fpeculi; deinde ob eandem rationem etiam fpeculum minus vltra limites ipfi affignatos extendi deberet, vt etiam iftos radios obliquos poft reflexionem recipere poffet, fed quoniam parum intereft, fiue extremitates obiecti pari lumine confpiciantur atque eius medium, fiue minore, hac amplificatione facile eo magis carere poterimus, quod tota haec obliquitas non vltra aliquot minuta in magnis praefertim multiplicationibus excrefcat. Longe aliter antem fe habitura effet huius rei tractatio, fi etiam fpecula ad axem

axem inftrumenti oblique pofita in vfum vocarentur, quemadmodum in ipfo huius inuentionis principio a Newtono eft factum, fed quia reflexio radiorum oblique incidentium haud exiguam gignit confufionem, hoc argumentum hic neutiquam attingimus.

CAPVT

CAPVT II.

DE COMPVTO CONFVSIONIS, DVM PRAETER LENTES ETIAM SPECVLA AD INSTRVMENTA DIOPTRICA CONFICIENDA ADHIBENTVR.

Problema 1.

§. 23.

Si loco primae et secundae lentis specula vsurpentur, inuenire formulas, quae ob haec duo specula in expressionem supra in Libro I. inuentam, qua scilicet semidiameter confusionis est inuenta, introduci in calculum debent.

Solutio.

In primo libro §. 91. ostendimus a duabus lentibus oriri spatium diffusionis

$$G\xi = \mu \beta' x' \left\{ \frac{a_i^2}{i^2}(\tfrac{1}{2}+\tfrac{1}{2})(\lambda(\tfrac{1}{2}+\tfrac{1}{2})^2 + \tfrac{x}{i^2}) + \frac{b_i^2}{i^2}(\tfrac{1}{2}+\beta)(\lambda'(\tfrac{1}{2}+\beta)^2 + \tfrac{x}{i^2}) \right\}$$

quae

CAPVT II.

quae expreffio ponendo $a = A\,a$, $\beta = B\,b$, tum vero etiam $\frac{A}{1+A} = \mathfrak{A}$ et $\frac{B}{1+B} = \mathfrak{B}$, abit in hanc:

$$G g = \tfrac{\mathfrak{A}^2\mathfrak{B}^2 z^2}{a}\left(\tfrac{\lambda}{\mathfrak{A}^2} + \tfrac{v}{\lambda \mathfrak{B}} + \tfrac{b}{A\cdot a}\left(\tfrac{\lambda'}{\mathfrak{B}} + \tfrac{v'}{\mathfrak{B}\mathfrak{B}}\right)\right)$$

atque fi hic porro, vti deinceps in tractatu de Telescopiis fecimus, ponamus $\frac{a}{b} = \frac{A\,a}{b} = -P$, illa expreffio induet hanc formam

$$G g = \tfrac{\mathfrak{A}^2\mathfrak{B}^2 z^2}{a}\left(\mu\left(\tfrac{\lambda}{\mathfrak{A}^2} + \tfrac{v}{A\mathfrak{B}}\right) - \tfrac{B}{A\,p}\left(\tfrac{\lambda'}{\mathfrak{B}} + \tfrac{v'}{A\mathfrak{B}}\right)\right)$$

Si nunc loco duarum harum lentium duo substituantur specula, ad quae litterae a, α; b, β cum x similiter fint relatae, in Probl. 3. Cap. praeced. §. 15. inuenimus fore spatium diffusionis

$$G g = \tfrac{\beta^2}{b^2}\cdot\tfrac{(a+a)(a-a)^2\cdot x^2}{a a^2 a} + \tfrac{(b+\beta)(b-\beta)^2\cdot x^2}{a\,a\cdot b\beta}$$

quae forma pofito $a = A\,a$; $\beta = B\,b$ et $\frac{a}{b} = -P$ induet hanc formam

$$G g = \tfrac{A^2 B^2\cdot x^2}{a}\left(\tfrac{(1+A)(1-A)^2}{a A^2} - \tfrac{(1+B)(1-B)^2}{a A^2\cdot B\cdot P}\right)$$

ex qua cum fuperiori collata cognofcimus, fi loco primae lentis fpeculum fubftituatur, tum in computo confufionis loco formulae

$\mu\left(\tfrac{\lambda}{\mathfrak{A}^2} + \tfrac{v}{A\mathfrak{B}}\right)$ fcribi debere hanc $\tfrac{(1+A)(1-A)^2}{a A^2}$,

ac fi etiam loco lentis fecundae fpeculum fubftituatur, tum fimili modo loco formulae

$\mu\left(\tfrac{\lambda'}{\mathfrak{B}} + \tfrac{v'}{A\mathfrak{B}}\right)$ fcribi debere hanc $\tfrac{(1+B)(1-B)^2}{a B^2}$;

ac

CAPVT II.

ac si circumstantiae permitterent, vt etiam loco tertiae lentis speculum simile substitueretur, tum in computo confusionis loco formulae

$\mu \left(\frac{\lambda \gamma}{c_i} + \frac{\gamma}{c_i'} \right)$ scribi deberet haec formula $\frac{(1+c)(1-c)^2}{.c^i}$

vnde satis superque intelligitur, quomodo quantitas confusionis aestimari debeat, quando loco lentium specula adhibeantur.

Coroll. 1.

§. 24. Quatenus autem speculum obiectiuum foramine est pertusum, cuius radius $= y$, eatenus in factore communi loco x^2 scribi oportet $x^2 - y^2$ ita, vt iam expressio pro spatio diffusionis inuenta futura sit

$$G g = \frac{A^2 \cdot B^2 (x^2 - y^2)}{4} \left(\frac{(1+A)(1-A)^2}{1 A^2} - \frac{(1+B)^2(1-B)^2}{1 A^2 B^2 F^2} \right)$$

vbi notandum est, formulam $x^2 - y^2$ proportionalem esse superficiei reflectenti in primo speculo, prorsus vti x^2 proportionale erat superficiei refringenti lentis obiectiuae.

Coroll. 2.

§. 25. Atque haec formula $x^2 - y^2$ etiam extenditur ad omnes lentes sequentes, quotquot binis speculis insuper adiunguntur; ita, ex gr. si duae lentes praeter specula adhibeantur, totum spatium diffusionis $I i$ ita exprimitur:

$I i =$

CAPVT III

$$Ii = \frac{\mu\mu c^2 D^2 (z^2-\gamma^2)}{a}\left(\frac{(1+A)(1-A)^2}{1A^2} - \frac{(1+B)(1-B)^2}{1A^2 B^2 P}\right)$$
$$+ \frac{\mu}{R^2 \cdot r Q}\left(\frac{\lambda^{ii}}{c^2} + \frac{v}{\bar{c}\bar{c}}\right)$$
$$- \frac{\mu}{A B^2 C^2 P Q R}\left(\frac{\lambda^{iii}}{D^2} + \frac{v}{DD}\right))$$

vnde patet, quid propter fpecula in noftris formulis generalibus immutari debeat.

Coroll. 3.

§. 26. Cum autem noftra fpecula tantum ad telefcopia accommodari queant, vbi eft $a = \infty$ $A = 0$. et $\Lambda a = a = p$, ex formulis vinculo inclufis denominator A' in factorem communem transfertur ficque pro fpatio diffufionis a binis fpeculis et duabus lentibus orto habebitur haec expreffio:

$$Ii = \frac{\mu' C^2 D^2 (z^2-\gamma^2)}{p}\left(1 - \frac{(1+B)(1-B)^2}{1 B^2 P}\right)$$
$$+ \frac{\mu}{B^2 \cdot r Q}\left(\frac{\lambda^{ii}}{c^2} + \frac{v}{\bar{c}\bar{c}}\right)$$
$$- \frac{\mu}{B^2 \cdot C^2 P Q R}\left(\frac{\lambda^{iii}}{D^2} + \frac{v}{DD}\right))$$

Scholion I.

§. 27. Quoniam autem pro fecundo fpeculo tam littera $B = \frac{\beta}{b}$, quam $P = -\frac{a}{p}$ non amplius ab arbitrio noftro pendet, fed earum valores iam ante funt definiti, videamus, quomodo illi valores in computum fint introducendi, atque hic duos cafus euolui conuenit, prouti minus fpeculum fiue vltra focum fpeculi principalis conftituitur, fiue citra. Quod quo ad noftras formas fuccinctius exprimi poffit, ponamus

in

CAPVT II.

in genere $y = \epsilon x$ ita, vt fit $x' - y' = (1 - \epsilon')x'$, vbi scilicet ϵ denotat fractionem foraminis magnitudinem deficientem.

I. Primo igitur quando distantia minoris speculi Tab. II. AB maior est, quam distantia focalis p; tum vidi- Fig. 5. mus ($\S$. 19.) esse hanc distantiam AB seq primum interuallum $= (1 + \epsilon)a = (1 + \epsilon)p$, quod cum per formulas nostras generales sit $= Aa(1 - \frac{b}{a}) = p(1 - \frac{b}{p})$ erit $\frac{b}{p} = -\epsilon$. Deinde vero etiam vidimus esse, $b = \epsilon p$ et porro si distantia focalis minoris speculi ponatur $= q$, erit $\mathfrak{C} = \frac{bq}{b-q}$ hincque $\frac{\beta}{\mathfrak{C}} = B = \frac{q}{b-q} = \frac{q}{\epsilon p - q}$. At vero pro q hos dedimus limites: $q < \epsilon p$ et $q > \frac{(1+\epsilon)p}{1+\epsilon}$ quibus valoribus substitutis spatium illud diffusionis I i ita exprimetur:

$$I\,i = \tfrac{(1-\epsilon')\cdot c^2 p^2 q^2 n^2}{(\epsilon p - q)^2 \cdot p}\left(\tfrac{1}{1} + \tfrac{a^2(\epsilon p - q)^2 \cdot p}{\epsilon q}\right.$$
$$- \tfrac{b\cdot(\epsilon p - q)^2}{q\cdot Q}(\tfrac{\lambda''}{\mathfrak{C} T} + \tfrac{\lambda}{\epsilon \mathfrak{C}})$$
$$\left.+ \tfrac{n\cdot((\epsilon p - q))^2}{c^2 \cdot q \cdot Q^2}(\tfrac{\lambda'''}{\mathfrak{b}^2} + \tfrac{\lambda}{\mathfrak{b}\mathfrak{b}})\right)$$

II. Sin autem distantia secundi speculi AB mi- Tab. II. nor fuerit, quam p, tum primo erit haec ipsa distan- Fig. 6. tia $= (1 - \epsilon)p$, quae cum sit $p(1 - \frac{b}{p})$ erit $\frac{b}{p} = \epsilon$. Deinde erit distantia $b = -\epsilon p$ et quia secundum speculum debet esse connexum, posito $q = -q$ fiet $\frac{\beta}{\mathfrak{C}} = B = \frac{-q}{q - \epsilon p}$ verum pro q hos dedimus limites $q > \epsilon p$ et $q < \frac{(1-\epsilon)p}{1-\epsilon}$ quibus valoribus substitutis spatium illud diffusionis ita exprimetur:

$I\,i =$

CAPVT II.

$$Ii = \frac{(1-p)^2 \cdot c^2 \cdot D^2 \cdot q^2 \cdot z^2}{(q-tp)^2 \cdot p} \left(i - \frac{t(iq-tp)^2 \cdot p}{iq^2}\right.$$
$$- \frac{p \cdot t(q-tp)^2}{q \cdot \mu} \left(\frac{b''}{cT} + \frac{z}{cc}\right)$$
$$\left. + \frac{p \cdot t(q-tp)^2}{q \cdot cT \cdot \omega x} \left(\frac{b'''}{DT} + \frac{z}{DD}\right)\right)$$

Quodſi lens in ipſo foramine ſpeculi obiectivi conſtituatur, tum inſuper datur interuallum ſecundum, primo quippe aequale, ac primo quidem caſu erit $=(1+t)p$. Quod cum per formulas generales ſit

$$= -\frac{tp_q}{p}(1-\tfrac{b}{q}) \equiv \frac{bb_q}{ip-t}(1-\tfrac{b}{q});$$

hinc reperitur

$$\tfrac{b}{q} = 1 - \frac{(tp-q)(t+1)}{tq} \text{ ſeu } \tfrac{b}{q} = \frac{(1t+t)q - t(t+t)p}{tq}$$

hincque $\frac{1}{pq} = \frac{t(t+t)p - (tt+t)q}{q}$.

vbi notandum eſt, Q fieri non poſſe negatiuum; niſi q contineatur intra hos limites

$$q < \frac{t(t+t)p}{t+t} \text{ et } q > \frac{t(t+t)p}{t+t}.$$

Haec ſcilicet valent pro caſu priore; pro caſu vero poſteriore reperitur

$$\tfrac{b}{q} = \frac{t(t-t)p - (1-t)q}{tq} \text{ et } \frac{1}{pq} = \frac{(1t-t)q + t(t-t)p}{q}.$$

vbi pariter notetur, Q fieri negatiuum, ſi q capiatur intra hos limites

$$q > \frac{t(t-t)p}{t-t} \text{ et } q < \frac{t(t-t)p}{t-t}$$

ac vero Q fieri poſitiuum, ſi capiatur intra hos limites: $q < \frac{t(t-t)p}{t-t}$ et $q > tp$.

Scho-

CAPVT II.

Scholion 2.

§. 27. Quae hic attulimus, ad spatia diffusionis, ex speculis et lentibus quotcunque ortae pertinent. Conclusio vero, quae in superiore libro hinc ad semidiametrum confusionis ipsam determinandam est deducta, etiam hic quandam mutationem patitur. Quoniam enim semidiametrum confusionis ex vltimae imaginis diffusione conclusimus, notandum est, etiam hoc vltimum spatium diffusionis sua imagine principali fore truncatum. Quoniam enim a primo speculo nulla gignitur imago principalis ob defectum radiorum axi proximorum, etiam sequentia spatia diffusionis, quotcunque fuerint lentes imagine principali destituentur; vnde cum horum spatiorum vltimum minus sit, propter ipsam hanc mutilationem, inde etiam minor confusio in oculo orietur, quam ob caussam etiam semidiameter confusionis prouti eum in primo libro definivimus minorem valorem adipiscetur, quam inuestigationem sequenti problemate suscipiemus.

Problema 2.

§. 28. Data vltima imagine diffusa, quae tam per bina specula, quam omnes lentes sequentes formatur, inuenire confusionem in ipso oculo inde oriundam, qua scilicet visio immediate afficitur.

Solutio.

Repraesentet L λ l. vltimum spatium diffusionis Tab. III. tam per specula, quam omnes sequentes lentes forma- Fig. 7. tum,

CAPVT II.

tum, quippe quod est obiectum immediatum visionis; vnde radii immediate in oculum ingrediuntur, in quo spatio punctum L denotet locum imaginis principalis, vbi radii axi proximi concurrerent, si speculum obiectiuum esset integrum ob foramen autem huius speculi, ista imago principalis plane deerit et imago diffusa demum in puncto λ incipiet, vbi radii circa oram foraminis reflexi et per omnes lentes transmissi concurrunt, alter vero terminus sit in l, vbi radii ab extremitate speculi obiectiui reflexi ac per lentes transmissi voiuntur. Quod nunc primo ad magnitudinem huius spatii $\lambda\, l$ attinet, supra vidimus, id esse proportionale formulae $xx-yy$, siue posito $y = \varepsilon x$, huic $(1-\varepsilon\varepsilon)xx$ vnde statuamus hoc spatium $\lambda l = V(1-\varepsilon\varepsilon)xx$. Deinde radiorum in termino λ cum axe concurrentium obliquitas, quam supra ipsi y proportionalem esse vidimus, ponatur $= \mathfrak{B} y = \varepsilon \mathfrak{B} x$; obliquitas vero radiorum extremorum in puncto l concurrentium erit $= \mathfrak{B} x$, vbi litterae V et $\mathfrak{B}$ eosdem valores habent, quos in primo libro §. 163. assignauimus.

His praemissis quaeramus eum oculi locum, vnde haec imago diffusa minima cum confusione conspiciatur. Hunc in finem concipiamus punctum quoddam medium in imagine ζ, a quo oculus ad distantiam suam iustam $= l$ sit remotus, ita, vt sit $\zeta l = 0$ radiique ex hoc puncto ζ emissi praecise in puncto retinae V congregentur. Hinc ergo puncta cis ex

CAPVT II.

vltra hoc punctum ζ vel λ vel l verſus ſita non in ipſa retina V, ſed vel poſt eam in v vel ante eam in v repraeſentabuntur radiique in his punctis ſe decuſſantes in ipſa retina circellos ſiue maiores ſiue minores referent atque nunc totum negotium huc reducitur, vt hi circelli quam minimi euadant, quia hoc modo in oculo minima confuſio producetur. Primum igitur videndum eſt, quanti huiusmodi circuli a punctis inter ζ et λ ſitis in retina oriantur et quinam eorum futurus ſit maximus, quoniam enim hi circelli partim a diſtantia a puncto ζ, partim a radiorum obliquitate pendent, quae a λ verſus ζ progrediendo continuo creſcit; facile intelligitur, ex puncto quodam medio, puta ω, maximum circellum oriri, quandoquidem tam ex ipſo puncto L, vbi obliquitas eſt nulla, quam ex puncto ζ nullus talis circellus oriretur. Deinde a ζ ad l regrediendo continuo maiores huiusmodi circelli orirentur, ita, vt radii ex ipſo puncto l emiſſi ab hac parte maximum circellum gignant; ex quo manifeſtum eſt, ſi punctum ζ ita fuerit aſſumtum, vt maximi modo dicti circelli ex punctis ω et l orti fiant inter ſe aequales; tum confuſionem in ipſa viſione natam omnium fore minimam. Si enim punctum ζ propius ad ω moveretur; tum circellus quidem ab hac parte ortus fieret minor, alter vero ex puncto l ortus tanto maior euaderet; atque contrarium eueniret, ſi punctum ζ propius verſus l caperetur. Vt igitur nunc tam locum puncti ζ, quam ej refpondentis puncti ω inueſtigemus; totum fpatium Ll, etſi id noſtro cafu parte Lλ eſt truncatum, in computum ducamus ponamusque breuitatis gratia $l = f$, eritque ex principiis fupra expoſitis $f = \sqrt{x'}$ et L$\lambda = \sqrt{y'} = t' \sqrt{x'}$.; vnde fit, vti initio commemorauimus, $\lambda l = (1 - t') \sqrt{x'}$. Praeterea vero vocemus fpatia L$\zeta = \zeta$, et L$\omega = \omega$, et quia radii ex hoc puncto ω egreſſi fupra retina maximum circellum producere ponuntur, ad hunc inueniendum obliquitatem radiorum in puncto hoc ω noſſe oportet. Quia autem obliquitas in L eſt nulla, in l vero $= \mathfrak{B} x$ et in $\lambda = t$. $\mathfrak{B} x$ euidens eſt, obliquitatem crefcere in ratione fubduplicata diſtantiae a puncto L; vnde obliquitas radiorum in ω erit $= \mathfrak{B} x . \sqrt{\frac{\omega}{f}}$.

Radii igitur ex ω egreſſi concurrent poſt oculum in puncto v, ita, vt fit per principia fupra ſtatis ſtabilita V$v = \frac{\omega}{f^2} \zeta \omega$, denotante s profunditatem oculi O V. Radiorum autem in hoc puncto v concurrentium obliquitas ex iisdem principiis erit

$$= \tfrac{1}{s} . \mathfrak{B} x \sqrt{\tfrac{\omega}{f}};$$

ex quibus duobus momentis concluditur circelli in retina depicti radius $= \frac{s}{f} . \zeta \omega . \mathfrak{B} x \sqrt{\frac{\omega}{f}}$ et quia eſt $\zeta \omega = \zeta - \omega$, erit radius iſtius circelli

$$= \tfrac{s}{f} \mathfrak{D} x . (\zeta - \omega) \sqrt{\tfrac{\omega}{f}},$$

qui ergo vt maximus euadat, fpatium ω ita aſſumi opor-

CAPVT II.

oportet, vt fiat $(\zeta - \omega) \sqrt{\omega} =$ maximo, quod euenit sumendo $\omega = \frac{1}{3}\zeta$; quocirca maximi huius circelli erit radius $= \frac{2}{7} \mathfrak{B} x . \frac{1}{3} \zeta . \sqrt{\frac{\zeta}{3f}}$. Nunc vero ex altera parte radii ex altero puncto l in oculum incidentes confiderentur, qui ante retinam in puncto v colligentur, exiftente fpatio $V v = \frac{vs}{u} . \zeta l = \frac{vs}{u} (f - \zeta)$ ibique radiorum obliquitas erit $= \frac{l}{u} \mathfrak{B} x$; vnde circelli fuper retina depicti radius erit $= \frac{u}{f} (f - \zeta) \mathfrak{B} x$ qui confequenter radio prioris circelli inuenti aequalis ftatui debet; ex quo obtinebitur haec aequatio $f - \zeta = \frac{2}{3}\zeta \sqrt{\frac{\zeta}{3f}}$ ex qua interuallum ζ definiri oportet. Sumtis autem quadratis habebimus

$$f^2 - 2f\zeta + \zeta^2 = \tfrac{4}{27} . \zeta^3 \text{ fiue}$$

$$f^2 - 2f^2\zeta + f\zeta^2 - \tfrac{4}{27}\zeta^3 = 0.$$

quam perpendenti mox patebit diuifibilem effe per $f - \frac{1}{3}\zeta$ diuifione autem facta prodit

$$f^2 - \tfrac{5}{3}f\zeta + \tfrac{4}{9}\zeta^2 = 0.$$

Quae denuo per $f - \frac{1}{3}\zeta$ diuifa praebet $f - \frac{4}{3}\zeta = 0$, quia vero bini priores factores hic locum habere nequeunt, quia abfurdum foret effe $\zeta = 3f$, vltimus factor nobis verum praebet interuallum $L\zeta = \zeta = \frac{3}{4}f$, ita, vt fit $l\zeta = \frac{1}{4}f$ et $L\omega = \omega = \frac{1}{4}f$ his valoribus inuentis circelli minimi in oculo defcripti radius erit $= \frac{1}{9}f.\mathfrak{B}x$ et cum fit $f = \sqrt{x^2}$, erit ifte radius $= \frac{\mathfrak{B}}{9} \sqrt{\mathfrak{B}} . x^{\frac{3}{2}}$ Iam vero fi in coelo circulum confpiceremus, cuius

radius

radius apparens $= \phi$, eius imago super retina etiam
esset circulus, cuius radius $= s\phi$ hoc ergo circulo
illi aequali posito sit $\phi = \frac{v \oplus s^2}{s f}$ et singula imaginis
nostrae puncta ab oculo cernentur tanquam macu'as
circulares, quarum semidiameter apparens sit $= \frac{v \oplus s^2}{s f}$,
quam expressionem supra nominauimus semidiametrum
confusionis.

Coroll. 1.

§. 29. In hac solutione assumsimus, punctum ω
intra λ et *l* cadere; si enim termino L propius esset,
quam punctum λ, quoniam imago tantum per spatium L *l* est diffusa, istud punctum ω prorsus non in
computum venire posset, sed maximus circellus in oculo ex hac parte ab ipso puncto λ oriretur, atque pro
hoc casu peculiaris solutio requiretur, quam mox sumus daturi.

Coroll. 2.

§. 30. Cum autem sit L ω $= \frac{1}{s} L f = \frac{1}{s} L l$, pro
termino autem λ sit L λ $=ss$. L *l*, punctum ω intra
terminos *l* et λ cadet, quoties fuerit L ω $>$ L λ ideoque quoties fuerit $s < \frac{1}{s}$, quamobrem, quia in praxi
s semper assumitur $< \frac{1}{s}$, solutio problematis ad praxin
vtique est accommodata.

Coroll. 3.

§. 31. Quoties igitur fuerit $s < \frac{1}{s}$, tum certo
affirmare licet ob foramen, quo speculum est perfo-
fum,

CAPVT II.

sum, confusionem nullo modo imminui, sed semper tantam esse, ac si speculum esset integrum, totaque sua superficie radios reflecteret, ideoque aequatio generalis supra inuenta pro semidiametro confusionis etiam pro speculis valebit, si modo, vt supra iam inuenimus, loco formularum ad specula pertinentium formulae ibi assignatae §. 23. substituantur.

Coroll. 4.

§. 32. Atque hinc etiam cognoscimus, si telescopium ex meris lentibus conflet, confusionem neutiquam diminui, etiamsi lens obiectiua circa medium obtegatur, quemadmodum nonnulli auctores senserunt, sed optimum remedium confusionem diminuendi certo in hoc constat, vt lens ocularis circa marginem obtegatur, quippe quo pacto ipse semidiameter confusionis s diminuitur, et confusio adeo in ratione triplicata minor redditur, cum e contrario, si lens circa medium obtegeretur, ne minima quidem confusionis diminutio sit exspectanda, nisi forte pars obtecta semissem totius lentis superet, quo pacto autem claritas nimiuim diminueretur.

Scholion.

§. 33. Sin autem semidiameter foraminis $y = s. x$ semissem totius aperturae s superet, ita, vt punctum u inter L et λ cadat, problema nostrum aliam solutionem postulat. Cum enim nux ex parte $L \lambda$ maximus

ximus circellus in oculo ab ipso puncto λ oriatur fitque $L\lambda = \varepsilon\varepsilon.f$ ob $Ll = f$ hincque spatium $\zeta\lambda = \zeta - \varepsilon\varepsilon.f$; spatiolum post oculum fiet $V v = \frac{v\mathfrak{v}}{v}(\zeta - \varepsilon\varepsilon f)$ ibique radiorum obliquitas $= \frac{1}{v}\varepsilon$. $\mathfrak{V} x$, circelli hinc super retina formati erit radius $= \frac{v}{T}\cdot\varepsilon(\zeta - \varepsilon\varepsilon.f)\mathfrak{V} x$.

At ex altera parte a termino l nascitur in retina circellus, cuius radius $= \frac{v}{T}(f - \zeta)\mathfrak{V} x$ qui duo radii ob rationes ante allegatas inter se aequales sunt statuendi, ex quo consequimur $f - \zeta = \varepsilon\zeta - \varepsilon'f$ hincque $\zeta = \frac{f(\varepsilon + \varepsilon')}{\varepsilon + \varepsilon} = f(1 - \varepsilon + \varepsilon')$ hinc ergo erit $f - \zeta = \varepsilon(\varepsilon - \varepsilon')f$ sicque semidiameter circellorum in retina erit $= \frac{v}{T}\cdot\varepsilon(1 - \varepsilon)f$. $\mathfrak{V} x = \frac{v}{T}\cdot\varepsilon(1 - \varepsilon)\mathrm{V}\mathfrak{V} x'$ consequenter hoc casu, quo $\varepsilon > \frac{1}{2}$, semidiameter confusionis erit $= \frac{\varepsilon(1 - \varepsilon)}{T}\mathrm{V}\mathfrak{V} x'$ qui casu praecedente, quo $\varepsilon < \frac{1}{2}$, erat $= \frac{V\mathfrak{V}}{\varepsilon T}\cdot x'$; quamdiu ergo est $\varepsilon < \frac{1}{2}$ semper valet formula $\frac{V\mathfrak{V}}{\varepsilon T}x'$; quae etiamnum locum habet, si $\varepsilon = \frac{1}{2}$; verum statim ac fit $\varepsilon > \frac{1}{2}$, tum demum confusio diminui incipit, atque tandem prorsus euanescit, si fiat $\varepsilon = 1$. Quia autem claritas quoque diminuitur et tandem euanescit, hinc nullum plane lucrum in praxin redundare potest, siquis enim adhuc dubitet, vtrum loco lentis solidae, cuius radius sit p, non adhiberi posset limbus vitreus paris superficiei, cuius radius exterior sit $= q$ et interior $= \varepsilon q$, Ita, vt sit $p' = q'(1 - \varepsilon\varepsilon)$ atque confusio istius limbi minor euadat, hoc dubium nunc facile erit resoluere; a lente enim solida nascetur confusio vt $\frac{1}{2}p'$;

ex

ex limbo autem vt $s(1-e)q^2$; vnde ob $p=q\sqrt{(1-ee)}$, erit confufio ex lente folida nata ad confufionem ex limbo oriundam, vti $(1+e)\sqrt{(1-ee)}:4s$ quare cum fit per hypothefin $s > \frac{1}{2}$ (quia altero cafu $s < \frac{1}{2}$ ne dubium quidem exfiftere poteft) pofterius membrum $4s$ manifefto erit maius, quam 2, at quia fimul $s < 1$, erit $1 + s < 2$ ideoque multo magis $(1+e)\sqrt{(1-ee)} < 2$, ex quo perfpicuum eft, prius membrum femper effe multo minus pofteriore, fiue confufionem limbi multum excedere confufionem lentis folidae.

Scholion 2.

§. 34. Cum autem pro vfu practico tuto fumere queamus $s < \frac{1}{2}$, quo cafu fpeculum obiectiuum perforatum aeque magnam gignit confufionem, ac fi effet integrum, fi in formula generali fupra pro telefcopiis exhibita, qua femidiameter confufionis exprimitur, loco duarum priorum lentium noftra fpecula introducamus, aequatio hinc nata fequenti modo fe habebit

$$\delta = \frac{nx^3}{p^4}\left\{ 1 - \frac{(1+\mathfrak{B})(1-\mathfrak{B})^2}{s\mathfrak{s}'p} + \frac{\mu}{s'^2 Q}\left(\frac{\lambda''}{e^2} + \frac{\gamma}{ce}\right) \right.$$
$$\left. - \frac{\mu}{s'c^2 p Q x}\left(\frac{\lambda''}{D^2} + \frac{\gamma}{DD}\right) + \text{etc.} \right.$$

vbi notari conuenit, fi forte lentes poft fpecula adhibitae ex vario vitro conficiantur; tum pro qualibet lente litteras μ et ν ex eo vitri genere fumi debere, ex quo lens fuerit facta.

CAPVT II.

Reliqua autem praecepta generalia pro conſtructione telescopiorum nullam mutationem ob ſpecula requirent, exceptis iis tantum formulis, quibus tam margo coloratus tollitur, quam omnis confuſio a diverſa radiorum refrangibilitate oriunda ad nihilum redigitur. Cum enim in has formulas induxerimus pro ſingulis lentibus litteras N, N', N'', N''' etc. quae litterae proportionales ſunt ſumtae formulis differentialibus $\frac{dv}{r-u}$; $\frac{dv'}{r'-u'}$ etc. ſi loco duarum priorum lentium ſpecula ſubſtituantur, ob defectum refractionis iſtae binae litterae priores N et N' nihilo aequales ſunt cenſendae; quo obſeruato omnibus illis formulis generalibus pro ſpeculis perinde vti poterimus, atque in ſecundo libro eſt factum, dummodo quae circa diſtantias focales ſpeculorum et circa duo interualla priora in capite praecedente ſunt allata, probe obſeruentur.

Scholion 1.

§. 35. Teleſcopia autem Catadioptrica huius generis ſponte ad duo genera principalia reuocantur, ſiquidem ſupra vidimus, ſecundum ſpeculum vel vltra focum primi conſtitui poſſe, vel intra eum, atque priori caſu ſecundum ſpeculum fore concauum, altero vero conuexum. Deinde cum pro priori caſu hos l mites pro ſecundi ſpeculi diſtantia focali q inuenerimus

$$q < \imath p \text{ et } q > \tfrac{l'(\imath+\imath)b}{\imath+\imath b}$$

exi-

existente primo interuallo $=(1+\epsilon)p$ cui secundum debet esse aequale tum vero

$$b = \epsilon p \text{ et } \frac{\beta}{b} = \frac{q}{b-q} = B$$

Quo hoc prius genus debite euoluamus, tres casus constitui conueniet; primo scilicet sumamus $q = \epsilon p$;

Secundo $q = \frac{\iota(\iota+1)\iota}{\iota+1\iota}$ et tertio $q = \frac{\iota(\iota+2)}{\iota+2\iota}.p.$

Pro altero vero genere secundum speculum intra focum prioris collocabatur, ita, vt esset

$$b = -\epsilon p \text{ et } \frac{\beta}{b} = \frac{q}{b-q} = \frac{-q}{\epsilon p+q} = B$$

ibique cum distantia focalis q hoc casu euadat negatiua posito $q = -q$; hos ibidem dedimus limites

$$q > \epsilon p \text{ et } q < \frac{\iota(\iota-1)}{\iota-1\iota}.p$$

vnde iterum tres casus euoluamus

Primo scilicet sumamus $q = -\epsilon p$,

Secundo $q = \frac{-\iota(\iota-1)\iota}{\iota-\iota\iota}.p$,

Tertio $q = \frac{-\iota(\iota-2)}{\iota-2\iota}.p$

hoc autem casu erit interuallum primum $=(1-\epsilon)p$, cui etiam secundum aequale esse debet. Ceterum in priori genere erat $\frac{b}{\beta} = -\epsilon$ ita, vt in primo statim interuallo reperiatur imago realis; in altero vero genere erat $\frac{b}{\beta} = \epsilon$, ita, vt in primo interuallo nulla occurrat imago realis praeterea vero, vti iam monuimus, sumimus hic semper $\epsilon < \frac{1}{2}$, vnde postremus adhuc casus considerari merebitur, quo scilicet sit $\epsilon = \frac{1}{2}$,

quo-

quoniam tam secundum speculum planum accipere licebit; quocirca secundum hos septem casus haec telescopia Catadioptrica sumus pertractaturi.

CAPVT III.

CAPVT III.

DE
TELESCOPIIS CATADIOPTRICIS
MINORE SPECVLO CONCAVO INSTRVCTIS.

Problema 1.

§. 36.

Si ante speculum principale P P foramine $\pi\pi$ pertusum ad distantiam $AB = (1+s)p$ constituatur minus speculum concauum Q B Q, cuius distantia focalis $q = sp$, definire binas lentes C et D, ita, vt quaeuis obiecta distincte repraesententur.

Tab. III. Fig. 8.

Solutio.

Hic denotat p distantiam focalem maioris speculi, cuius semidiameter $AP = x$ eiusque foraminis $A\pi = y = sx$, ita, vt radius curnaturae, huius speculi $= 2p$. Obiectorum igitur imago principalis ab hoc speculo repraesentabitur in F, vt sit $AF = a = p$, cuius ergo distantia a minore speculo debet esse, vti ante est ostensum, $FD = sp$ et semidiameter huius speculi $BQ = y = sx$. Cum igitur distantia focalis huius speculi sit $= q = sp = FB$ radii hinc reflexi inter se fient paralleli, donec in lentem C incidant;

pro-

pro formulis ergo noſtris generalibus erit $\frac{1}{c} = -s$
et $FB = b = cp$ vnde vtique ob $P = -\frac{a}{c}$ fit $P=-\frac{1}{s}$.
Deinde cum fiat $\beta = \frac{M}{\beta-1} = \infty$, hincque $B = \frac{\beta}{b} = \infty$
iam quia interuallum secundum in genere eſt

$$= -\frac{Ab c}{P}\left(1-\frac{1}{Q}\right) = -\frac{Bp}{P}\left(1-\frac{1}{Q}\right)$$

hocque primo interuallo aequale eſt ponendum, fiet
$Q = 1$. sed ita tamen, vt fit $B\left(1-\frac{1}{Q}\right) = \frac{-r \cdot 1}{r}$; per
formulas autem genericas hoc secundum interuallum
$= \beta + c = (1 + s) p$; vnde ob $\beta = \infty$ fit
$c = (1 + s) p - \beta = -\infty$ ideoque
$C = \frac{\gamma}{c} = 0$, et $\mathfrak{C} = 0$.

Quare poſita lentis in foramine conſtitutae diſtantia
focali $= r$, erit $r = \frac{B \mathfrak{C}}{FQ} p = -s\,B\,\mathfrak{C}.p$; vnde cum fit
$B = \infty$ et $\mathfrak{C} = 0$, viciſſim colligitur $B\mathfrak{C} = BC = \frac{-r}{sp}$,
atque hinc pro quarta lente $S\mathfrak{D}S$ habebimus diſtan-
tiam focalem $s = -\frac{r}{h}$, et interuallum $CD = r(\mu - \frac{1}{h})$.
Vt ergo poſtrema lens fiat conuexa, littera R debet
eſſe negatiua ſiue in interuallum CD incidit imago
realis in puncto H atque ex data multiplicatione m
formulae generales praebent $P Q R = m$; quoniam ob
binas imagines reales repraeſentatio erit erecta. Hinc
ergo fiet $R = \frac{R}{FQ} = -sm$, ita, vt nunc fit $r = \frac{r}{sm}$
et interuallum $CD = r\left(1+\frac{1}{sm}\right) = r + s$, quandoquidem hic fit ex natura rei $CH = r$ et $HD = s$.
Contemplemur nunc campum apparentem et secundum

CAPVT III.

dum formulas noftras generales fecundo fpeculo tribuamus litteram q, lenti C litteram r et lenti D litteram s et femidiameter campi apparentis erit

$$\Phi = \tfrac{1+r+s}{n-1}\xi, \text{ fumto } \xi \text{ pro fractione } \tfrac{1}{s},$$

litterae autem q, r et s ad fummam vnitati aequales fieri poffunt. Pofuimus vero breuitatis gratia $\tfrac{1+r+s}{n-1} = M$, vt fit $\Phi = M\xi$ atque formulae noftrae generales has fuppeditant aequationes:

$$\mathfrak{B}q = (P - 1) M$$
$$\mathfrak{C}r = (PQ - 1) M - q$$

quae ob valores iam inuentos $\mathfrak{B} = 1$. et $\mathfrak{C} = 0$. praebent ambae $q = (P - 1) M = - (1 + \tfrac{s}{1}) M$. Hinc autem inuenimus diftantiam oculi poft lentem D, fcilicet $DO = O = \tfrac{df}{R\alpha}$ quae diftantia cum fit pofitiua, quandoquidem nihil impedit quominus ipfi s valor pofitiuus detur isque vnitati aequalis; marginem colorum tollemus, fi ob $N' = 0$ et $N'' = N'''$ (quandoquidem noftrae duae lentes ex eodem vitro parantur) huic aequationi fatisfaciamus:

$$0 = \tfrac{1}{PQ} + \tfrac{s}{PQR}$$

quae ergo reducitur ad hanc:

$$0 = r - \tfrac{s}{1-n} \text{ vnde colligitur } r = \tfrac{s}{1-n}$$

quare cum fit $q = -(1 + \tfrac{s}{1}) M$ erit

$$q + r + s = -(1 + \tfrac{s}{1}) M + \tfrac{s}{1-n} + s = M(n-1);$$

vnde sequitur $M = \frac{\phi}{m}$; ita, vt iam sit semidiameter campi apparentis $\Phi = \frac{\phi}{m} \cdot \xi$. Num autem hic pro ϕ vnitas scribi queat, intelligemus ex lente C, cuius apertura nobis est praescripta et cuius semidiameter $= y = \epsilon x$. Iam per formulas nostras hic semidiameter esse debet $t r \xi + \frac{s}{FQ} = \frac{br}{\epsilon m} \xi + \epsilon x$, vbi sufficit, maiori membro vti, ex quo sequitur, esse debere $\frac{br}{\epsilon m} \xi < \epsilon x$, vnde si statuamus $\phi = 1$ et $\xi = \frac{1}{2}$, necesse est, vt sit $r < 4 \epsilon'. m. x$; si igitur velimus sumere $r > 4 \epsilon' m x$; tum ϕ vnitate minus accipi debet, ex quo campus apparens in eadem ratione diminuetur. Hic autem inprimis quoque ad vltimam lentem attendi oportet, pro qua est $s = \frac{r}{\epsilon m}$, ita, vt esse debeat $s < 4 \epsilon x$ siue $s < 4 y$. vnde patet, foramen non nimis exiguum statui posse. Totam autem confusionem ex diuersa radiorum refrangibilitate oriundam tolleremus ope huius aequationis:

$$0 = \tfrac{N''}{P'Q'} \cdot \tfrac{1}{r} + \tfrac{N'''}{P'Q'R'} \cdot \tfrac{1}{s}$$

quae abit in hanc

$$0 = N'' + \tfrac{N'''}{\epsilon m},$$

quod cum nullo modo fieri possit, etiamsi diuerso vitro vti vellemus, hanc confusionem, quae semper est valde exigua, tolerari oportet. His observatis cardo rei versabitur in semidiametro confusionis, quem insensibilem reddi conuenit ope huius aequationis:

$$\phi = \tfrac{m x^2}{\phi^2} \left(\tfrac{1}{\epsilon} + \tfrac{1}{\epsilon} + \mu \cdot \tfrac{\epsilon' \cdot \phi'}{\phi' \cdot \phi'} \lambda'' + \tfrac{\epsilon'' \epsilon'' \phi''}{\phi'' \cdot \epsilon m} \lambda''' \right)$$

quae

CAPVT III.

quae aequatio abit in hanc formam:

$$p \check{V}(\tfrac{1}{a^\prime+x^\prime} - \tfrac{\kappa \iota^\prime \lambda^n}{r^\prime} - \tfrac{\kappa \iota^\prime \lambda^m}{m^\prime r^\prime}) = \tfrac{1}{2}\check{V}(1+s)$$

ex qua aequatione reperitur p: verum quantitatem x tantam aſſumi conuenit, vt inde ſufficiens claritatis gradus obtineatur. In doctrina de teleſcopiis autem pro ſufficiente claritatis gradu ſumſimus $x = \tfrac{n}{10}$ dig. quod autem ibi erat x ſeu $\sqrt{x^2}$, hic nobis eſt $\sqrt{(1-r^\prime)}x^2$, ita, vt hic habeamus

$$x\sqrt{(1-r^\prime)} = \tfrac{n}{10} \text{ dig.}$$

ſiquidem eodem claritatis gradu frui velimus, vnde foret $x = \tfrac{n}{10\sqrt{(1-r^\prime)}}$. dig. Ideoque $x > \tfrac{n}{10}$ dig. Quia vero ſpecula non tantum radiorum reflectunt, quantum lentes transmittunt, ne hoc quidem modo tantum claritatis gradum adipiſcemur, quam in teleſcopiis vulgaribus. Sin autem minori claritatis gradu contenti eſſe velimus atque ſtatuamus $x = \tfrac{n}{k}$ dig. ſumamusque vt ibi $k = 50$. aequatio noſtra erit

$$p.\check{V}(\tfrac{1}{m^2} - \tfrac{\kappa \iota^\prime \lambda^n}{r^\prime} - \tfrac{\kappa \iota^\prime \lambda^m}{m^\prime r^\prime}) = \tfrac{1}{2}\check{V}(1+s)$$

vbi manifeſto debet eſſe $\tfrac{1}{r^\prime}$ multo minus, quam prius membrum $\tfrac{1}{m^2}$ ſiue $r^\prime > s^\prime m^2$ ideoque r multo maius

quam $s m \check{V} s m$ ſupra vero vidimus, eſſe debere $r < 4 s^\prime m x$; quod vt fieri poſſit debet eſſe $4 s^\prime m x$ multo maius, quam

$s m \check{V} s m$, ſiue $4 s m > 50. \check{V} s m$

ideo-

ideoque $s > \frac{ut}{a}$, quod in magnis multiplicationibus effici posset.

At si haec conditio non obseruetur effectus in eo consistet, vt non amplius sit $s = 1$, hincque campus apparens multo minor existat, quam

$$\Phi = \frac{l}{a} \text{ sine } \Phi = \frac{ut}{a} \text{ min.}$$

Coroll. 1.

§. 37. Cum in telescopiis id semper inprimis sit efficiendum, vt eorum longitudo hincque praecipue distantia focalis p quam minima reddatur, in aequatione vltima confusio s lentibus oriunda tantopere diminui debet, vt prae confusione speculorum quasi euanescat, quare cum in ista formula ex primo speculo nascatur portio $\frac{s}{1}$; ex secundo vero $\frac{s}{1}$ necesse est, vt portiones sequentes ex lentibus oriundae multo fiant minores, ex quo littera r multo maior esse debet quam s s p, ideoque r vix minus capi poterit, quam p.

Coroll. 2.

§. 38. Quodsi igitur statuamus $r = p$, cum s, vti vidimus, minus esse soleat, quam $\frac{s}{1}$, pro confusione definienda tuto vti licebit hac aequatione

$$b = \frac{ms^2(1+s)}{1,p}; \text{ vnde colligimus}$$

$$p = \frac{bs}{a} \sqrt[r]{m(1+s)};$$

vnde

CAPVT III.

vnde si pro dato claritatis et distinctionis gradu capiatur

$$x = m \text{ dig. erit } p = \tfrac{1}{2} m \cdot \sqrt[v]{m(1+\epsilon)}$$

quae quantitas circiter duplo minor est, quam in telescopiis dioptricis communibus, ita, vt hoc modo tota longitudo fere ad partem quartam reducatur.

Coroll. 3.

§. 39. Sumto autem $r = p$ pro campo definiendo littera s maior scripsi aequis, quam vt fiat

$$\tfrac{sp}{s+m} = \epsilon s;$$

hinc ergo pro exemplo speciali, quo $\epsilon = \tfrac{1}{2}$ et $m = 100$, colligetur

$$s = \tfrac{2 \cdot 100}{199} = \tfrac{1}{2} \text{ circiter,}$$

ex quo patet, hoc casu fore campum quicquam minorem, quam si capere liceret $s = \epsilon$ sicque in genere patet, hoc modo nimis exiguum campum obtineri.

Coroll. 4.

§. 40. Sumto autem $r = p$ pro constructione huiusmodi telescopii distantiae locales sequenti modo se habebunt

$$p = \tfrac{1}{2} m \sqrt[v]{m(1+\epsilon)}; \; q = \epsilon p; \; r = p \text{ et } s = \tfrac{p}{1+\epsilon};$$

tum vero interualla lentium seu speculorum

$$AB = (1+1)p = BC.$$
$$CD = r + s = p(1 + \tfrac{1}{1\cdot 2})$$

et distantia oculi $O = t = \tfrac{p}{1\cdot 2}$

vnde patet tubum arcae, in qua specula continentur, adiungendum admodum fore longum.

Scholion.

§. 41. Praeter incommoda vero, quae hic iam commemorauimus, huiusmodi telescopia maximo vitio laborarent propterea quod radii in lentem C incidentes inter se sunt paralleli; tum enim radii peregrini qui ab obiectis vicinis directe in eandem lentem incidunt, quia etiam sunt paralleli inter se, in transitu per lentes simili modo refringentur ac radii proprii, ideoque cum iis simul ad oculum deferentur et quoniam hi radii peregrini multo sunt fortiores, quam proprii, siquidem hi duplicem refractionem iam sunt passi, in oculo impressionem istorum penitus extinguent. Interim tamen quia radii peregrini ad axem magis sunt obliqui, atque etiam in refractione maiorem obliquitatem conseruant, ab egressu in oculum excludi possent ope exigui foraminuli, cui oculus adplicatur; hoc autem modo non solum claritas nimium detrimentum pateretur, sed etiam campus insuper restringeretur, quam ob caussam in huiusmodi telescopiis

CAPVT III.

piis inprimis cauendum est, ne radii peregrini, qui circa minus speculum praeterlabentes ab introitu in C arceri nullo modo possunt, cum radiis propriis similem refractionem patiantur. Quod praestari poterit, si modo radii proprii in lentem C incidentes fuerint vel diuergentes vel conuergentes, vt post refractionem in alio foco congregentur, ac peregrini, tum enim diaphragma debito foramine in isto foco constitutum facile radios peregrinos ab vlteriori progressu ad oculum excludet. Perspicuum autem est, quo hoc remedium certius succedat, illam siue conuergentiam siue divergentiam satis notabilem esse debere, siue efficiendum est, vt per refractionem huius lentis C imago a radiis peregrinis formata multum distet ab imagine a radiis propriis formata, id quod in sequentibus casibus vsu veniet.

Problema 2.

§. 42. Si ante speculum principale PP, foramine $\pi\pi$ pertusum, ad distantiam $AB = (1+\epsilon)p$ constituatur minus speculum concauum QBQ, cuius distantia focalis $q = \frac{1(1+\epsilon)}{\epsilon + 1\epsilon} \cdot p$, definire binas lentes C et D, ita, vt quaeuis obiecta distincte repraesententur.

Tab. III.
Fig. 1.

Solutio.

Hic ergo, vt ante, est distantia $AF = a = p$ et $FB = b = \epsilon p$, hincque $\frac{b}{a} = -\epsilon$ ob $AB = [1+\epsilon]p$.

Quia

Quia vero hic est

$$q = \frac{i(i+s)}{i+u} \cdot p, \text{ fiet } \frac{p}{q} = \frac{i}{i-q} = \frac{i+s}{i} = B;$$

ita, vt iam fit $\beta = [1+s]p$, quae diftantia ipfi fecundo Interuallo BC eft aequalis ficque fecundo longo in ipfam lentem C incidet, vnde fiet $s = o$; vnde cum pofuerimus

$$\tfrac{p}{q} = -Q, \text{ fiet hic } Q = -\infty$$

cum vero pro tertia imagine erit

$$\gamma = \frac{ir}{i-r} = o, \text{ ita, vt fit } C = -1 \text{ et } \mathfrak{C} = \infty.$$

Quare cum fit

$$r = \frac{\mathfrak{R}\mathfrak{C}}{PQ} \cdot p = - \frac{(1+s)\mathfrak{R}}{\mathfrak{C}} \cdot p$$

viciffim adparet, fore $\frac{\mathfrak{C}}{\mathfrak{Q}} = - \frac{\dot{r}}{(1+s)p}$.

His inuentis diftantiae focales erunt

$$P = p; \quad q = \frac{i(i+s)}{i+u} \cdot p; \quad r = r; \text{ et}$$

$$s = \frac{\mathfrak{S}}{PQR} \cdot p = \frac{i+s}{i\pi} \cdot p \text{ ob } PQR = m.$$

Interualla vero ita erunt expreffa

$$AB = [1+s]p = BC.$$
$$CD = \frac{i+s}{i\pi} \cdot p = s,$$

vti rei natura poftulat, quandoquidem vltima imago in ipfa lente C manet conftituta. Ceterum patet, hic duas occurrere imagines reales; alteram in F, alteram in C, ideoque imagines fitu erecto repraefentari et recte non affumfiffe $PQR = m$. Pro

CAPVT III.

Pro campo diiudicando erit

$$M = \frac{1+r+s}{n-1}$$ vnde fit $\varphi = M\xi;$

tum vero esse debet

$\mathfrak{B}q = (P-1)M.$ hinc

$q = -\frac{(1+n)}{t}M$ et

$\mathfrak{C}r = (PQ-1)M - q$ hinc

$r = (\frac{PQ}{t} - \frac{q}{t})M - \frac{q}{\xi}.$

Quia vero

$\mathfrak{C} = \infty$ et $\frac{\mathfrak{C}}{\mathfrak{Q}} = \frac{-r}{(1+t)\rho}$ erit

$r = \frac{PQM}{\mathfrak{C}} = \frac{(1+t)\rho}{tr}.M$

hinc ergo fit

$q + r + s = (\frac{(1+t)\rho}{tr} - \frac{(1+n)}{t})M + \theta = (m-1)M;$

vnde reperitur

$$M = \frac{tr\theta}{mtr - (1+t)(\rho - r)}$$

circa θ autem nihil adhuc definitur, sed cum lentis C semidiameter aperturae reuera sit $= \epsilon x$, per formulas autem nostras esse debeat

$= \frac{1}{2}tr = \frac{(1+t)\rho x}{4s}$

siue ipso campo introducto hic semidiameter erit $= \frac{(1+t)\rho \varphi}{4}$, qui cum excedere nequeat ϵx, hoc non est verendum, nisi esset $\varphi = \frac{4\epsilon x}{(1+t)\xi}$ vel maius. Iam

vt

CAPVT III.

vt margo coloratus euanescat, debet esse

$$0 = \frac{1}{PQ} + \frac{\phi}{PQR}; \text{ ideoque esse deberet } \frac{\phi}{n} = 0.$$

vnde patet hoc modo marginem coloratum euitari non posse; sed tamen eum fore minimum et vix sensibilem ob denominatores PQ et PQR maximos.

Sumta porro littera ϕ, vti circumstantiae permittunt, pro loco oculi habebimus $O = \frac{\phi\phi}{nn}$. Denique conditio confusionis tollendae praebet hanc aequationem

$$\phi = \frac{n x^2}{p^2}\left(1 + \frac{(1+i)^2}{i(1+i)^2}\right)$$

sequentibus partibus sponte euanescentibus, ita, vt statui possit

$$p = im \sqrt{m\left(\frac{1+i^2+i^2}{(1+i)^2}\right)} \text{ dig.}$$

Coroll. 1.

§. 43. Cum lentis in C positae semidiameter aperturae esse debeat $= \frac{1}{4} i r$, ia vero reuera sit $= ix$; hinc colligitur $r = \frac{4ix}{i}$. Verum ante inuenimus $r = \frac{(1+i)p}{ip}$. M his ergo duobus valoribus aequatis prodit $4i^2 x = (1+i)p.M$; vnde si esset $i = i$ foret $r = 4ix$; tum vero $r = \frac{n(1+i)p}{i}$; quis vero est

$$M = \frac{i r.i}{m i r - (1+i)(p-i)}$$

habebimus nunc substitutum pro r illo valore

$$M = \frac{i i^2 i x}{4 m i^2 x - (1+i)(p - i i x)}$$

qui

CAPVT III.

qui valor in illa aequatione substitutus dabit

$$s = \frac{\imath m \iota^2 z - (\iota + \imath)(p - \imath\imath z)}{(\iota+\imath)p}.$$

Coroll 2.

§. 44. Quia autem s vnitate maius esse nequit, hoc valore vnitati aequali posito prodibit

$$4 m \iota^2 x = z(\imath + \iota)p - 4z(\imath + \iota)x$$

hincque

$$m = \frac{(\imath+\iota)p - z\iota(\imath+\iota)z}{z\iota^2 x}$$

quae aequatio subsistere nequit, nisi multiplicatio m aliquot millia excedat, quod in praxi nunquam locum habere potest.

Scholion.

§. 45. Huiusmodi vero telescopia duplici laborant defectu; primo enim quia lens C in ipso imaginis loco constituitur, nisi lens ex purissimo vitro sit confecta repraesentatio vehementer erit inquinata, vti iam saepius obseruauimus; deinde etiam haud exiguum vitium in eo consistit, quod marginem coloratum non licuit ad nihilum reducere, quam ob caussam haec telescopia superfluum foret vberius prosequi, sed potius eiusmodi casum euoluamus, in quo secunda imago post lentem C cadat simulque margo coloratus feliciter tolli queat, quare cum pro hoc praestando habeatur aequatio $0 = \frac{\imath}{VU} + \frac{s}{VQR}$, necesse est,

eſt, vt fieri queat $r + \frac{\epsilon}{R} = 0$, quod commodiſſimę fieri poterit, ſi fuerit $R = -1$, quia enim tum erit $r = \epsilon$, maximum campum adipiſci poterimus, ſi ſumere liceat $r = \epsilon = 1$. tum enim fiet $M = \frac{q+1}{q-1}$ et quamuis q ſit fractio negatiua, tamen campus hinc orietur ſatis magnus; vt vero fiat R numerus negatiuus, ſecunda imago in interuallum CD adere debet, ita, vt Q maneat quantitas poſitiua et quia multiplicatio dat $m = PQR$ ob $P = -\frac{1}{q}$, ſi ſumamus $R = -1$ neceſſe eſt fiat $Q = \epsilon m$, vnde cum ſit $Q = -\frac{\beta}{a}$, erit $\epsilon = -\frac{\beta}{am}$

ateuero ſecundum interuallum $BC = \beta + \epsilon$ quod cum primo $(1 + \epsilon) p$ aequale eſſe debeat, elicimus

$$\beta = (1 + \epsilon) p - \epsilon = \frac{q(1+\epsilon)-p}{q-1}$$

Cum vero ſit

$$\beta = \frac{b q}{q-1} \text{ et } b = \epsilon p \text{ ſiue etiam } \frac{1}{q} = 1 + \frac{1}{\beta}.$$

hinc erit

$$\frac{1}{q} = \frac{1+1\epsilon}{1+1\epsilon p} - \frac{1}{1+1+q+p}$$ cum vero erit

$$B = \frac{\beta}{b} = \frac{(1+1)m}{1+\epsilon}$$ hincque

$$\mathfrak{B} = \frac{(1+1)m}{(1+1)(q-1)}$$ vnde fit $q = \mathfrak{B} b$.

Porro vero cum ſit $r = \mathfrak{C} \epsilon$, erit

$$\mathfrak{C} = \frac{r}{\epsilon} = \frac{-(1m-1)r}{(1+\epsilon)p}$$ hincque

$$C = \frac{-(1m-1)r}{(1+\epsilon)p+(1m-1)r}.$$

Pro

CAPVT III.

Pro interuallo autem C D, quod eſt $\gamma+d=\gamma+s$, quia eſt

$$\gamma = \frac{cr}{r-r} = \frac{(1+i)ps}{(1+i)p+((m-1)r},$$

quia vero etiam eſſe debet $R = -\frac{r}{s} = -1$ hinc erit $s = \gamma$ ſicque interuallum $CD = 2\gamma = 2.s$. Quia autem porro eſt

$$M = \frac{s+r}{s-r},$$ ſumto ſcilicet $r = s = 1$, erit

$$q = \frac{-((1+i)^m-1)}{2m},$$ M hiſceque

$$q + 2 = \frac{-((1+i)^m-1)n+2m}{2m} = M(m-1);$$

vnde ſequitur

$$M = \frac{2m}{(m^2+(1+i)^m-1)};$$

ex quo viciſſim concludimus

$$q = \frac{-2((1+i)^m-1)}{2m^2+(1+i)^m-1}.$$

Praeterea vero adhuc habetur haec aequatio

$$\mathfrak{C} = (PQ-1)M - q$$

quae abit in hanc

$$\mathfrak{C} = -(m+1)M - q$$

ſeu ſubſtitutis valoribus

$$\frac{-((m-1)r}{(1+i)p} = \frac{-2m(m+1)+2((1+i)^m-1)}{2m^2+(1+i)^m-1}$$
$$= \frac{-2(m^2+(1+i)^m-1)}{2m^2+(1+i)^m-1},$$

vnde concludimus fore

$$r = \frac{2(m^2-(1+i)^m+1)(1+i)p}{(2m-1)(2m^2+(1+i)^m-1)}.$$

$$r = \frac{s(m-1)(t+1)}{(m^2+(1+t)m-1)} \cdot p$$

hinc cum sit $\frac{1}{\gamma} = \frac{1}{r} - \frac{1}{s}$, reperitur

$$\gamma = \frac{s(m-1)(1+t)}{(m^2-(1+t)m+1)}, p = s.$$

vnde porro concluditur distantia oculi

$$O = \frac{\delta s}{\kappa m} = \frac{(m^2+(1+t)m-1)}{(s m^2)} \cdot s$$
$$= \frac{1}{s} s \left(1 + \frac{1+t}{s m} - \frac{1}{s m^2}\right) = \frac{1}{s} s \text{ proxime.}$$

quod autem ad campum apparentem attinet, quoniam sumsimus $r = \beta = s$, dispiciendum est, num etiam ponere liceat $\xi = \frac{1}{s}$. Hoc autem patebit ex lente C, cuius semidiameter aperturae $= \xi r$ excedere nequit $\frac{1}{s} x$, posito igitur $\xi r = \frac{1}{s} x$ colligitur

$$\xi = \frac{(s^2(m)^2+(1+t)m-1)}{s \cdot m - ((1+t)p)}$$

qui valor si fuerit minor quam $\frac{1}{s}$, eo erit vtendum, ita, vt tum sit $\Phi = M \xi$; sin autem ille valor prodeat maior, quam $\frac{1}{s}$ nihilominus sumi debet $\xi = \frac{1}{s}$. Si tanquam exemplum sumatur

$s = \frac{1}{s}, m = 100, x = \frac{1}{s}$ dig. et $p = 25$. dig.; reuera prodit $\xi = \frac{1}{s}$, ita, vt haec positio $\xi = \frac{1}{s}$ parum a praxi discrepare videatur; vnde operae pretium erit has determinationes coniunctim ob oculos ponere.

Exemplum Telescopii Catadioptrici.

§ 16. Ex modo allatis prima elementa huius Telescopii ita se habebunt:

$s =$

$a = \infty;\ b = 1p;\ c = \frac{-i(1+t)}{im-1}p;\ d = \gamma$

$\alpha = p;\ \beta = \frac{i(1+t)mp}{im-1};\ \gamma = \frac{i(m-1)(1+t)}{im-(1+t)m+1}\cdot p;\ \delta = \infty.$

Ex quibus deducuntur sequentes valores.

$B = \frac{(1+t)m}{im-1};\ C = \frac{-i(m-1)(m-1)}{im-(1+t)m+1};$

$\mathfrak{B} = \frac{(1+t)m}{(1+t)m-1};\ \mathfrak{C} = \frac{-i(m-1)(1m-1)}{im+(1+t)m-1};$

$P = -\frac{a}{b} = -1;\ Q = -\frac{\beta}{c} = cm;\ R = -\frac{\gamma}{d} = -1.$

Ex his vero colliguntur distantiae focales

$p = p;\ q = \mathfrak{B}\, b = \frac{t(1+t)m}{(1+t)m-1}\cdot p;$

$r = \mathfrak{C}\, c = \frac{i(m-1)(1+t)}{im+(1+t)m-1}\cdot p$ et $s = d = \gamma.$

et pro earum aperturis

$q = \frac{-i((1+t)m-1)}{im+(1+t)m-1};\ r = 1;\ s = \perp$

hincque

$q + r + s = \frac{iim(m-1)}{im+(1+t)m-1}$ ideoque

$M = \frac{iim}{im+(1+t)m-1}$

ex quo elicitur semidiameter campi apparentis

$\Phi = M\xi;$ ac si licet sumere $\xi = 1;$ fiet

$\Phi = \frac{i m t m}{im+(1+t)m-1}\cdot$ minut.

at pro loco oculi inueniemus

$O = \frac{1}{2}p\left(1 + \frac{1\pm 1}{im} - \frac{1}{im^2}\right)$

Super-

CAPVT III.

Superest igitur, vt ex conditione confusionis definiatur distantia focalis p, quae reperitur

$$p = k x. \sqrt{m.(1 + \frac{k(m+1+((m+1)(m-1)}{m.(m+1)m+1})}$$
$$+ \frac{k(m+1+(1+1)m-1)}{m.(m-1)(1+1)m+1} (\lambda'' + \nu \mathfrak{C}.(1-\mathfrak{C}))$$
$$+ \frac{k(1+m^2-(1+1)m+\cdot\cdot\lambda^{i\nu}}{m^2(m-1)(1+1)m})$$

vbi si tantam claritatem desideremus, qualem supra telescopiis tribuimus, sumi debet $x = \frac{m}{75}$ dig. et pro gradu distinctionis $k = 50$, vt sit $k x = m$.

Sin autem minori claritatis gradu contenti esse velimus, fortasse sufficiet ponere $x = \frac{m}{100}$ dig. vel adeo $x = \frac{m}{125}$ dig.

Constructio huiusmodi Telescopii pro multiplicatione $m = 100$. sumto $\epsilon = \frac{1}{5}$.

§. 47. Pro maiori ergo speculo, cuius semidiameter sit $= x$, foraminis semidiameter erit $= \frac{1}{5} x$. eius vero distantia focalis in genere ponatur $= p$; ex qua sequentes distantiae focales ita definientur

$q = \frac{111}{529} p = 0, 2097. p;$

$r = \frac{50}{529} p = 0, 0943. p.$

$s = \frac{577}{16384} p = 0, 03335. p.$

Interualla autem sequenti modo definientur.
1°. $AB = \frac{5}{4} p = 1, 25$ $p;$
2°. $BC = \frac{5}{4} p = 1, 25. p;$

3°. C

CAPVT III.

3°. $CD = 2. \ t = 0,0671. p$;
4°. $O = 0, 5248. t$.

Praeterea vti speculi maioris semidiameter aperturae est $= x$, ita minoris erit $= \frac{1}{2} x$. cui etiam aequatur apertura lentis C; lentis vero ocularis D semidiameter aperturae poterit sumi $= \frac{1}{2} t$. vnde campi apparentis semidiameter erit circiter $\Phi = 16, 368$. minut. qui campus locum habet, nisi sit $\frac{1}{2} x < \frac{1}{2} r$ seu $x < r$. hoc enim si euenerit, vt sit $x < r$, tum campus in eadem ratione diminuetur, atque in eadem ratione aperturam lentis D diminui conueniet. At vero pro definienda distantia focali p habetur ista aequatio

$$p = \frac{1}{2} k x \sqrt[4]{\begin{array}{l} 100 + 19, 45 + 0,0095 \, \mu. \, (\lambda''-5\nu) \\ + 0, 811. \, \mu. \, \lambda'') \end{array}}$$

vbi partes ex binis lentibus oriundae vix ad dimidium accedant, tota haec quantitas radicalis certe non ad 5 exsurget, ita, vt tuto sumi possit $p = \frac{1}{2} k x$; supra autem notauimus esse circiter $k = 50$.

Scholion.

§. 48. Quodsi hic statuamus $k = 50$ et $x = 2$ dig. distantia focalis speculi obiectiui ex hac formula prodit $p = 250$. dig. ideoque maius viginti pedibus, quod merito maxime mirum videbitur, cum talia telescopia circumferantur, in quibus p non superat 24. dig. atque x adeo duobus digitis maior reperitur, et quae

nihi-

nihilominus centies multiplicant; cuius ergo phaenomeni cauſſam ſcrutari oportet; primo autem maniſeſtum eſt, cum non in hoc eſſe ſitam, quod numerum k nimis magnum aſſumſimus; etſi enim pro microſcopiis contenti eſſe ſoleamus valore $k = 20$, tamen fateri debemus, confuſionem tum ſatis eſſe ſenſibilem, qualem tamen in his teleſcopiis non deprehendimus, et quamuis praeterea ſumeremus $k = 20$, tamen adhuc prodiret $p = 100$. dig. Euidens ergo eſt, cauſſam neceſſario in eo ſitam eſſe debere, quod poſt ſignum radicale cubicum binae priores partes ad ſpecula telatae non ſolum multo ſint minores, quam hic aſſumſimus ſed adeo nihilo aequales poni debeant. Interim tamen certum eſt, ſi haec ſpecula haberent figuram ſphaericam, vti in calculo noſtro aſſumſimus, partes inde in confuſionem influentes minores non fore, quam hic ſunt definitae; ex quo tuto concludere poſſumus, in his inſtrumentis ſpecula non ad figuram ſphaericam eſſe elaborata ſed iis ab artifice figuram parabolicam eſſe induſtam, in quo Cel. Schort gloriatur, ſe modum inueniſſe ſpecula ad figuram parabolicam elaborandi, cui inuento ſine dubio exiguus valor litterae p tribui debet; quodſi enim poſt ſignum radicale binas priores partes omittamus; totus valor huius formulae radicalis ſumto $\lambda''' = 1$, ob $\mu = \frac{1}{6}$ circiter reducetur infra $\frac{1}{3}$; ſumto autem hoc valore ſequitur fore $p = 30$. dig. prorſus fere, vti experientia teſtatur; facile enim licet k aſſumere minus, quam

CAPVT III.

50; tum vero etiam aliae conftructiones proferri poffunt, in quibus haec duo membra pofteriora adhuc minores fortirentur coefficientes. Quodfi ergo ambo noftra fpecula figuram habuerint parabolicam fumereque liceat $p = 30$ dig.; exiftente $x = 2$ dig. erit $r = 2, 829$ dig. eiusque aperturae femidiameter, quem fcilicet foramen fuppeditat $= s x = \frac{1}{2}$ dig. vnde vtique fumi non licebit $\xi = \frac{1}{3}$, fed tantum $\xi = \frac{1}{7}$, et campus fupra inuentus diminui debet in ratione $\frac{1}{3} : \frac{1}{17}$ fiue 17: 12 fiue fuo trieote propemodum, ita, vt adhuc fit eius femidiameter $\Phi = 1$. minut. Quodfi autem diftantia focalis p maior affumi debeat, tum pro ξ adhuc minor valor reperietur.

Scholion 2.

§. 49. Telefcopia autem vulgaria huius generis non mediocriter difcrepant a menfuris fupra defcriptis; vnde operae pretium erit, menfuras talis telefcopii, quod pro excellenti habetur, accuratius examinare. Erat autem fpeculi maioris diftantia focalis duorum pedum feu $p = 24$. dig. femidiameter eius $x = 2 \frac{1}{2}$ dig. foraminis vero femidiameter $r = \frac{1}{2}$ dig. vnde fequitur fractio $s = \frac{1}{5}$. Verum minus fpeculum a maiore diftabat interuallo $AB = 27 \frac{1}{2}$ dig. vnde Tab. II. cum fit $AF = p = 24$ dig. fequitur diftantia $FB = $ Fig. 8. $b = 3 \frac{1}{2}$ dig. Quare cum pofuerimus $b = s p$; hinc non amplius fiet $s = \frac{1}{5}$, fed tantum $s = \frac{7}{45}$; ita, vt in praxi recepta minus fpeculum propius collocetur, quam

quam ratio foraminis poftulat. Verum rationes non defuit, a regula fupra ftabilita recedendi. Supra enim hoc fpeculum huius, quod etiam in praxi foraminis aequabatur, ita conftituimus, vt omnes radios axi parallelos, qui a maiore fpeculo reflectuntur, non folum reciperet, fed etiam ab iis quafi impleretur. Cum autem ob campum apparentem etiam radii ad axem obliqui a maiori fpeculo reflectantur, quorum plures in noftra conftructione minus fpeculum praetergrederentur, vtique confultum erit, iftud fpeculum aliquanto propius admonere, vt etiam hos radios recipere queat. Quamobrem conueniet litterae s duplicem valorem tribui, alterum ex ratione foraminis petitum, alterum vero ex loco minoris fpeculi, quos ne inter fe confundamus, in pofterum ftatuamus $y = \delta\, x$ at vero $b = s.p$; ita, vt hoc cafu futurum fit $\delta = \frac{s}{r}$ et $\epsilon = \frac{s}{r}$. Neque vero hinc in noftras formulas alia mutatio inferetur, nifi vt in locis, vbi formula $s\,x$ feu y occurrit, eius loco fcribamus $\delta\,x$, quod quidem tantum, vbi de quantitate foraminis et minoris fpeculi fermo eft, occurrit; in reliquis vero omnibus formulis, vbi s cum littera p coniungitur, nulla fit mutatio, ita, vt noftrae formulae generales etiam hic valeant. Verum vt ad iftud telefcopium revertamur, diftantia focalis fpeculi minoris erat $q = 3$ dig. vnde concluditur diftantia $BG = \beta = \frac{bq}{b-q} = 3 \frac{3}{5}$. hincque $CG = 2\frac{1}{5}$. Hic autem probe notandum eft, fi vel leuiffima mutatio in loco minoris fpeculi fiat,
tum

CAPVT III. 533

tam in hoc interuallo CG infignem mutationem oriri; fi enim loco $3\frac{1}{2}$ fumatur $FB = b = 3\frac{1}{2}$, vt fit $BC = 27\frac{1}{2}$, reperietur $BG = \beta = 27$ hincque $CG = -\frac{1}{2}$. Quam ob cauffam etiam minus fpeculum ita conflitui folet, vt eius locus ope cochleae tantillum immutari poffit. In ifto autem exemplo fpeculum minus ita eft conflituendum, vt inde prodeat $CG = 1\frac{1}{2}$ dig. Vnde viciffim verus valor ipfius b definiri poterit; quia enim fit $BG = \frac{1b}{b-1}$, ob $CB = 24 + b$ erit $CG = \frac{1b}{b-1} - b - 24$; quae diftantia vt fiat $= \frac{3}{2}$ dig. elicietur

$$b = \frac{\sqrt{1113} - 11}{2} = 3,35041.$$

qui valor affumtum $3\frac{1}{2}$ tantum fuperat particula $\frac{1}{10}$, ita, vt in reliquo calculo fumi poffit $b = 3\frac{1}{2}$. Pergamus nunc in noftro examine et quia lentis in C diftantia focalis erat $= 4$ dig. $= r$, ob $c = -\frac{1}{2}$ dig. fiet $CH = \gamma = 1$ dig. Deinde vero erat interuallum $CD = 3$ dig. et lentis ocularis D diftantia focalis $s = 2$ dig. ficque prodibit diftantia $HD = d = 2$ dig. ideoque $d = s$, vti natura telefcopii poftulat. Quocirca fingula huius telefcopii elementa ita fe habebunt

$a = 24; b = 3,35041.; c = -1,33333; d = 2;$
$\beta = 26,66374; \gamma = 1.$

et diftantiae focales

$p = 24; q = 3; r = 4,$ et $s = 2.$ dig.

Inter-

Intervalla vero
$$AB = BC = 27, 35041.; CD = 3. dig.$$
Hinc vero reliquae nostrae litterae invenientur
$$B = \tfrac{g}{f} = 8, 5613; \mathfrak{B} = 0, 89541.$$
$$C = \tfrac{?}{?} = -0, 75.; \mathfrak{C} = -3. \text{ et}$$
$$\iota = \tfrac{b}{p} = 0, 13960. = \tfrac{1}{7,16\overline{7}}$$
ac denique
$$P = -\tfrac{a}{f} = -7, 1633.$$
$$Q = -\tfrac{g}{d} = 21, 51281.$$
$$R = -\tfrac{?}{?} = -\tfrac{1}{1}.$$

His inventis valoribus proprietates huius Telescopii sequenti modo definiri poterunt: quod

1°. ad multiplicationem attinet, quia est $m = PQR$, erit $m = 77, 05$.

2°. vt nunc etiam campum apparentem definiamus, primo ex apertura lentis C, cuius semidiameter est $y = \tfrac{1}{2}$ dig. sumto $\xi = \tfrac{1}{2}$, erit $\tfrac{1}{2}\tau r = \tfrac{1}{2}$ dig. ideoque $r = \tfrac{1}{2}$ dig. tum vero est

$$q = \tfrac{(P-1)\xi}{6} = -9, 1168. M.$$

simili que modo
$$\mathfrak{C}r = (PQ - 1)M - q = -145, 98. M'.$$
hincque $r = 48, 66. M$.

Cum

CAPVT III.

Cum igitur ante esset $r = \frac{1}{2}$ dig. hinc concluditur
$$M = \frac{1}{2}, \frac{1}{2}\iota = \frac{1+r+\theta}{r\theta,c\delta}$$
vnde elicitur
$$\theta = \frac{1+\iota}{2\iota\iota\iota} - 0,5 = 0,3751.$$
qui valor cum vnitate sit minor veritati erit consentaneus; si enim vnitate maior prodiisset, tum litterae r valorem semisse minorem tribuere debuissemus. Quocirca semidiameter campi apparentis erit
$$\Phi = M\xi = \tfrac{1}{2} M = 859. M. \min. = 8' 50''.$$
siue diameter campi erit $= 17'\ 40''$.

3°. Videamus, an per hoc telescopium etiam margo coloratus destruatur, quae conditio cum postulet
$$o = \frac{s}{FL} + \frac{r}{rqR}\ \text{siue}\ r = 2\delta,$$
quod cum non multum a veritate discrepet, margo vtique debebit esse insensibilis; interim tamen perfectius margo coloratus tolleretur, si prodiisset exacte $r = 2\delta$; id quod quidem leuissima mutatione fieri posset. Tandem autem restabit, vt etiam inuestigemus, quam exacte aequatio semidiametrum confusionis complectens hic implicatur, siue cum hic iam cognoscamus litteras m; x; ρ; B; C; vna cum μ, ν et λ ex indole vitri et figura lentium, definiemus inde litteram k, quam nouimus vix infra 50 admitti posse

CAPVT III.

posse. Sumamus autem primo ambo specula ad figuram sphaericam esse elaborata, quoniam facile erit facto calculo duos terminos priores rejicere, quando pouerimus haec specula esse parabolica. Ex forma autem generali supra §. 34. data patet fore

$$\xi = 0,222. \overset{v}{V}\left(1 + \frac{s(1+\mathfrak{B})(1-\mathfrak{B})^2}{2} \right.$$
$$\left. - \tfrac{s\mathfrak{B}}{m \cdot \mathfrak{B}^i \mathfrak{C}}(\lambda'' + \nu. \mathfrak{C}(1-\mathfrak{C})) \right.$$
$$\left. - \tfrac{s\mathfrak{B}}{m \cdot \mathfrak{B}^i \mathfrak{C}} . \lambda''' \right)$$

ob $x = \tfrac{1}{2}$; $p = 24$, et $m = 77,05$.
Deinde cum sit $s = 0, 1396$,
$B = 8, 5613$, $\mathfrak{B} = 0, 89541$.
$\mathfrak{C} = -3$, et $C = -\tfrac{1}{2}$,
singuli hi termini ita in numeris euoluentur.

$$\xi = 0,222. \overset{v}{V}(1 + 0,1816 + 0,000003. \mu.(\lambda'' - 12.\nu)$$
$$+ 0,00039. \mu. \lambda''')$$

hinc ergo colligimus, si primum speculum esset sphaericum, certe proditurum esse

$\xi > 0, 222$; hoc est $\xi > \tfrac{1}{2}$; ideoque $k < \tfrac{1}{2}$,

vnde certe confusio enormis nasceretur; quod cum neutiquam fieri debet, necesse est, vt primum speculum sit parabolicum vel proxime saltem, vt primus terminus euanescat. Si porro speculum minus esset sphaericum, prodiret adhuc $\xi > 0, 111$ seu $k < 9$. vnde

confi-

CAPVT III.

confusio adhuc intolerabilis nasceretur, ex quo concludimus etiam a secundo speculo nullam confusionem nasci. Reiectis ergo binis prioribus terminis habebitur

$$k = 0, 222. \overset{\text{\tiny v}}{V} (0,000003. \mu. (\lambda'' - 12. \nu)$$
$$+ 0,00039. \mu. \lambda''')$$

vbi statim patet solum postremum membrum in computum venire, vnde ergo cum sumi possit $\mu \lambda''' = 1$. prodit

$$k = 0, 222. 0, 073. = \tfrac{1}{3}. \tfrac{1}{11} \text{ siue } k = \tfrac{1}{39}.$$

qui valor iam tantus est, vt nulla confusio sit metuenda atque hinc iam multo magis intelligimus, summam follertiam ad huiusmodi telescopia conficienda requiri, quae si ab artifice exspectari potest, nullum est dubium, quin species telescopiorum a nobis ante exposita his, quae passim reperiuntur, longe sit anteferenda. In Spho igitur superiori 46. vt cum ad modo examinatum telescopium accommodemus, sumi poterit s quatenus ad p refertur $= \tfrac{1}{1}$, quatenus autem ad x refertur $= \tfrac{1}{3}$ vt fiat $y = \tfrac{1}{3} s$; vnde pro quauis multiplicatione huiusmodi telescopia formari poterant, quae certe multo maiorem campum patefacient, simulque marginem coloratum perfectius tollent. Verum si speculum minus fiat conuexum, multo maiora commoda inde sperare licebit, vti in sequente Capite ostendemus. Casum enim, qui hic adhuc

538   CAPVT III.

adhuc defiderari poffet, quo imago realis in interuallum BC caderet, ne quidem attingemus, quoniam tum campum nimis paruum produceret, quam vitio marginis colorati vehementer laboraret. Cum enim tum effet $R > o$, aequatio pro margine tollendo $o = r + \frac{\epsilon}{R}$ fubfiftere non poffet, nifi r foret negatiuum et quia q etiam eft negatiuum, campus fere ad nihilum redigeretur.

CAPVT

CAPVT IV.
DE
TELESCOPIIS CATADIOPTRICIS
MINORE SPECVLO CONVEXO INSTRVCTIS.

Problema 1.

§. 50.

Construckionem huiusmodi telescopiorum describere, quibus obiecta situ inuerso repraesententur, seu vbi vnica imago realis occurrat.

Solutio.

Cum in hoc genere distantia amborum speculorum sit $AB = (1-\varepsilon)p$, ideoque $b = -\varepsilon.p$ ob $a = p$ erit $P = -\frac{a}{\varepsilon} = +\frac{1}{\varepsilon}$; vbi ε designat fractionem aliquanto minorem, quam ratio foraminis ad speculum maius $\frac{z}{\varepsilon}$ designat, ita, vt posito $y = \delta x$ fit $\varepsilon < \delta$, ob rationem ante allegatam §. 49. qua scilicet obtinetur, vt etiam radii obliqui a minore speculo excipiantur. Interim tamen semidiameter aperturae minoris speculi maneat $= \delta x = y$, ita, vt hoc speculum foramini aequetur, vti ibitio assumsimus. Nunc statim consideremus aequationem, qua margo

colo-

coloratus destruitur, quae si praeter specula duae lentes adhibeantur, reducitur ad hanc formam: $0 = r + \frac{s}{R}$, vnde vt ambae litterae r et s valores positiuos habere queant, vti ratio campi postulat, conueniet litterae R valorem tribui negatiuam et quidem vnitate non minorem, vt sumto $s = 1$ prior lens C, cuius apertura iam per foramen determinatur, campum non restringat. Ponamus igitur $R = -i$ et cum ex data multiplicatione m ob repraesentationem inuersam sit $PQR = -m$ fiet hinc $PQ = \frac{m}{i}$ et $Q = \frac{im}{i}$. Est vero $Q = -\frac{\beta}{c}$ et quia est

$$\beta + c = BC = AB = (1-s)p;$$

hinc colligimus

$$c = -\frac{i(1-s)p}{im-1} \text{ et } \beta = \frac{m(1-s)p}{im-1}$$

quare cum, in genere sit $\frac{1}{q} = \frac{1}{i} + \frac{1}{b}$ erit

$$\frac{1}{q} = -\frac{(1-s)m-1}{m i (1-s)p} \text{ hineque } q = -\frac{m(1-s)p}{(1-s)m-1}.$$

Porro ex valoribus b et β colligimus

$$B = \frac{\beta}{i} = \frac{-m(1-s)}{im-1} \text{ et } \mathfrak{B} = \frac{+q(1-s)}{(1-s)m+r}.$$

Deinde cum sit $C = \frac{r}{c}$ et $\mathfrak{C}c = r$ hinc inuenimus

$$\mathfrak{C} = \frac{r}{c} = -\frac{(1m-1)r}{i(1-s)p} \text{ ideoque}$$

$$C = \frac{-(1m-1)r}{i(1-s)p + (1m-1)r} = \frac{\gamma}{s}$$

ex quo porro colligitur

$$\gamma = \frac{i(1-s)pr}{i(1-s)p + (1m-1)r}.$$

Deni-

CAPVT IV.

Denique cum sit $R = -\frac{\gamma}{t} = -\frac{\gamma}{t}$ ob $t = d$, erit
$$t = -\frac{\gamma}{R} = \frac{\gamma}{t} = \frac{(1-t)pr}{i(1-t)p+((n-t)p}$$
hincque tertium interuallum
$$CD = \gamma + t = \frac{(t+i)(t-t)pr}{i(1-t)p+((n-t)p} \cdot$$
Nunc autem aperturae praebent has aequationes

1°. $Bq = (P-1)M$, vnde fit
$$q = \frac{((1-t)(n+t))\kappa}{in};$$

2°. $Cr = (PQ-1)M - q = \frac{rn^2-((n-t)(n-r^2)}{in} M$
feu $Ct = \frac{(n+1)(n-1)}{in} \cdot M$

vnde elicitur $r = -\frac{(n+1)(1-t)p}{in r} \cdot M$

vnde cum sit $\delta = it$ ideoque $r + \delta = (1 + i)r$, erit
$$q + r + \delta = \frac{(1-t)nr + (r - (1+t)(n+t)(1-t)p}{in} \cdot M$$
$= M(m-1)$, sicque facta diuisione per M inueniemus
$$r = \frac{-(n+i)(t+i)(1-t)p}{in^2-(1-t)(n-1)}$$

qui valor cum sit negatiuus, ex eo etiam prodibit interuallum CD negatiuum, vnde patet hunc valorem in praxi locum habere non posse.

Verum cum saepenumero problemata duas pluresue solutiones admittant, idem etiam hic vsu venit, hocque problema praeter solutionem hic inuentam lu-

super

super aliam complectitur, quam per diuisionem ex calculo expulimus. Quod quod facilius appareat, calculum ita instituamus; cum primo sit

$$q = \frac{(1-i)^m + i}{im} \cdot \text{M deinde } s = ir, \text{ erit}$$

$$q + r + s = \frac{(1-i)^m + i}{im} M + (i+1)r = M(m-1)$$

vnde colligitur

$$M = \frac{im(1+i)r}{im^2 - (1-i)m - 1} \text{ ideoque}$$

$$q = \frac{(1+i)(1-i)m + i)r}{im^2 - (1-i)m - 1}$$

altera vero aequatio dabit

$$\mathfrak{E}r = \frac{(m-i)im(i+i)r - i(1+i)^2(1-i)m + i)r}{i(im^2 - (1-i)m - 1)}$$

vnde fit

$$\mathfrak{E} = \frac{(1+i)(m+i)(r-m-i)}{i(im^2 - (1-i)m - 1)}$$

supra vero iam inuenimus

$$\mathfrak{E} = \frac{-(im-i)r}{i(1-i)p}$$

vnde patet aequalitatem horum duorum valorum duplici modo obtineri posse 1°. scilicet, si fuerit $i = im$, quo quippe vterque valor euanescit; 2°. autem, quo facta diuisione per

$im - i$ fit $\frac{(1+i)(m+i)}{im^2 - (1-i)m - i} = \frac{-r}{(1-i)p}$

haecque est solutio incongrua ante inuenta. Statuamus igitur nunc $i = im$ fietque $\mathfrak{E} = 0$, littera vero r hinc

CAPVT IV.

r hinc plane non determinatur, et nostra solutio sequenti modo se habebit:

$$a = p;\ b = -\epsilon p;\ c = -\infty;\ d = \tfrac{r}{i\mathfrak{n}};$$
$$\beta = \infty;\ \gamma = r;$$

vbi notetur, fore $\beta + c = (1 - \epsilon) p$.

Hinc porro erit

$$B = \infty;\ \mathfrak{B} = 1.\ C = 0;\ \mathfrak{C} = 0.$$

tum vero

$$P = 1;\ Q = 1;\ R = -\epsilon m;$$

ita, vt sit $PQR = -m$.

Quia vero $B = \infty$ et $C = \mathfrak{C} = 0$, productum in se manet indefinitum; verum cum sit

$r = \tfrac{\mathfrak{BC}}{PQ}. p = \epsilon B \mathfrak{C} p$, hinc viciflim erit $B \mathfrak{C} = \tfrac{r}{\epsilon p}$.

Praeterea vero erunt distantiae focales

$$q = -\epsilon p;\ \text{et}\ s = d = \tfrac{r}{i\mathfrak{n}}$$

atque interualla

$$AB = BC = (1-\epsilon) p\ \text{et}\ CD = r(\tfrac{1}{\epsilon} + \tfrac{1}{i\mathfrak{n}})$$

Denique cum sit

$$q = \tfrac{(1+i\mathfrak{n})\chi_1 - i)r}{i\mathfrak{n} - 1}\ \text{et}\ \mathfrak{s} = \epsilon m \epsilon\ \text{erit}$$

$$M = \tfrac{i((m+1)r}{i\mathfrak{n}-1} = \tfrac{i(m+1)i}{\mathfrak{n}(i\mathfrak{n}-1)}$$

ideoque Semidiameter campi apparentis

$$\Phi = \tfrac{1}{2} \cdot \tfrac{(i m \pm i)i}{\mathfrak{n}(i\mathfrak{n}-1)} = 859 \cdot \tfrac{(i m \pm 1)i}{\mathfrak{n}(i\mathfrak{n}-1)}\ \text{minut.}$$

vbi

CAPVT IV.

vbi fumere licebit $s = i$, fi modo lens ocularis vtrimque fiat aeque conuexa. Oculi vero poſt hanc lentem diſtantia reperitur

$$O = \frac{ts}{x-s} = \frac{im-i}{im+i} \cdot s.$$

Quia autem lentis C femidiameter aperturae maior eſſe nequit, quam $y = \delta x$, ponamus $\frac{i}{i}tr = \delta x$ ſiue $\frac{sr}{i-s} = \delta x$; vnde, ſumto $s = i$, definitur $r = 4\delta i m x$ hincque $r = 4 \delta x$. Verum etiam ad aperturam minoris ſpeculi eſt attendendum, cuius femidiameter reuera eſt $= \delta x$ et qui ob campum eſſe deberet $= i qq$; quam ob cauſſam neceſſe eſt fit

$$\tfrac{(i-t)(im+i)bp}{im(a-i)} < \delta x \text{ ideoque } s < \tfrac{4m.(im-i)\delta x}{(i-t)(im+i)p}.$$

Tuto igitur ſumere licebit $s = i$, fi modo fuerit
$4m(im - i)\delta x > (i - t)(im + i)p$.

Contra vero s voitate minus accipi deberet. Tantum igitur ſupereſt, vt ex formula ſemidiametri confuſionis definiamus diſtantiam focalem ſpeculi principalis p, quae ita reperitur expreſſa

$$p = k x^{\tfrac{3}{2}} \sqrt{m} \left(\tfrac{i-t}{s} + \mu \cdot \tfrac{i p i}{r i} \cdot \lambda'' + \mu \cdot \tfrac{i p i}{m r i} \lambda''' \right)$$

ſiquidem ambobus ſpeculis figura ſphaerica inducatur, at fi ambo habeant figuram parabolicam, debebit eſſe

$$r = k s x \sqrt{\mu m} \left(s \lambda'' + \tfrac{\lambda'''}{m} \right)$$

ita, vt iam aliter non definiatur, niſi ex quantitate ſpeculi, cum ſine dubio ſemper eſſe debeat p multo
maius

CAPVT IV.

maius, quam x. Quia vero iam ante definiuimus, $r = 4 \delta m x$, habebitur nunc

$$4 \delta m = k \sqrt[3]{\mu m (s \lambda'' + \tfrac{\lambda'''}{m})}$$

Cum nunc fit proxime $\mu = 1$. fumique poffit $\lambda'' = 1$. et λ''' binario fit minus, k vero infra 50 capi non debeat, valorem ipfius s aeftimare poterimus; tantus enim effe debet, vt numerus $\frac{s\sqrt{m}}{\sqrt[3]{(s m + 1)}}$ non minor prodeat, quam 50; vnde patet pro s fumi debere fractionem valde paruam, fi enim effet $\delta = \frac{1}{2}$ et $m = 100$, colligitur circiter $s = \frac{1}{10}$.

Exemplum.

§. 51. Ponamus $m = 100$, $x = 2$ dig. $y = \frac{1}{2}$ dig. ideoque $\delta = \frac{1}{2}$ et vt $\frac{s\sqrt{m}}{\sqrt[3]{(s m + 1)}}$ fatis magnum obtineat valorem, fumamus $s = \frac{1}{4}$. fic enim prodit $k = \frac{100}{\sqrt{5}}$ feu $k > 50$ hinc ergo erit $r = 10$. dig. et $s = 2$ dig. Deinde cum pro fpeculo minore debeat effe

$$8000 > 57. p. \text{ erit } p < \tfrac{1000}{57}.$$

Vnde tuto fumi poterit $p = 25$. dig. ficque erit $q = -\frac{1}{2}$ dig. et interuallum $AB = BC = 23 \frac{1}{2}$ dig. et $CD = 12$. dig. Oculi vero diftantia $O = \frac{1}{2}$ dig. at campi apparentis femidiameter $\Phi = 12' 53''$, vbi probe notandum, hic ambo fpecula affumi perfecte parabolica.

Scho-

CAPVT IV.

Scholion.

§. 52. Quamuis autem haec conſtructio perfecte ſuccedat, tamen tale teleſcopium tam inſigni vitio erit praeditum, vt omni vſu deſtituatur; cum enim radii a minore ſpeculo reflexi iterum fiant inter ſe paralleli, radii peregrini circa hoc ſpeculum tranſeuntes et in lentem C incidentes cum illis refractionem communem patientur, ſimulque cum iis in oculum deferentur, ita, vt verum obiectum cum vicinis prorſus permixtum viſioni repraeſentetur neque vllo modo ſeparari poterunt. Cum igitur huius vitii cauſſa in eo ſit ſita, quod radii a minore ſpeculo reflexi fiant paralleli ſeu interuallum $\beta = \infty$, ne hoc fiat, diligenter erit cauendum, quod fiet, ſi diſtantia β minor fuerit interuallo BC, ita, vt in hoc interuallum imago realis incidat ſi teraque Q negatiuum obtineat valorem. Praeterea vero quia etiam R negatiuum valorem habere debet ob marginem coloratum, duae iam habebuntur imagines reales et obiecta ſitu erecto cernentur. Neque vero duabus tantum lentibus adhibendis ſcopo noſtro ſatisfacere poterimus, ſed tertiam inſuper lentem in ſubſidium vocari oportebit, quae commodiſſime ita inſtrui poterit, vt aperturam quam minimam requirat, ſiquidem hoc modo ſegregatio radiorum peregrinorum feliciſſime ſuccedet, quemadmodum in ſequente problemate oſtendemus.

Pro-

CAPVT IV.

Problema 2.

§. 52. Huiusmodi telescopium cum speculo minore conuexo et tribus lentibus vitreis construere, quod obiecta situ erecto distincte repraesentet.

Solutio.

Maneat, vt ante, $y = \delta x$ et interuallum speculorum $AB = (1-\epsilon)p = BC$. vt sit $b = -\epsilon p$. Iam Tab. III. cum debeat esse $\beta < (1-\epsilon)p$ et tamen superare debeat eius semissem $\frac{1}{2}(1-\epsilon)p$, statuamus $\beta = \zeta(1-\epsilon)p$, ita, vt ζ inter limites 1 et $\frac{1}{2}$ contineatur, hinc ergo fiet

$$q = \frac{\zeta(1-\epsilon)}{1-\zeta(1-\epsilon)} \cdot p = \frac{-\zeta(1-\epsilon)}{\zeta-1,\zeta+1} \cdot p$$

Tum vero erit

$$B = \frac{p}{\epsilon} = \frac{-\zeta(1-\epsilon)}{\epsilon} \text{ et } \mathfrak{B} = \frac{\zeta(1-\epsilon)\cdot\epsilon}{\zeta-1,\zeta+1}.$$

Porro vero erit $\epsilon = (1-\epsilon)(1-\zeta)p$ sicque habebimus

$$P = 1; \quad Q = \frac{-p}{\epsilon} = \frac{-\zeta}{1-\zeta}.$$

Statuatur igitur praeterea $R = -k$ fiatque

$$PQRS = m = \frac{\zeta k}{1(1-\zeta)} \cdot S,$$

vnde reliquae distantiae focales erunt

$$r = (1-\epsilon)(1-\zeta)\mathfrak{C} \cdot p;$$
$$s = \frac{(1-1)(1-\zeta)CD}{1} \cdot p \text{ et}$$
$$t = \frac{-\zeta(1-\epsilon)CD}{1a} \cdot p.$$

reli-

CAPVT IV.

reliquaque interualla

$$CD = (1-t)(1-\zeta)(1+\tfrac{1}{4})C.p$$
$$DE = (1-t)(1-\zeta)(1-\tfrac{1}{5})CD.p.$$

vnde intelligimus esse debere $C > 0$ ideoque $\mathfrak{C} < 1$; et $(1-\tfrac{1}{5})D > 0$. Vt vero fiat $t > 0$, debet esse $D < 0$ ideoque $S < 1$. Consideretur nunc aequatio pro margine colorato tollendo, quae est

$$0 = t + \tfrac{s}{n} + \tfrac{r}{ns} \text{ siue } t = \tfrac{s}{n} + \tfrac{r}{ns};$$

vt iam secunda lens nulla apertura indigeat, statuatur

$$s = 0. \text{ eritque } t = \tfrac{r}{rs}$$

aequationes autem pro litteris r, s, t posito

$$M = \tfrac{1 + t + s + r}{n-1} = \tfrac{1+(1+\tfrac{1}{n})s\cdot t}{n-1}, \text{ sunt}$$

$1°. \ \mathfrak{B}\mathfrak{q} = \tfrac{1-n}{t}\cdot M$

$2°. \ \mathfrak{C}\mathfrak{r} = \tfrac{-((1-t)\zeta+t)}{t(1-\zeta)} M - q$

$3°. \ 0 = \tfrac{\zeta(1+t)-t}{t(1-\zeta)}\cdot M - q - t.$

Ex prima autem habetur

$$q = \tfrac{\zeta-1(\zeta+1)}{t\zeta}\cdot M$$

Ex tertia autem fit

$$q = \tfrac{\zeta(1+t)-t}{t(1-\zeta)} M - t$$

qui duo valores inter se aequati dant

$$M = \tfrac{t\zeta(1-\zeta)t}{\zeta^2(1+t)-\zeta(1-t)+t} \text{ hincque}$$
$$q = \tfrac{(1-\zeta)\cdot\zeta-1(1+\zeta))t}{\zeta^2(1+t)-\zeta(1-t)+t}.$$

CAPVT IV.

Tum vero ob $M = \frac{s + t(1 + ks)}{m - 1}$ reperietur etiam
$$M = \frac{ks t}{m - 1 - \frac{\zeta(1+s)+t}{s(1-\zeta)}}$$

ex quorum valorum aequalitate ob $m = \frac{\zeta t}{s(1-\zeta)}$. S reperitur tandem

$$\zeta(\zeta k S - s(1-\zeta) - \zeta(s+k) + s) =$$
$$k S(\zeta'(1+k) - \zeta(1+s) + s) \text{ seu}$$
$$\zeta' = S(\zeta(1+s) - k\zeta' - s)$$

vnde concludimus esse debere

$$\zeta(1+s) > k\zeta' + s \text{ siue } k < \frac{\zeta(1+s)-s}{\zeta'}.$$

Praeterea vero vt ex secunda aequatione pro $\mathfrak{C}$ prodeat valor positiuus, necesse est, vt sit $q < 0$. ideoque etiam $\mathfrak{B} < 0$. vnde speculum minus foret concauum; verum vt fiat $\mathfrak{B} < 0$, debet esse $\zeta < s(\zeta + 1)$ seu $s > \frac{\zeta}{\zeta+1}$. Hoc vero non sufficit, sed insuper necesse est, vt sit

$$-q > \frac{(1-s)\zeta + s}{s(1-\zeta)}. \text{ M seu } \frac{-s + s(\zeta+s)}{s} > \frac{(1-s)\zeta+s}{(1-\zeta)}$$

vnde sequitur $s > \frac{\zeta}{1-\zeta}$, quod cum nullo modo fieri queat, quia ζ intra limites 1 et $\frac{1}{s}$ continetur et s vnitate minus esse debet, nunc demum intelligimus, hunc casum locum habere non posse.

Alia Solutio.

§. 53. Quoniam igitur hoc incommodum inde nascitur, quod sumsimus R negatiuum; consideremus alte-

alterum casum, quo S fit negatiuum, manente R positiuo, et quoniam Q positum est negatiuum, ponamus $Q = -i$ et $S = -k$, vt fit

$$PQRS = \frac{ikb}{i} = m;$$

calculus autem commodior euadet, fi littera i retineatur, et cum fit $i = \frac{\beta}{b}$ et $\beta + c = (1-i)p$, euidens eft, capi debere $i > 1$, eritque

$$\beta = \frac{i(1-i)}{1+i}p \text{ et } c = \frac{1-i}{1+i}p, \text{ vnde fit}$$

$$B = +\frac{\beta}{b} = -\frac{i(1-i)}{k(1+i)} \text{ et}$$

$$\mathfrak{B} = +\frac{i(1-i)}{i(1-i)-i}; \text{ hincque } q = -\frac{ii(1-i)}{i(1-i)-i}\cdot p.$$

Reliquae vero diftantiae focales erunt

$$r = +\frac{(1-i)C}{(1+i)}\cdot p; \quad s = -\frac{(1-i)CD}{(1+i)k}\cdot p \text{ et}$$

$$s = -\frac{(1-i)CD}{(1+i)kk}\cdot p,$$

et duo reliqua interualla erunt

$$CD = +\frac{(1-i)C}{1+i}(1-k)p;$$

$$DE = -\frac{(1-i)CD}{(1+i)k}(1+k)p.$$

Vt igitur fiat $s > 0$, debet effe CD negatiuum, quo ipfo etiam vltimum interuallum fit pofitiuum. Vt vero et penultimum fiat pofitiuum, debet effe $C(1-k)$ pofitiuum. Conditio porro marginis colorati fumto $i = 0$, praebet $r = \frac{c}{kb}$ fiue $c = Rkr$. et cum fit

$$M = \frac{s+r+t}{s-t} = \frac{c+(1+nk)c}{s-1}$$

fatis-

CAPVT IV.

satisfieri oportet his tribus aequationibus

1°. $\mathfrak{B}q = \frac{l-i}{i}. M$

2°. $\mathfrak{C}r = -\frac{(l+i)}{i} M - q$

3°. $0 = +\frac{(ik+i)}{i} M + q + r.$

Ex tertia ergo fit

$q + r = -\frac{(ik+i)}{i} M$; hincque

$q + r(1 + Rk) = -\frac{(ik+i)}{i} M + Rkr = M(m-1)$

vnde colligitur

$$M = \frac{Rkr}{m + \frac{ik}{i}}, \text{ simulque}$$

$$q = -\frac{Rk((ik+i))}{mi+ik} r - r = -\frac{(k(k^2 + k(l+k) + mi))}{mi+ik}. r.$$

ex quo valor ipsius q prodit negatiuus, qui cum ex prima forma prodeat positiuus, siquidem est $\mathfrak{B} > 0$, patet, etiam hanc solutionem locum habere non posse, siquidem secundum speculum est conuexum, vti assumsimus.

Tertia Solutio.

§. 54. Pro repraesentatione igitur erecta vnicus tantum casus superest, quo sumto Q positiuo ambae litterae R et S negatiuos obtinent valores. Statuamus igitur $Q = +i$; $R = -k$ et $S = -k'$, vt fit

$PQRS = m = \frac{ikk'}{i}$ hincque $k' = \frac{im}{ik}$.

Porro

CAPVT IV.

Porro erit

$$\mathfrak{C} = \tfrac{i(i-1)}{i-1} \cdot p; \quad c = -\tfrac{i(i-1)}{i-1} \cdot p; \quad \text{vnde fit}$$

$$B = \tfrac{-i(i-1)}{i(i-1)} \text{ et } \mathfrak{B} = \tfrac{i(i-1)}{i-i(1-1)}$$

quare diſtantiae focales ſequenti modo ſe habebunt:

$$q = \tfrac{-i(i-1)}{i(i-1)-i} \cdot p; \quad r = \tfrac{-(i-1)\mathfrak{C}}{i-1} \cdot p;$$

$$s = \tfrac{-(i-1)CD}{(i-1)k} \cdot p. \text{ et } s = \tfrac{-(i-1)CD}{(i-1)k^2} \cdot p.$$

$$= \tfrac{-i(i-1)CD}{i(i-1)\cdot n} \cdot p.$$

Interualla vero lentium erunt

$$CD = \tfrac{-(i-1)\mathfrak{C}}{i-1}(1+k)p.$$

$$DE = \tfrac{-(i-1)CD}{(i-1)k}(1+k)p.$$

vnde intelligimus, eſſe debere $C < 0$ et $D > 0$. ideoque $\mathfrak{D} < 1$. et $\mathfrak{D} > 0$. Nunc autem conditio marginis colorati dabit $0 = r + \tfrac{s}{kk'}$, vnde patet, eſſe debere $r < 0$. ſeu ob lentem C campum diminui. Ponamus ergo hic $r = -\omega$, vt fiat $s = \omega.kk' = \tfrac{-\omega}{i}\omega$. quandoquidem etiam hic aſſumſimus $s = 0$; pro campo ergo apparente erit

$$M = \tfrac{(1+\omega)(1-i)}{i(i-1)}$$

cui ſequentes tres aequationes ſunt adiungendae:

1°. $\mathfrak{B} q = \tfrac{i-1}{i} \cdot M.$

2°. $-\mathfrak{C} \omega = \tfrac{i-1}{i} M - q.$

3°. $0 = -\tfrac{(1+\omega)}{i} M - q + \omega.$

Ex

CAPVT IV,

Ex hac vltima ergo concludimus
$$q = \omega - \tfrac{i(ik+i)}{i} \cdot M.$$
addatur vtrinque $\omega(\tfrac{i m}{i} - 1)$, eritque
$$q + \omega(\tfrac{i m}{i} - 1) = \tfrac{i m}{i}\omega - \tfrac{i(ik+i)}{i} M = M(m-1)$$
ex quo colligitur
$$M = \tfrac{i^2 m \omega}{i(m i + i k)}; \text{ vnde viciſſim}$$
$$q = \tfrac{i m (i - i k - i) + i^2 k}{i(i m + i k)} \cdot \omega.$$
Ex prima vero aequatione fit
$$q = \tfrac{(i i(i - 1 i) + i^2) m \omega}{i^2 (m i + i k)}$$
quorum valorum aequalitas ſuppeditat hanc aequationem
$$i m (i - i k - i) + i^2 k = i m (i(i - 2 i) + i)$$
ſeu
$$i m (i^2 (i - k) - i(i - i) - i) + i^2 k = 0.$$
ex qua aequatione inuenimus
$$k = \tfrac{i m (i^2 - i(i - i) - i)}{i^2(i m - i)} \text{ ſeu } k = \tfrac{i m (i + i)(i - i)}{i^2(i m - i)}$$
qui valor debet eſſe poſitiuus; quem in finem ſumi debet $i > 1$ et $i < i m$. Iam ſubſtituto valore ipſius k reperitur
$$M = \tfrac{i(i m - i) \omega}{i i m - i(i - i) - i}.$$
Ex ſecunda denique aequatione colligimus
$$C = - \tfrac{k(i m - i)}{i m + i k}$$

Tom. II.   Zzz   Secun-

CAPVT IV.

lis aſſumi poteſt, quia alioquin campus prorſus evaneſceret.

Coroll. 3.

§. 57. Calculum inſtituenti facile patebit, maximum in hac expreſſione M locum non habere et eius valorem eo magis diminutum iri, quo maior littera i accipiatur. Quare cum eſſe debeat $i > 1$, ſi ſumamus $i = 2$, erit

$$M = \frac{1(in-1)t}{n(in+1-1)}$$

ſicque pro magnis multiplicationibus $M = \frac{t}{n} \cdot s$ qui valor etiam prodit, ſi capiatur $i = 3$ vel 4 etc. dummodo i ſit multo minus, quam $s \cdot n$, qui campus ſimplex cenſeri ſolet. Sin autem medium inter limites ſumendo capiatur

$$i = \frac{in\pm 1}{s} \text{ fiet } M = \frac{(in+1)t}{n(in+1+1)}$$

et pro magnis multiplicationibus campus ad dimidium redigetur.

Coroll. 4.

§. 58. Idem etiam patet ex primitivo valore ipſius M, qui eſt

$$M = \frac{s+1 \pm 1}{2-1}, \text{ pro quo } s = -u = -\frac{it}{in}.$$

Etſi autem q addi debet, tamen ex ſuperioribus patet, eſſe $q < u$; erat enim ex tertia aequatione

$$q = u - \frac{(it+1)}{t}M.$$

Scho-

CAPVT IV.

Scholion.

§. 59. Circa campum autem inprimis est inquirendum, an loco s scribere liceat vnitatem, quod iudicium ex prima lente C est petendum, cuius semidiameter aperturae reuera est $= \delta x$ ob campum autem esse debet $= \frac{1}{s} . t \, r$. Cum igitur fit $r = -\frac{it}{im}$ et $r = \frac{-i(i-1)\mathfrak{E}}{i-1} . p$ seu $r = \frac{sm(i-1)(i+1)}{i^2(im+ia)} . p$.

Iam supra autem inuenimus esse

$$sm + ik = \frac{sm((im+i-1)-i)}{i(im-i)} = \frac{sm((im-i)(i-1)-i)}{i((im-i))}$$

Quocirca erit

$$r = \frac{(sm-i)(i-1)(i+1)}{i((im-i)(i-1)-i)} p$$

vnde, nisi fuerit

$$\frac{(sm-i)(i-1)(i+1)}{sm(im-i)(i-1)-i)} . p > 4 \delta x$$

tum sumere licebit $s = t$. Contra vero s tanto minus vnitate capi debebit, vbi notasse iuuabit, esse $\delta > r$. Quoniam autem hae formulae nimis sunt complicatae, quam vt in genere omnia momenta pro constructione telescopii commode exprimi queant: statuamus $s = \frac{1}{2}(sm + 1)$ vt interuallum CD minus euadat, etsi campus ad semissem redigitur; deinde enim videbimus, quomodo campus amplificari possit. Posito autem

$$s = \frac{im+1}{2} \text{ erit } k = \frac{sm(im+i+1)}{(im+1)^2},$$

qui valor abit in $k = s$ pro magnis multiplicationibus;

Dein-

CAPVT IV.

Deinde vero
$$\mathfrak{C} = \frac{-(1+\sqrt{1+t})(1\sqrt{1-t})^2}{t(1+\sqrt{1+t})((1+\sqrt{1+t})(1+\sqrt{1-t})-1+t)}$$
vnde C reperitur.

Scholion 2.

§. 60. Quia vero valor $i = \frac{m \pm 1}{k}$ merito nimis magnus videri potell, pro i potius medium geometricum fumamus fitque $i = \sqrt{1+m}$ ac primo pro campo apparente fiet
$$M = \frac{1}{1+m+\sqrt{1+m+1}} \cdot f:$$
Deinde vero habebimus $k = \frac{1+\sqrt{1+m}}{\sqrt{1+m}}$ hineque
$$B = \frac{-(1-t)\sqrt{1+m}}{t(\sqrt{1+m}-1)} \text{ et } \mathfrak{B} = \frac{(1-t)\sqrt{1+m}}{(1-t)\sqrt{1+m}+t} \cdot$$
$$\mathfrak{C} = \frac{-(1+\sqrt{1+m})(\sqrt{1+m}-1)}{1+m+\sqrt{1+m}+t} \text{ et } C = \frac{-(1+\sqrt{1+m})(\sqrt{1+m}-1)}{1+m+\sqrt{1+m}}$$
Ex his fi ponamus $D = 9$, vt fit $\mathfrak{D} = \frac{9}{1+9}$ reperientur diflantiae focales:
$$p = p; \quad q = \frac{-1(1-t)\sqrt{1+m}}{(1-t)\sqrt{1+m}+t} \cdot p.$$
$$r = \frac{(1-t)(1+\sqrt{1+m})}{1+m+\sqrt{1+m}+t} \cdot p.$$
$$s = \frac{1}{1+t} \cdot \frac{(1-t)}{t\sqrt{1+m}+t} \cdot p.$$
$$t = \frac{k(1-t)(1+\sqrt{1+m})}{1+m(1+t\sqrt{1+m})} \cdot p.$$
Interualla vero lentium erunt
$$AB = BC = (1-t)p.$$
$$CD = \frac{(1-t)(1+\sqrt{1+m})}{1+m+\sqrt{1+m}} \cdot p$$
$$DE = \frac{k(1-t)^2 t+m+\sqrt{1+m}+t)}{t+m(1+t\sqrt{1+m})} \cdot p.$$

Pro loco autem oculi erit
$$O = \frac{u}{Hn} = \frac{(n\pm\sqrt{in}\pm 1)}{n} \cdot t = t\left(1 + \frac{1}{\sqrt{in}} + \frac{1}{n}\right).$$
Pro aperturis autem inuenimus
$$q = \frac{(1-t)(\sqrt{in}+1)}{(n+\sqrt{in}+1)\sqrt{in}} \cdot t$$
$$r = -\frac{t}{\sqrt{in}}; \text{ et } s = 0.$$
Licebit autem fumere $t = 1$, niſi prodeat
$$\frac{(1-t)(1+\sqrt{in})}{(n+\sqrt{in}+1)\sqrt{in}} \cdot p > 4 \delta x.$$

Lenti autem in D, pro qua eſt $s = 0$, apertura tribui debet, cuius ſemidiameter ſit $= \frac{n}{pq n} = \frac{1 t}{t + \sqrt{in}}$ ita, vt huius lentis apertura ſit tam exigua, vt ad radios peregrinos arcendos apprime ſit accommodata. Interim tamen quia campus apparens h:c nimis eſt exiguus, vtique operae erit pretium, huic generi teleſcopiorum maiorem campum procurare, quod in ſequente problemate praeſtabimus.

Problema 3.

§. 61. Teleſcopiorum generi in problemate praecedente deſcripto nouum gradum perfectionis addere, dum eius campus apparens amplificatur.

Solutio.

Fit hoc additione nouae lentis, ita, vt nunc teleſcopium ex duobus ſpeculis et quatuor lent.bus componatur. Maneat autem, vt ante,
$$P = l; Q = i; R = -k \text{ et } S = -k';$$
quibus

CAPVT IV.

quibus accedente littera T fit, $\frac{abcT}{q}=m$ deinde fit etiam, vt ante,

$$B = \frac{-(f-1)}{t(t-1)} \text{ hincque } \mathfrak{B} = \frac{(f-1)}{t(t-t)+1};$$

ex quibus distantiae focales ita formabuntur;

$$q = -\frac{a}{f}p = -t\mathfrak{B}p; \quad r = \frac{bC}{fQ}p = \frac{abC}{f}p;$$
$$s = \frac{abCD}{fh}p; \quad t = \frac{abCDE}{fhk}p; \quad \text{et}$$
$$u = -\frac{abCDE}{fhkT}\cdot p = -\frac{bCDE}{m}\cdot p;$$

et interualla

$$AB = BC = (1-a)p; \quad CD = \frac{bC}{f}(1+b)p;$$
$$DE = +\frac{aCD}{fh}(1+b)p, \quad \text{et}$$
$$EF = \frac{aCDE}{fhk}(1-t)p.$$

vbi cum fit $B < 0$, debet esse $C < 0$; deinde $D > 0$. Porro vt fiat u positiuum, debet esse $E < 0$ hincque ob vltimum interuallum $T < 1$. Nunc statuatur etiam $t = -\omega$; $\delta = 0$; et vt campus maximus euadat, $a = 1$, vt fit $M = \frac{1-\omega+1}{m-1}$. Vt vero margo coloratus euanescat, debet esse

$$\omega = \frac{1}{kP} + \frac{a}{kP\cdot 1} = \frac{1}{kP}(1+\frac{1}{l})$$

et quia debet esse $T < 1$, sumatur statim $T = \frac{1}{2}$ vt fit $\omega = \frac{lbk'}{1l}$; hincque $kk' = \frac{l+1}{1l}$ tum igitur erit $\omega = \frac{1l}{1lm}\cdot l$, ac vicissim $t = \frac{11m\omega}{1l}$; vnde fit

$$M = \frac{1 + \omega(\frac{11m}{bf} - 1)}{m-1}.$$

Nunc

CAPVT IV.

Nunc autem considerari oportet sequentes quatuor aequationes:

I°. $\mathfrak{B}q = \frac{i-1}{i} \cdot M$

II°. $-\mathfrak{C}\omega = \frac{i-1}{i}M - q$

III°. $0 = -(\frac{ik+1}{i})M - q + \omega$

IV°. $\mathfrak{C}i = \frac{ik+1}{i}M - q + \omega$

Ex tertia igitur habemus

$q - \omega = -(\frac{ik+1}{i})M$

addatur vtrinque $\frac{i+m\omega}{i}$, ac prodibit

$M(m-1) = \frac{i+m\omega}{i} - (\frac{ik+1}{i})M$

vnde inuenitur

$$M = \frac{4im\omega}{m+\frac{ik}{i}} = \frac{i \cdot i \cdot m \omega}{i(mi+ik)}$$

seu substituto valore ipsius ω

$$M = \frac{ii}{mi+ik} \cdot l;$$

atque insuper ex eadem aequatione erit

$$q = \frac{i(mi+ik) - im(ik+1)}{i(mi+ik)} \cdot \omega$$

at vero prima aequatio dat

$$q = \frac{i(i-1) \cdot m \omega}{i(mi+ik)\mathfrak{B}},$$

quorum valorum aequalitas praebet

$3i(mi+ik) - 4im(ik+1)$

$= \frac{ii(i-1)m}{\mathfrak{B}} = \frac{im(i(i-1)+i)}{i}$

vnde

CAPVT IV.

vnde fit

$$ik(4\epsilon m - 3i) = \epsilon m(3i - 4\epsilon) - \frac{\epsilon m(i(\epsilon - i) + i)}{i}$$
$$= \frac{\epsilon m}{i}(3i^2 - 4i(\epsilon - i) - 4\epsilon) \text{ feu}$$
$$ik = \frac{\epsilon m(i^2 - i(\epsilon - i) - \epsilon i)}{i(4\epsilon m - 3i)}$$

qui valor, vt fit pofitiuus, debet effe $i < \frac{1}{3} \epsilon m$ fimulque

$$i > \frac{1}{3}(\epsilon - \epsilon + \sqrt{\epsilon + \epsilon + \epsilon^2})$$

Hinc autem valore ipfius k definito fecunda aequatio dabit

$$\mathfrak{C} = \frac{-\epsilon m(i^2 - i(\epsilon - i) - \epsilon)}{i i^3 (m\epsilon + ik)} = \frac{-\epsilon m(i - \epsilon)(i + i)}{\epsilon i^2(m\epsilon + ik)}$$

fiue ex altero valore ipfius q

$$\mathfrak{C} = \frac{-\epsilon m(\epsilon + \epsilon b) + \epsilon \epsilon b}{i(m\epsilon + ik)}$$

erit ergo ob $\mathfrak{C} < 0$ etiam $C < 0$ vti requiritur, ex quorum valorum aequalitate idem valor pro k, qui ante, prodit. Notetur autem hic effe

$$\epsilon m + ik = \frac{\epsilon m(i i m - i(\epsilon - i) - i)}{i(4\epsilon m - 3i)}$$

vnde fit

$$M = \frac{\mathfrak{C}(i m - i)k}{\epsilon m(i i m - i(\epsilon - i) - i)}.$$

Deinde vero littera D arbitrio voftro permittitur, dummodo fumatur poftlui.

CAPVT IV.

Quarta denique aequatio nobis praebet valorem litterae

$$\mathfrak{E} = \frac{eí(m - 2i(\mathbf{1}-e)) - 2e}{i(em + ik)}$$

quare vt E prodeat negatiuum, oportet esse $\mathfrak{E} > \mathbf{1}$ siue

$$4ei m - 2i(\mathbf{1}-e) - 2e > i(em + ik)$$

et valore ipsius $em + ik$ substituto

$$(4em - 3i)(4eim - 2i(\mathbf{1}-e) - 2e)$$
$$> 4em(eim - i(\mathbf{1}-e) - e)$$

quod vt fiat necesse est sit

$$6.e^2 im^2 - 2em(3i^2 + i(\mathbf{1}-e) + e)$$
$$+ 3i^2(\mathbf{1}-e) + 3ei > 0.$$

quod sponte euenit, cum certo sit $i < em$.

Tandem pro loco oculi habebimus

$$O = \frac{iu}{\mathfrak{K}.\mathfrak{a}} = \frac{u(i(m-i(\mathbf{1}-e))-\mathbf{1})}{i(em-\mathbf{1}\mathbf{1})}. u \text{ siue}$$

$$O = iu(\mathbf{1} + \frac{ii^2 - ei(\mathbf{1}-e)-ee}{i(em-\mathbf{1}\mathbf{1})})$$

Superest porro, vt diiudicemus, an pro s vnitas accipi queat, quod licebit, si fuerit

$$r < \frac{ef.z}{u} \text{ seu } r < \frac{ieinz}{\mathbf{1}\mathbf{1}}.$$

Contra vero accipi debet $s = \frac{ieinz}{\mathbf{1}\mathbf{1}r}$ quo casu campus in eadem ratione diminuetur, in qua s ab vnitate deficit. Quod autem ad quantitatem p attinet,

ea

CAPVT IV.

ea ex aequatione nota definiri debet, fpeculorum ratione habita, vtrum fint fphaerica an parabolica.

Corollarium.

§. 62. Quia lens in D, quam minimo foraminulo pertundi fufficit, a lente C diftat interuallo

$$CD = \frac{1.2C}{1}(1+\mathfrak{k})p$$

radii autem peregrini in lentem C incidentes poft eam colliguntur ad diftantiam $r = \frac{1.8C}{1}p$; vt hi radii excludantur, neceffe eft, vt hae duae diftantiae a fe inuicem difcrepent, feu notabilis differentia effe debet inter has quantitates $C(1+\mathfrak{k})$ et $\mathfrak{C}$, hoc eft inter $1+\mathfrak{k}$ et $1-\mathfrak{C}$ feu inter $\mathfrak{k}$ et $-\mathfrak{C}$. Eft vero

$$\mathfrak{k} = \frac{f^{2}(1+m-1)}{1 m (1+1-1)(1-1)-1)}, \text{ at } -$$

$$-\mathfrak{C} = \frac{(1+m-1)(1-1)(1+1)}{1(1+m-1)(1-1)-1)}$$

quare cum ratio inter has quantitates debeat effe admodum inaequalis, haec fractio

$$\frac{1 f^{2}(1+m-f(1-1)-1)}{1 m (1-1)(1+1)(1^{2}-1)(1-1)-1)}$$

plurimum ab vnitate difcrepare debet; at differentia inter numeratorem et denominatorem fatis eft magna, vt aequalitas non fit metuenda.

Coroll. 2.

§. 63. Quodfi autem fumamus $l=2$, fractio illa ab vnitate diuerfa euadet $= \frac{a(1+m+1-1)}{1 m (1+1)(1+1)}$, quae

Aaaa2 vtique

CAPVT IV.

vtique satis ab vnitate discrepat, vt tranſitus radiorum peregrinorum neutiquam ſit metuendus. Campi autem ratio maxime exigit, vt ipſi i tam paruum valorem tribuamus, quam circumſtantiae permittunt. Ceterum multo magis ille tranſitus euitabitur, ſi capiatur $i > 2$.

Exemplum 1.

§. 64. Pro multiplicatione $m = 50$. Ponamus hic $\delta = \frac{1}{4}$; $\iota = \frac{1}{4}$, et quia haec multiplicatio poſtulat $x = 1$. dig. erit $y = \frac{1}{4}$ dig. Deinde ſtatuamus

$i = 3$. erit
$(i+\iota)(i-1) = 6,4$
$3 i^2 - 4 i (1-\iota) - 4 \iota = 16,6$.
$i m = 10$;
$4 i m - 3 i = 31$.
$B = -6$; $\mathfrak{B} = \frac{1}{4}$; $k = \frac{m}{n} = 1,785$.
$i m + i k = 15,355$;
$\mathfrak{C} = -0,6175$; $C = -0,3857$.
$\mathfrak{E} = 2,4921$; $E = -1,6702$.

vnde elementa primitiua ſequenti modo definientur, ponendo 9 loco D, vt ſit $\mathfrak{D} = \frac{r}{1+r}$.

$\alpha = p$; $\beta = 1,2. p$; $\gamma = 0,1526. p$;
$h = -i. \varrho = -0,2. p$; $c = -0,4 p$; $d = 0,0855.p$;
$\delta = 0,$

CAPVT IV.

$\delta = 0,0855. 9. p.; \epsilon = 0,0229. 9 p.$
$\varepsilon = -0,0382. 9 p; f = 0,0764. 9. p.$

ex quibus interualla colliguntur
$AB = BC = 0,8. p; CD = 0,2381. p;$
$DE = 0,1084. 9 p; EF = 0,0382. 9 p;$
sicque tubus foramini speculi annectendus erit circiter $= \frac{1}{2} p.$

Distantiae vero focales erunt
$q = \mathfrak{B} b = -0,24. p;$
$r = \mathfrak{C} c = 0,247. p;$
$s = \mathfrak{D} d = 0,0855. \frac{6}{\cdot+1}. p;$
$t = \mathfrak{E} e = 0,0521. 9. p;$
$u = f = 0,0764. 9. p.$

Praeterea pro hoc casu habebimus
$$M = \frac{ii}{m+1} t = 0,0339. t$$
$$(8, 5307323.)$$

Tum vero $q = 0,113. t$
$\zeta = -u = -0,45. t.$

Nunc igitur videamus, an pro t sumi possit vnitas, nec ne? quem in finem consideremus valorem
$t r = 4 \delta x;$ seu $0,111. p. t = 1$ dig.
vnde fit $t = \frac{1}{0,111. p} = \frac{9}{p}$ vnde apparet, si p fuerit nouem

CAPVT IV.

nouem digitorum vel minus, tum fumi poſſe $s=1$. ſin autem fuerit $p > 9$ dig. tum fumi debet $s = \frac{1}{2}$ et campus tanto fit minor. Circa locum oculi vero notandum eſt, eſſe $O = \frac{1}{4} \pi (1 + \frac{15}{34}) = 0,58.\pi$. Nunc vero reſtat praecipua inueſtigatio diſtantiae focalis p, quae ex menſura confuſionis colligitur

$$p = k \pi \sqrt{50 (0,125 - 0,0283}$$
$$+ 0,0031. \mu (\lambda + \nu. \mathfrak{C}. 1 - \mathfrak{C}.)$$
$$+ 0,0031. \mu (\tfrac{(1-\theta).^2\lambda'}{\theta^2} + \tfrac{\nu(1+\theta)}{\theta^2})$$
$$+ \tfrac{0,0000.\mu}{\theta^2} (\lambda'' + \nu. \mathfrak{C}. 1 - \mathfrak{C})$$
$$+ \tfrac{0,0000.\mu}{\theta^2}. \lambda''')$$

Circa hanc expreſſionem vero ſequentia obſeruemus:

1°. Si ſpeculum principale ſit parabolicum; primum membrum poſt ſignum radicale 0,125 omitti debet; ac ſi etiam minus ſpeculum eſſet parabolicum; tum quoque ſecundum terminum omittere liceret. Conſultius autem videtur ſolum primum ſpeculum parabolicum efficere; alteri vero figuram ſphaericam perfectam inducere, tum enim ſequentia membra ita inſtrui, ſiue litterae λ, λ', λ'' cum littera ϑ ita aſſumi poterunt, vt iſta membra a ſecundo, quod eſt negatiuum, perfecte tollantur; ſicque tota confuſio ad nihilum redigatur. Quod ſi ſucceſſerit, ſufficiet litteram

p ex

CAPVT IV.

p ex fola apertura definire, fumendo fcilicet $p = 4x$ vel $6x$ vel $7x$, prouti vifum fuerit. Hoc ergo cafu ob $x = 1$ dig. diftantia focalis p tuto minor, quam 9 dig. accipi poterit.

II°. Cum igitur fumi poffit $p < 9$. dig. ponere licebit $t = 1$. et campi apparentis femidiameter erit $= 859$. M. minut. $= 29$. minut. Tum autem binas poftremas lentes vtrinque aeque conuexas confici oportet, vnde fi lentes ex vitro communi pro quo eft $\varepsilon = 1,55$ parentur, erit $\lambda''' = 1 + (\frac{\varepsilon-1}{17})^2 = 1,6299$. At $\lambda'' = 1 + 0,6299.(1 - 2\mathfrak{E}) = 10,9991$.

III°. Quia adeo capere liceret $p = 4$ dig. ne diftantia focalis vltimae lentis fiat nimis parua, fufficiet ftatuere $\vartheta = 1$. atque hinc erit vltimum membrum noftrae formulae $= 0,00055$. Pro penultimo membro erit

$v. \mathfrak{E}. 1 - \mathfrak{E} = -0,8649$; ideoque
$\lambda'' + v. \mathfrak{E} 1 - \mathfrak{E} = 10,1342$,

ac propterea totum membrum $= 0,00047$. Quocirca ambo poftrema membra iunctim fumta dabunt $0,00102$.

IV°. Pro prima autem lente erit

$v. \mathfrak{E}. 1 - \mathfrak{E} = -0,2323$;

vnde

CAPVT IV.

vnde totum membrum inde natum fiet
$= 0,00123.\lambda - 0,00028$.

Pro secunda autem lente erit
$\frac{(1+t)^2}{f'}\lambda' + \frac{2(1+t)}{f'} = 8.\lambda' + 2v$

hincque totum membrum erit
$= 0,0232.\lambda' + 0,00135$.

V°. His ergo inuentis litteras λ et λ' ita definiri oportet, vt fiat

$0,0283 = 0,00123.\lambda + 0,0232.\lambda'$
$\qquad\qquad\qquad\qquad + 0,00209$

siue

$0,0262 = 0,00123.\lambda + 0,0232.\lambda'$

vbi notandum litteras λ et λ' vnitate minores esse non posse statuamus ergo $\lambda' = 1$; et esse debebit $0,0030 = 0,00123 \lambda$; hincque $\lambda = \frac{0,0030}{0,00123} = \frac{300}{123} = 2,44$

Hinc igitur consequimur sequentem construffionem:

Telescopium Catadioptricum pro multiplicatione $m = 50$.

§. 65. Ex iis, quae modo euoluimus, obtinemus sequentes determinationes:

I°. Pro speculo principali, quod exactissime secundum figuram parabolicam elaborari debet, distan-

CAPVT IV.

distantia focalis accipi posset $p = 4$ dig. Interim tamen litteram p quasi indeterminatam in calculo retineamus. Semidiameter aperturae huius speculi $x = 1$. dig. et semidiameter foraminis $y = \delta x = \frac{1}{4}$ dig. Ante hoc speculum ad interuallum $= 0, 8. p$ constituatur speculum Secundum Q B Q.

II°. Pro quo debet esse distantia focalis $q = -0, 24. p$, ita, vt hoc speculum debeat esse conuexum et ad figuram sphaericam exacte elaboratum. Eius aperturae semidiameter $= \frac{1}{4}$ dig. Post hoc speculum in ipso foramine speculi maioris ad distantiam $BC = \frac{1}{4}. p = 0, 8. p.$ constituitur.

III°. Lens prima, ex vitro communi $n = 1, 55$ paranda, cuius distantia focalis sit $r = 0, 247. p$ capiendo

rad. fac. $\begin{cases} \text{ant.} = \frac{r}{s - \xi(s - q) + \tau\sqrt{(\lambda - 1)}} = 1,\overline{101} = 0, 1729. p \\ \text{poster.} = \frac{r}{s + \xi(s - r) \mp \tau\sqrt{\lambda - 1}} = 0,\overline{111} = 0, 6339. p \end{cases}$

Semidiameter aperturae $= \frac{1}{4}$ dig; vt foraminis, et interuallum vsque ad lentem secundam

$= 0, 2381. p = CD.$

IV°. Pro secunda lente S D S, cuius distantia focalis $t = 0, 0437. p$ ob $\mathfrak{D} = \frac{1}{4}$ et $\lambda' = 1$ capiatur

Tom. II.   B b b b   rad.

CAPVT IV.

rad. fac. $\begin{cases} \text{anter.} = \dfrac{s}{\sigma - i(\sigma - \varrho)} = \text{etc.} = 0,04697 p. \\ \text{poster.} = \dfrac{s}{\varrho + i(\sigma - \varrho)} = \text{etc.} = 0,04697 p. \end{cases}$

Eius aperturae semidiameter:
$= \dfrac{s}{F \cdot \lambda} = \text{etc.} = 0,037.$ dig.

et interuallum ad tertiam lentem
$DE = 0,1084. p.$

V°. Pro tertia lente, cuius distantia focalis $t = 0,0571. p$, capiatur radius vtriusque faciei $= 0,0628. p.$ eius apertura semidiam. $= \frac{1}{2} t = 0,0142. p.$ et interuallum ad quartam lentem $= 0,0382. p.$

VI°. Pro quarta lente, cuius distantia focalis $u = 0,0764. p$, capiatur radius vtriusque faciei $= 0,0840. p.$ eius aperturae semidiam. $= \frac{1}{2} u = 0,0191. p.$ et interuallum ad oculum
$= 0,58. u = 0,0445. p.$

VII°. Tubi ergo anterioris ambo specula continentis longitudo aliquanto maior est, quam 0, 8 p. Tubi vero posterioris lentes continentis longitudo erit $= 0,4292. p.$ sicque totius instrumenti

CAPVT IV

menti longitudo erit circiter $= 1, 4:92. p.$ ita, vt lumen $p = 5. dig.$; hacc longitudo futura sit 7. dig.

VIII°. Campi autem apparentis semidiameter iam supra indicatus est $= 29.$ minut., qui pro multiplicatione $m = 50$ satis est notabilis.

IX°. Diaphragmatis siue septi In locis imaginum realium collocandis hic plane non erit opus, cum secunda lens tam exiguam habeat aperturam, quae radios peregrinos omnes excludat. Interim tamen si in loco primae imaginis realis, quae post primam lentem cadit ad interuallum $\gamma = 0, 1526. p$ collocetur diaphragma, eius foraminis semidiameter sumi debet $= 0, 127. p$ hoc vero diaphragmate vix erit opus, cum radiorum peregrinorum In lentem primam incidentium imago cadat post hanc lentem ad distantiam $r = 0, 247 p,$ dum ea radiorum propriorum cadit ad distantiam $\gamma = 0, 1526. p,$ quod discrimen satis est notabile.

X°. Si quis metuat, ne a tam exiguo speculo, cuius semidiameter est $= 1$ dig. quodque adeo foramine est pertusum, nimis exigua luminis copia ad oculum transmittatur, is tantum mensuram digitorum pro lubitu augeat nihil enim

enim impedit, quominus menfura digiti adeo
duplicetur. Hoc enim modo claritas ad lubitum augeri poterit neque tamen inftrumenti
longitudo, quae per fe eft parua, ob hanc
cauffam enormis euadet.

Exemplum II.

Pro multiplicatione $m = 100$.

§. 66. Statuamus hic $\delta = \frac{1}{2}$ et $\epsilon = \frac{1}{2}$ vt fit
$m = 20$. Tum vero fumamus $i = 4$, quo tubus
breuior euadat, atque habebimus

$P = \frac{i}{\epsilon} = 5; Q = i = 4;$

$R = -k = -\frac{1}{2} = -0,63235$ ob

$3i^2 - 4i(1-\epsilon) - 4\epsilon = 34\frac{1}{2}$ et $4\epsilon m - 3i = 68$

porro

$S = -l' = -\frac{1}{2} = -15,814$ et $T = i = 0,5$.

Vnde fit

$PQ = 20; PQR = -12,647;$

$PQRS = 200$ et $PQRST = 100$.

Reliquae vero litterae reperientur

$\mathfrak{B} = \frac{1}{2} = 1,231.$

$B = -\frac{1}{2} = -5,333.$

$\mathfrak{C} = -\frac{1}{2} = -0,93211$

$(9,9694694)$

$C =$

CAPVT IV.

$C = -\frac{...}{...} = -0,4824$
$(9,6834398)$

et

$\mathfrak{D} = \frac{b}{...}$; $\mathfrak{C} = \frac{...}{...} = 3,4755$
$(0,5410119)$

$D = \mathfrak{D}$; $E = -\frac{...}{...} = -1,4039$
$(0,1473490)$

Vnde colligimus

log $B\mathfrak{C} = 0,6964410$; log $BC\mathfrak{C} = 0,9514233$;
log $BC = 0,4104114$; log $BCE = 0,5577604(-)$.

His praemissis elementa nostra eruoe

$a = p$; $b = -\frac{a}{2} = -\frac{1}{2}$. $a = -0,2.p$.
$\beta = Bb = 1,9666.p$; $c = -0,8666.p$.
$\gamma = Cc = 0,1266.p$; $d = 0,20344.p$.
$\delta = Dd = 0,20344.\mathfrak{D}.p$; $e = 0,01286.\mathfrak{D}.p$.
$\epsilon = Ee = -0,01806.\mathfrak{D}.p$; $f = 0,03612.\mathfrak{D}.p$.

vnde statim obtinemus interualla

$AB = 0,8.p$; $BC = 0,8.p$; $CD = 0,3320.p$
$DE = 0,2163.\mathfrak{D}.p$; $EF = 0,01806.\mathfrak{D}.p$.

Distantiae vero focales ita se habebunt:

$q = \mathfrak{B}b = -0,246.p$; $r = \mathfrak{C}c = 0,5485.p$
$s = 0,2034.\frac{b}{...}.p$; $t = \mathfrak{C}e = 0,0447.\mathfrak{D}.p$.
$u = f = 0,0361.\mathfrak{D}.p$.

CAPVT IV.

Praeterea vero erit $\omega = 0, 3 . t = -\tau$ vnde sequitur $t\tau = 4\delta x$ abit in hanc: $0,06455 t. p = x$; quare si sumatur $x = 2$ dig.; hinc fiet $t = \frac{1}{c_1 + 1 \cdot p}$. Dummodo igitur fuerit $p < 30$ dig. capere licebit $t = 1$. binasque vltimas lentes vtrinque aeque conuexas fieri oportet. Verum si etiam hic liceat totam confusionem ad nihilum redigere, ob $x = 2$. dig. sumi adeo posset $p = 8$. dig. etiamsi praestet ipsi p maiorem valorem tribuere; vnde patet tuto assumi posse $\vartheta = 1$.

Praeterea vero pro campo apparente habebitur $M = \frac{1}{n_{11}} \cdot t$; quare si capi poterit $t = 1$. semidiameter campi apparentis erit $\Phi = \frac{1}{10,11}$. min $= 15 \frac{1}{2}$ min. et pro loco oculi habebimus

$$O = 0, 563. u. = 0, 02037. p.$$

Denique vt tota confusio euanescat, primum speculum perfecte parabolicum confici necesse est, atque tum esse debebit

$$\frac{2(1-\mathfrak{B})(1-\mathfrak{B})^2}{1 \mathfrak{B}^2} = \frac{\mathfrak{B}}{\mathfrak{B} \cdot \mathfrak{C} \cdot \mathfrak{PQ}} (\lambda + \nu. \mathfrak{E}. 1 - \mathfrak{C})$$
$$- \frac{\mathfrak{B}}{\mathfrak{B} \cdot \mathfrak{C} \cdot \mathfrak{FQ} \mathfrak{X}} (8. \lambda' + 2\nu)$$
$$+ \frac{\mathfrak{B}}{\mathfrak{B} \cdot \mathfrak{C} \cdot \mathfrak{E} \cdot \mathfrak{PL} \mathfrak{X}} (\lambda'' + \nu. \mathfrak{E} \cdot 1 - \mathfrak{C})$$
$$- \frac{\mathfrak{B}}{\mathfrak{B} \cdot \mathfrak{C} \cdot \mathfrak{E} \cdot \mathfrak{V} \cdot \mathfrak{X}} \lambda'''.$$

vbi vt ante si refractio vitri sit

$n = 1, 55$. erit $\lambda''' = 1, 6499$ et
$\lambda'' = 1 + 0, 6299. (1 - 2 \mathfrak{C})^2 = 23, 308.$

vnde

CAPVT IV.

vnde aequatio nostra praebebit

$$0,02864 = 0,000382. \lambda - 0,00016$$
$$+ 0,034843. \lambda' + 0,00200$$
$$- 0,00001$$
$$+ 0,00015$$
$$+ 0,00032$$

siue $0,02634 = 0,000382. \lambda + 0,03484. \lambda'$

quae aequalitas quia λ et λ' vnitate minores esse nequeunt, subsistere non potest. Quamobrem coacti sumus ipsi ϑ maiorem valorem tribuere; sit ergo $\vartheta = 2$, et nostra aequatio fiet

$$0,02809 = 0,000382. \lambda - 0,00016$$
$$+ 0,01143. \lambda' + 0,00075$$
$$- 0,00001$$
$$+ 0,00002$$
$$+ 0,00004$$

siue $0,02744 = 0,000382. \lambda + 0,01143. \lambda'$

Ne hinc valor ipsius λ prodeat nimis magnus, sumamus $\lambda' = 2$ eritque $0,00458 = 0,000382. \lambda$, hincque $\lambda = \frac{458}{382} = 1\frac{1}{2}$. Sin autem sumsissemus $\lambda' = 2\frac{1}{2}$, obtinuissemus $\lambda = \frac{??}{???} = 2$.

Vtamur ergo his postremis valoribus $\lambda = 2\frac{1}{2}$ et $\lambda' = 2\frac{1}{2}$, existente $\vartheta = 2$; hincque $\mathfrak{D} = \frac{1}{2}$; vnde colligitur sequens

CAPVT IV.

Conſtructio Teleſcopii Catadioptrici pro $m = 100$.

§. 67. Haec ergo conſtructio conſtabit ſequentibus determinationibus.

I°. Primum ſpeculum perfecte ſecundum figuram parabolicam elaboretur, cuius diſtantia focalis ſit $=p$, quam ad minimum 8 dig. ſtatui oportet; eius aperturae ſemid. $=s=2$. dig. foraminis autem ſemidiam. $=\frac{1}{2}$ dig. et diſtantia a ſpeculo minore $AB = 0, 8. p$.

II°. Minus ſpeculum figuram ſphaericam habeto, cuius diſtantia focalis ſit $q = -0, 246. p$; et ſemidiamet. aperturae $=\frac{1}{2}$ dig. indeque diſtantia ad primam lentem $BC = 0, 8. p$.

III°. Pro prima lente, cuius diſtantia focalis
$r = 0, 2485. p$, numeri vero
$\mathfrak{C} = -0, 9321$ et $\lambda = 2$,

capiatur radius faciei

anter. $= \frac{r}{s-\mathfrak{C}(s-q) \pm \sqrt{\gamma\lambda-1}} = \frac{r}{2,2666-0,9011} = 0, 1805. p$.

poſter. $= \frac{r}{s+\mathfrak{C}(s-q)\mp\sqrt{\gamma\lambda-1}} = \frac{r}{-0,4021+0,9011} = -1,0210. p$.

Semidiam. apert. foramini aequalis $=\frac{1}{2}$ dig.
et diſtantia ad lentem ſecund. $CD = 0, 3310. p$.

IV°. Pro

CAPVT IV.

IV°. Pro secunda lente, cuius distantia focalis $f=0,1356\ p$ et numeri $\mathfrak{D}=\frac{1}{3}$ et $\lambda'=2,3333$. capiatur radius faciei

anter. $=\frac{f}{f-\mathfrak{D}(\epsilon-\varrho)\pm\tau\pi(\lambda'-1)}=\frac{f}{1,7163}=0,0791.\ p.$

poster. $=\frac{f}{f+\mathfrak{D}(\epsilon-\varrho)\mp\tau\pi(\lambda'-1)}=\frac{f}{1,1073}=1,3114.\ p.$

Eius aperturae semidiam. $=\frac{a}{F_{\frac{1}{4}\pi}}=0,16.$ dig. et distantia a lente tertia $D\overset{\shortmid}{E}=0,4326.\ p.$

V°. Pro lente tertia, cuius dist. focal. $f=0,0894.\ p.$ capiatur radius vtriusque faciei $=0,0983.\ p.$ eius aperturae semid. $=\frac{1}{3}f=0,0246.\ p.$ et distantia ad lentem quartam $E\ F=0,03612.\ p.$

VI°. Pro lente quarta, cuius dist. foc. $x=0,0712.\ p.$ capiatur radius vtriusque faciei $=0,0794.\ p.$ eius aperturae semidiam. $=\frac{1}{3}x=0,0198.\ p.$ et distantia oculi $O=0,563.\ x=0,0204.\ p.$

VII°. Longitudo ergo tubi prioris aliquanto maior erit, quam $0,8.\ p.$ tubi autem affixi longitudo $=0,8211.\ p$; hincque totius instrumenti circiter $=1,6211.\ p.$

VIII°. Campi apparentis semidiameter $=15\frac{1}{2}$ min. et quae supra obseruauimus praeterea, etiam hic locum habent.

Tom. II. C c c c Exem-

CAPVT IV.

Exempl. III.

Pro multiplicatione $m = 150$.

§. 68. Maneant, vt ante, $\delta = \frac{1}{2}$ et $\epsilon = \frac{1}{2}$ vt fit $\epsilon m' = 30$. sumatur autem $i = 5$ et vt claritate sufficiente fruamur, fit $x = 3$ dig. vt fit $y = \frac{1}{2}$ dig. et hinc colligimus

$P = 5$; $Q = 5$; $R = -k = -0,6652$.
$S = -k' = -1,8040$; et $T = \frac{1}{2}$. hinc
$PQ = 25$; $PQR = -16,63$;
$PQRS = 300$ et $PQRST = 150$.

inde vero reliquae litterae reperientur:

$\mathfrak{B} = \frac{1}{2} = 1,25$; $B = -5$;
$\mathfrak{C} = -\frac{m}{n,in} = -0,9986$
    $(9,9994001)$
$C = -\frac{m}{n,in} = -0,49966$.
    $(9,6986748)$
$\mathfrak{D} = \frac{i}{i+1}$; $D = 9$;
$\mathfrak{E} = \frac{m}{n,in} = 3,5504$.
    $(0,5502750)$
$E = -\frac{m}{n,in} = -1,3921$.
    $(0,1436667)$

vnde colligimus

log. $B\mathfrak{C} = 0,6983701$;

log.

CAPVT IV.

log. BC $= 0, 2576442$;
log. BCE $= 0, 9479192$;
log. BCE $= 0, 5413109 (-)$

His praemissis elementa nostra erunt

$a = f$; $b = -0, 2. p$; $\beta = p$; $c = -0, 2. p$.
$\gamma = 0, 099932. p$; $d = 0, 15023. p$.
$\delta = 0, 15023. 9. p$; $e = 0, 06833. 9. p$.
$\epsilon = -0, 01159. 9. p$; $f = +0, 02318. 9. p$

vnde colligimus interualla

$AB = 0, 2. p = BC$; $CD = 0, 25016. p$.
$DE = 0, 15856. 9. p$; $EF = 0, 01859. 9. p$

Distantiae vero focales ita se habebunt:

$q = -0, 25. p$; $r = 0, 19972. p$;
$s = 0, 15023. \frac{1}{++}. p$; $t = 0, 08956. 9. p$; et
$u = 0, 02318. 9. p$.

Porro est $u = \frac{1}{2} f = -r$; vnde aequatio $ev = \varphi \delta \, s$ dabit

$$s = \frac{u}{0, 15, 14} = \frac{12}{9}$$

proxime dum ergo p sit < 60, tuto sumere licebit $s = 1$. et quia tum erit $M = \frac{1}{9m!, 9m!}$; hincque semidiameter campi $\Phi = 10$; min. et pro loco oculi

$O = 0, 555. u. = 0, 01285. 9. p$.

Dent-

CAPVT IV.

Denique si primum speculum conficiatur parabolicum, omnis confusio tolletur huic aequationi satisfaciendo

$$0,0288 = 0,00030144 \cdot \lambda - 0,00013994$$
$$+ 0,0036177 \cdot \tfrac{\lambda(1+\theta^2)}{\theta^2} + 0,00084146 \cdot \tfrac{1+\theta}{\theta^2}$$
$$+ \tfrac{\text{...}}{\text{...}}$$
$$+ \tfrac{\text{...}}{\text{...}}$$

siue

$$0,0289399 = 0,00030144 \cdot \lambda + 0,0036177 \cdot \tfrac{(1+\theta^2)}{\theta^2}\lambda'$$
$$+ 0,00084146 \cdot \tfrac{1+\theta}{\theta^2} + \tfrac{\text{...}}{\text{...}}$$

Hic patet statim, fomi non posse $\vartheta = 1$. tentetur ergo positio $\vartheta = \tfrac{1}{2}$ eritque

$$0,0289399 = 0,00030144 \cdot \lambda + 0,0167487 \cdot \lambda'$$
$$+ 0,00093495 + 0,0001013.$$

siue

$$0,0279037 = 0,00030144 \cdot \lambda + 0,0167487 \cdot \lambda'$$

quare si hic statuatur $\lambda' = 1$; fiet

$$\lambda = \tfrac{\text{...}}{\text{...}} = \tfrac{\text{...}}{\text{...}} = 37.$$

sin autem sumamus $\lambda = 1$. fiet

$$\lambda' = \tfrac{\text{...}}{\text{...}} = \tfrac{\text{...}}{\text{...}} = 1,648.$$

Sin autem λ statueretur 2 vel 3, valor ipsius λ' vix inde mutaretur vnde pro vsu practico praestare videtur, si ipsi λ' certus quidam valor tribuatur quia

CAPVT IV.

quia enim tum ob leuissimos errores λ multum variare potest, plures lentes pro variis valoribus λ parari poterunt; ex quibus aptissimam experientia declarabit. Statuamus ergo $\lambda' = \frac{1}{4}$ ac reperietur

$$\lambda = \tfrac{\text{...}}{\text{...}} = \tfrac{\text{...}}{\text{...}} = 9.$$

vnde in praxi ternae lentes parari poterunt ex valoribus $\lambda = 8$; $= 9$; $= 10$.

Posito ergo $\vartheta = \frac{1}{4}$; vt sit $\mathfrak{D} = \frac{r}{s}$ sumatur $\lambda' = \frac{1}{4}$ et $\lambda = 9$. vnde colligitur sequens:

Constructio Telescopii Catadioptrici pro $\pi = 150$.

§. 69. Haec constructio sequentibus determinationibus continetur:

I°. Speculum obiectiuum accuratissime secundum figuram parabolicam elaboretur, cuius distantia focalis minor non sit duodecim digitis; quam hic littera p designemus. Eius aperturae semidiameter vero sit $s = 3$. dig. foraminis vero semidiameter $= \frac{1}{4}$ dig. et distantia ad speculum minus $AB = 0, 8\, p$.

II°. Speculum minus exactissime ad figuram sphaericam elaboretur, cuius distantia focalis sit $q = -0, 25\, p$. quippe quod est conuexum. Eius aperturae semidiameter $= \frac{1}{4}$ dig. et distantia ad primam lentem $BC = 0, 8\, p$.

III°.

CAPVT IV.

III°. Pro prima lente, cuius distantia focalis est $r = 0,19972 \cdot p$. numerique $\mathfrak{C} = -0,9986$ et $\lambda = 9$. capiatur radius faciei

anter. $= \frac{r}{r - \mathfrak{C}(r-1) \pm r\sqrt{\mu}} = \mathfrak{e},\overset{r}{\mathfrak{z}}_{\mathfrak{s}\mathfrak{s}} = 0, 39777 \cdot p$.

poster. $= \frac{r}{r + \mathfrak{C}(r-1) \pm r\sqrt{\mu}} = \mathfrak{i},\overset{r}{\mathfrak{z}}_{\mathfrak{i}\mathfrak{s}\mathfrak{s}} = 0, 15176 \cdot p$.

Sin autem sumeretur $\lambda = 10$, prodiret radius faciei

anter. $= \mathfrak{e},\overset{r}{\mathfrak{z}}_{\mathfrak{i}\mathfrak{s}\mathfrak{s}} = 0, 57589 \cdot p$.

poster. $= \mathfrak{i},\overset{r}{\mathfrak{z}}_{\mathfrak{i}\mathfrak{s}} = 0, 13543 \cdot p$.

vnde concludimus in genere sumi posse radium faciei

anter. $= (0, 39777 \mp 0, 17812 . \omega) p$.

poster. $= (0, 15176 \pm 0, 01633 . \omega) p$.

vbi ω per experientiam definiri conueniet.

Huius autem lentis semidiameter aperturae $= \frac{1}{2}$ dig et distantia ad lentem secundam

$CD = 0, 25016 \cdot p$.

IV°. Pro secunda lente, cuius distantia focalis $s = 0, 09013$8$. p$. et numeri $\mathfrak{D} = \frac{1}{2}$ et $\lambda' = 1, 5$ capiatur radius faciei

anter. $= \frac{s}{s - \mathfrak{D}(s-1) \pm s\sqrt{\mu}} = \mathfrak{e},\overset{s}{\mathfrak{i}}_{\mathfrak{s}\mathfrak{s}} = 0, 72046 \cdot p$.

poster. $= \frac{s}{s + \mathfrak{D}(s-1) \pm s\sqrt{\mu}} = -\mathfrak{i},\overset{s}{\mathfrak{s}}_{\mathfrak{i}\mathfrak{s}} = -2, 8864 \cdot p$.

Eius

CAPVT IV.

Eius aperturae semidiameter
$= \frac{r}{7 Q u} = \frac{1}{11}$ dig. $= 0,18$. dig.
et distantia ad lentem tertiam
$DE = 0,23784. p.$

V°. Pro tertia lente, cuius distantia focalis
$t = 0,04434. p.$
sumatur radius faciei vtriusque $= 0,04877 4. p.$
eius aperturae semidiameter $= 0,01108. p.$
et distantia ad lentem quartam $EF = 0,01738. p.$

VI°. Pro lente quarta, cuius distantia focalis
$u = 0,03477. p.$
capiatur radius vtriusque faciei $= 0,03824. p.$
eius aperturae semidiameter $= \frac{1}{4}u = 0,00869. p.$
et distantia ad oculum
$O = 0,555. u = 0,01927. p.$

VII°. Longitudo ergo tubi prioris specula continentis aliquantum superabit $0,8. p$; posterioris vero erit $= 0,52465. p.$ ita, vt totius instrumenti longitudo sit circiter $= 1,32465. p.$ Tum vero semidiameter campi apparentis erit $= 10\frac{1}{2}$ minut.

Scholion.

§. 70. Remedium in subsidium praxeos, quod hic pro prima lente attulimus, etiam facile ad exempla prae-

CAPVT IV.

praecedentia accommodatur. Ponamus enim pro hac lente inuentos esse radios facierum f et g, et nunc quaestio eo redit, quomodo hos radios variari oporteat, vt distantia focalis maneat eadem. Ponatur prior $= f + x$; posterior $= g - y$, et necesse est, vt fiat $\frac{fg}{f+g} = \frac{(g+x)(g-y)}{f+g+x-y}$ vnde sumto x pro lubitu siue negatiue siue positiue capi debebit $y = \frac{ff.x}{ff+fg+gg}$; quare cum x et y sint satis parua erit $y = \frac{ff.x}{ff}$, siue $x:y = f':g'$, ita, vt posito $x = f'\omega$ futurum sit $y = g'.\omega$. Pro lente ergo prima, cuius radii supra inuenti sint f et g, alias succesiue substitui conueniet, quarum radii sint $f \pm f'.\omega$ et $g \mp g'.\omega$. Deinde hic etiam notasse iuuabit, pro lente prima minorem aperturam sufficere posse, quam hic assignauimus foramini aequalem. Sufficiet enim apertura, cuius semidiameter $= \frac{1}{2}rr. = \frac{1}{16}.r = 0,01248.p.$ vnde si $p = 12$ dig. iste semidiameter foret $= 0,1497.$ dig. $= \frac{1}{8}$ dig. circiter; ac si adeo esset $p = 20.$ dig.; foret iste semidiameter $= \frac{1}{4}$ dig. ex quo concludimus, sufficere, si huic lenti apertura tribuatur, cuius semidiameter fit $\frac{1}{4}$ dig. quo pacto ingentem copiam radiorum peregrinorum ab introitu arcebimus, sicque reliqui eo felicius a secunda lente excludentur; etsi eius apertura non tam est exigua, vt in praecedentibus exemplis, cuius rei ratio est, quod litteram i in multo minore ratione suximus, quam multiplicationem m; quam ob caussam in sequente exemplo litterae i multo maiorem valo-

valorem tribuemus, quia inde nihil aliud est metuendum, nisi exigua diminutio campi.

Exemplum 4.
pro multiplicatione $m = 200$.

§. 71. Manentibus litteris $\delta = \frac{1}{4}$ et $\epsilon = \frac{1}{3}$, capiatur $i = 10$ et vt sufficiens claritatis gradus obtineatur, sumamus $x = 5$. dig. vt sit semidiameter foraminis $= \delta x = \frac{5}{4}$ dig. et $\epsilon m = 40$. Hinc ergo colliguntur valores

$P = 5$; $Q = 10$; $R = -k = -0,8231$;
$S = -k' = -9,7312$ et $T = \frac{1}{4}$; hincque
$PQ = 50$; $PQR = -41,105$;
$PQRS = 400$ et $PQRST = 200$.

reliquae vero litterae ita determinabuntur

$\mathfrak{B} = \frac{n}{n} = 1,2903$; $B = -\frac{n}{r} = -4,4444$.
$\mathfrak{C} = -1,0153$; $C = -0,5038$1.
$(0,0066052)(-)$; $(9,7022655)(-)$
$\mathfrak{E} = 3,2841$; $E = -1,4377$.
$(0,5164093)$ $(0,1576942)$

vnde colliguntur sequentes logarithmi

log. $B\mathfrak{C} = 0,6544183$; l. $BC = 0,3500736$.
log. $BC\mathfrak{E} = 0,8664879$; l. $BCE = 0,5077728 -$

CAPVT IV.

hinc elementa sequenti modo definientur:

$a = p$; $b = -0,2.p$; $\beta = 0,8889.p$;
$c = -0,0889.p$; $-\gamma = 0,04478$;
$d = 0,054473.p$; $\delta = 0,054473.\vartheta.p$;
$e = 0,005598.\vartheta.p$; $\epsilon = -0,007798.\vartheta.p$;
et $f = 0,015596.\vartheta.p$.

ex quibus colliguntur interualla
$AB = 0,8.p = BC$; $CD = 0,09925.p$;
$DE = 0,06007\iota.\vartheta.p$; $EF = 0,007798.\vartheta.p$

Distantiae vero focales

$q = -0,2581.p$; $r = 0,09005.p$;
$s = 0,05447 \frac{e}{\iota+\iota}.p$; $t = 0,01838.\vartheta.p$;
et $u = 0,015596.\vartheta.p$.

Porro est $\omega = -t = \frac{1}{3}l$; vnde aequatio $rr = 4\delta x$ dabit $l = \frac{150}{p}$. dig.; vnde patet, dummodo p minor fit, quam 160. dig. tuto sumi posse $l = 1$; at si liceat confusionem ad nihilum redigere, adeo sumere licebit $p = 10$. dig. tum autem fiet $M = \frac{1}{115}$; vnde semidiameter campi erit $\frac{115}{16}$ min. $= 7\frac{3}{16}$ min. Praeterea vero pro loco oculi habebitur $O = 0,6.u.$ Tantum igitur superest, vt confusionem ad nihilum redigamus, quod fiet hac aequatione:

0,029

CAPVT IV.

$0,019074 = 0,00020418 \cdot \lambda - 0,0000972.$
$\qquad + 0,0020329 \cdot \frac{(1+f)^2}{f^2} \cdot \lambda'$
$\qquad + 0,0047286 \cdot \frac{1+f}{f}.$
$\qquad + \frac{0,00111}{f^2}.$
$\qquad + \frac{0,00000118}{f^2}.$

fiue

$0,029171 = 0,00020418 \cdot \lambda$
$\qquad + 0,0020329 \cdot \frac{(1+f)^2}{f^2} \cdot \lambda'$
$\qquad + 0,0004729 \cdot \frac{1+f}{f}.$
$\qquad + \frac{0,0001118}{f^2}.$

vbi iam nihil obſtat, quominus ſtatuatur $\vartheta = 1$. hincque habebimus

$0,028113 = 0,0002042 \cdot \lambda + 0,016264 \cdot \lambda'.$

Ne igitur hinc valor ipſius λ prodeat nimis magnus, commode ſtatui poterit $\lambda' = 1\frac{1}{2}$, atque reperietur $\lambda = \frac{10,7}{1} = 18$. proxime. Commodius vero erit ſumere $\lambda' = 1\frac{1}{3}$; vnde fiet $\lambda = \frac{100}{20} = 5$. Retineamus igitur valores $\vartheta = 1$; $\lambda' = 1\frac{1}{3}$, vt fiat $\lambda = 5$, cui adiungere poterimus valores finitimos $\lambda = 4$ et $\lambda = 6$. quo praxi melius conſulatur; atque hinc colligetur ſequens

Conſtructio Teleſcopii Catadioptrici pro multiplicatione $m = 200$.

§. 72. Statuamus hic, vt hactenus, diſtantiam focalem ſpeculi principalis $= p$, quam, vt vidimus, minorem quam 10 dig. assumi non conuenit. Praestabit autem eam haud mediocriter maiorem assumere.

I°. Speculum igitur primum adcuratissime forma parabolica elaboretur, cuius distantia focalis sit $= p$;

Eius aperturae semidiameter $x = 5.$ dig.

et semidiameter foraminis $y = 1\frac{1}{2}$ dig.

Distantia vero ad speculum minus $AB = 0,8. p.$

II°. Pro secundo speculo minore conuexo eius figura accuratissime sphaerice elaboretur, vt sit eius distantia focalis $q = -0,2582 p.$

Eius aperturae semidiameter $= 1\frac{1}{2}$ dig.

et distantia ad primam lentem in foramine $= BC = 0,8. p.$

III°. Pro lente prima, cuius distantia focalis $r = 0,09025. p.$ et numeri $\mathfrak{C} = -1,0153.$ et $\lambda = 5$, capiatur radius faciei

anter. $= \frac{p}{s-\mathfrak{C}(s-1) \pm \sqrt{s}} = \frac{r}{1,0161 \pm 1,5108}$

poster. $= \frac{r}{s + \mathfrak{C}(s-1) \pm \sqrt{s}} = \frac{r}{-1,1810 \pm 1,5108}$

hinc radius faciei

anter. $= 0,070734. p.$

poster. $= 0,16645. p.$

Sin

CAPVT IV.

Sin autem sumeremus $\lambda = 4$, prodiret radius faciei

anter. $= \frac{r}{1,0041 + \frac{r}{1,1677}} = 0,05944. p.$

poster. $= \frac{r}{-1,1666 + \frac{r}{1,1677}} = 0,30113. p.$

At si sumeretur $\lambda = 6$. foret radius faciei

anter. $= \frac{r}{1,0041 + \frac{r}{1,0119}} = 0,08196. p.$

poster. $= \frac{r}{-1,1810 + \frac{r}{1,0119}} = 0,11940. p.$

ex quibus casibus deducimus in subsidium praxeos sequentes conclusiones:

Prior: Si $\lambda = 5 - \omega$, denotante ω fractionem arbitrariam, erit radius faciei

anter. $= (0,07073 - 0,01129. \omega) p$

poster. $= (0,16645 + 0,13468. \omega). p.$

Poster: Sin autem $\lambda = 5 + \omega$, erit radius faciei

anter. $= (0,07073 + 0,01423. \omega) p.$

poster. $= (0,16645 - 0,04705. \omega). p.$

Eius aperturae semidiameter $= 1\frac{1}{2}$ dig.
et distantia ad lentem secundam

$CD = 0,09925. p.$

IV°. Pro secunda lente, cuius distantia focalis est $s = 0,02723. p.$ et numeri $\mathfrak{D} = \frac{1}{2}$ et $\lambda' =$

CAPVT IV.

$\lambda' = 1,6667$. capiatur radius faciei

anter. $= \dfrac{s}{\frac{1}{2}(\sigma+\varrho)+\tau\sqrt{0,6667}} = \dfrac{s}{\text{...}}$

poster. $= \dfrac{s}{\frac{1}{2}(\sigma+\varrho)\pm\tau\sqrt{0,6667}} = \dfrac{s}{\text{...}}$

seu anter. $= 0,01652.p$.
poster. $= 0,16018.p$.
eius aperturae semidiam. $= \frac{s}{\sqrt{\odot\lambda}} = \frac{1}{2}$ dig.
et distantia a lente tertia $DE = 0,06007.p$.

V°. Pro lente tertia, cuius distantia focalis
$t = 0,01838.p$.
capiatur radius faciei vtriusque $= 0,02022.p$.
Eius apert. semidiam. $= \frac{1}{2}t = 0,00459.p$.
et distantia a lente quarta $EF = 0,007798.p$.

VI°. Pro lente quarta, cuius distantia focalis
$u = 0,015596.p$.
capiatur radius faciei vtriusque $= 0,01715.p$.
Eius aperturae semid. $= \frac{1}{4}u = 0,0039.p$.
et distantia ad oculum $= 0,6.u = 0,00936.p$.

VII°. Hinc ergo longitudo tubi prioris erit quasi
$= p$, quia maior esse debet, quàm $\frac{1}{2}.p$.
posterioris vero lentes continentis $= 0,17648.p$.

Ita,

CAPVT IV.

Ita, vt tota longitudo futura sit circiter
$= 1, 17648. p.$
Campi vero apparentis semidiameter erit
$= 7 \frac{1}{2}$ minut.

VIII°. Si pro lente prima tantum ad claritatem spectemus, eius aperturae semidiameter deberet esse $= \frac{r}{r_0} = \frac{1}{6}$ dig. Sin autem ad campum spectemus, hic semidiameter esse debet

$= \frac{1}{8} \cdot r = \frac{1}{4} \cdot r = 0, 00846. p.$

qui, si adeo esset $p = 40$ dig. fieret
$0, 3384$ dig. $= \frac{1}{3}$ dig.

Quare cum semidiameter foraminis $= 1 \frac{1}{2}$ dig. tuto oram huius lentis obtegere licebit, donec eius aperturae semidiameter fiat $= \frac{1}{3}$ dig. quo pacto radii peregrini iam maximam partem excludentur.

IX°. Cum igitur ne opus quidem sit tantam magnitudinem primae lenti tribuere, ipsum foramen maioris speculi multo minus statuere licebit, quam $1 \frac{1}{2}$ dig. hocque modo dum ipsum hoc speculum maiorem superficiem adipiscetur, etiam claritatis gradus augebitur, neque vero ideo necesse erit, et minoris speculi magnitudinem imminuere, cum sufficiens ra-

dio-

diorum copia in speculum cadere possit. Radii peregrini colliguntur post lentem C in distantia $r = 0,09025. p.$ radii vero proprii in distantia $\gamma = 0,0448. p.$

X°. Cum deinde prima imago realis post lentem primam cadat ad distantiam $\gamma = 0,0448. p.$ radii autem peregrini in hanc lentem incidentes suam imaginem forment ad distantiam $r = 0,09025. p;$ quae cum illa plus quam duplo sit maior, neutiquam metuendum erit, ne radii peregrini ad oculum vsque propagentur.

Dioptr. Tom. II. Tab. I.

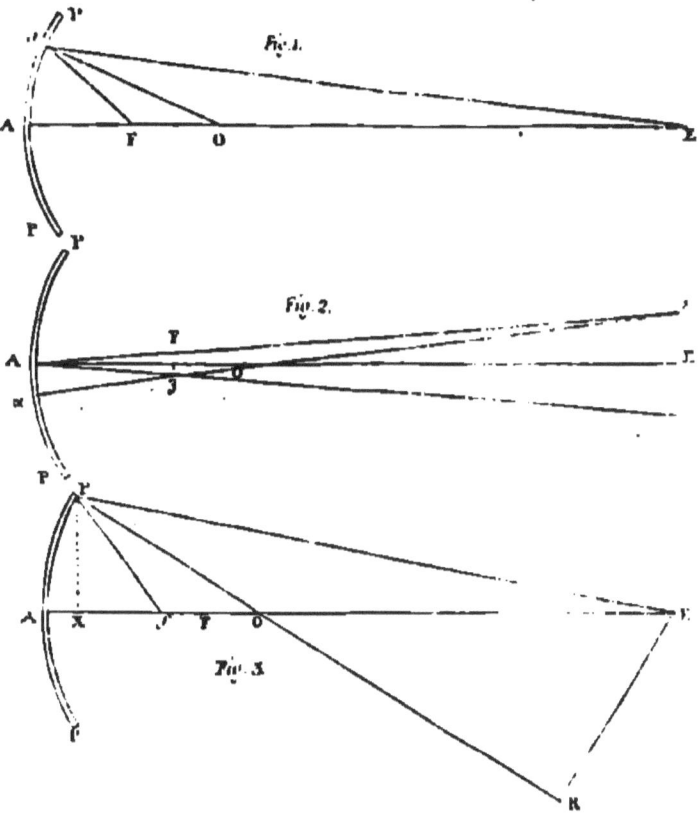

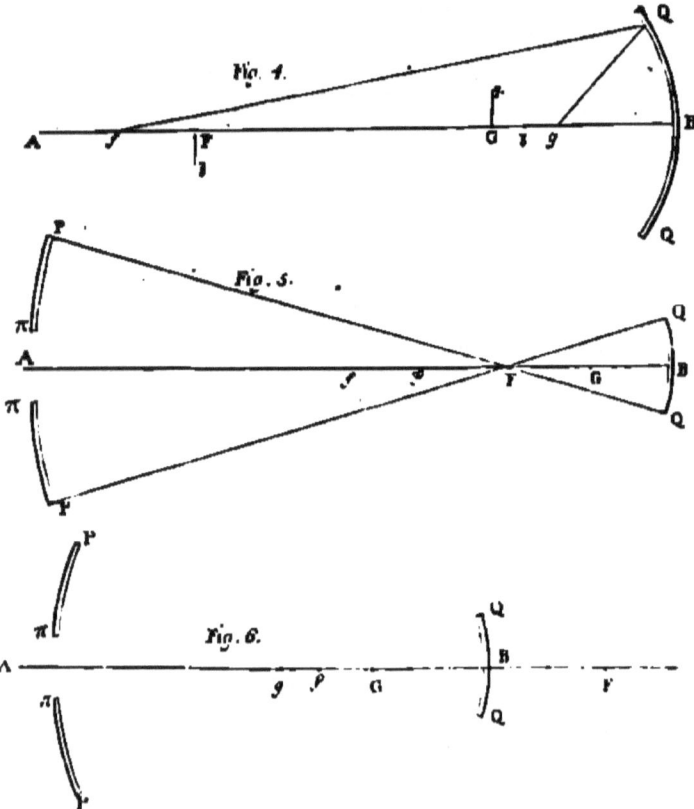

Diopt. Tom. II. Tab. II.

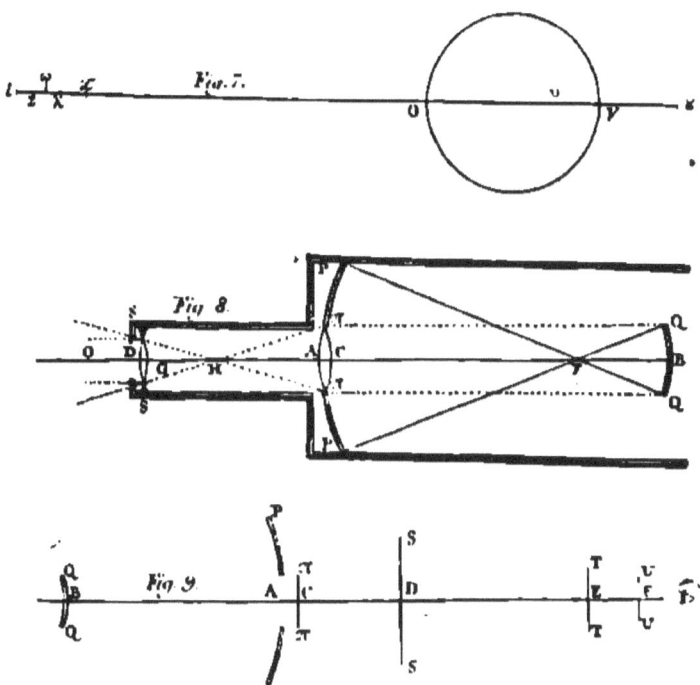

Dioptr Tom. II Tab III

www.ingramcontent.com/pod-product-compliance
Lightning Source LLC
Chambersburg PA
CBHW031933290426
44108CB00011B/543